MACHT ODER OHNMACHT DES ERZIEHERS?

Von pädagogischen Optimisten, Pessimisten, Realisten

von

Fritz März

KLINKHARDT

1993

VERLAG JULIUS KLINKHARDT · BAD HEILBRUNN

Die Deutsche Bibliothek – CIP-Einheitsaufnahme

März, Fritz:
Macht oder Ohnmacht des Erziehers? : Von pädagogischen
Optimisten, Pessimisten, Realisten / von Fritz März. – Bad
Heilbrunn : Klinkhardt, 1993
ISBN 3-7815-0725-4

Gesamtherstellung: WB-Druck GmbH & Co. Buchproduktions-KG, Rieden
Printed in Germany 1993
ISBN 3–7815–0725-4

Gedruckt auf chlorfrei gebleichtem Papier

All jenen,
die sich nichts vormachen
und nichts vormachen lassen,
den Kündern des ›neuen Menschen‹
und einer ›neuen Gesellschaft‹ mißtrauen,
gleichwohl die Hoffnung nicht aufgeben
und sich die Liebe bewahren,
zu eigen

Vorwort

Die Frage nach dem »freien Raum« für Erziehung zwischen den zahlreichen anderen Faktoren, die das Schicksal eines Menschen lebenslang bestimmen, drängt sich wahrscheinlich jedem Erzieher irgendwann einmal auf, zumindest dann, wenn sich Schwierigkeiten im Zusammenleben mit Kindern und Jugendlichen, für die er Verantwortung übernommen hat, einstellen oder wenn er das Gefühl nicht mehr los wird, daß er – aus welchen Gründen auch immer – *als Erzieher* gescheitert ist.
Kaum jemand wird die Lern- und Erziehungs*bedürftigkeit* des Menschenkindes in Zweifel ziehen wollen. Und falls er dies wollte, so wird er es nicht können, es sei denn, er würde die einschlägigen Fakten bewußt ignorieren, die das Angewiesensein eines jeden neugeborenen Menschen auf Lernen und Lernhilfen eindeutig belegen. Diese Fakten vor Augen formuliert der niederländische Erziehungswissenschaftler *Martinus Jan Langeveld* folgende These: »Ist die Notwendigkeit der Erziehung erwiesen, so wird es schwierig, ihre Möglichkeit zu bezweifeln.«
Aufs erste Hinhören klingt diese These überzeugend. Bei einigem Nachdenken erweist sich ihre Logik aber doch als recht brüchig; denn für viele Notwendigkeiten im menschlichen Leben gibt es keine Chance, diese Nöte zu wenden. Aus der Notwendigkeit läßt sich keinesfalls auf die Möglichkeit schließen.
Und so gehen denn auch die Meinungen über die Bedeutung und den Spielraum der Erziehung, über Macht oder Ohnmacht des Erziehers, sodann über die Breite der Lern*fähigkeit* und der Erzieh*barkeit* des Menschen weit auseinander; und die Antworten sind auch heute alles andere als einmütig, wenn es um folgende Fragen geht: wie steht es mit der Wirkkraft der Erziehung; gibt es einen freien Raum für erzieherische Einflüsse und wie groß ist er; ist der Mensch »bildsam« und »plastisch«; kann er sich durch Lernen verändern…?
Versucht man die Antworten, die auf derlei Fragen gegeben werden, zu ordnen, dann können sie drei Positionen zugeteilt werden, die allesamt eine lange Geschichte aufweisen und für die in der Pädagogik die Bezeichnungen *pädagogischer Pessimismus, pädagogischer Optimismus* und *pädagogischer Realismus* gebräuchlich geworden sind.
Während die dritte Position dadurch gekennzeichnet ist, daß ihre Vertreter bei der Erforschung des konkreten Menschen für *alle* anthropologischen Phänomene offen bleiben, lassen sich die beiden anderen Positionen zumeist auf mehr oder weniger geschlossene »Bilder« vom Menschen zurückführen. So liegt dem pädagogischen Pessimismus neben anderen anthropologischen Theoremen das Menschenbild der Vererbungswissenschaft zugrunde, während der pädagogische Optimismus häufig aus der verkürzten Interpretation bestimmter Erkenntnisse der Sozialwissenschaften herrührt.
Im folgenden werden Zeugnisse zu jeder dieser unterschiedlichen Grundauffassungen vom Menschen und seiner Lernfähigkeit und Erziehbarkeit geboten – zu Positionen und Einstellungen, wie sie sich in der langen Geschichte menschlicher

Selbsteinschätzung und menschlichen Bemühens um Selbsterkenntnis nachweisen lassen.

Diese Studie ist das Ergebnis einer Überarbeitung, Neuordnung und Erweiterung des ersten Kapitels im zweiten Band meiner *Problemgeschichte der Pädagogik* aus dem Jahre 1980.
Was die Aufgabe der Geschichte der Pädagogik anlangt, so sehe ich sie nach wie vor hauptsächlich darin, den Dialog zwischen dem Vergangenen und dem lebendigen Selbst anzuregen – jene kritische Auseinandersetzung mit alten Wahrheiten und Irrtümern, die den eigenen geistigen Horizont erweitert und die Überprüfung der Stichhaltigkeit und Verantwortbarkeit eigener Entscheidungen auf ein tragfähiges Fundament stellt.
Wie bereits in meinen anderen Arbeiten zur Geschichte der Pädagogik sollen im genannten Dialog die namhaften Vertreter der unterschiedlichen Positionen wiederum recht oft selbst und so breit wie möglich zu Wort kommen.
Meiner Frau und Herrn Dr. Peter Ludwig danke ich für die Hilfe bei den Korrekturarbeiten.

Kaufbeuren, im Frühjahr 1993 *Fritz März*

Inhalt

Pädagogische Pessimisten

Sind wir denn überhaupt etwas geworden, so daß es lohnt, nach dem verantwortlichen Erzieher zu fragen? Wer soll die Verantwortung tragen für unsere heutige Lage, die sich als Zerfall darstellt? Welches ist denn das wirkliche Sein, das wir einem Erzieher oder einem erziehenden, ursprünglichen Prinzip unseres Wesens verdanken? Wozu haben wir uns selbst erzogen? ... Die Erzieher sind möglicherweise die schuldigen Urheber meiner Nichtigkeit.

Eberhard Grisebach

Immer standen die empirischen Menschen vom ewigen Menschideal so weit ab, daß etwaige Differenzen nach oben oder unten vernachlässigt werden können, daß der Satz gilt, sie sind seit Jahrtausenden gleich weit vor ihm stehen geblieben... Den banalen, seit je gebräuchlichen Mitteln der Erziehung als solchen wohnt die umbildende idealverwirklichende Kraft nicht inne, die die Systeme der großen Pädagogiker ihnen zuschreiben. Es gibt keine Zauberei. Auch nicht durch milden Erzieherblick, nicht durch heilsame Prügel.

Siegfried Bernfeld

Einleitung

Der Münchener Pädagoge *Friedrich Schneider* geht in seiner *Einführung in die Erziehungswissenschaft* davon aus, daß »in den Anfangszeiten bewußter Erziehung« die optimistische Einstellung »wohl die allgemein herrschende« war[1] – eine Auffassung, die gewiß der Überprüfung bedarf und im Blick auf die historischen Quellen möglicherweise zu revidieren sein wird. Zutreffend dürfte sein, daß erziehende Menschen, die sich dieser ihrer Tätigkeit einigermaßen bewußt waren, zu allen Zeiten Hoffnungen mit diesem Tun verbanden und daß diese Hoffnungen bei manchen zu Utopien gerieten. Ebenso zutreffend bleibt allerdings auch, daß sich derlei Hoffnungen oft genug zerschlugen.

Schneider nennt aus dem Kreis jener, die der Erziehung »große, sehr große oder sogar unbeschränkte Erfolgsmöglichkeiten« zuerkannten, *Platon, Locke, Leibniz, Helvétius, Herder, Sailer, Fichte, Herbart, Don Bosco;* und er ist der Überzeugung, daß die »meisten der in der Geschichte der Pädagogik fortlebenden großen Pädagogen und Pädagogiker ... einen lebendigen Glauben an die Macht der Erziehung« besaßen[2]. Gleichwohl seien mit fortschreitender Entwicklung im pädagogischen Bereich mehr und mehr auch Bedenken gegen den Optimismus und Utopismus erwachsen. Dem ernsthaften Betrachter konnte ja keineswegs verborgen bleiben, daß sich zwischen erzieherischer Absicht und erzieherischer Wirkung häufig eine tiefe Kluft auftat: so hätten die Frühchristen eine jüdische oder heidnische, die Frühhumanisten eine scholastische und die Heiden der Neuzeit oft genug eine christliche Erziehung erfahren; und wer sich umsehe, könne bemerken, daß Kinder aus intakten Familien nicht selten mißrieten, während Kinder, die in schwierigen sozialen und in zweifelhaften moralischen Verhältnissen heranwüchsen, zu tauglichen und wertvollen Menschen gerieten.

Was *Schneider* hier in einen geschichtlichen Verlauf stellt: anfangs herrschte eine optimistische Einstellung, dann wurde diese Haltung allmählich von Zweifeln beschlichen, und diese führten zu einer pessimistischen Erzieherhaltung, vereinzelt sogar zur Ansicht, der Mensch sei überhaupt nicht erziehbar – was *Schneider* sich solchermaßen allmählich »entwickeln« sieht, scheint allerdings nicht etwas nach und nach Gewachsenes, Einheitliches und Ganzes zu sein, sondern es handelt sich dabei um recht verschiedenartige Einstellungen zur Erziehung, die immer schon gleichzeitig und nebeneinander existierten, seit Menschen über Erziehung nachdenken und sich mit den damit zusammenhängenden Problemen auseinandersetzen. Keine dieser gegensätzlichen Auffassungen von der Wirkkraft der Erziehung entspringt allmählich aus der anderen, sondern beide rühren unabhängig voneinander zumeist aus vorgefaßten Menschenbildern her, haben also mythologische, religiöse oder ideologische Wurzeln und beziehen die erfahrbare Erziehungswirklichkeit entweder gar nicht oder nur insoweit ein, als diese der religiösen beziehungsweise der ideologischen Lehre vom Menschen entspricht.

Besieht man sich jene von *Schneider* genannten »großen Pädagogen und Pädago-

giker« näher, dann zeigt sich zum einen, daß hier sehr verschiedene und angesichts ihrer jeweiligen Lebensverhältnisse und Wirkmöglichkeiten oft genug kaum vergleichbare Persönlichkeiten in einem Zuge genannt werden, wobei es überdies gar nicht zutrifft, daß *Platon, Sailer, Herbart* und auch *Don Bosco* dem Erzieher »sehr große oder sogar unbeschränkte Erfolgsmöglichkeiten« zugesprochen haben; dann zeigt sich zum andern, daß diese Männer über Erziehung wohl allesamt *nachgedacht* und *geschrieben*, nicht alle aber Kinder *erzogen* haben; dann zeigt sich weiter, daß wiederum jene aus dieser Schar, die erzieherisch tätig waren, Erziehung zumeist nur aus der Hauslehrerperspektive kennengelernt haben: sie erzogen nicht *ihre* Kinder, und sie trugen eine erzieherische Verantwortung, die sich von der *elterlichen* erheblich unterscheidet. Wir kennen *Platons* erotische Favoriten und seine auserwählten Schüler, nirgendwo aber steht, daß er seine Erziehungsvorstellungen an eigenen Kindern erprobt habe; und *Rousseau* beispielsweise, den *Schneider* zwar nicht nennt, allerdings ebenso hätte nennen können, hatte eigene Kinder, schickte sie aber ins Findelhaus; so konnten sie ihn nicht aus seinen Träumen über den Menschen aufwecken. Diese Männer – sieht man von *Giovanni Bosco* einmal ab – beschäftigten sich mit den ihnen anvertrauten Kindern und jungen Menschen nur vorübergehend und betonten dabei zumeist auch die rascher und leichter in den Griff zu bekommende intellektuelle Dimension des pädagogischen Geschäfts. Auf den ganzen Ernst *erzieherischen* Handelns läßt sich aber erst jener ein, der die volle Verantwortung für ein Kind und einen jungen Menschen trägt – und zwar so lange, bis dieser junge Mensch seine Lebensgestaltung vollverantwortlich selbst übernehmen kann. Dabei bleibt es von untergeordneter Bedeutung, ob ein Erzieher sein »eigen Fleisch und Blut« erzieht; wichtig ist der volle Einsatz und die nicht abtretbare Verantwortung für den Edukanden. Erst ein solcher Erzieher begegnet der Erziehungs*wirklichkeit*; und ein solcher Erzieher wird – wenn er offen genug ist – seine Vorstellungen vom Menschen mehrfach revidieren: Hoffnungen und Zweifel, Erfolge und Rückschläge wird er gleichermaßen erfahren; von einseitigen und extremen Auffassungen, wie sie der pädagogische Pessimismus und der pädagogische Optimismus darstellen, wird er sich allerdings distanzieren.
Mag *Schneider* darin einem Irrtum erlegen sein, was den geschichtlichen Verlauf im Blick auf diese pädagogischen Positionen anlangt; insofern behält er aber gewiß recht, wenn er feststellt, daß der pädagogische Optimismus über mehr Anhänger verfüge als der pädagogische Pessimismus. Allerdings könnte es sein, daß ein vertiefter Blick in die Geschichte dieses Problems den einen oder anderen Pädagogen gleichermaßen als Hoffenden wie als Zweifelnden ausweist.

Zunächst soll von der *pessimistischen* Position die Rede sein. Ihre Anhänger räumen dem Einfluß der Erziehung wenig oder gar keine Bedeutung ein. Diese Überzeugung von den dürftigen Möglichkeiten beziehungsweise von der Ohnmacht der Erziehung wird mit recht unterschiedlichen, ja sogar gegensätzlichen Argumenten begründet.

Während die Verfechter des *Determinismus* davon überzeugt sind, »daß alle unsere Willensrichtungen durch die Konstellation der einwirkenden Motive und der momentanen, bewußten und unbewußten, seelischen Befindlichkeit eindeutig bestimmt, determiniert werden«[3], und die Vertreter des *Nativismus* »die innere Gestalt des Menschen durch seine Ahnenmitgift eindeutig bestimmt« sehen[4], die Beeinflußbarkeit des Charakters durch Lernvorgänge hingegen entschieden bestreiten, behaupten die Anhänger des *Indeterminismus* die absolute Unabhängigkeit des menschlichen Wollens und Handelns von inneren, erbbedingten, und äußeren, umweltbedingten, Ursachen.
Keine dieser Positionen – zumal in ihrer extremen Ausformung – scheint der Erziehung eine Einflußmöglichkeit zubilligen zu können und zu wollen: sind die Willensregungen des Menschen im Guten wie im Bösen – sei's durch die ererbten Anlagen, sei's durch die Konstellation der Sterne oder durch das Schicksal, sei's durch die *Prädestination*, die Auserwählung oder Verdammnis durch Gott – genau und unabänderlich festgelegt, dann bleibt für den Einfluß der Erziehung offenbar kein Raum. Sind die Willensregungen des Menschen hingegen absolut frei und geht man zudem davon aus, daß der Mensch in dem, was seine innere Gestalt, seinen Charakter ausmacht, *ausschließlich* sein eigenes Werk ist, das Werk seiner je eigenen Entscheidungen als Antworten auf die absolut »offene Frage«, die er mit seiner Existenzweise fundamental verkörpert, dann scheint auch hier kein Platz für erzieherische Bemühungen zu bleiben: mit fehlender Erfolgsmöglichkeit verlieren diese ihren Sinn.

Anmerkungen

1 *F. Schneider:* Einführung in die Erziehungswissenschaft mit besonderer Berücksichtigung der Lehre vom Erziehen und Unterrichten. Styria, Graz/Wien/Köln a. Rh. 1953 (2. Aufl.), S. 69

2 Ebenda

3 *A. Willwoll:* Determinismus. In: *W. Brugger* (Hrsg.): Philosophisches Wörterbuch. Herder, Freiburg 1953 (5. Aufl.), S. 49

4 *H. Netzer:* Erziehungslehre. Klinkhardt, Bad Heilbrunn/Obb. 1972 (10. Aufl.), S. 27; vgl. auch *E. Weber:* Grundfragen und Grundbegriffe. Pädagogik. Eine Einführung. Herausgegeben von *E. Weber.* Band 1. Auer, Donauwörth 1972, S. 24 f.

Homer

Pessimistische Ansichten über den Menschen und seine Lebensumstände insgesamt lassen sich in der abendländischen Geistesgeschichte sehr früh bezeugen. Betrachtet man *Homers* Menschenbild, dann gewahrt man neben der Fülle bunter und froher Farben recht bald die Dominanz dunkler Stimmungen. Der Dichter vergleicht die Menschen mit Blättern: »Einige streuet der Wind auf die Erd' hin, andere wieder / Treibt der knospende Wald, erzeugt in des Frühlinges Wärme: / So der Menschen Geschlecht, dies wächst, und jenes verschwindet... Denn kein anderes Wesen ist jammervoller auf Erden / Als der Mensch, von allem, was Leben haucht und sich reget.«[1]

Von jeher wird *Homer* als *»der Erzieher Griechenlands«*[2] gewürdigt; bereits *Platon* bestätigt diese Überzeugung seiner Zeitgenossen, wenngleich er selber den Dichter und dessen erzieherischen Einfluß recht kritisch beurteilt[3]. Wie immer man die Wirkung des gefeierten Rhapsoden bewertet, unbestreitbar bleibt sie allemal: sie währt ohne Unterbrechung ein volles Jahrtausend lang; und sie reicht weit über Griechenland hinaus[4].
Homer lebt in der zweiten Hälfte des achten vorchristlichen Jahrhunderts im ionischen Kleinasien und gilt als Schöpfer der beiden Epen *Ilias* und *Odyssee*, die von den zehn Jahre dauernden Kämpfen der Griechen um Troja und der wiederum zehnjährigen Irrfahrt und Rückkehr des Odysseus künden.
Die von *Friedrich August Wolf*, dem Begründer der Altertumswissenschaft und Initiator der *Homer*forschung 1795 geäußerte Ansicht: die beiden Epen seien das Werk mehrerer Dichter, kann bislang weder bestätigt noch widerlegt werden.

Der »erste und größte Schöpfer und Gestalter des griechischen Menschentums« und »der Lehrer der ganzen Menschheit«, als den ihn *Werner Jaeger* betrachtet[5] – *Homer* beklagt aber nicht nur das Los der Menschen im allgemeinen, sondern er kennt – bei aller Bewunderung dafür, was Erziehung zu leisten vermag – längst auch die Ratlosigkeit dessen, der als Erzieher nichts unversucht gelassen hat und – dennoch gescheitert ist. In der Gestalt des Phoinix, der den Achilles erzogen hat und der in entscheidender Stunde seine ganze Überzeugungskraft und Erzieherliebe einsetzt, seinen ehemaligen Zögling von seiner ins Unglück führenden Haltung abzubringen: »Ich habe aus Dir gemacht, was Du heute bist!... wie oft hast Du meinen Rock vorne naß gemacht, wenn Du den Wein wieder ausspucktest! Kinder machen doch große Mühe!«[6] – in der Gestalt des gütigen Phoinix hat *Homer* den tragischen Erzieher gezeichnet, der gegen die Macht des Schicksals und mißgünstiger Götter sowie gegen den Willen eines verstockten Herzens nichts auszurichten vermag. *Werner Jaeger* sieht hier »die naiv praktische Erziehungsfreudigkeit der alten Adelswelt ... in ihrem ältesten und schönsten Dokument bereits in der Bewußtwerdung des Problems der Grenzen aller menschlichen Erziehung« münden[7].
Freilich ist dies nur *ein* Teil der *Homer*schen Ansichten darüber, welche Möglichkeiten Erziehung besitzt; denn im *ersten Gesang* der *Odyssee* zeichnet der Dichter

in der Gestalt von Odysseus' Sohn Telemachos das Gegenbild des trotzigen und unbeeinflußbaren Achilles und in der Figur des Mentes, in den sich die Göttin Athene verwandelt hat, den erfolgreichen Erzieher, der voll Stolz auf seinen Schützling blickt und ihm für sein weiteres Leben den Rat mitgibt: »gross und stattlich bist du von Ansehn, / Halte dich wohl, dass einst die spätesten Enkel dich loben!«[8] – *Jaeger* wiederum erblickt in Telemach »das Urbild des lenksamen jungen Mannes, den der freudig aufgenommene Rat eines erfahrenen Freundes zu Tat und Ruhm führt«[9].
So vermischt sich bereits im achten vorchristlichen Jahrhundert der Schmerz über die Ohnmacht der Erziehung mit der Hoffnung auf ihre Möglichkeiten.

Anmerkungen

1 *Homer:* Ilias und Odyssee. In der Übertragung von *J.H. Voss.* Herausgegeben von *P. Von der Mühll.* Löwit, Wiesbaden o. J., S. 98: *Ilias 6, 147–149*; ferner S. 298: *Ilias 17, 446–447*

2 Vgl. *H.-I. Marrou:* Geschichte der Erziehung im klassischen Altertum. Herausgegeben von *R. Harder*. Alber, Freiburg/München 1957, S. 23; vgl. auch *W. Jaeger:* Paideia. Die Formung des griechischen Menschen. Erster Band. De Gruyter & Co., Berlin 1959 (4. Aufl.), S. 63

3 *Platon:* Sämtliche Werke. Band 3. In der Übersetzung von *F. Schleiermacher* mit der Stephanus-Numerierung herausgegeben von *W.F. Otto, E. Grassi, G. Plamböck*. Rowohlt, Hamburg 1964 (71.–75. Tausend), S. 298: *Politeia 606 e–607 a*

4 Vgl. *W. Jaeger:* Paideia, a.a.O., S. 67 und S. 63

5 Ebenda, S. 64 und S. 68

6 *Homer* zitiert bei *H.-I. Marrou:* Geschichte der Erziehung im klassischen Altertum, a.a.O., S. 21: *Ilias 9, 485* und *9, 490–491; Marrous* Übersetzung möchte ich an dieser Stelle der *Ilias* der Übertragung von *Voss* vorziehen.

7 *W. Jaeger:* Paideia, a.a.O., S. 54 f.

8 *Homer:* Ilias und Odyssee, a.a.O., S. II/11: *Odyssee 1, 301–302*

9 *W. Jaeger:* Paideia, a.a.O., S. 55

Sophokles

Stärker noch als bei *Homer* findet der griechische Anthropopessimismus seinen klassischen Ausdruck bei den großen Tragödiendichtern dieses Volkes: bei *Aischylos* und bei *Sophokles*. In ihren unvergänglichen Dramen zeigen sie den Menschen in seinem ohnmächtigen Ausgeliefertsein an die schreckliche Macht gewalttätiger und unberechenbarer Götter, zeichnen sie ein Menschenbild, in dem es keine Lichtpunkte gibt, das vielmehr bestimmt bleibt von totaler Hoffnungslosigkeit und tiefer Trostlosigkeit, von den Existentialen Sorge, Angst und Verzweiflung. *Aischylos'* gewaltige Trilogie *Orestie* darf als ergreifender Beleg dafür angesehen werden[1].
Soll Erziehung als Lebenshilfe nicht zur Absurdität geraten, muß das Leben selbst einen Sinn haben. Aber der Mensch dieser vorapollinischen Welt- und Lebensdeutung weiß nur um die *Sinnlosigkeit* seines Lebens und Leidens. In seinem *Oidipus auf Kolonos* hat *Sophokles* diesem Lebensgefühl in einmaliger und erschütternder Weise Ausdruck verliehen:

> »Nicht geboren zu sein, das geht über alles; doch, wenn du lebst, ist das zweite, so schnell du kannst, hinzugelangen, woher du kamest. So bald schwindet die Jugend hin, leicht, von Sorglosigkeit beschwingt: wer dann lebt noch von Mühsal frei, wer in steter Bedrängnis nicht? Und Mißgunst, Aufruhr, Zwietracht, Krieg, Morde! Und das immer Gescholtne kommt dann hinzu als Letztes: das kraftlose, freundlose Alter, ungesellig, bei dem die gesamten Übel der Übel hausen.«[2]

So kann *Franz Xaver Eggersdorfer* – der übrigens in seiner von seinem Schüler *Alois Fischer* postum herausgegebenen *Jugenderziehung* über die Thematik »Optimismus und Pessimismus im Erziehungsdenken« ein beachtenswertes, leider unvollendet gebliebenes problemgeschichtliches Kapitel vorgelegt hat – zu Recht bemerken, daß »das Griechentum vor dem Aufkommen seiner neuen philosophisch-religiösen Geistgläubigkeit lebens- und erziehungspessimistisch eingestellt« ist und erst mit dem Entstehen einer »lichtvolleren Religiosität«, des neuen Glaubens an Apollo und Athene, die Hoffnung auf die erzieherische Beeinflußbarkeit des menschlichen Herzens erwächst[3].

Sophokles wird um 496 vor *Christus* in Athen geboren und übt dort neben seinem dichterischen Schaffen als Träger hoher öffentlicher Ämter politischen Einfluß aus. Nach seinem Tod im Jahre 406 verehrt ihn das Volk als Heros. Von seinen rund einhundertdreißig dem Titel nach bekannten Dramen sind lediglich sieben erhalten geblieben. In ihnen schildert der Dichter – ein Meister der tragischen Ironie – den der absoluten Willkür der Götter preisgegebenen Menschen, der erst in der Erkenntnis seiner Begrenztheit Läuterung von seiner Vermessenheit erfährt.

Sophokles' anthropologischer Pessimismus wandelt sich – bedenkt man ihn unter pädagogischem Aspekt – zu einem skeptischen Realismus: dem naiven Fortschrittsoptimismus der meisten Sophisten, seiner Zeitgenossen, und ihrem Glauben an die stetige Verbesserungsfähigkeit des Menschen und der Kultur hält der Dichter die Unberechenbarkeit des Menschen entgegen[4].

Im berühmten Chorlied der *Antigone* besingt auch er zunächst die Kraft und die Größe des Menschen als Kulturwesen und schildert in anschaulichen Bildern, wie der »vielbegabte Mensch« in allen Lebensbereichen Hervorragendes leistet:

»Überall weiß er Rat;
Ratlos trifft ihn nichts
Zukünftiges; vor dem Tode nur
Späht er kein Entrinnen aus;
Doch wider schwere Seuchen wohl
Fand er Heilung.«

Aber dieses Verhältnis des Menschen zu den Elementen: zu Erde und Wasser, sein Verhältnis zu den Tieren, seine gesamte geistige, soziale und technische Kultur als Sprache, als »staatsordnende Satzungen«, als Ackerbau, Jagd und Tierpflege – all dies bedarf der Einbettung in die *sittliche Kultur* und der Überformung durch sie. Und wenn man aus den ersten drei Strophen einen Lobpreis auf die Größe des Menschen herauslesen darf, so bedeutet dieses Chorlied in seiner Gesamtheit doch alles andere als einen naiven Hymnus.

Dem Dichter geht es in diesem Gesang um etwas ganz anderes, das er gerade auf dem Hintergrund der Größe des Menschen in der letzten Strophe um so deutlicher herausarbeitet:

»In Erfindungen listiger Kunst
Weit über Verhoffen gewandt,
Neigt bald er zu Bösem, zu Gutem bald, achtet hoch
Der Heimat Gesetz,
Der Götter schwurheilig Recht,
Segen der Stadt! Aber zum Fluch
Lebt ihr, wer, gesellt
Dem Laster, frechem Trotze frönt.
Nimmermehr an meinen Herd
Gelange, noch in meinen Rat
Solch ein Frevler!«[5]

Erst im klärenden Blick auf das ganze Chorlied erschließt sich der Sinn der Anfangsverse:

»Vieles Gewaltige lebt, doch nichts
Ist gewaltiger als der Mensch.«[6]

Das griechische Wort *deinós* hat vielerlei Bedeutungen, die von ehrwürdig und erhaben, geschickt, tüchtig und stark über erstaunlich, sonderbar, seltsam, außerordentlich, unerhört, gewaltig und empörend bis zu schlimm, gefährlich, schrecklich und entsetzlich reichen. In den vier Strophen seines Chorliedes in ihrer Gesamtheit und in ihrem Zusammenhang redet *Sophokles* wohl auch von der Größe des Menschen im Sinne von *geschickt, stark, erstaunlich, gewaltig* und *erhaben*; aber doch nicht nur und wohl nicht in erster Linie; sondern im Hinblick auf die vierte Strophe, wohl aber auch bereits im Blick auf die ersten beiden Strophen denkt der Dichter an mehr – zumal, wenn man berücksichtigt, daß viele seiner Landsleute die vom Menschen durchstreiften und veränderten Elemente wie das Wasser oder die »höchste Göttin«: die Erde durchaus als etwas Unantastbares betrachteten und verehrten, und wenn man zudem bedenkt, daß auch er, *Sophokles*, kein Atheist war.

Der Dichter denkt, wenn er hier das Wort *deinós* verwendet, gewiß mehr an *unerhört, gefährlich, schrecklich* und *entsetzlich*. Aber erst beide Aspekte zusammen machen den Menschen aus; und darin zeigt sich etwas ganz Neues, nur dem Menschen Eigenes: die »Größe« seiner *Wandelbarkeit*, seine Gestalt als *sittliches* Wesen, seine *Offenheit zwischen gut und böse*. Er ist im Unterschied zu den Tieren nicht nur »In Erfindungen listiger Kunst / Weit über Verhoffen gewandt«, sondern bald neigt »er zu Bösem, zu Gutem bald«; bald achtet er menschliches Recht und göttliches Gesetz und gereicht seinen Mitmenschen zum Segen; bald kann er den Seinen, in seinem Frevel und dem Laster ergeben, zur Gefahr und zum Fluch geraten. Und diese Offenheit zwischen gut und böse, zwischen »heimelig« und unheimlich, zwischen Größe und Gefährdung macht ihn zu einem Wesen der *Entscheidung*, um die sich kein Mensch herumdrücken kann, vor die – in ihrer Vielfalt – jeder gestellt ist, für die er aber auch grundsätzlich gerüstet ist; denn: »Überall weiß er Rat; / Ratlos trifft ihn nichts / Zukünftiges«; nur im Tod findet er seine Grenze – gegen diesen gibt es keine Entscheidung und vor ihm kein Entrinnen.

Ungeachtet dieser letzten Grenze und jener Probleme und Aufgaben, vor die der Mensch angesichts seines Todes gestellt ist, bleiben zuvor einmal die Probleme zu lösen, die dem Menschen aus seiner sittlichen Ambivalenz erwachsen; möglicherweise sind es sogar immer die gleichen Probleme und Aufgaben, weil die Vorbereitung auf den Tod ja im Leben geschehen muß. Um sie aber zu lösen, um überall Rat zu wissen und als geschichtliches Wesen vor der Zukunft bestehen zu können, bedarf der Mensch – sei's durch andere, sei's durch sich selbst – der Vorbereitung, muß er *lernen* – und dies wohl ein ganzes Leben lang, wobei Wirkung und Erfolg im Ungewissen liegen und sich – wenn überhaupt – oft genug erst sehr spät einstellen.

Sophokles' Tragödie endet mit einem Chorlied, in dem der Dichter diese Dimension menschlicher Existenz – unaufdringlich aber dennoch unüberhörbar – anspricht. Nach dem Eintritt der Katastrophe und nach der letzten Klage des erst durch diese Katastrophe zur Einsicht gelangten Herrschers läßt der Dichter den Chor die Tragödie mit den Worten beschließen:

»Glück verleiht vor anderen Gütern,
Der besonnene Sinn: nie frevle darum
An der Götter Gesetz! Der Vermessene büßt

Vermessenes Wort mit schwerem Gericht;
Dann lernt er zuletzt
Noch weise zu werden im Alter.«[7]

Hier klingt deutlich an, daß *der Mensch selbst* eine der spürbarsten Grenzen der Erziehung darstellt – der Mensch in seiner Unberechenbarkeit und Offenheit für das Gute wie für das Böse.

Anmerkungen

1 Vgl. *Aischylos:* Tragödien und Fragmente. Herausgegeben und übersetzt von *O. Werner.* Tusculum-Bücherei. Herausgegeben von *H. Färber* und *M. Faltner*. Heimeran, München 1969 (2. Aufl.), S. 5 ff.

2 *Sophokles:* Tragödien und Fragmente. Griechisch und deutsch. Herausgegeben und übersetzt von *W. Willige*. Überarbeitet von *K. Bayer*. Tusculum-Bücherei. Herausgegeben von *H. Färber* und *M. Faltner*. Heimeran, München 1966, S. 719

3 *F.X. Eggersdorfer:* Jugenderziehung. Herausgegeben von *A. Fischer*. Kösel, München 1962, S. 101 und S. 100; vgl. hierzu auch *J. v. d. Driesch* und *J. Esterhues:* Geschichte der Erziehung und Bildung. Band I: Von den Griechen bis zum Ausgang des Zeitalters der Aufklärung. Schöningh, Paderborn 1960 (5. Aufl.), S. 101

4 Vgl. *M. Landmann:* De homine. Der Mensch im Spiegel seines Gedankens. Unter Mitarbeit von *G. Diem, N. Hinske, P.L. Lehmann, P. Chr. Ludz, M. Theunissen* und *E. Tielsch*. Alber, Freiburg/München 1962, S. 51 f.

5 *Sophokles:* Antigone. Übersetzt von *J.J.C. Donner*. Westermann, Braunschweig/Berlin/Hamburg 1950, S. 19 f.

6 Ebenda, S. 18

7 Ebenda, S. 58

Theognis und Pindar

Unter den vielfältigen anthropologischen Ideologien beansprucht der »unerschütterliche Glaube an das Blut« – um eine Formulierung *Werner Jaegers*[1] aufzugreifen – einen hohen Stellenwert. *Heinrich Roth* spricht diesbezüglich vom »*Menschenbild der Vererbungswissenschaft*«[2]. Die Wurzeln dieser Ideologie reichen weit zurück; und ihre zuweilen tragischen Konsequenzen bestimmen auch das Gesicht des zwanzigsten Jahrhunderts.
Zu den frühesten Kündern dieses nativistischen Menschenbildes zählen die beiden griechischen Dichter *Theognis* und *Pindar*.

Beide leben um 500 vor *Christus*. *Theognis* stammt aus Megara und verfaßt eine Fülle von Gedichten, in denen er das Adels-Ethos und die Standeskämpfe des sechsten Jahrhunderts reflektiert und die Rassenzucht sowie die Reinerhaltung des adeligen Blutes verficht. In den Elegien an seinen Geliebten *Kyrnos* besingt er die Freude am Leben und vor allem die Knabenliebe. *Pindar* stammt aus Kynoskephalä bei Theben. Seine Hymnen an die Götter und seine Preislieder auf die adeligen Sieger der verschiedenen griechischen Wettkämpfe machen ihn bereits in der Antike zu einem berühmten Mann; und zu Recht gilt er als einer der bedeutendsten griechischen Lyriker. Beachtlich ist sein Einfluß auf die deutschen Klassiker und Romantiker, auf *Goethe* beispielsweise und auf *Hölderlin*. Wie sein Landsmann *Theognis* zählt auch er zu den eifrigsten Verfechtern des Rassenzuchtgedankens.

Zu einer Zeit, in der der Adel der griechischen Frühzeit einen ebenso erbitterten wie aussichtslosen Kampf gegen die einsetzenden religiösen, sozialen und politischen Neuerungen führt, gehört die Reinerhaltung des adeligen Blutes zu den wichtigsten Aufgaben dieses Standes; und *Theognis*, selber Angehöriger des inzwischen verarmten Adels, redet denen unter seinen Standesgenossen scharf ins Gewissen, die sich anschicken, ihre desolate Situation durch eine Verheiratung ihrer Kinder mit den Kindern neureicher Angehöriger des gemeinen Volkes zu verbessern: »Bei der Wahl der Zuchttiere, der Widder, Esel und Hengste suchen wir nur die Edelsten aus, aber unser eignes Blut ist uns für solche Verbindungen nicht zu schade. Der Reichtum mischt die Geschlechter.«[3] Nichts, auch Reichtum nicht, könne die Vermischung des Blutes rechtfertigen. Dieser Gedanke der Rassereinheit und Rassenzucht, den *Theognis* höchst aggressiv und kompromißlos vertritt, wird dann von den bedeutenden Denkern des vierten Jahrhunderts in ihren politischen Reflexionen erneut vertreten und ausgebaut; in Sparta wird er konsequent in der Praxis erprobt. Er schließt bei aller Betonung der Vererbung schon bei *Homer* und auch bei den Dichtern zu Beginn des fünften Jahrhunderts *pädagogische* Bemühungen keineswegs völlig aus. So heißt es bei *Theognis* ausdrücklich: »Dich aber, Kyrnos, will ich, weil ich dir wie ein Freund gesinnt bin, solches lehren, wie ich es selbst, als ich noch ein Knabe war, von den Edlen gelernt habe.«[4] Aber derartige Bemühungen haben nur dort einen Sinn, wo durch das – hochwertige, adelige – Bluterbe die Voraussetzungen dafür gegeben sind.

Diese nativistische Überzeugung findet ihren schärfsten Ausdruck im Werke *Pindars*. Wissen und Tauglichkeit sind in seinen Augen *ererbt* und wieder *vererbbar*; und *Tugend* bedeutet ihm letztlich *göttliche Begabung*, die *nur* dem Adeligen und diesem deshalb zukomme, weil »der Urvater des Geschlechts« ein Heros oder ein Gott gewesen sei[5]. Worauf es im menschlichen Leben ankommt, das ist nicht über Erziehung und Lernen erwerbbar, sondern es muß *ererbt* sein. Ist dieses göttliche Erbe aber gegeben, dann bekommen auch die Lernbemühungen und die sie unterstützenden unterrichtlichen und erzieherischen Anstrengungen, dann bekommt vor allem »der große erzieherische Antrieb des Vorbilds«[6] einen Sinn. Ohne dieses Fundament bleibt alles Lernen und bleiben alle Lernhilfen nebensächlich, ohne wirkliche Bedeutung.
Dieser Kampf zu Beginn des fünften Jahrhunderts vor *Christus* besitzt – wie die Geschichte lehrt – offenbar eine ewige Jugend; und die ›Argumente‹, die bereits *Theognis* und *Pindar* vorbringen, leben immer wieder dort auf, wo eine Menschengruppe im Bewußtsein ihrer Sonderstellung und ›Auserwähltheit‹ eine andere in ihrem Streben nach Aufstieg und Gleichbehandlung zu behindern sucht und bekämpft: Adel contra Bürgertum, Bourgeoisie contra Proletariat, Arier contra Semiten, Weiß contra Schwarz... Welcher Mittel sich die Kämpfer um Art- und Rassereinheit zu bedienen wissen, hat das zwanzigste Jahrhundert vielleicht in erschreckendster Weise offenbart; und den faschistischen ›pädagogischen‹ Prinzipien – der Rassenzucht und Selektion, der Reinerhaltung des Blutes, der arischen Elitebildung... – steht stellvertretend für alle pädagogischen Gegenbewegungen in der Geschichte die Forderung *Theodor W. Adornos:* »daß Auschwitz nicht noch einmal sei« und sein Ruf nach einer *»Erziehung zur Entbarbarisierung«* entgegen[7].
Die pädagogische Problematik, die hier angesprochen ist, stellt sich allerdings – wie der weitere Verlauf der Untersuchung zeigen wird – viel komplexer dar, als es bislang zu erkennen ist. Nur in seinen extremsten und militantesten Vertretern ist die Theorie des Nativismus so konzipiert, daß in ihr Erziehung keinen logischen und anthropologischen Platz mehr findet, obgleich deswegen das Wort »Erziehung« noch lange nicht zu verschwinden braucht: gerade in solchen Konzepten kann seine Verwendung zur Inflation geraten. Aber es verliert hier seine ursprüngliche Bedeutung: statt Lebenshilfe und Erweckung besagt es Dressur; und aus Führung wird leicht Verführung. Das Erziehungswesen Spartas und jenes in Deutschland zwischen 1933 und 1945 liefern dafür Belege, die allerdings wiederum einer höchst differenzierenden Betrachtung und Beurteilung bedürfen.
Den beiden Dichtern der griechischen Frühzeit ist der faschistische Extremismus gewiß noch fremd. Weder *Theognis* noch *Pindar* verbinden mit dem Gedanken der Rassenzucht und der Reinerhaltung des Blutes die Auffassung von der Vernichtung »lebensunwerten Lebens« und – im Blick auf den pädagogischen Sachverhalt – übrigens auch nicht die Ansicht von der völligen Unwirksamkeit und damit Überflüssigkeit der Erziehung. *Pindars* Thesen lauten nicht: weil die Bestimmung des Menschen im Blut liegt, kann man auf Erziehung verzichten; oder: wem Adel und

Tugend angeboren sind, der bedarf keiner Erziehung mehr; sondern: *Erziehung hat überhaupt nur dort einen Sinn, wo Tugend und Adel im Blut fließen.* Erlernt kann beides keinesfalls werden.

Verwies *Homer* in jener Szene, wo Phoinix seinen ehemaligen Edukanden Achilles vergeblich zu überzeugen sucht, auf die Problematik der Beeinflußbarkeit beziehungsweise Unbeeinflußbarkeit der angeborenen inneren Gestalt, so grübelt *Pindar* über die wesentlich modernere Fragestellung nach, »ob die wahre Tugend des Mannes erlernbar sei oder im Blute liege«[8]. Und seine Antwort auf diese Frage, die dann auch im Werke *Platons* immer wieder begegnet, lautet:

»Volles Gewicht hat nur, wem rühmlicher Wert
Angeboren ist. Wer nur besitzt
Was er erlernt, ein schwankender Schattenmann,
Niemals tritt der auf mit wirklichem Fuß,
Sondern von tausend hohen
Dingen mit unreifem Sinn
Kostet er nur...
Weise ist, wer durch Geblüt vieles weiß,
Doch die nur Gelernten mögen frech im Chor ihrer Zungen
Wie Raben vergeblich krächzen
Wider den göttlichen Vogel des Zeus.«[9]

Hier erhält der pädagogische Pessimismus wiederum einen neuen Akzent: nicht die Unbeeinflußbarkeit des Menschen durch Wissensvermittlung und Lernen wird behauptet, sondern die Unerreichbarkeit des »Blutwissens«, der wirklichen Weisheit für den, der nicht über das »göttliche Blut« verfügt, weil er nicht wie alle großen Adelsgeschlechter auf einen Heros oder Gott als Stammvater verweisen kann. Bei jenem freilich, der über ein solches göttliches Erbgut verfügt, hat eine weitere Pflege dieses Gutes, hat Erziehung sehr wohl ihren Sinn, vor allem dann, wenn sie sich des »großen erzieherischen Antriebs des Vorbilds« der Vorfahren bedient. Ihr Andenken und Lob halten vor allem die Dichter hoch; und damit sind sie die eigentlichen Erzieher[10].

Bei aller »Unerschütterlichkeit« bleibt freilich auch *Pindars* Glaube an das »göttliche Blut« und an die Wirksamkeit seiner Pflege nicht gänzlich frei von Zweifeln: wie kann es eigentlich geschehen, daß das göttliche Erbe der Tugend eine oder mehrere Generationen lang versiegt und der Mut eines Helden erst wieder in seinem Enkel oder Urenkel erwacht? – Derartige Zweifel – so betont *Werner Jaeger* – weiß das griechische Denken allerdings mit dem Hinweis auf eine andere Erfahrung zu zerstreuen: so wenig man sich darüber wundert, daß fruchtbare Felder Jahre der Ruhe bedürfen, so wenig sollte man darüber erstaunt sein, daß »es auch im Wachstum der Geschlechter eines Hauses eine Mißernte, eine Aphorie gibt«[11].

Zwischen denen aber, die ihre Tauglichkeit im Blut tragen und diese oft genug auch unter großen Anstrengungen verwirklichen – angeregt durch das Vorbild edler

Erzieher und dem alten Appell entsprechend: »werde der du bist!« – zwischen diesen also und jenen nur angelernten Schwätzern mit ihrem Scheinwissen klafft eine abgrundtiefe, unüberbrückbare Kluft, worüber auch die neue Zeit mit ihrem pädagogischen Getöse und mit der Proklamation einer neuen Gesellschaft als Bildungsgesellschaft, die die alte Adelsgesellschaft ablösen soll, nicht hinwegtäuschen kann.

Anmerkungen

1 *W. Jaeger*: Paideia. Die Formung des griechischen Menschen. Erster Band. De Gruyter & Co., Berlin 1959 (4. Aufl.), S. 270

2 *H. Roth:* Pädagogische Anthropologie. Band I: Bildsamkeit und Bestimmung. Schroedel, Hannover/Berlin/Darmstadt/Dortmund 1966, S. 151

3 *Theognis* zitiert bei *W. Jaeger:* Paideia, a.a.O., S. 270

4 Ebenda, S. 259

5 Ebenda, S. 282 f.

6 Ebenda, S. 284

7 *Th.W. Adorno:* Erziehung zur Mündigkeit. Vorträge und Gespräche mit *H. Becker* 1959–1969. Herausgegeben von *G. Kadelbach*. Suhrkamp, Frankfurt 1972 (16.–30. Tausend), S. 88 und S. 120

8 *W. Jaeger:* Paideia, a.a.O., S. 287

9 *Pindar* zitiert bei *W. Jaeger:* Paideia, a.a.O., S. 287 und S. 289; vgl. auch *J. v. d. Driesch* und *J. Esterhues:* Geschichte der Erziehung und Bildung. Band I: Von den Griechen bis zum Ausgang des Zeitalters der Aufklärung. Schöningh, Paderborn 1960 (5. Aufl.), S. 34

10 *W. Jaeger:* Paideia, a.a.O., S. 284 f.

11 Ebenda, S. 284; vgl. zum Ganzen: *W. Jaeger:* Paideia, a.a.O., S. 249–291; ferner *Th. Ballauff:* Pädagogik. Eine Geschichte der Bildung und Erziehung. Band I: Von der Antike bis zum Humanismus. Unter Mitarbeit von *G. Plamböck*. Alber, Freiburg/München 1969, S. 41 ff.

Demokritos aus Abdera

In ähnlicher Weise wie seine poetischen Landsmänner artikuliert der bedeutende vorsokratische Philosoph in mehreren seiner *Fragmente* den griechischen Anthropopessimismus und die entsprechende pädagogische Grundstimmung.

Den »lachenden Philosophen« hat man ihn genannt und »einen der größten Idealisten aller Zeiten«, zugleich aber auch einen »typischen Vertreter des Atomismus und Materialismus«[1]. – Eine widersprüchlichere Würdigung ist wohl kaum möglich. Allerdings trifft sie zu und hat ihren Grund in der Fülle und Vielgestaltigkeit der Gedanken und Thesen dieses universalen Weisen.

Er gilt als der profundeste Forscher vor *Aristoteles*, und er bemüht sich als erster um eine philosophische Systembildung. Mit der von ihm begründeten Atomistik versucht er die Wirklichkeit in ihrer Mannigfaltigkeit und Veränderung zu erklären. Auf ethischem Gebiet wird er zum Begründer des Eudämonismus.

Sehr viel ist es nicht, was über ihn und von ihm erhalten geblieben ist. Paradoxie – oder sollte man von Ironie des Schicksals sprechen? – eine gewisse Widersinnigkeit jedenfalls kennzeichnet bereits den Beginn seiner Biographie: *Demokrit*, dieser geniale Geist, stammt ausgerechnet aus Abdera, jener altgriechischen Stadt an der Küste Thrakiens, die – berüchtigt ob der Borniertheit ihrer Einwohner – als Schilda der Antike gilt. Er kommt dort etwa 460 vor *Christi* Geburt zur Welt und stirbt, hochbetagt, um 370. Von seinem Lehrer *Leukipp* ist außer dem Namen so gut wie nichts bekannt. Zahlreiche Studienreisen führen *Demokrit* nach Athen, zu den Ägyptern und in den Orient. Nach dem Zeugnis des *Aristoteles*, dem er an Größe und Bedeutung kaum nachsteht, hat er beinahe alles zum Gegenstand seines Forschens gemacht: das Seiende und seine atomare Struktur sowie die Leere, die unterschiedlichen Formen der Atome, die Natur, ihre Gestalten und Farben, die Gestirne, Mensch und Geist, Sinneswahrnehmung und Denkgesetze, das Leben nach dem Tode, Malerei und Poetik, medizinische Fragen und landwirtschaftliche Techniken… In seiner Ethik erweist sich der theoretische Materialist – trotz des eudämonistischen, stellenweise auch hedonistischen Ansatzes – als großer Idealist[2]. Er bejaht die Lust – aber mit Einschränkungen: »Nicht jede Lust, sondern nur die Lust am Schönen soll man erstreben«; oder: »Mannhaft ist nicht nur wer seine Feinde, sondern auch wer seine Lüste überwindet. Manche aber sind Herren über Städte und Knechte von Weibern.«[3] Zur Glückseligkeit als höchstem Gut führen nur Gleichmut, Maß und Selbstbeherrschung. – Sein gesamtes Denken hat der Philosoph in zahlreichen Schriften niedergelegt; aber außer einigen *Fragmenten* ist alles verloren gegangen – Gleichnis der Vergänglichkeit des Menschen und seiner Werke…

Zu pädagogischen Fragestellungen trägt *Demokrit* eine Reihe wertvoller Gedanken bei; aber als »lachenden Philosophen« erkennt man ihn darin überhaupt nicht. Diesbezüglich darf er vielmehr den großen Skeptikern und pädagogischen Pessimisten zugerechnet werden – oder sollte man ihn einen kritischen Realisten nennen? Zwar ist ihm der Mensch grundsätzlich kein Rätsel; er jedenfalls meint ihn begriffen zu haben: »Mensch ist, was wir alle wissen.«[4] Was man im Blick auf dieses seltsame Geschöpf allerdings zu Gesicht bekommt, eröffnet nicht unbedingt hoffnungsvolle Perspektiven. Vergleicht man den Menschen mit den übrigen Lebewesen, dann sind seine vielfältigen *Mängel* nicht zu übersehen. In ihnen wiederum gründet seine nie voll zu stillende *Lernbedürftigkeit*; er muß alles und muß immerzu lernen: »*Die Menschen* sind in den wichtigsten Dingen Schüler der Tiere geworden: der Spinne im Weben und Stopfen, der Schwalbe im Hausbau und der Singvögel, des Schwans und der Nachtigall im Gesang und zwar auf dem Wege der Nachahmung.«[5] – Als *Krone der Schöpfung* würde *Demokrit* den Menschen nicht interpretieren. Die kulturelle und humane Lebensweise ist diesem *Restgeschöpf* nicht angeboren, sondern sie muß von ihm mühsam erlernt werden, was aber bei vielen nicht gelingt.

Bemerkenswert ist, daß der Philosoph die Kultur bereits als *zweite Natur* deutet, dabei die Erziehung mit einbezieht und so sinngemäß den Gedanken von der *zweiten, sozio-kulturellen Geburt* vorwegnimmt. Er behauptet nämlich: »Die Natur und die Erziehung sind etwas Ähnliches. Denn die Erziehung formt zwar den Menschen um, aber durch diese Umformung schafft sie Natur.«[6] – Gewiß hat die Mängelsituation des Menschen ihren positiven Aspekt. Bedürfnisse und Not zwingen ihn, die ihm eigenen Möglichkeiten zu nutzen: nachzudenken, zu suchen, zu erfinden, zu entdecken... Gleichwohl bleibt der ihm erreichbare *Fortschritt* allemal eine recht ambivalente Sache; und aufs Ganze gesehen dominieren doch die negativen Aspekte: »Man soll erkennen, daß das menschliche Leben schwach ist und kurzdauernd und mit viel Plagen und Schwierigkeiten vermengt...«[7]

Diese pessimistische Sichtweise bestimmt auch *Demokrits* pädagogische Gedanken: »Kinder aufzuziehen ist etwas Unsicheres. Wenn es glückt, so ist es voll von Kampf und Sorge gewesen; wenn es aber mißglückt, so ist der Schmerz durch keinen anderen zu übertreffen.«[8] Die Konsequenz aus dieser Erkenntnis kann für *Demokrit* daher nur im Verzicht auf die Zeugung von Kindern liegen: »Denn ich erblicke im Kinderbesitz viele große Gefahren und viel Trübsal, dagegen wenig Segen.«[9] – Unwillkürlich denkt man an *Jean-Paul Sartres* Ausruf: »Kinder machen, ausgezeichnet; Kinder *haben*, welche Unbill!«[10]

Eigentlich wäre angesichts aller Beschwernisse und Zweifel an Sinn und Möglichkeit der Erziehung der Verzicht auf Kinder das Vernünftigste und Bequemste. Und doch bleibt – merkwürdig genug – der Wunsch nach ihnen für viele Menschen ein mächtiges Bedürfnis. Sie sind offenbar der Auffassung: »es gehöre von Natur wie nach einem Urzustande zu den notwendigen Dingen, für Nachkommenschaft zu sorgen; ebenso steht es offenbar auch bei den übrigen Lebewesen. Denn alle bringen Junge zur Welt, der Natur gehorchend, ohne jede Rücksicht auf Nutzen. Vielmehr, wenn sie geboren sind, müht sich jedes ab und zieht sie auf, so gut es kann, und ängstigt sich um sie, solange sie noch klein sind, und härmt sich, falls ihnen etwas zustößt. So ist der natürliche Instinkt aller Wesen, die Seele haben...«[11] Die Menschen hingegen, denen ein solcher Instinkt ja wohl kaum angeboren sei, hätten im Lauf der Zeit die Ansicht gewonnen und sich daran gewöhnt, »daß der Nachkomme auch einen gewissen Vorteil bringe«. *Demokrit* steht nicht an, diese Ansicht erheblich in Zweifel zu ziehen.

Im Blick auf jene Faktoren, die die konkrete physische und psychisch-geistige Gestalt des Menschen bestimmen, zählt der Philosoph zu denen, die dem *Erbe* einen hohen Wirksamkeitsgrad beimessen. Im Unterschied zu *Homer*, der ja hinsichtlich Telemachos von Odysseus' *und* Penelopeiens Samen spricht, beinhaltet in den Augen *Demokrits* der *männliche* Samen den *ganzen* Menschen: »Beischlaf ist ein kleiner Schlaganfall. Denn da stürzt ein Mensch aus dem Menschen heraus und wird losgerissen wie durch einen Schlag sich abtrennend.«[12] Diese Ansicht führt bei *Demokrit* nun keineswegs zu einer optimistischen Erwartungshaltung und Einstellung gegenüber leiblichen Kindern. Offenbar teilt er die Erfahrung und Überzeugung *Pindars*, wonach die eigene Tauglichkeit noch keine Gewähr dafür bietet, daß auch der eigene Sohn über die Vererbung daran Anteil haben würde; und von der Erziehung erwartet der Philosoph diesbezüglich ganz wenig: Erziehung mag glücken – oft genug mißglückt sie; und diese Erfahrung bestärkt ihn, davor zu warnen, »sich Kinder zu zeugen«.

Demjenigen aber, der von seinem Wunsch, unbedingt Kinder zu besitzen, gar nicht abzubringen ist, weiß der Philosoph einen Rat; und damit bringt er einen weiteren Aspekt des pädagogischen Pessimismus zur Sprache: Umrisse einer Theorie des *Nativismus. Demokrit* empfiehlt nämlich: »Wer irgend eine Nötigung hat, sich ein Kind zu verschaffen, tut dies, wie mir scheint, besser durch Adoption eines Freundeskindes. Dieser wird dann ein Kind bekommen, so wie er es wünscht. Denn er kann es sich auswählen, wie er es will; und das, welches geeignet zu sein scheint, wird ihm wohl auch infolge seiner Naturanlage am meisten folgen. Und dabei ergibt sich insofern ein großer Unterschied, als man hier das Kind nach Herzenswunsch aus vielen, so wie man es braucht, auswählen kann. Zeugt man es aber sich selbst, so sind viele Gefahren dabei: denn man muß doch mit dem, das gerade geboren wird, vorlieb nehmen.«[13]

Nun wird dem Philosophen gewiß nicht entgangen sein, daß auch Adoptiveltern vor unliebsamen, ja schmerzlichen Erfahrungen mit ihren angenommenen Kindern nicht bewahrt bleiben; der Genotypus ist bei einem Adoptivkind ebenso unsichtbar und unerkundbar wie bei einem leiblichen. Aber bei vielen Menschen besteht nun einmal der starke Wunsch nach Nachkommen – »ohne jede Rücksicht auf Nutzen«. Und mag Erziehung auch ein noch so unsicheres Unterfangen sein und bleiben, *Demokrit* ist sich bei all seinem diesbezüglichen Pessimismus und bei aller Einsicht in die Grenzen der Erziehung ihrer *Notwendigkeit* durchaus bewußt und dazu der Tatsache, daß der Mensch ein *Kulturwesen* ist: angewiesen auf die zusätzliche Formung seiner ursprünglichen Natur – angewiesen auf *Erziehung*.

Und schließlich: trotz aller Plagen, Kämpfe und Sorgen, die denen, die diese Aufgabe leisten, nicht erspart bleiben – so darf man vielleicht aus den *Fragmenten* des Philosophen noch herauslesen: wie arm wäre doch die Welt ohne Kinder und wie sinnlos das menschliche Leben?!

Anmerkungen

[1] Vgl. *J. Hirschberger:* Geschichte der Philosophie. Band I: Altertum und Mittelalter. Herder, Freiburg 1953 (2. Aufl.), S. 35 f.
[2] Vgl. ebenda, S. 36
[3] *Demokritos aus Abdera* zitiert bei *H. Diels:* Die Fragmente der Vorsokratiker. Nach der von *W. Kranz* herausgegebenen achten Auflage. Mit Einführungen und Bibliographien von *G. Plamböck*. Rowohlt, Hamburg 1957, S. 111: *Fragmente 207 und 214*
[4] Ebenda, S. 108: *Fragment 165*
[5] Ebenda, S. 107: *Fragment 154*
[6] Ebenda, S. 102: *Fragment 33*
[7] Ebenda, S. 116: *Fragment 285*
[8] Ebenda, S. 115: *Fragment 275*
[9] Ebenda, S. 115: *Fragment 276*
[10] *J.-P. Sartre:* Die Wörter. Aus dem Französischen mit einer Nachbemerkung von *H. Mayer*. Rowohlt, Reinbek bei Hamburg 1965 (36.–50. Tausend), S. 14
[11] *Demokritos aus Abdera* zitiert bei *H. Diels:* Die Fragmente der Vorsokratiker, a.a.O., S. 115: *Fragment 278*
[12] Ebenda, S. 102: *Fragment 32*
[13] Ebenda, S. 115: *Fragment 277*

Exkurs: Horaz

Ob der römische Dichter *Quintus Horatius Flaccus* pädagogische Intentionen verfolgte oder erzieherisch tätig war, ist nicht bekannt. 65 vor *Christus* in Venusia in Apulien als Sohn eines Freigelassenen geboren, dient er nach *Caesars* Ermordung im Heer des *Brutus*, hält sich anschließend als Schreiber über Wasser und erfährt schließlich durch *Maecenas*, der ihm einen Landsitz vermacht, großzügige Förderung.
In seinen *Oden* besingt er in Anlehnung an altgriechische Dichter wie *Alkaios* oder *Pindar* die Freuden der Geselligkeit, der Liebe sowie des Lebens auf dem Lande und beeinflußt mit seinen Werken, insbesondere mit seinen *Episteln* – poetischen Briefen – nachhaltig die abendländische Lyrik. 8 vor *Christus* stirbt er.

In den Briefen des Dichters findet sich eine Stelle, die später immer wieder in pädagogischer Absicht zitiert wird und die, aus dem Kontext genommen, als Beleg für die erziehungspessimistische Position dienen kann.
Arthur Schopenhauer beruft sich in der Darstellung seiner eigenen Anthropologie – bei der Begründung seiner These vom angeborenen und unveränderlichen Charakter – auf diese Stelle[1]; und *Friedrich Theodor Rink*, der Herausgeber der *Kant*schen Vorlesung *Über Pädagogik* bringt im Zusammenhang mit dem Hinweis auf Dressurversuche an Tieren diese Stelle in ihrem lateinischen Wortlaut – wenn auch ungenau: »Naturam furca expellas, et tamen usque recurrit.«[2]
Erasmus von Rotterdam erwähnt diesen Spruch in seiner Abhandlung *Über die Notwendigkeit einer frühzeitigen allgemeinen Charakter- und Geistesbildung der Kinder* von 1529 gleichfalls: »›Du magst die Natur austreiben mit Stock und Stange, sie kehrt doch allzeit zurück‹, schreibt Horaz. So schreibt er, und gewiß mit vollem Recht; aber er schreibt es von einem schon heranwachsenden Baume.«[3] – Läßt man einmal außer acht, daß der Humanist hier mit dem Kontext doch ein wenig ›frei‹ umgeht, so will er mit seiner Bemerkung wohl zum Ausdruck bringen, daß dieses Wort des römischen Dichters nicht als Beleg für den Erziehungspessimismus benützt werden sollte, sondern nur als Warnung vor den Folgen der Vernachlässigung der Erziehung im frühen Kindesalter zu verstehen ist; weshalb denn *Erasmus* sofort hinzufügt: »Darum propft auch der verständige Landmann schon früh auf den jungen Stamm die Sorte, die der Baum zukünftig tragen soll. Sogleich geht das, was man zuallererst mitgeteilt hat, in Natur über.«[4]
Der Urtext lautet: *Naturam expelles furca, tamen usque recurret... Horaz* schreibt diesen Vers ohne pädagogische Hintergedanken. Vielmehr lobt der Dichter im Brief an seinen Freund *Aristius Fuscus* das Landleben als das der Natur entsprechende Leben: mag der (Stadt-)Mensch sich auch noch so sehr der Zivilisation zuwenden und die Natur verächtlich zurückdrängen; unversehens bricht sie wieder durch[5].
Betrachtet man die bislang angesprochenen pädagogischen Pessimisten insgesamt, so zeigt sich, wie differenziert die anstehende Problematik bereits in den Anfängen der abendländischen Geistesgeschichte auftritt. Bei allen Zweifeln an der Macht der

Erziehung findet sich nirgendwo ein *absoluter* Erziehungspessimismus; und die ganze Komplexität des mit den Begriffen »Erziehbarkeit« und »Bildsamkeit« artikulierten Problems eröffnet sich nicht zuletzt auch darin, daß bereits die Extremposition des pädagogischen Pessimismus nirgendwo widerspruchsfrei oder gar eindimensional auftritt. Diese Widersprüche beweisen vielmehr, wie früh bereits der antinomische Charakter dieser Problematik ins Bewußtsein tritt; und *Werner Jaeger* meint dazu, »daß gerade in dieser inneren Antinomie zwischen ernsthaftem Zweifel an der Erziehbarkeit und unbrechbarem Bildnerwillen die ewige Größe und Fruchtbarkeit des griechischen Geistes liegt. Zwischen diesen beiden Polen hat sowohl das christliche Sündenbewußtsein und sein Kulturpessimismus wie der sophistische Bildungsoptimismus Platz«[6].

Anmerkungen

1 *A. Schopenhauer:* Sämtliche Werke. Nach der ersten, von *J. Frauenstädt* besorgten Gesamtausgabe neu bearbeitet und herausgegeben von *A. Hübscher*. Fünfter Band: Parerga und Paralipomena. Erster Band. Brockhaus, Wiesbaden 1946 (2. Aufl.), S. 485

2 *I. Kant:* Ausgewählte Schriften zur Pädagogik und ihrer Begründung. Besorgt von *H.-H. Groothoff* unter Mitwirkung von *E. Reimers*. Schöningh, Paderborn 1963, S. 11; vgl. auch *I. Kant:* Über Pädagogik. Herausgegeben von *Th. Dietrich*. Klinkhardt, Bad Heilbrunn/Obb. 1960, S. 8

3 *D. Erasmus von Rotterdam:* Ausgewählte pädagogische Schriften. Besorgt von *A.J. Gail*. Schöningh, Paderborn 1963, S. 130

4 Ebenda, S. 130

5 *Horaz:* Briefe. Aus dem Lateinischen uebersetzt und mit historischen Einleitungen und anderen noethigen Erlaeuterungen versehen von *C.M. Wieland*. Erster Theil. Weidmann, Leipzig 1816 (3. Aufl.), S. 182: *Briefe I, 10, 24*; vgl. auch *Horaz:* Sämtliche Werke. Lateinisch und deutsch. Teil I: Oden und Epoden. Nach *Kayser, Nordenflycht* und *Burger* herausgegeben von *H. Färber*. Teil II: Satiren und Briefe. Übersetzt und zusammen mit *H. Färber* bearbeitet von *W. Schöne*. Tusculum-Bücherei. Herausgegeben von *H. Färber* und *M. Faltner*. Heimeran, München 1967 (Neuausgabe), S. 162 ff.

6 *W. Jaeger:* Paideia. Die Formung des griechischen Menschen. Erster Band. De Gruyter & Co., Berlin 1959 (4. Aufl.), S. 389

Niccolò Machiavelli

Dem Menschen der Renaissance ist die pessimistische Welt- und Lebensbetrachtung grundsätzlich fremd. Er, der sich mit *Campanella* als »zweiten Gott« sieht[1], sich vom Gewissenszwang, vom Sündenbewußtsein und von der Angst vor der Jenseitskatastrophe befreit und mit *Johannes von Saaz* all jene, die den Menschen als verderbt beschimpfen, heftig kritisiert: denn sie würden damit Gott und sein Werk schlecht machen[2]; er, der mit *Pico della Mirandola* die »Würde des Menschen« besingt und sich – von der die ganze Schöpfung betreffenden Determinierung ausgenommen – als absolut frei, als sein eigener »Bildhauer« versteht[3] – dieser Mensch ist sich seiner Größe und Güte voll bewußt, und er ist von der Grenzenlosigkeit dessen, was zu bewirken ihm möglich ist, fest überzeugt. Diese Überzeugung weiß er ins Maßlose zu steigern, so daß sie in der italienischen Hochrenaissance in Überdruß und Ekel, in Gewissenlosigkeit und Verkommenheit umschlägt und in einem Manne wie *Girolamo Savonarola* – dem »starren scholastischen Spätling«[4] – ihren Richter findet.

In den Predigten und Aktionen dieses Florentiner Theokraten wird wieder das religiöse Eiferertum des Mittelalters lebendig und ebenso lebendig wird die oft genug in seinem Gefolge anzutreffende Denuntiation und Verachtung des Menschen – ein Zug, der auch den anderen bedeutenden Florentiner und siebzehn Jahre jüngeren Zeitgenossen *Savonarolas, Niccolò Machiavelli* kennzeichnet.

1469 geboren, wirkt *Machiavelli* als Sekretär der Kanzlei des Rats der Zehn in Florenz, mit der Erledigung innen- und außenpolitischer Aufgaben betraut. Nach dem Sturz der Republik und der erneuten Machtübernahme durch die Medici seines Amtes enthoben, vorübergehend verhaftet, gefoltert und ausgewiesen, zieht er sich ins Privatleben zurück und widmet sich ab 1513 seinen historischen, staatstheoretischen und poetischen Vorhaben. Im Laufe der folgenden Jahre betrauen ihn die Medici zunehmend mit politischen Aufträgen. 1527 stirbt er in Florenz, seiner Geburtsstadt – nicht lange nach dem abermaligen Sturz der Medici.

Machiavelli ist zwar das Pathos des Fanatikers fremd; aber in den die Wirklichkeit klar erfassenden und von jeglichem faden Moralismus frei gebliebenen politischen Analysen und Empfehlungen dieses originellen und scharfsinnigen Staatsdenkers der Spätrenaissance wird ein Bild vom Menschen sichtbar, das kaum noch etwas mit jenem der europäischen, insbesondere der italienischen Humanisten gemein hat, und aus dem, würde man es zur Grundlage pädagogischer Reflexionen machen, für *erzieherische* Einflußnahmen weniger als bescheidene Erfolgsmöglichkeiten erschlossen werden könnten. Denn wer demjenigen, der für die Schaffung einer Staatsverfassung und staatlicher Gesetze zuständig ist, empfiehlt, allzeit davon auszugehen, »daß alle Menschen schlecht sind und daß sie stets ihren bösen Neigungen folgen, sobald sie Gelegenheit dazu haben«[5]; wer – wie *Machiavelli* – die Möglichkeiten der individuellen Freiheit sehr eng begrenzt sieht, begrenzt von den mannigfachen »Systemzwängen«, dem Druck der Lebensgewohnheiten und der Tradition, die uns nur als »Vollstrecker von Forderungen, die von außen an uns herantreten« agieren lassen: »ebensosehr wie wir leben, werden wir gelebt«[6]; wer davon überzeugt ist, daß und »wie leicht sich die Menschen verderben lassen und wesensfremde Neigungen annehmen, selbst wenn sie gut veranlagt und wohlerzogen sind«[7]; wer den einzelnen in der totalen Anpassung an das »Überpersönliche«, an den »objektiven Geist« aufgehen sieht und diese Paralysierung der Person aus Gründen der Staatsräson sogar begrüßt, der wird statt von Erziehung lieber von *Dressur* sprechen; und er wird sich anstelle der der »Würde des Menschen« angemessenen Erziehungsmaßnahmen, die dem Geist der Liebe entspringen und entsprechen, lieber auf Furcht und Gewalt als Zuchtmittel verlassen. Da es nämlich »schwer ist, beides zu vereinigen, ist es viel sicherer, gefürchtet als geliebt zu sein... Denn von den Menschen kann man im allgemeinen sagen, daß sie undankbar, wankelmütig, verlogen, heuchlerisch, ängstlich und raffgierig sind... Auch haben die Menschen weniger Scheu, gegen einen beliebten Herrscher vorzugehen als gegen einen gefürchteten; denn Liebe wird nur durch das Band der Dankbarkeit erhalten, das die Menschen infolge ihrer Schlechtigkeit bei jeder Gelegenheit aus Eigennutz zerreißen. Furcht dagegen beruht auf der Angst vor Strafe, die den Menschen nie verläßt«[8]. Für *Machiavelli* werden die Menschen nicht gut sein, »wenn sie nicht zum Guten gezwungen werden«[9].

In diesen Reflexionen des italienischen Staatstheoretikers bekommt die Position des pädagogischen Pessimismus wiederum einen neuen Akzent: zwar gibt es die Möglichkeit der Erziehung – *Machiavelli* spricht ja von guter Veranlagung und von Wohlerzogenheit; aber ihr ist infolge der *grundsätzlichen* Schlechtigkeit der Menschen kein anhaltender Erfolg beschieden. Wer sich also auf einen Menschen verlassen will, der muß ihn unter Druck setzen; mit bloßer Erziehung – Erziehung als Hinführung zum Guten – wird er nichts ausrichten; und *Machiavelli* sieht in einer solchen Hilfestellung auch gar keine wünschenswerte Zielsetzung; denn: »Ein Mensch, der immer nur das Gute möchte, wird zwangsläufig zugrunde gehen inmitten von so vielen Menschen, die nicht gut sind.«[10] –

In dieser Einschätzung des Menschen koinzidieren bei *Machiavelli* Politische und Pädagogische Anthropologie.

Anmerkungen

1 *T. Campanella:* Poesie. A cura di *G. Gentile*. Laterza & Figli, Bari 1915, S. 170 ff. – *Tommaso Campanella*, italienischer Renaissancephilosoph und Angehöriger des Dominikanerordens, lebt von 1568 bis 1639. Beeinflußt von *Platons* Staatstheorie, entwickelte er die Utopie einer katholisch-sozialistischen Gesellschaft – des »Sonnenstaates«: zur Überwindung des menschlichen Egozentrismus.

2 Vgl. *Johannes von Saaz:* Der Ackermann aus Böhmen. Ein Streitgespräch zwischen Mensch und Tod aus dem Jahre 1400. In heutigem Deutsch, mit Einleitung und Anmerkungen, von *H. Böhm*. Kunstwart, München 1927, S. 62 f. – *Johannes von Saaz* stirbt um 1414. Der

böhmische Frühhumanist kam um 1378 nach Saaz, wirkte dort als Stadtschreiber, Notar und Rektor der Lateinschule und ging 1411 als Stadtschreiber und Notar nach Prag-Neustadt. Sein Streitgespräch zwischen Mensch und Tod *Der Ackermann aus Böhmen* – 1400 verfaßt – stellt die erste bedeutendere Dichtung der deutschen Renaissance dar. Eigentlich hieß er *Johannes von Tepl.*

[3] *G. Pico della Mirandola:* Über die Würde des Menschen. Nebst einigen Briefen und der Lebensbeschreibung Pico della Mirandolas. Ausgewählt und übertragen von *H.W. Rüssel.* Pantheon, Leipzig 1940, S. 49 f. – *Giovanni Pico della Mirandola,* italienischer Philosoph und Humanist, lebte von 1463 bis 1494. Befreundet mit und philosophisch beeinflußt von *Marsilio Ficino* (1433–1499), erstrebte er einen Bildungshumanismus und sah den Menschen als seinen eigenen und freien Bildner mit allen – hohen und niedrigen – Möglichkeiten der Selbstverwirklichung. Seine anthropologischen Thesen legte er in seinem 1486 veröffentlichten Werk *De hominis dignitate* nieder.

[4] *V. Valentin:* Reader's Digest Illustrierte Weltgeschichte. Bis zur Gegenwart fortgeführt von *A. Wucher* mit einem Beitrag über das heutige Afrika von *F. Ansprenger.* Das Beste GmbH, Stuttgart/Zürich/Wien 1968, S. 474. – *Girolamo Savonarola,* Angehöriger des Dominikanerordens und Bußprediger, lebt von 1452 bis 1498. Der Lebensverhältnisse seiner Zeit – der italienischen Hochrenaissance – überdrüssig, wird er Mönch und betreibt eine Reform von Politik und kirchlichem Leben in streng asketischem Geist und nach dem Vorbild alttestamentlicher Propheten. Sein Konflikt mit der Kirche endet für ihn mit seiner Exkommunikation und Verbrennung.

[5] *N. Machiavelli:* Discorsi. Gedanken über Politik und Staatsführung. Deutsche Gesamtausgabe. Übersetzt, eingeleitet und erläutert von *R. Zorn.* Kröner, Stuttgart 1966, S. 17: *Discorsi I/3*; vgl. auch S. 37, wo *Machiavelli* erneut unterstreicht, daß »die Menschen mehr zum Bösen als zum Guten neigen«: *Discorsi I/9.*

[6] *M. Landmann:* De homine. Der Mensch im Spiegel seines Gedankens. Unter Mitarbeit von *G. Diem, N. Hinske, P.L. Lehmann, P.Chr. Ludz, M. Theunissen* und *E. Tielsch.* Alber, Freiburg/München 1962, S. 169

[7] *N. Machiavelli:* Discorsi, a.a.O., S. 116: *Discorsi I/42*

[8] *N. Machiavelli:* Der Fürst. »Il Principe«. Übersetzt und herausgegeben von *R. Zorn.* Kröner, Stuttgart 1955, S. 68 f.: *Il Principe XVII*

[9] Ebenda, S. 100: *Il Principe XXIV*

[10] Ebenda, S. 63: *Il Principe XV*

Martin Luther

Machiavelli war alles andere als ein »scholastischer Spätling«; was ihn – den Antiklerikalisten – mit dem Christentum verband, mit dem mittelalterlichen und wohl auch mit jenem seiner das Christentum reformierenden Zeitgenossen nördlich der Alpen, ist das geradezu abstoßende Bild, das er und viele christliche Theologen vom frühen Mittelalter an bis hin zur Reformation und weit über sie hinaus vom konkreten, in dieser Welt anzutreffenden Menschen gezeichnet haben. Während für den Italiener in diesem Bild – seiner persönlichen Erfahrung und seiner politischen Absicht entsprechend – *alles* über den Menschen gesagt ist und somit nur noch die politischen Konsequenzen in Gestalt einer äußerst straffen und strengen Führung gezogen werden müssen, kannte das mittelalterliche und kennt das reformierte Christentum noch ein anderes Menschenbild: das Bild des durch die Gnade Gottes und die göttliche Erlösungstat zum Heil berufenen Menschen. »*Machiavelli* säkularisiert gleichsam, ja er übertrumpft womöglich noch, die Erbsünde zu Selbstsucht und Bosheit, läßt dann aber die übernatürliche Hilfe, durch die das Christentum den Menschen doch wieder rettet, fallen.«[1]
Die Chancen, die sich für die Erziehung aus *Machiavellis* Politischer Anthropologie ergeben, sind wohl kaum anders als dürftig zu beurteilen; wie sehen sie aus, wenn man die Theologische Anthropologie *Martin Luthers* auf ihre pädagogischen Konsequenzen hin untersucht?

1483 als Sohn eines Bergmanns in Eisleben geboren und dort 1546 nach einem unermüdlichen und kämpferischen Einsatz für die Erneuerung der Kirche aus dem unverfälschten Geist des Evangeliums als der bedeutendste unter den Reformatoren und Begründer des Protestantismus verstorben, hat *Martin Luther* neben seinen theologischen Vorlesungen und großen Reformationsschriften auch zahlreiche Traktate und Predigten verfaßt – beispielsweise 1524 *An die Bürgermeister und Ratsherren aller Städte in deutschen Landen, daß sie christliche Schulen aufrichten und halten sollen* oder 1530 *Eine Predigt, daß man die Kinder zur Schule halten solle* – Schriften, in denen er – trotz seiner Überzeugung, wonach allen menschlichen erzieherischen Bemühungen durch Gottes Absicht mit einem Menschenkind enge Grenzen gesetzt sind – gleichwohl die Eltern an ihre erzieherische Verantwortung erinnert und für den Aufbau und die Erhaltung von Schulen sowie um die sorgfältige Ausbildung von Lehrern und Pfarrern wirbt.

Für *Luther* bleibt menschliche Selbstreflexion zwar kein sinnloses, aber ein fragmentarisches Unternehmen. Will sich der Mensch sehen und begreifen, wie er ist, und will er die Welt unverfälscht »anschauen«, dann muß er sich der Sichtweise dessen bedienen, der nicht – wie er – *in* der Welt steht, sondern *außerhalb* von ihr. Diese Sichtweise ermöglicht ihm die *Heilige Schrift:* in ihr erfährt er, wer er ist, woher er kommt und wohin er geht; in ihr gewinnt er eine zutreffende *Weltanschauung*. Wer diese Botschaft vernimmt, erfährt die Unendlichkeit und totale Allmacht des Schöpfers, und er erfährt seine gänzlich von Schuld und Sünde geprägte

Kreatürlichkeit. Aus dieser Situation vermag er sich nicht selbst – in eigener freier Entscheidung – zu lösen; sondern als erlöster und von der Sünde befreiter Mensch ist er ausschließlich das Werk der göttlichen Gnade.

In seiner Schrift *Von der Freiheit eines Christenmenschen* aus dem Jahre 1520 gibt *Luther* zu bedenken, »daß ein jeglicher Christenmensch ist von zweierlei Natur, geistlicher und leiblicher. Nach der Seele wird er ein geistlicher, neuer, innerer Mensch genannt, nach dem Fleisch und Blut wird er ein leiblicher, alter und äußerer Mensch genannt«[2]. Diese dualistische Anthropologie findet in *Luthers* Erziehungslehre ihre Entsprechung. Wenn der Reformator dem Menschen die Freiheit abspricht, dann argumentiert er nicht auf der Basis des philosophischen Determinismus, sondern – wenn man so will – als theologischer Determinist: »Die Freiheit, die er meinte, war allein die Freiheit nach oben, zu Gott, zum Guten, zur Ewigkeit«[3]; und im Blick auf sie – die Freiheit des »inwendigen geistlichen Menschen« – trifft zu, »daß kein äußerlich Ding kann ihn frei noch fromm machen, wie es mag immer genannt werden; denn seine Frommheit und seine Freiheit, wiederum seine Bosheit und sein Gefängnis, sind nicht leiblich noch äußerlich«[4].

Fünf Jahre später betont er in seiner gegen *Erasmus von Rotterdam* gerichteten Schrift *Vom unfreien Willen* erneut und noch schärfer, »daß dem Menschen ein freier Wille nicht in bezug auf die Dinge eingeräumt sei, die höher sind als er, sondern nur in bezug auf das, was so viel niedriger ist als er... Im übrigen hat er gegenüber Gott oder in den Dingen, welche Seligkeit oder Verdammnis angehen, keinen freien Willen, sondern ist gefangen, unterworfen, verknechtet – entweder dem Willen Gottes oder dem Willen des Satans«[5].

Man wird *Luther* gewiß nicht gerecht, wollte man ihn im Blick auf seine Theologische Anthropologie pauschal zum pädagogischen Pessimisten abstempeln. Aber wiederum hat auch *Erasmus* so unrecht nicht, wenn er der Auffassung war, »daß Luther sehr wenig der Erziehung zutraue und sehr viel dem hl. Geist«[6]. *Luther*, für den »der menschliche Wille« – entsprechend seiner gegen *Erasmus* gerichteten Schrift – »in die Mitte gestellt (zwischen Gott und Satan) wie ein Zugtier« ist, dem der Mensch daher ein kraftloses Wesen bedeutet, das in diesen Kampf der beiden Reiter nicht einzugreifen vermag[7], sieht nicht im Willen des Menschen und in dessen Erziehung, sondern in der Gnade – ganz im Gegensatz zu *Erasmus*, für den diese nur eine göttliche Zugabe zur natürlichen Vernunft und Freiheit des Menschen darstellt – *Luther* sieht in der Gnade die einzige Wirkkraft im »geistlichen« Menschen[8].

Behält man den dualistischen Ansatz des Reformators im Auge und liest man unter diesem Aspekt sein pädagogisches Werk, dann gilt sein Pessimismus allerdings nur im Blick auf den »inwendigen geistlichen Menschen«[9]. Was den »äußerlichen Menschen« anlangt, so ist für *Luther* der Mensch ganz gewiß frei; und wer da meint, er könne diesbezüglich »guter Dinge sein und nichts tun«, dem antwortet er: »Nein, lieber Mensch, nicht so! Es wäre wohl so, wenn du nur ein innerlicher Mensch wärest und ganz geistlich und innerlich geworden, was nicht geschieht bis an den

Jüngsten Tag... Obwohl der Mensch inwendig, nach der Seele, durch den Glauben genugsam gerechtfertigt ist und alles hat, was er haben soll, ohne daß derselbe Glaube und Genüge muß immer zunehmen bis in jenes Leben, so bleibt er doch noch in diesem leiblichen Leben auf Erden und muß seinen eigenen Leib regieren und mit Leuten umgehen. Da heben nun die Werke an, hier darf er nicht müßig gehen, da muß fürwahr der Leib mit Fasten, Wachen, Arbeiten und mit aller mäßiger Zucht getrieben und geübt werden, daß er dem inneren Menschen in dem Glauben gehorsam und gleichförmig werde, ihn nicht hindere noch widerstrebe, wie seine Art ist, wenn er nicht gezwungen wird.«[10]
So aussichtslos, unmöglich und unnötig die Erziehung des geistlichen Menschen ist – und zwar »Erziehung« im Sinne einer Erzwingung: der geistliche Mensch und sein Glaube sind allein das Werk der *göttlichen* Erziehung; aber *Luther* kennt gewiß auch in diesem Bereich so etwas wie eine Erziehungsbedürftigkeit, der zu entsprechen der Mensch als »Mitarbeiter Gottes« seinen Beitrag im Sinne des *Aufmerksam-Machens* und *Verkündens* zu leisten vermag[11] – so wenig also der Mensch bei der Erziehung des geistlichen Menschen *direkt* auszurichten vermag, so nötig und dringlich bleiben seine erzieherischen Bemühungen am äußerlichen Menschen; und *Luther* hält sie nicht nur für nötig, sondern auch – wenn man nur früh genug damit beginnt – für *möglich*. So weiß er in seiner *Predigt, daß man die Kinder zur Schule halten solle* von 1530 zwar um die Schwierigkeit, »alte Hunde bändig und alte Schälke fromm zu machen«; aber – so fährt er fort – »die jungen Bäumlein kann man besser biegen und ziehen, obgleich auch etliche drüber zerbrechen«[12].
Von großer Zuversicht in die Möglichkeiten der Erziehung künden allerdings auch diese Worte nicht; wie denn überhaupt in vielen Passagen der Erziehungslehre *Luthers* ein gewisser gewalttätiger Zug transparent wird, der sich in Worten wie »zwingen«, »reizen« und »hetzen«[13] und in der wiederholten drohenden Erinnerung an die »schwere Rechenschaft« artikuliert, die dem vom ewigen Richter abverlangt wird, der »die Jugend so versäumet« und seine Kinder zu »Tartaren oder wilden Tieren« entarten läßt[14].
Allerdings darf auch jener Wesenszug des Reformators nicht unerwähnt bleiben, der bei Erziehern – leider auch christlichen – nur höchst selten anzutreffen ist und der sein zeitweilig ungestümes – wohl auch temperamentbedingtes – Drängen, Reizen, Hetzen und Zwingen wieder zu relativieren vermag: sein *Humor* – jene Haltung, die bei allem entschiedenen Widerstand gegen den Irrtum die unerschütterliche Liebe für den Irrenden und das Bewußtsein um die eigene Schwäche und Fehlbarkeit spüren läßt[15].

Anmerkungen

[1] *M. Landmann:* De homine. Der Mensch im Spiegel seines Gedankens Unter Mitarbeit von *G. Diem, N. Hinske, P.L. Lehmann, P.Chr. Ludz, M. Theunissen* und *E. Tielsch*. Alber, Freiburg/München 1962, S. 168

[2] *M. Luther:* Pädagogische Schriften. Besorgt von *H. Lorenzen*. Schöningh, Paderborn 1969 (2. Aufl.), S. 16

[3] *H. Bornkamm:* Erasmus und Luther. In: Luther-Jahrbuch 1958. Herausgegeben von *F. Lau*. Jahrgang XXV. Lutherisches Verlagshaus, Berlin 1958, S. 17

[4] *M. Luther:* Pädagogische Schriften, a.a.O., S. 16

[5] *M. Luther:* Der neue Glaube. Luther deutsch. Die Werke Martin Luthers in neuer Auswahl für die Gegenwart. Herausgegeben von *K. Aland*. Band 3: Der Große Katechismus. Vom unfreien Willen. Klotz, Stuttgart/Vandenhoeck & Ruprecht, Göttingen 1961 (3. Aufl.), S. 200; vgl. auch *H. Fausel:* D. Martin Luther. Der Reformator im Kampf um Evangelium und Kirche. Sein Werden und Wirken im Spiegel eigener Zeugnisse. Calwer, Stuttgart 1955, S. 270 sowie *Th. Ballauff* und *K. Schaller:* Pädagogik. Eine Geschichte der Bildung und Erziehung. Band II: Vom 16. bis zum 19. Jahrhundert. Alber, Freiburg/München 1970, S. 15 ff.

[6] *H. Bornkamm:* Das Jahrhundert der Reformation. Gestalten und Kräfte. Vandenhoeck & Ruprecht, Göttingen 1966 (2. Aufl.), S. 79

[7] *M. Luther:* Der neue Glaube, a.a.O., S. 196; vgl. auch *H. Grisar:* Martin Luthers Leben und sein Werk. Herder & Co., Freiburg im Breisgau 1926, S. 240 und S. 269

[8] Vgl. auch *J. v. d. Driesch* und *J. Esterhues:* Geschichte der Erziehung und Bildung. Band I: Von den Griechen bis zum Ausgang des Zeitalters der Aufklärung. Schöningh, Paderborn 1960 (5. Aufl.), S. 227 f.

[9] *M. Luther:* Pädagogische Schriften, a.a.O., S. 16 und S. 24

[10] Ebenda, S. 24

[11] Vgl. *F. März:* Problemgeschichte der Pädagogik. Band I: Die Lern- und Erziehungsbedürftigkeit des Menschen. Pädagogische Anthropologie. Erster Teil. Klinkhardt, Bad Heilbrunn/Obb. 1978, S. 146

[12] *M. Luther:* Pädagogische Schriften, a.a.O., S. 104; vgl. auch *A. Reble* (Hrsg.): Geschichte der Pädagogik. Dokumentationsband I. Klett, Stuttgart 1971, S. 85

[13] *M. Luther:* Pädagogische Schriften, a.a.O., S. 86

[14] Ebenda, S. 86

[15] Vgl. dazu *F. März:* Humor in der Erziehung. Bemerkungen über eine pädagogische Rarität. Kösel, München 1967, S. 61 f.

Humor ist ihm gänzlich fremd – einem Mann, von dem *Albert Schweitzer* in seinem Werk über *Johann Sebastian Bach* berichtet: *einmal* habe er wohl lachen müssen; damals nämlich, »als er die leichtfertigsten Weisen mit Davids und Salomos erhabenen Dichtungen züchtig und fromm einherspazieren sah« – die Kirche *Calvins* war, da sie anfangs über keine eigenen geistlichen Gesänge verfügte, zur Vertonung des Psalters auf weltliche Volksweisen angewiesen; und *Schweitzer* fügt sofort hinzu: »Es war auch das einzige Mal in seinem Leben.«[1]

1509 in Noyon, in der Picardie, geboren, widmet sich *Johannes Calvin* zunächst dem Studium der Rechtswissenschaft. Sein Bekenntnis zur Reformation zwingt ihn 1535 zur Flucht aus Paris nach Basel. Ein Jahr später übernimmt er ein Predigeramt in Genf, muß aber bereits nach zwei Jahren seines starren Moralismus und seiner Intransigenz wegen die Stadt wieder verlassen. Er zieht nach Straßburg und betreut französische Flüchtlinge als Seelsorger. Dort begegnet er auch *Philipp Melanchthon*. 1541 wird er nach Genf zurückgerufen und begründet hier ein äußerst strenges theokratisches Regime. Zwischen seiner Gefolgschaft und seinen Widersachern kommt es zu harten Auseinandersetzungen und zu erbitterten Kämpfen, in deren Verlauf viele Verbannungen verfügt sowie zahlreiche Todesurteile vollstreckt werden und die erst 1555 ein Ende nehmen. 1564 stirbt der Reformator in Genf.

Welche Vorstellungen von »Erziehung« muß wohl der haben, der – wie *Karl Holl* – den Genfer Reformator »einen Völkererzieher von weltgeschichtlichem Rang« nennt?[2] – Gewiß, in einem Punkt gibt es keinen Zweifel: »die werdende moderne Welt« – ihre Ethik, ihr staatliches und wirtschaftliches Leben – »hat er mitgeformt«[3] – allerdings nicht als *Erzieher*! Wie immer man das Wirken eines Mannes benennen will: eines Mannes, der Eltern durch ihre Kinder und Lehrer durch Schüler überwachen und denunzieren ließ; der, obgleich er einen Kommentar zu *Senecas* Abhandlung *Von der Milde* verfaßt hat – es war seine erste Schrift –, Gegenmeinung und Kritik nicht in christlicher Liebe ertrug und in brüderlicher Toleranz anzunehmen bereit war, sondern mit Folter und Tod ahnden ließ; auf dessen Veranlassung im Verlauf von vier Jahren in Genf über fünfzig Hinrichtungen vollstreckt wurden, beispielsweise wegen ehelicher Untreue; der alles Leben in seinem Wirkungskreis einer lückenlosen Kontrolle unterzog; der die Arbeit zum einzigen Lebensprinzip erhob und dem Erfolgreichen das Gelingen seines Werkes und seinen Reichtum als Zeichen seines Erwähltseins interpretierte – wie immer man das Wirken eines solchen Mannes bezeichnen will: *Erziehung* war es gewiß nicht.
Dieser finstere Romane war dem deutschen Reformator so wesensfremd, wie er seinen italienischen Zeitgenossen, die das gleiche düstere Bild vom Menschen wie er malten, wesensverwandt war: *Machiavelli* nicht weniger als *Savonarola*. In *Calvin* erlebten politische »Klugheit«, religiöse Intoleranz, missionarischer Fanatismus, moralischer Totalitarismus, Indoktrination, Hemmungslosigkeit, Härte und Gewaltanwendung im Namen Gottes eine gewiß nicht einmalige, aber höchst

erschreckende Inkarnation[4]. Und wer nach Beispielen für praktizierten Terrorismus sucht, wird an diesem Mann kaum achtlos und ohne »Achtung« vorübergehen können: *Calvin* haßte nicht nur den Irrtum, er haßte auch die Irrenden und suchte sie oft genug zu vernichten.

Wenn das Wort vom »theologischen Determinismus«[5] auf irgendeine Lehre zutrifft, dann zweifelsohne auf jene *Calvins*. Welche Konsequenzen haben nun dieser theologische Determinismus und das Prädestinationsdogma des Genfer Reformators für die pädagogische Theorie und Praxis, speziell im Blick auf die *Erziehbarkeit* des Menschen? – Recht merkwürdige, wie sich zeigt.

Wie für den deutschen so stehen auch für den Genfer Reformator die totale Verderbtheit und Sündhaftigkeit des Menschen der Herrlichkeit und Allmacht sowie der Allursächlichkeit und Allwirksamkeit Gottes gegenüber. Der als Ebenbild Gottes erschaffene Mensch ist gefallen und leidet an den Auswirkungen seiner Urschuld, die *er* zu vertreten hat. »Er ist verderbt, den Werken des Fleisches wehrlos ausgeliefert, des göttlichen Gerichts schuldig und in jeder Hinsicht verdammungswürdig. Sein Wille ist nicht mehr frei, um das Gute zu wählen, sein Geist ist zu stumpf und zu blind, um das Wahre in Gott zu erkennen. Höchstens ist seine Vernunft kurzsichtiger, ›verkehrter Spekulationen‹ über die Gottheit fähig. Im menschlichen Wesen herrscht durch und durch Unordnung: es ist aller Tugend bloß und hat keinen Grund, sich zu rühmen.«[6]

Alles, was der Mensch unternimmt – sei's im Geiste des Gehorsams, sei's in jenem des Trotzes –, hat seine Ursache in Gott; und doch behält er »auf eine ›unbegreifliche Weise‹« seinen Willen und seine Verantwortung[7]. Ob einer erwählt oder ob er verdammt ist, dies freilich liegt allein bei Gott, für dessen verborgene Absicht der zum Heil Berufene allerdings in der Annahme des göttlichen Wortes, im Gemeinschaft stiftenden Empfang des Sakramentes und in der gläubigen und zuchtvollen Lebensführung »Zeichen des Erwähltseins« erblicken darf, während der zur Verdammnis Bestimmte nicht über derartige »untrügliche Zeichen« verfügt und es auch niemandem zusteht, in anderen Verworfene zu sehen: »Gott allein weiß, ob, wie und wann diese sich bekehren werden«[8].

Calvin ist also – wie auch die anderen Reformatoren – Vertreter der »doppelten« Prädestination: der Vorherbestimmung derer, die erwählt, und jener, die verdammt sind; aber bei aller seiner Betonung der Ungewißheit darüber, wer verdammt sein wird, steht der Verdammniskomplex insgesamt bei *Calvin* ungleich mehr im Vordergrund als bei *Luther*.

Hier ist die Frage gewiß nicht unangebracht, welchen Sinn denn bei einem derartigen Verständnis des Menschen *Erziehung* haben kann und ob sie überhaupt möglich ist – Erziehung, die ja als wie auch immer geartete *Hilfe* ein Minimum an Entscheidungskraft, Eigenständigkeit und Eigentätigkeit dessen, dem sie gilt, voraussetzt. Man wird sich dabei auf den Gedanken von der »unbegreiflichen Weise« besinnen müssen: dieser so grundverderbte und ganz der Allmacht Gottes ausgelieferte Mensch kann auf »unbegreifliche Weise« *wollen* und trägt auf ebenso unerklärliche Weise *Verantwortung*. »In dem Maße, wie Calvin auf der einen Seite die Allwirksamkeit Gottes und die Unfähigkeit der Menschen betont, durch ihre Arbeit Glauben und Glaubensgehorsam bewirken zu können, legt er *gleichzeitig* größten Nachdruck darauf, daß die Diener am Wort zu angespanntester Aktivität und größtem Eifer verpflichtet sind. Wie die Prädestinationslehre ihren antithetischen Kontrapunkt in der Verantwortlichkeit des Menschen hat, so macht die Alleinwirksamkeit Gottes die angestrengte Arbeit der Menschen nicht überflüssig, sondern bedingt sie und fordert sie heraus.«[9]

Wieso eigentlich – wird man fragen dürfen? Aber derartige Paradoxien begegnen in der Geschichte öfters, auch in jener der Pädagogik. Irgendwie fühlt man sich in diesem Zusammenhang an den Mythos von Sisyphos erinnert, wenn *Luther* beispielsweise – und in diesem Punkt für *Calvin* gewiß Vorbild – in seiner Schrift *Vom unfreien Willen* betont: »Gerade deswegen müssen wir das Unsere tun, weil uns alles Zukünftige ungewiß ist.«[10] – Das Sinn-Wesen *Mensch* hält Sinnlosigkeit auf die Dauer nur aus, wenn es sie in besinnungsloser Betriebsamkeit zu verdrängen vermag; und was das Prädestinationsdogma anlangt, mag *Franz Xaver Eggersdorfer* nicht unrecht haben, wenn er meint, dieser Vorherbestimmungsglaube habe sich schließlich nur dann ertragen lassen, »wenn rastloses bürgerliches Arbeiten und moralisch strenges Bemühen als ein Zeichen der Erwählung und des göttlichen Segens betrachtet wurden. Dadurch wurde dann der Bildungs- und Erziehungseifer der Folgezeit aufs stärkste motiviert«[11].

Tatsächlich haben die Reformatoren und hat speziell *Calvin* für den Aufbau des Bildungswesens und einer praktikablen Erziehungslehre viel getan, einer Erziehungslehre, die sehr wohl auch »humane« Züge trägt[12]. Und dennoch verrät sich die pessimistische Grundstimmung *Calvins* auf Schritt und Tritt: dort etwa, wo der Reformator im Blick auf den Erziehungsstil Gottes die strengen Zuchtmittel und insgesamt die »Zucht des Kreuzes« besonders herausstellt, Zuchtmittel, mit denen Gott den arroganten Menschen an seine totale Verderbtheit und Schwäche erinnert; und ebenso dort, wo er zeigt, was er von der Jugend hält: »Die Jugend ist sehr verdorben, und will man ihnen nicht jede Frechheit erlauben, so beißen sie und bäumen sich auf wie wilde Rosse. Es geht darum, sie kurz zu halten und ihre Narrheiten zurückzudrängen.«[13]

Wer so redet, räumt zwar der Dressur und harter Disziplinierung Wirkmöglichkeiten ein; aber er hält nicht viel von der Kraft der *Erziehung*; und unausgesprochenermaßen liefert er damit auch seine Bankrotterklärung als *Erzieher*.

Anmerkungen

[1] *A. Schweitzer:* J.S. Bach. Vorrede von *Ch.M. Widor*. Breitkopf & Härtel, Wiesbaden 1952 (Neuauflage der Erstausgabe von 1908), S. 17

[2] *K. Holl* zitiert bei *R. Stupperich:* Johannes Calvin. In: Lexikon der Pädagogik. I. Band. Herder, Freiburg 1952, Sp. 597; vgl. auch *R. Hedtke:* Johannes Calvin. In: Lexikon der Pädagogik. Neue Ausgabe. Erster Band. Herder, Freiburg/Basel/Wien 1970, S. 230

[3] Ebenda

[4] Vgl. *V. Valentin:* Reader's Digest Illustrierte Weltgeschichte. Bis zur Gegenwart fortgeführt von *A. Wucher* mit einem Beitrag über das heutige Afrika von *F. Ansprenger*. Das Beste GmbH, Stuttgart/Zürich/Wien 1968, S. 500 ff.

[5] Vgl. *H. Henz:* Lehrbuch der systematischen Pädagogik. Herder, Freiburg/Basel/Wien 1971 (3. Aufl.), S. 117; ferner *F.X. Eggersdorfer:* Jugenderziehung. Herausgegeben von *A. Fischer*. Kösel, München 1962, S. 105

[6] *A. Ganoczy:* Calvin. In: *R. Kottje* und *B. Moeller:* Ökumenische Kirchengeschichte. Band II: Mittelalter und Reformation. Matthias-Grünewald, Mainz/Chr. Kaiser, München 1973, S. 384

[7] Ebenda, S. 385

[8] Ebenda, S. 385

[9] *R. Hedtke:* Erziehung durch die Kirche bei Calvin. Der Unterweisungs- und Erziehungsauftrag der Kirche und seine anthropologischen und theologischen Grundlagen. Pädagogische Forschungen. Veröffentlichungen des Comenius-Instituts. Reihe: Editionen und Monographien. Band 39. Quelle & Meyer, Heidelberg 1969, S. 137

[10] *M. Luther:* Der neue Glaube. Luther deutsch. Die Werke Martin Luthers in neuer Auswahl für die Gegenwart. Herausgegeben von *K. Aland*. Band 3: Der Große Katechismus. Vom unfreien Willen. Klotz, Stuttgart/Vandenhoeck & Ruprecht, Göttingen 1961 (3. Aufl.), S. 290

[11] *F.X. Eggersdorfer:* Jugenderziehung, a.a.O., S. 105

[12] Vgl. *H. Pixberg:* Der Deutsche Calvinismus und die Pädagogik. Heilmann, Gladbeck 1952, S. 43 sowie *K.-H. Günther/F. Hofmann/G. Hohendorf/H. König/H. Schuffenhauer* (Hrsg.): Quellen zur Geschichte der Erziehung. Erweiterte und verbesserte Auflage. Volk und Wissen, Berlin 1962 (4. Aufl.), S. 73

[13] *Calvin* zitiert bei *R. Hedtke:* Erziehung durch die Kirche bei Calvin, a.a.O., S. 28 f. und S. 67

Juan Huarte

Zu den interessantesten Studien, die im sechzehnten Jahrhundert der pädagogisch-anthropologischen Fragestellung gewidmet werden, zählt das 1575 veröffentlichte Werk des spanischen Arztes *Juan Huarte: Examen de ingenios para las ciencias*, das *Gotthold Ephraim Lessing* 1751 ins Deutsche übersetzt und unter dem Titel *Pruefung der Koepfe zu den Wissenschaften* 1752 publiziert. Der Spanier verfolgt darin die Absicht, »die Verschiedenheit der menschlichen Fähigkeiten und die jeder entsprechende Wissenschaft« aufzuzeigen und dem Leser dabei behilflich zu sein, seine eigene Begabung erkennen und den dafür geeigneten Beruf wählen zu können[1]. Dabei schwebt ihm sogar die Einsetzung einer staatlichen Prüfungskommission vor, deren Aufgabe darin bestehen soll, jeden Bürger *dem* Beruf zuzuführen, zu dem ihn seine Anlagen prädestinieren. Ein derartiges Verfahren käme in den Augen des Verfassers dem gesamten Gemeinwesen in ungeahntem Maße zugute.

Voraussetzung für die Entwicklung und Vervollkommnung dieses Verfahrens ist die Klärung einer Reihe von Fragen, deren wichtigste lauten: Worin sind die Ursachen zu sehen, daß einer für ein bestimmtes Fach begabt erscheint, für ein anderes hingegen untauglich? Wie sehen die verschiedenen Begabungen aus beziehungsweise wie viele gibt es? Woran kann man erkennen, für welches Fach beziehungsweise welchen Beruf ein Mensch geeignet ist? Und schließlich: wie muß man sich während des Zeugungsaktes verhalten und anstellen, damit bei der Geburt erstens mit einem *Sohn* und zweitens mit einem *begabten* Sohn gerechnet werden darf? –

Bei der Beantwortung dieser Fragen kann und will *Huarte* seinen Pessimismus angesichts der Möglichkeiten des Unterrichts und der Erziehung nicht verbergen – seinen Pessimismus, der in manchem an *Demokritos*, an *Theognis* und *Pindar* erinnert und im Blick auf die eugenischen Reflexionen des Spaniers später wieder bei *Schopenhauer* anzutreffen sein wird und der zudem noch einen merkwürdigen geschlechtsspezifischen Akzent trägt.

Lessing nennt diesen Mann kühn und originell und vergleicht ihn »mit einem muthigen Pferde, das niemals mehr Feuer aus den Steinen schlaegt, als wenn es stolpert«[2]. Und gestolpert ist *Huarte* ohne Zweifel; weniger im Blick auf die Tatsache, daß sein berühmtes Buch wenige Jahre nach der Veröffentlichung von den dafür zuständigen kirchlichen Stellen auf den *Index librorum prohibitorum* gesetzt wird: 1581 auf den portugiesischen und 1583 auf den spanischen, was die Verbreitung des Werkes in der Heimat zunächst wohl behindern mag, sie im Ausland aber doch auch erheblich fördert.

Gestolpert ist *Huarte* vielmehr über seine eigene Theorie. Denn im Hauptkapitel eben dieses Buches gibt er zwar klare Anweisungen, wie es Vätern gelingt, begabte Söhne in die Welt zu setzen, und er ist fest davon überzeugt, damit »der Republik den allergroeßten Dienst« zu leisten; aber der einleuchtendste Beweis für die Richtigkeit und Praktikabilität seiner Theorie und der durchschlagende Erfolg im eigenen ›Familienlabor‹ bleibt ihm versagt: von seinen sieben Kindern geraten ›nur‹ drei zu Söhnen, von denen aber keiner die Genialität und Berühmt-

heit des Vaters erreicht[3]. Von den vier Töchtern war er vermutlich nicht übermäßig begeistert; von ihnen ist auch nichts bekannt.
Juan Huarte kommt um 1529 zur Welt und verbringt den größten Teil seines Lebens in Baeza, wo er seit 1572 bis zu seinem Tod im Jahre 1588 als Amtsarzt und Schriftsteller wirkt und wo er 1575 sein Werk veröffentlicht, das eine beachtliche Wirkungsgeschichte aufweisen kann[4].

Dieses Buch umfaßt fünfzehn Kapitel. In den ersten sieben beschreibt der Autor die *philosophischen, psychologischen* und *physiologischen* Grundlagen seiner Begabungstheorie, zeigt sodann in den Kapiteln acht mit vierzehn die *pädagogischen* Konsequenzen auf und schildert im letzten Teil seines Buches die schon angesprochenen *eugenischen* Vorkehrungen, die die Erzeugung begabter Söhne garantieren sollen.
Huarte setzt bei der Erfahrung an, daß von den zahlreichen Schülern, die von ein und demselben Lehrer – er »mag gut oder schlecht gewesen seyn«[5] – unterrichtet worden sind, sich einige am Ende ihres Studiums als bedeutende, andere als mittelmäßige Gelehrte qualifiziert hätten, während eine dritte Gruppe aus solchen bestünde, die mit diesem Studium nur ihre Zeit und ihr Vermögen vergeudet und sich ihren Kopf vergeblich zerbrochen hätten. Der Lehrer habe diese Verschiedenheit doch wohl kaum verursacht.
Weiter zeige die Erfahrung, daß die nicht so fähigen Köpfe oft viel mehr Lernbereitschaft vorwiesen und viel größere Anstrengungen unternähmen als die fähigen; und daß die auf einem bestimmten Gebiet versagenden in einem anderen Fach Ausgezeichnetes zu leisten imstande seien.
Huarte will diese Erfahrungen nicht auf sich beruhen lassen, sondern er versucht sie zu analysieren; und er kommt bereits im *ersten Kapitel – »Worinnen durch ein Beyspiel gezeigt wird, daß, wenn der Knabe nicht die Faehigkeit besitzt, welche zu der Wissenschaft, der er sich widmet, erfordert wird, alles vergebens ist, ob er schon die besten Lehrmeister hoeret, viel Buecher besitzt, und seine ganze Lebenszeit darueber zubringt«*[6] – zu dem Ergebnis, »daß jede Wissenschaft ihr besondres bestimmtes *Genie* erfordre, welches nur in diesem, in den andern Theilen der Gelehrsamkeit aber nichts tauge. Wenn dieses nun wahr ist (wie es denn ist, und wir weiter unten beweisen wollen) und einer heut zu Tage in unsre Schulen kommen sollte, eine Musterung und Pruefung der Koepfe anzustellen; wie vielen wuerde er nicht andre Wissenschaften anweisen, wie viele wuerde er nicht als Dumme und zum Studiren gaenzlich Ungeschickte, auf das Feld verweisen, und wie viele von denen, welche ihre kuemmerliche Umstaende zu den niedrigsten Handthierungen verdammen, deren Koepfe aber die Natur allein zu den Wissenschaften erschaffen hat, wuerde er nicht hervorziehen muessen? Doch, da diesem nicht mehr abzuhelfen ist, muß man es so hingehen lassen«[7].
Freilich muß man dies nicht für alle Zeiten so hingehen lassen; und *Huarte* will mit seinen eigenen Untersuchungen und Bemühungen entscheidend zur Verbesserung der Begabungsforschung, der Begabungsprüfung und der Begabungsauslese beitra-

gen. Gerade dabei aber erweist er sich – zumindest streckenweise – als pädagogischer Pessimist.
Für den Autor gibt es aufgrund seiner Beobachtungen darüber keinen Zweifel: *»Nur die Natur ist es, von welcher der Knabe die Geschicklichkeit zum Lernen bekommen muß«*[8]; und zum Beweis dieser These erläutert er in den folgenden fünf Kapiteln die *physiologischen* Grundlagen seiner Begabungstheorie.
In der Frage: *»Welcher Theil des Koerpers besonders wohl beschaffen seyn muß, wenn der Knabe Faehigkeiten besitzen soll«*[9], schließt er sich der Auffassung der »zwey grossen Weltweisen« – *Hippokrates* und *Platon* – an und bekräftigt seine Überzeugung, »daß das Gehirn der vornehmste Sitz der vernuenftigen Seele sey« und »daß das Gehirn dasjenige Werkzeug sey, welches die Natur bestimmt habe, den Menschen verstaendig und faehig zu machen. Nur koemmt es darauf an, daß man erklaeret, wie dieser Theil beschaffen seyn muesse, wenn er die gehoerige Vollkommenheit haben, und der Knabe aus diesem Grunde von *Genie* und Faehigkeit seyn soll«[10].
Im *vierten Kapitel* versucht *Huarte* zu erweisen, *»daß die vegetativische, die sensitivische und vernuenftige Seele weise sind, ohne den geringsten Unterricht empfangen zu haben, wenn ihnen nur das Temperament nicht fehlet, welches ihre Verrichtungen erfordern«*[11]; und im *fünften Kapitel* entwickelt er den *physiologischen* Grundgedankengang, wonach *»bloß aus den drey Hauptbeschaffenheiten der Waerme, Feuchtigkeit und Trockenheit, alle Verschiedenheiten des menschlichen Genies entspringen«*[12].
Huarte geht davon aus, daß von den drei seelischen Fundamentalkräften – *Einbildungskraft, Gedächtnis und Verstand* – sich die Einbildungskraft aus der *Wärme*, das Gedächtnis aus der *Feuchtigkeit* und der Verstand aus der *Trockenheit* des Gehirns herleiten. Aus dieser Theorie ergibt sich für den Verfasser ganz klar, daß Gedächtnis und Verstand einander entgegenstehen und daher in ein und demselben Individuum unmöglich gleichzeitig anzutreffen sind, weil das nämliche Gehirn zur gleichen Zeit unmöglich feucht und trocken sein kann.
Ebenso ergebe sich aus dieser Theorie eine Erklärung dafür, warum alte Menschen viel Verstand aber ein schwaches Gedächtnis vorwiesen: »die Alten haben viel Verstand, weil sie viel Trockenheit haben, und haben wenig Gedaechtniß, weil sie wenig Feuchtigkeit haben. Die Substanz ihres Gehirns wird also hart, und kann den Eindruck der Bilder nicht annehmen; so wie das harte Wachs den Abdruck des Siegels sehr schwer, das weiche aber sehr leicht annimmt. Das Gegentheil ereignet sich an jungen Leuten, welche wegen der vielen Feuchtigkeit ihres Gehirns die verstaendigsten nicht sind, wegen seiner grossen Weiche aber ein weit staerkeres Gedaechtniß haben; weil die Bilder, welche von aussen in das Gehirn kommen, in dasselbe, vermoege seiner Feuchtigkeit, einen weit groessern, leichtern, tiefern und deutlichern Eindruck machen koennen. Daß das Gedaechtniß des Morgens weit faehiger sey, als des Abends, kann man nicht leugnen; nur trift Aristoteles die rechte Ursache nicht, welche diese ist: der Schlaf der vergangenen Nacht hat das Gehirn befeuchtet

und gestaerkt, da es das Wachen den ganzen Tag ueber austrocknet und harte macht... Aus dieser Lehre fliesset unwidersprechlich, daß der Verstand und das Gedaechtniß ganz entgegengesetzte und widrige Vermoegenheiten sind, so, daß der, welcher ein starkes Gedaechtniß hat, nothwendig am Verstande Mangel haben muß, und der, welcher einen grossen Verstand besitzet, kein gutes Gedaechtniß besitzen kann, ... weil das Gehirn ohnmoeglich zugleich uebermaessig trocken und uebermaessig feuchte seyn kann«[13].

Im *sechsten Kapitel* setzt sich der Verfasser mit *»verschiedenen Gruenden und Zweifeln wider die Lehre des vorhergehenden Hauptstuecks«* auseinander[14] und versucht im *siebenten* nachzuweisen, *»daß, obgleich die vernuenftige Seele sowohl zu ihrem Aufenthalte in dem Koerper, als auch zu ihrem Schliessen und Nachdenken, die Mischung der vier Hauptbeschaffenheiten unumgaenglich noethig hat, man doch hieraus ihre Vergaenglichkeit und Sterblichkeit nicht schliessen koenne«*[15].

Der hier vorgenommene Versuch, mit rationalen Argumenten die Unsterblichkeit der Seele nachzuweisen, und die zu seiner Zeit insgesamt als materialistisch empfundene und bewertete Grundhaltung *Huartes* veranlassen die dafür zuständigen kirchlichen Instanzen, dessen Werk auf den *Index verbotener Bücher* zu setzen[16].

In dem aus den *Kapiteln acht mit vierzehn* bestehenden *zweiten Teil* seines Buches zieht *Huarte* sodann die *pädagogisch-praktischen* Konsequenzen seiner Begabungstheorie. Zunächst klärt er die Frage: *»Wie man einer jeden Gattung des Genies diejenige Wissenschaft, welche sich besonders fuer sie schickt, anweisen, und sie von der, welche ihr zuwider ist, abhalten soll«*[17].

An dieser Stelle scheint es ihm »nunmehr Zeit zu seyn, kunstmaessig fest zu setzen, welche von den Wissenschaften fuer jede Art des Genies sich besonders schickt, damit jeder, nachdem er nunmehr seine Natur kennen kann, genau wissen moege, zu welcher Kunst sie ihn bestimme. Die Kuenste und Wissenschaften, welche mit dem Gedaechtnisse erlangt werden, sind folgende: die Sprachkunst, die lateinische oder jede andere Sprache, die theoretische Rechtsgelehrsamkeit, die positive Gottesgelahrheit, die Erdbeschreibung, und die Rechenkunst... Die Kuenste und Wissenschaften, welche von dem Verstande abhaengen, sind die scholastische Gottesgelahrheit, die theoretische Arzneygelahrheit, die Dialektik, die natuerliche und moralische Weltweisheit, und die ausuebende Rechtsgelehrsamkeit oder Advocatur. Von der guten Einbildungskraft endlich entstehen alle Kuenste und Wissenschaften, welche Bilder, Gleichheiten, Harmonie und Verhaeltnisse zu Gegenstaenden haben; naemlich die Dichtkunst, die Beredsamkeit, die Baukunst, die Homilie, die ausuebende Arzneygelahrheit, die Mathematik, ... die Astrologie, die Regierungskunst, die Kriegswissenschaft, das Mahlen, Zeichnen, Schreiben und Lesen. Gleichfalls haengt es von der Einbildungskraft ab, daß der Mensch artig, hoeflich, aufgeraeumt, scharfsinnig ist; daß er Raenke und Kunststuecke erfinden kann; daß er jene Gabe besitzt, welche der Poebel so sehr bewundert, naemlich vier Schreibern auf einmal vier verschiedene Materien in die Feder zu sagen, und sich in keiner zu verwirren. Diese erzaehlten Stuecke werden wir nicht alle, jede fuer sich insbesondere durchgehen koennen, weil wir sonst nimmermehr zu Ende kommen wuerden. Wir werden uns nur auf drey oder viere derselben besonders einlassen, und was wir bey diesen erinnern werden, das wird auch bey den uebrigen Statt finden«[18].

Der Verfasser behandelt sodann ausführlich die begabungsmäßigen Voraussetzungen, deren die *Redner* und *Theologen*, die *Juristen* und *Ärzte*, die *Soldaten* und schließlich der *König* bedürfen. Und *Huarte* versucht dabei nachzuweisen, *»daß grosse Redner keine Leute von grossem Verstande seyn koennen«*[19], daß dagegen *»der theoretische Theil der Gottesgelahrheit dem Verstande, das Predigen aber, als der practische Theil dieser Wissenschaft, der Einbildungskraft zukomme«*[20]; *»daß der theoretische Theil der Rechtsgelehrsamkeit dem Gedaechtnisse, der practische Theil aber, naemlich die Verrichtung der Advocaten und Richter, dem Verstande, und die Regierung des Staats der Einbildungskraft zugehoere«*[21]; daß endlich *»die Theorie der Arzneygelahrheit theils dem Gedaechtnisse, theils dem Verstande; ihre Praxis aber der Einbildungskraft zukomme«*[22]. Ferner klärt *Huarte* die Frage: *»Wie man es erkennen solle, welcher Art des Genies die Kriegskunst zugehoere, und aus welchen Merkmalen man schliessen koenne, ob ein Mensch dieses Genie besitze«*[23], und zeigt schließlich auch auf, *»welche Art des Genies ein Koenig haben muesse, und welches die Merkmale sind, woran man dieses Genie erkennet«*[24] – eine Überlegung, die einigen Mut verrät; denn sie provoziert die gefährliche Frage: was geschieht mit einem zum König ›geborenen‹ Menschen, der die entsprechende Begabungsprüfung *nicht* besteht? – Was vor allem passiert in einem solchen Fall mit den Prüfern? –

Die interessantesten Thesen *Huartes* birgt fraglos das *fünfzehnte Kapitel*; und schon sein Umfang – es macht etwa ein Fünftel des gesamten Werkes aus – schon sein Umfang zeigt an, daß es *»ohne Zweifel das wichtigste seyn wird, weil man darinnen zeigt, wie die Vaeter weise und zu den Wissenschaften faehige Soehne erzeugen sollen«*[25].

Huarte gibt gleich zu Beginn seiner Verwunderung darüber Ausdruck, »daß, obschon die Natur, wie wir alle wissen, sehr weise, klug, geschickt, kuenstlich und maechtig ist; obschon der Mensch dasjenige Werk ist, woran sie ihre Kunst am meisten zeigt: daß, sage ich, die Natur gleichwohl unter unzaehligen Thoren und unfaehigen Menschen kaum einen weisen und tugendhaften hervorbringt. Da ich mich, von dieser Beobachtung die natuerlichen Ursachen zu ergruenden, bemuehte, so kam ich endlich durch mein Nachdenken darauf, daß die Vaeter bey der Erzeugung nicht nach der Ordnung, welche die Natur darinnen festgesetzt habe, verfuehren; und daß sie die Bedingungen nicht kennten, welche, wenn die Soehne klug und weise werden sollen, nothwendig beobachtet werden muessen. Denn so wie in einer gemaeßigten oder ungemaeßigten Gegend, ein sehr grosses *Genie* gebohren wird; eben sowohl koennen derer hundert tausend gebohren werden, wenn bestaendig auf einerley Art damit verfahren wuerde. Wenn wir also dieser Unbequemlichkeit durch die Kunst abhelfen koennten, so wuerden wir ohne Zweifel der Republik den allergroeßten Dienst von der Welt damit leisten«[26].

Es ist hier nicht der Platz, die *»Merkmale«* zu beschreiben, aus denen *»man es erkennen koenne, welcher Grad der Waerme und Trockenheit in einer Mannsperson sey«*[27]; sodann des Verfassers Überlegungen vorzutragen: *»Welche Mannspersonen und Frauenzimmer einander heyrathen muessen, wenn sie Kinder bekommen sollen«*[28]; ferner die sexual-»technischen« Details zu referieren, die *Huarte* anzuwenden empfiehlt, *»damit die Kinder maennlichen und nicht weiblichen Geschlechts werden«* – und hier artikuliert er den erwähnten geschlechtsspezifischen Akzent seines pädagogischen Pessimismus: »weil Weibspersonen, wegen der grossen Kaelte und Feuchtigkeit ihres Geschlechts, kein durchdringendes *Genie* bekommen koennen. Ihre Reden, wie wir taeglich hoeren, haben nur einen Schein von Faehigkeit; und auch diesen nur in geringen und leichten Sachen, worueber sie sich in gemeinen und wenig ueberlegten Ausdruecken auslassen. Will man sie zu den Wissenschaften anfuehren, so lernen sie selten mehr als ein wenig Latein; weil dieses ein Werk des Gedaechtnisses ist. Die Schuld ihrer Unwissenheit aber liegt nicht an ihnen, sondern an der Kaelte und Feuchtigkeit, welche sie zu Weibspersonen machte, und welche, wie wir mehr als einmal bewiesen haben, dem *Genie* und der Faehigkeit gaenzlich zuwider sind«[29].

Ein ausführliches Referat über die von *Huarte* empfohlenen *eugenischen* Vorkehrungen, so beispielsweise über die *»Vorsichtigkeiten«*, welche *»die Aeltern anzuwenden haben, wenn sei weise und zu den Wissenschaften faehige Kinder bekommen wollen«*[30], oder über jene *»Vorsichtigkeiten«*, die es anzuwenden gilt, *»damit das Genie bey den Kindern, nachdem sie gebildet und gebohren worden sind, erhalten werde«*[31] – ein ausführliches Referat über all dies erübrigt sich hier; nicht zuletzt auch deshalb, weil der Verfasser mit seinem eigenen Nachwuchs die Verbesserungsbedürftigkeit seiner Theorie offenlegt.

Mag *Huartes* Werk heute auch mehr der Belustigung und Unterhaltung denn der Belehrung und Beherzigung dienen – wichtig erscheint im Blick auf die pädagogisch-anthropologische Problematik allemal die Tatsache, daß der Spanier die Notwendigkeit der Begabungsfindung und deren Bedeutung für den einzelnen selbst sowie für das Gesamtwohl klar erkannt hat[32]; daß er sich engagiert und energisch um die Lösung anthropologischer und pädagogischer Fragen und Aufgaben bemüht hat, die auch in der Gegenwart und vermutlich noch recht lange die Erziehungswissenschaft und ihre Nachbardisziplinen beschäftigen und beschäftigen werden; und daß er bei aller Bedeutung, die er beim Aufbau der menschlichen Persönlichkeit der *Erziehung* beigemessen hat, dennoch unzweifelhaft der *Vererbung* den Vorrang eingeräumt und damit die Auffassung vertreten hat, die auch im zwanzigsten Jahrhundert ihre Verfechter gefunden hat – beispielsweise in *Ernst Kretschmer*, der zur Feststellung gelangte: »Für die Intelligenzhöhe eines Individuums ist in erster Linie die Erbanlage und erst in zweiter Linie der Einfluß von Erziehung und Milieu verantwortlich.«[33]

Und so ist es nicht verwunderlich, daß *Huartes* Werk in den vier Jahrhunderten, die seit seiner Veröffentlichung verstrichen sind, eine beachtliche Wirkungsgeschichte aufzuweisen hat[34].

Übrigens war *Lessing* bereits darum bemüht, *Huarte*, den man wohl den *Vater der Begabungsforschung* nennen darf, realistisch zu würdigen und gerecht zu beurteilen, wenn er in seiner *Vorrede des Uebersetzers* bemerkt: »Sollte man ihn nun nach seinen eignen Grundsaetzen beschreiben, so wuerde man von ihm sagen muessen: er ist kuehn, er verfaehrt nie nach den gemeinen Meynungen, er beurtheilt und treibt alles auf eine besondere Art, er entdeckt alle seine Gedanken frey, und ist sich selbst sein eigner Fuehrer. Man weiß aber wohl, daß solche Geister auch auf unzaehlige Paradoxa verfallen; und der billige Leser wird sich deren eine ziemliche Anzahl auch hier anzutreffen, nicht wundern. Man ueberlege das Jahrhundert des Verfassers, man ueberlege seine Religion, so wird man auch von seinen Irrthuemern nicht anders als gut urtheilen koennen. Mit den allzugroben aber, welche so beschaffen sind, daß sie bey der itzt weit erleuchtetern Zeit gleich in die Augen fallen, und daher der Kuerze wegen hier uebergangen werden, wird man Mitleiden haben.« Und dann vergleicht *Lessing* den Spanier mit einem mutigen Pferd, das gerade im Stolpern das meiste Feuer aus den Steinen schlägt[35]. – Diesem Urteil des deutschen Klassikers ist kaum noch etwas Wesentliches hinzuzufügen[36].

Anmerkungen

[1] *J. Huarte:* Prüfung der Köpfe zu den Wissenschaften. Übersetzt von *G.E. Lessing*. Nachdruck der Ausgabe Zerbst 1752 mit einer kritischen Einleitung und Bibliographie von *M. Franzbach*. Fink, München 1968, S. IX

[2] *G.E. Lessing* in *J. Huarte:* Pruefung der Koepfe zu den Wissenschaften. Aus dem Spanischen uebersetzt von *G.E. Leßing*. Zweyte verbesserte, mit Anmerkungen und Zusaetzen vermehrte Auflage von *J.J. Ebert*. Zimmermann, Wittenberg und Zerbst 1785, S. IX f.

[3] Vgl. *M. Franzbach* in *J. Huarte:* Prüfung der Köpfe zu den Wissenschaften (1968), a.a.O., S. IX

[4] Vgl. hierzu die Einleitung von *M. Franzbach* in *J. Huarte:* Prüfung der Köpfe zu den Wissenschaften (1968)

[5] *J. Huarte:* Pruefung der Koepfe zu den Wissenschaften (1785), a.a.O., S. 14

[6] Ebenda, S. 9

[7] Ebenda, S. 16

[8] Ebenda, S. 28

[9] Ebenda, S. 44

[10] Ebenda, S. 45

[11] Ebenda, S. 58 ff.

[12] Ebenda, S. 88 ff.

[13] Ebenda, S. 104 ff.

[14] Ebenda, S. 115 ff.

[15] Ebenda, S. 147 ff.

[16] Vgl. *M. Franzbach* in *J. Huarte:* Prüfung der Köpfe zu den Wissenschaften (1968), a.a.O., S. V ff.

[17] *J. Huarte:* Pruefung der Koepfe zu den Wissenschaften (1785), a.a.O., S. 169 ff.

[18] Ebenda, S. 170 ff.
[19] Ebenda, S. 200 ff.
[20] Ebenda, S. 211 ff.
[21] Ebenda, S. 249 ff.
[22] Ebenda, S. 286 ff.
[23] Ebenda, S. 331 ff.
[24] Ebenda, S. 394 ff.
[25] Ebenda, S. 432 ff.
[26] Ebenda, S. 432 f.
[27] Ebenda, S. 457
[28] Ebenda, S. 464
[29] Ebenda, S. 471
[30] Ebenda, S. 492
[31] Ebenda, S. 526
[32] Vgl. *M. Franzbach* in *J. Huarte:* Prüfung der Köpfe zu den Wissenschaften (1968), a.a.O., S. XV
[33] *E. Kretschmer* zitiert bei *M. Franzbach*, a.a.O., S. LVIII
[34] Vgl. *M. Franzbach*, a.a.O., S. XXIV bis LX
[35] *G.E. Lessing* in *J. Huarte:* Pruefung der Koepfe zu den Wissenschaften (1785), a.a.O., S. IX f.
[36] Vgl. auch *Th. Ballauff* und *K. Schaller:* Pädagogik. Eine Geschichte der Bildung und Erziehung. Band II: Vom 16. bis zum 19. Jahrhundert. Alber, Freiburg/München 1970, S. 104 ff.

August Hermann Francke

Im Gegensatz zu den meisten Aufklärern und ihrer auf einer optimistischen Anthropologie begründeten *rationalistischen* Erziehungslehre, mit deren Praktizierung sie sich eine Verbesserung der geistigen, wirtschaftlichen und gesellschaftlichen Verhältnisse in Europa nach dem großen, drei Jahrzehnte währenden Krieg versprechen, erblicken die Anhänger der mit der Aufklärung eine Zeit lang gleichlaufenden *pietistischen* Bewegung die Ursache der bestehenden Mißstände nicht in der mangelnden Aufklärung des angeblich guten Menschen, sondern in der sündebedingten Verblendung des gefallenen und gnadebedürftigen Menschen. Sie sehen daher die Möglichkeit zur Reform der Verhältnisse vorrangig in der Verwirklichung eines erzieherischen Konzeptes, das – bei aller, freilich nur sehr kurz währenden und auf wenige Sachbereiche sowie auf die Kritik an den Lebensverhältnissen beschränkten Gemeinsamkeit zwischen Aufklärung und Pietismus – doch auf ganz anderen anthropologischen und weltanschaulichen Fundamenten ruht. Für sie hat Erziehung und ihre Institutionalisierung in Schulen und Heimen nicht die auf dem Wege der Vernunfterhellung zu erreichende Emanzipation und irdische Glückseligkeit des Menschen zu gewährleisten, sondern Erziehung hat in erster Linie dafür zu sorgen, »daß der Mensch nicht aus dem Stand der Gnade fällt und daß er gegebenenfalls wieder in ihn zurückgeführt wird«[1].
Der bedeutendste Pädagoge des Pietismus heißt *August Hermann Francke*; und die pessimistische Tönung, die die reformatorische Lehre vom Menschen dem pädagogischen Denken und der Erziehung seit *Luther* und *Calvin* verliehen hat, und das »Mißtrauen gegen die Welt«[2] begegnen wieder sehr stark in seiner Erziehungslehre. Zwar verursacht diese Anthropologie auch hier nicht eine Theorie der Unerziehbarkeit des Menschenkindes – ganz im Gegenteil; wie bei den Reformatoren führt sie eher zu einer *pädagogistischen* Tendenz: auch *Francke* kann sich nicht genug tun, was die Überwachung der Kinder und Jugendlichen, ihre fortwährende Beschäftigung und insgesamt die strenge, asketische Zucht anlangt; aber bei aller pädagogischen Betriebsamkeit, die seinen aus heutiger Sicht doch in manchem recht fragwürdigen Erziehungsstil kennzeichnet, ist sich *Francke* der *Grenzen* voll bewußt, die sich dem Erzieher aus der Seinslage des Edukanden ergeben. Denn in derjenigen Verfassung, in der der Erzieher das Menschenkind vorfindet, bleibt dieses für Erziehung und Unterweisung – im Sinne *Franckes:* für eine der Lehre *Christi* entsprechende Erziehung und Unterweisung – völlig untauglich.

Dieser Mann zählt zu den umstrittensten Gestalten, von denen die Historiker der Pädagogik zu berichten wissen. Während er den einen als begnadeter Erzieher gilt, als genialer pädagogischer Organisator und Begründer der Waisenhäuser in Deutschland, werfen ihm andere vor, seine Art von Erziehung erzeuge allenfalls Heuchler und Pedanten.
1663 in Lübeck als Sohn eines Juristen und Staatsrates am Hofe *Ernst des Frommen von Gotha* geboren und im Geist des reformierten christlichen Bekenntnisses erzogen, studiert *August*

Hermann Francke Theologie, lehrt kurze Zeit an der Universität Leipzig, übernimmt ein Predigeramt in Erfurt und wirkt ab 1692 als Pastor in Glaucha und zugleich als Professor an der Universität der nahe gelegenen Stadt Halle. Vierundzwanzigjährig erfährt er in einem Erweckungserlebnis seine zweite – geistliche – Geburt; und von nun an erstrebt er mit seiner ganzen Kraft ein einziges Ziel: die Erneuerung des religiösen und sittlichen Lebens in Europa, das immer noch unter den Folgen des Dreißigjährigen Krieges leidet – eine Reform der gesamtgesellschaftlichen Verhältnisse *aus dem Geist des Evangeliums, eines verinnerlichten Glaubens und echter, tiefer Frömmigkeit*. Die Ursache des Elends seiner Tage erkennt der Pietist in der Abwendung des Menschen von Gott. Die Rettung aus der Not vermag in seinen Augen nur die Reaktivierung der Gnade Gottes in der Wiedergeburt aus dem Glauben zu leisten; und diese wiederum muß durch *Erziehung* vorbereitet werden – durch eine Erziehung allerdings, die sich von jener der Aufklärungspädagogen fundamental unterscheidet.
Mit einer Sammelbüchse, die er als Pastor in seinem Arbeitszimmer aufstellt, erwirbt er sich die ersten Mittel zum Aufbau seiner pädagogischen Stiftungen: einer Armenschule und eines Waisenhauses, einer Bürgerschule und eines Pädagogiums für Adelige, einer Lateinschule und eines Gynaeceums; und als er 1727, vierundsechzigjährig, die Augen für immer schließt, hinterläßt er in Halle ein Werk, in dem rund zweitausenddreihundert Kinder und Jugendliche Unterkunft und Betreuung finden – ein Werk, das von seinen Anfängen im Jahre 1695 an gerechnet bis zum Zusammenbruch des Deutschen Reiches nach dem Zweiten Weltkrieg zweihundertfünfzig Jahre lang Bestand hat und ihn fraglos unter die Pioniere der Sozialpädagogik einreiht.

Im Gegensatz zur Anthropologie der Aufklärung ist der Mensch für *Francke* alles andere als harmlos und gut: der Mensch – so betont er in seinem pädagogischen Hauptwerk *Kurzer und einfältiger Unterricht, wie die Kinder zur wahren Gottseligkeit und christlichen Klugheit anzuführen sind* von 1702 – der Mensch, den Gott »heilig und gerecht erschaffen«, hat »solches herrliche Ebenbild Gottes durch die Sünde verloren«; und seit diesem Fall ist »das menschliche Geschlecht in solchem verdorbenen Zustande fortgepflanzt worden«[3]. Läßt man diesen *natürlichen* Menschen – wie er mit jedem neugeborenen Kind die Welt betritt –, läßt man die konkreten Menschenkinder so, wie sie sind; überläßt man sie ihrem »eigenen und freien Mutwillen«, dann »werden die Kräfte des alten Menschen in ihnen so stark, daß ihnen danach mit Ruten und Stecken nicht mag gesteuert werden«[4]. Der natürliche Mensch ist gänzlich verderbt und im Widerspruch zu Gott; und dies erhellt nicht zuletzt daraus, daß »das menschliche Herz« dazu neigt, »aus sich selbst einen Abgott zu machen und sich der Bauchsorge zu ergeben oder gute und wollüstige Tage zu suchen«[5]. Denn, so befürchtet *Francke*, die Kinder kennen bei all ihrem Tun nur ein Motiv: »ihren eigenen Willen und Gutdünken«. Genau darin aber sieht er den »bösen Grund, dadurch der Weg zu vielem Bösen in dem ganzen Leben gebahnt wird«[6].
Daher geht es zuvor und zu allererst darum, »daß der natürliche Eigenwille gebrochen werde« und daß alles getan werde, »den Willen unter den Gehorsam zu brin-

gen«[7]. – Hat ähnliches nicht auch schon *Machiavelli* gefordert, wenn er es – gewiß aus einer anderen Motivation heraus und in anderer Absicht – als notwendig erachtete, den Menschen zum Guten zu *zwingen*? – Gelingt es, den Willen zu brechen und unter den Gehorsam zu bringen – und zwar »mit aller Liebe, Sanftmut und Geduld«, wie der Pietist im Unterschied zum italienischen Staatstheoretiker ausdrücklich betont –, gelingt dies, dann ist »der Wirkung des Heiligen Geistes, welcher in den kleinen Kindern nicht müßig ist, Raum gegeben« und dann sind die Voraussetzungen geschaffen, daß die Kinder »einige gute Flämmlein der göttlichen Liebe und wahren Bruderliebe in ihren jungen Herzen wirken lassen«[8].

Damit spricht *Francke* im Blick auf die Grenzen der Erziehung eine zweite Dimension an: dem »alten Menschen«, dem in einem »verdorbenen Zustande« befindlichen natürlichen und als solchem für die heilsgemäße Erziehung ungeeigneten Menschen steht Gott gegenüber: er *allein* ist es, der den *neuen Menschen* erweckt; und er ist es auch, der dem Wirken des Erziehers seinen Geist verleihen muß, wenn das Werk der Erziehung gelingen soll.

Dieser Überzeugung verleiht *Francke* Ausdruck, wenn er in seiner *Vorrede zu Fénélons Tractätlein von der Erziehung der Töchter* aus dem Jahre 1698 schreibt: »Das Werk der Erziehung ist über alle Kräfte des natürlichen Menschen. Es muß durch den Geist Gottes geführt werden; wo der im Herzen wohnt und regiert, da wird allein der rechte Grund dazu gelegt. Wenn da jemand denken wollte, daß er durch seine Sorgfalt und seinen Fleiß oder durch seine Klugheit und seinen Verstand die Kinder recht erziehen wollte, so würde es ihm am wenigsten gelingen. Es richtet es kein menschlicher Verstand aus, und auch die, die Gott fürchten, dürfen es auf ihre eigenen Kräfte nicht ankommen lassen. Das Beste muß durch das Gebet ausgerichtet werden, und derjenige steht der Auferziehung der Jugend am besten vor, der am ernstesten vor Gott hintritt und im Geist und in der Wahrheit mit Gott ringt und kämpft, daß er die Seelen, die ihm anvertraut sind, aus dem Verderben erretten möge. Einem solchen wird Gott Weisheit und Verstand geben, die Erziehung recht nach dem Willen Gottes zu führen, und ob er die Frucht auch nicht gleich sähe, so wird doch Gott endlich seine Tränen erhören und, wie die Monica wegen ihres Augustini getröstet ward, Kinder so vieler Tränen nicht umkommen lassen.«[9]

Sein pädagogisches Hauptwerk beschließt *Francke* mit dem nämlichen Gedanken: »Es ist weder der da pflanzt, noch der da begießt, etwas, sondern Gott, der das Gedeihen gibt, welchem allein sei Ehre in Ewigkeit.«[10]

Es hieße *Francke* mißverstehen, wollte man ihm seiner spröden und strengen Erziehungslehre wegen einen autoritären Erziehungsstil und eine Methodik des Zwangs unterstellen. Mögen viele Details seines pädagogischen Konzeptes heutigentags auch zur Kritik herausfordern: seine Skepsis gegenüber der menschlichen Vernunft, seine Methode der Bewahrung und lückenlosen Überwachung, dazu seine Frömmigkeitspraxis, die den Kindern in seinen Anstalten nicht selten auch Anlaß zur Scheinheiligkeit geben mochte. Der Berliner Aufklärer *Friedrich Nicolai*, der als

Schüler den Geist der pietistischen Erziehung in Halle erfahren hat – allerdings erst etliche Jahre nach dem Tode *Franckes*, benennt die Gefahr dieser pädagogischen Atmosphäre, wenn er schreibt: »Außerdem lernte ich dort beten und würde auch nach damaliger Stimmung das Heucheln gelernt haben, wenn ich die geringste natürliche Anlage dazu gehabt hätte.«[11] – *Francke* wäre über diese Konsequenz seiner Intentionen zutiefst erschrocken gewesen und ebenso über den Vorwurf der Manipulation; um so mehr als er sich ausdrücklich für eine Erziehung zum Umgang mit der *Freiheit* ausgesprochen hat. In eben dieser Vorbereitung auf den verantwortlichen Gebrauch der Freiheit sieht er eine wichtige Aufgabe – vorausgesetzt, daß die Kinder »ein wenig herangewachsen« sind; »denn da will vonnöten sein, daß man sie allmählich zu größerer Freiheit kommen lasse, damit sie dieselbe nicht danach plötzlich bekommen, und dadurch in ihrem guten Laufe einen großen Anstoß leiden, wie solches vielen widerfährt, wenn sie als aus einem Gefängnis in die Freiheit losgelassen werden. Es muß aber auch die Freiheit, welche man ihnen gestattet, also beschaffen sein, daß dadurch das Gute in ihnen mehr befördert als gehindert werde, in welchem Stück man das meiste auf die Vorsichtigkeit der Vorgesetzten muß ankommen lassen, welche alles nach deren besonderen Umständen bestermaßen werden einzurichten wissen«[12].

Bei aller Skepsis gegenüber der menschlichen Natur und den Möglichkeiten der Erziehung durch den Menschen – der Christ *Francke* bleibt nicht ohne Hoffnung.

Anmerkungen

1 *P. Menck:* Pietismus. In: Lexikon der Pädagogik. Neue Ausgabe. Dritter Band. Herder, Freiburg/Basel/Wien 1971, S. 311
2 *H. Lorenzen* in: *A.H. Francke:* Pädagogische Schriften. Besorgt von *H. Lorenzen*. Schöningh, Paderborn 1964 (2. Aufl.), S. 135
3 *A.H. Francke:* Pädagogische Schriften, a.a.O., S. 19
4 Ebenda, S. 18
5 Ebenda, S. 14
6 Ebenda, S. 60
7 Ebenda, S. 15; vgl. auch S. 17 f.
8 Ebenda, S. 18
9 Ebenda, S. 8 f.
10 Ebenda, S. 65; vgl. dazu auch *Th. Ballauff* und *K. Schaller:* Pädagogik. Eine Geschichte der Bildung und Erziehung. Band II: Vom 16. bis zum 19. Jahrhundert. Alber, Freiburg/München 1970, S. 318 ff.
11 *F. Nicolai* zitiert bei *R. Kynast:* Problemgeschichte der Pädagogik. Junker und Dünnhaupt, Berlin 1932, S. 102
12 *A. H. Francke:* Pädagogische Schriften, a.a.O., S. 37

Friedrich der Große

Als preußischer Kronprinz verfaßt er 1739 – siebenundzwanzigjährig und ein Jahr vor der Thronbesteigung – eine Streitschrift gegen *Machiavellis Il Principe*, in der er dem italienischen Staatstheoretiker vorwirft: er habe in das staatliche Leben den Keim des Verderbens gepflanzt und die gesunde Moral untergraben[1]. Etliche Jahre später – um die Erfahrung des Monarchen reicher und geprägt vom Umgang mit der Macht – reflektiert er erneut das Verhältnis von Politik und Moral und nennt die Gründe, »die jeden Fürsten ... zwingen, der Praxis zu folgen, die den Betrug und den Mißbrauch der Macht autorisiert«. Er gesteht offen und ehrlich, »den Brauch der Fürsten mitzumachen« und verbindet mit diesem Geständnis die Frage: »ist es besser, wenn das Volk zugrunde geht oder wenn der Fürst seinen Vertrag bricht? Wer wäre so schwachsinnig, bei Entscheidung dieser Frage zu schwanken?«[2] – *Machiavelli* hatte also doch recht!?[3]

1712 in Berlin geboren, bleiben *Friedrichs* Jugendjahre von den tiefgreifenden Konflikten zwischen ihm und seinem Vater *Friedrich Wilhelm I.* geprägt. Sein Fluchtversuch zusammen mit seinem Freund *Katte* scheitert und endet 1730 mit der Gefangennahme: *Katte* wird vor seinen Augen hingerichtet, er selbst arretiert.
1740 – nach dem Tod seines Vaters – übernimmt er die Macht und führt Preußen in den gut viereinhalb Jahrzehnten, in denen er als »erster Diener des Staates« sein Land regiert, zur neuen europäischen Großmacht.
Neben seiner militanten Natur, die ihn zu zahlreichen Eroberungsfeldzügen treibt und ihm den zweifelhaften Ruhm eines genialen Kriegsherrn einbringt, kennzeichnen ihn seine philosophischen, literarischen und künstlerischen Intentionen. Die bedeutendsten französischen Aufklärer zählen zu seinem Freundeskreis. Er propagiert Gewissens- und Glaubensfreiheit und verbietet die Folter. Er komponiert Sonaten und Arien und brilliert als Flötist.
1786 endet sein zuletzt recht einsames Leben auf Schloß Sanssouci. Sein Wunsch, dort neben seinen Hunden bestattet zu werden, geht – nach mancherlei Irrfahrt seiner sterblichen Überreste – erst zweihundertfünf Jahre später in Erfüllung.

Versucht man ihn einer der beiden bedeutenden geistigen Bewegungen seiner Zeit zuzuordnen, so gehört *Friedrich der Große* zweifelsohne dem Kreis der *Aufklärer* an; vielen von ihnen war er freundschaftlich verbunden. Gleichwohl bleibt auch der Geist des *Pietismus*, der die Erziehung des Preußenkönigs bestimmte, nicht wirkungslos. Er spricht nicht nur aus den Schulordnungen, mit denen der König das Erziehungs- und Unterrichtswesen seiner Zeit zu verbessern suchte; diesen Geist bezeugen ebenso – wenn auch in säkularisierter Form – seine Reflexionen über den Menschen und dessen Erziehung.
Friedrich, der aufgeklärte Freigeist, vertritt bei aller Toleranz gegenüber den christlichen Bekenntnissen keineswegs mehr die christliche Lehre vom Menschen; aber ebensowenig teilt er die optimistische Menschenlehre der Aufklärer und ihren Glauben an die Macht der Erziehung. Im Gegenteil: er findet nichts Gutes an den

Menschen. So schreibt er in einem Brief an *Voltaire* vom 31. Oktober 1760: »Die Furcht vor Teufel und Hölle blendet ihre Augen und sie verabscheuen den Weisen, der sie aufklären will. Die Masse unserer Gattung ist thöricht und boshaft. Ich suche in ihr vergebens nach dem Ebenbilde Gottes, dessen Gepräge ihr nach Versicherung der Theologen aufgedrückt sein soll. Jeder Mensch hat ein wildes Tier in sich; wenige wissen das zu bändigen, die meisten lassen es los, wenn die Schranken des Gesetzes sie nicht zurückhalten.«[4]

Will man im Blick auf den Menschen also etwas bewirken, dann bedarf man wohl der Gewalt, der Macht des Gesetzes; von der Macht der Erziehung hält der König – auch darin mit *Machiavellis* Überzeugung im Einklang – nichts: »Wie sehr uns auch das Wohl der Menschheit am Herzen liegen mag« – schreibt er in einem Brief vom 18. Mai 1782 an *d'Alembert* – »es wird doch keinem Gesetzgeber, keinem Philosophen gelingen, die Natur der Dinge zu ändern. Unsere Rasse hat wahrscheinlich so sein sollen, wie wir sie kennen, ein wunderliches Gemisch einiger guten und einiger schlechten Eigenschaften. Erziehung und Studium können den Umfang unseres Wissens erweitern, eine gute Regierung kann Heuchler bilden, die den Schein der Tugend annehmen, aber niemals wird man dazu gelangen, die Beschaffenheit unserer Seele zu ändern. Ich betrachte den Menschen wie eine von den sie leitenden Federn abhängige mechanische Maschine… Dies ist ein wenig beschämend für unsere Eigenliebe…, aber unglücklicher Weise ist es nur zu wahr.«[5]

Dem französischen Philosophen *Claude Adrien Helvétius* – seinem drei Jahre jüngeren Zeitgenossen –, der behauptet: »Die Erziehung macht uns zu dem, was wir sind«[6], schenkt er keinen Glauben; er hält sich an seine Erfahrung, die ihn gelehrt hat, daß alle Menschen »bei der Geburt einen unvertilgbaren Charakter« haben: Erziehung könne Kenntnisse vermitteln, wohl auch Scham über die eigenen Fehler einflößen; »aber die Erziehung wird niemals die Natur ändern«, schreibt er in seinem Brief an *d'Alembert* vom 13. August 1777[7].

Und doch weiß *Friedrich*, daß er diese anthropologische Position nicht radikal durchhalten kann – und als Regent nicht durchhalten darf: »Je älter man wird, desto mehr wird man inne, wie sehr die Vernachlässigung der Jugenderziehung der Gesellschaft schadet. Ich versuche alles Mögliche, um diesem Übel abzuhelfen«, heißt es in einem Brief vom 6. Oktober 1772 an *d'Alembert*[8].

Tatsächlich bemüht sich der König mit einer Reihe von Edikten und Schulordnungen um eine durchgreifende Reform des Erziehungs- und Unterrichtswesens in seinem Land: 1763 erläßt er das *General-Land-Schul-Reglement* für alle preußischen Provinzen; zwei Jahre später das *Katholische Schulreglement für Schlesien*[9]. – Die meisten der beabsichtigten Reformen kann *Friedrich* allerdings nicht realisieren: Reformen kosten Geld; und dieses benötigt er zur Verwirklichung seiner militärischen Vorhaben.

Bemerkenswert bleibt – ungeachtet ihrer politischen und sonstigen Motive – die faktische *Toleranz* dieses Freigeistes in Fragen der Religion und der religiösen Erziehung. Unumwunden bezeichnet er es als »Gewalttätigkeit, wenn den Vätern die Freiheit genommen wird, ihre Kinder nach ihrem Willen zu erziehen. Es würde auch Gewalttätigkeit bedeuten, wenn die Kinder zur Schule der Naturreligion geschickt würden, während die Väter wünschten, daß sie katholisch seien wie sie selbst«[10].

Anmerkungen

[1] Die Werke Friedrichs des Großen. Siebenter Band: Antimachiavell und Testamente. Herausgegeben von *G.B. Volz*. Deutsch von *E. König, F. v. Oppeln-Bronikowski, W. Rath*. Hobbing, Berlin 1912, S. 3

[2] Die Werke Friedrichs des Großen. Zweiter Band: Geschichte meiner Zeit. Herausgegeben von *G.B. Volz*. Deutsch von *F. v. Oppeln-Bronikowski*. Hobbing, Berlin 1912, S. 2 f. und S. 14

[3] Vgl. *R. Zorn:* Einleitung. In: *N. Machiavelli:* Der Fürst. »Il Principe«. Übersetzt und herausgegeben von *R. Zorn*. Kröner, Stuttgart 1955, S. XV

[4] *Friedrich der Große:* Pädagogische Schriften und Äußerungen. Mit einer Abhandlung über Friedrich's des Großen Schulregiment nebst einer Sammlung der hauptsächlichsten Schul-Reglements, Reskripte und Erlasse übersetzt und herausgegeben von *J.B. Meyer*. Beyer & Söhne, Langensalza 1885, S. 315

[5] Ebenda, S. 338

[6] *C.A. Helvétius:* Vom Menschen, seinen geistigen Fähigkeiten und seiner Erziehung. Herausgegeben, übersetzt und mit einer Einleitung von *G. Mensching*. Suhrkamp, Frankfurt am Main 1972, S. 447

[7] *Friedrich der Große:* Pädagogische Schriften und Äußerungen, a.a.O., S. 336 f.

[8] Ebenda, S. 334; vgl. auch *J. v. d. Driesch* und *J. Esterhues:* Geschichte der Erziehung und Bildung. Band I: Von den Griechen bis zum Ausgang des Zeitalters der Aufklärung. Schöningh, Paderborn 1960 (5. Aufl.), S. 381

[9] Vgl.: Zur Geschichte der Volksschule. Band I: Volksschulordnungen. 16. bis 18. Jahrhundert. Herausgegeben von *Th. Dietrich* und *J.-G. Klink*. Klinkhardt, Bad Heilbrunn/Obb. 1964, S. 132 ff., S. 146 ff. und S. 170 f.

[10] Die Werke Friedrichs des Großen. Siebenter Band, a.a.O., S. 242 f.: *Kritik der Abhandlung »Über die Vorurteile«* (1770)

Arthur Schopenhauer

Am radikalsten und wohl auch am konsequentesten – wofern dies überhaupt möglich ist – vertritt *Arthur Schopenhauer* im Rahmen seines gesamten philosophischen Denkens die Position des pädagogischen Pessimismus.
Nach *Johannes Hirschberger*, der des Philosophen Verfahren, das Gewissen als Konglomerat aus fünf in *Schopenhauers* Augen wohl recht minderwertigen Elementen zu interpretieren, auf dessen Philosophie insgesamt überträgt, besteht dieses Gedankengebäude zu je einem Fünftel aus *Kantscher* Erkenntnistheorie, *Schellingscher* Willensmetaphysik, altindischer Weisheit, englischem Empirismus und *Platonismus*[1]. Diese verschiedenen Elemente verarbeitet *Schopenhauer* in »›genialer Intuition‹« und vermittels »Selbstspiegelung (s)eines empfindsamen Künstlertemperamentes«[2] zu einer Lehre, die beinahe auf jeder Seite ihrer schriftlichen Fixierung das starke Ressentiment, die tiefe Verdrossenheit und den alle Bereiche der Wirklichkeit und des Lebens betreffenden Pessimismus ihres Autors verrät und die nach Meinung *Hirschbergers* über ihren Verfasser zudem enthüllt, daß dieser »stark im Behaupten, schwach im Beweisen« ist[3].
Gewiß wird dieses wenig freundliche Urteil über *Schopenhauer* auch über andere Philosophen gesprochen werden dürfen und müssen, und es wird – gerechterweise – auch vielen Pädagogen nicht erspart werden können, und zwar nicht nur den philosophisch oder geisteswissenschaftlich oder intuitiv »argumentierenden«, sondern ebenso denen, die sich auf »empirische« Verfahrensweisen berufen und von denen nicht selten zwei, die den gleichen Gegenstand untersuchen, zu widersprechenden »Erkenntnissen« kommen. – Was *Schopenhauers* pädagogische Folgerungen aus seinem philosophischen und speziell seinem anthropologischen Denken anlangt, so kann ihm das Maximum an Eigenwilligkeit, an Unbedenklichkeit und ›Souveränität‹ im Aufstellen von unbewiesenen und unbeweisbaren Behauptungen und an Radikalität kaum abgestritten werden.

Vielleicht sind es die Eindrücke einer trotz aller äußeren Wohlhabenheit freud- und glücklosen Kindheit, die den 1788 in Danzig geborenen Kaufmannssohn zum absoluten Pessimisten prädestinieren und sich in seinem gesamten Werk als starkes Unbehagen und tiefe Verbitterung widerspiegeln. Er ignoriert den Wunsch seiner Eltern, das väterliche Geschäft zu übernehmen, studiert Naturwissenschaften und Philosophie und habilitiert sich 1819 in Berlin. Dort legt er sich mit *Hegel* an und fordert diesen heraus, indem er seine Vorlesung zur gleichen Zeit wie der berühmte Philosoph ansetzt. Dieses Vorhaben scheitert erbärmlich – vor leeren Bänken; und frustriert zieht sich der dreiundvierzigjährige Dozent ins Privatleben zurück. 1831 übersiedelt er nach Frankfurt am Main und lebt dort bis zu seinem Tod, im Jahre 1860, als Privatgelehrter und Schriftsteller.

Unversöhnlich ist *Schopenhauers* Haß gegen jeglichen Optimismus; diese Lebenseinstellung erscheint ihm »nicht bloß als eine absurde, sondern auch als eine wahrhaft *ruchlose* Denkungsart…, als ein bitterer Hohn über die namenlosen Leiden der

Menschheit«[4]; und heftig polemisiert er gegen *Gottfried Wilhelm Leibniz*, den »Begründer des systematischen Optimismus«[5], dessen Beweisen, daß unsere Welt die beste unter allen denkbaren Welten sei, *Schopenhauer* seine These entgegenhält: »daß sie die *schlechteste* unter den möglichen sei«[6].

In diesem Zusammenhang beruft er sich auch auf das *Neue Testament*, in dem die Welt zutreffend »als ein Jammerthal« dargestellt werde, und verweist darauf, daß das Symbol des Christentums »ein Marterinstrument« sei[7]. Dabei wird wohl eine gewisse Nähe zu reformatorischen Theoremen spürbar; ebenso offenkundig wird auch, daß der Philosoph – ein »erklärter Atheist« – den Geist des *Neuen Testaments* entweder gar nicht verstanden hat oder aber das Christentum, dessen Stellung zur Welt »etwas komplizierter« ist »als es der Pauschalpessimismus Schopenhauers annimmt«[8], bewußt im Sinne seiner eigenen Theorie interpretieren wollte.

Ausdrücklich beruft er sich auf den altgriechischen Anthropopessimismus und zitiert im *Kapitel 46* des *zweiten Bandes* seines Hauptwerks, dem er den Titel *»Von der Nichtigkeit und dem Leiden des Lebens«* voranstellt, neben den Aussprüchen vieler Autoren – von *Homer* und *Theognis* über *Heraklit* und *Platon, Plutarch* und *Plinius* bis zu *Shakespeare* und *Byron* – auch *Sophokles'* Verse, wonach es das beste sei, erst gar nicht geboren zu sein; lebe man aber, so sei es das zweitbeste, diese Welt so rasch als möglich wieder zu verlassen[9].

In manchem erinnert *Schopenhauer*, wenn er vom Elend des Menschen spricht, an *Blaise Pascal*, ohne freilich dessen Meinung auch von der Größe des Menschen zu teilen; und in manchem nimmt er den *Existentialismus* vorweg, wenn er den Menschen in den unendlichen Raum und in die unendliche Zeit als endliche und verschwindende Größe »hineingeworfen« sieht, als ein Wesen, das »immer nur ein relatives, nie ein absolutes *Wann* und *Wo* seines Daseyns« besitzt – ein Dasein nur in der Gegenwart, »deren ungehemmte Flucht in die Vergangenheit ein steter Uebergang in den Tod, ein stetes Sterben ist«. Angesichts einer ungewissen Zukunft ist – wie das Gehen des Menschen »nur ein stets gehemmtes Fallen« bedeutet – sein Leben »nur ein fortdauernd gehemmtes Sterben, ein immer aufgeschobener Tod«; und was die Regsamkeit des menschlichen Geistes anlangt, so beschreibt sie *Schopenhauer* als »fortdauernd zurückgeschobene Langeweile«. Entspricht der Mensch seinem Wesen, das für den Philosophen im »Wollen und Streben« besteht, dann gewahrt er in aller Deutlichkeit »Bedürftigkeit, Mangel, also Schmerz«; findet sein Wollen hingegen Befriedigung, dann befällt ihn »furchtbare Leere und Langeweile«. Hin- und hergerissen zwischen Schmerz und Leere findet sich der Mensch »auf der Erde, sich selber überlassen, über Alles in Ungewißheit, nur nicht über seine Bedürftigkeit und seine Noth: demgemäß füllt die Sorge für die Erhaltung seines Daseyns, unter so schweren, sich jeden Tag von Neuem meldenden Forderungen, in der Regel, das ganze Menschenleben aus«[10].

Zu welchen Konsequenzen für die *Erziehung* des Menschen führt eine solche Anthropologie und Philosophie – eine Philosophie, der entsprechend die Welt nicht von lichter Vernunft geleitet, sondern von einem dunklen, sinnleeren, überindividuellen Lebensdrang getrieben wird, der nach individuellem Dasein drängt, in diesem Zustand aber statt erfüllender Befriedigung nur Schmerz oder Langeweile findet, sich deshalb wieder in den Zustand des Nicht-geboren-Seins zurücksehnt und, in seiner Gestalt als Pflanze, Tier oder Mensch, nach einer kurzen Lebenszeit dem Tod verfällt, um von neuem, in einem sinnlosen Kreislauf, nach Dasein und Individuation zu drängen? – *Schopenhauer* hat die Frage nach Sinn und Möglichkeit der Erziehung ebenso ausführlich wie eindeutig beantwortet.

Nimmt man zunächst sein Menschenbild in den Blick, wird man die starke Ähnlichkeit zwischen seiner und der reformatorischen Lehre vom Menschen kaum übersehen können. Die Folgerungen freilich, die die Reformatoren aus ihrer und die *Schopenhauer* aus seiner Auffassung vom Menschen ziehen, gleichen sich kaum; aber die anthropologischen Grundlagen dieser unterschiedlichen Lebens- und Erziehungslehren sind doch recht verwandt, denn auch *Schopenhauer* läßt am Menschen kein gutes Haar.

Hauptkennzeichen des Menschen ist sein *Egoismus*, der sich darin offenbart, daß einer nicht nur seinen eigenen Willen zum Leben bejaht, »sondern in dieser Bejahung so weit geht, daß er den in andern Individuen erscheinenden Willen verneint; was sich darin zeigt, daß er ihre Kräfte zum Dienste seines Willens verlangt und ihr Daseyn zu vertilgen sucht, wenn sie den Bestrebungen seines Willens entgegenstehn«[11]. Hierin erkennt der Philosoph die Wurzel »des bösen Charakters« und die »stete Quelle des Leidens«. Der Mensch gibt sich nämlich nicht mit der Erfüllung seiner Strebungen zufrieden, sondern er sucht »Freude an fremdem Leiden…, welche die eigentliche *Bosheit* ist und sich bis zur *Grausamkeit* steigert«[12]. Egoismus und bis zum Sadismus eskalierende Bosheit sind zwei der *»drei Grund-Triebfedern* der menschlichen Handlungen«, deren dritte *Mitleid* heißt, »welches das fremde Wohl will« und »bis zum Edelmuth und zur Großmuth« geht[13].

Im Mitleid allein sieht *Schopenhauer* den vollendeten Ausdruck sittlicher Güte; es krönt alle menschlichen Selbsterlösungsbemühungen, die darin bestehen, den ungestümen und leidschaffenden Willen zum Leben durch Entsagung und Kontemplation, durch Meditation und Hingabe an die Kunst, durch Sich-Versenken vor allem in die Musik zu verneinen und zu überwinden[14].– Aber diese Lebenseinstellung und -haltung findet man kaum: »Daher will Jeder Alles für sich, will Alles besitzen, wenigstens beherrschen, und was sich ihm widersetzt, möchte er vernichten.«[15] Die Erfahrung lehrt, »daß jedes in der gränzenlosen Welt gänzlich verschwindende und zu Nichts verkleinerte Individuum dennoch sich zum Mittelpunkt der Welt macht, seine eigene Existenz und Wohlseyn vor allem Andern berücksichtigt, ja, auf dem natürlichen Standpunkte, alles Andere dieser aufzuopfern bereit ist, bereit ist die Welt zu vernichten, um nur sein eigenes Selbst, diesen Tropfen im Meer, etwas länger zu erhalten«[16].

Nach *Schopenhauers* Überzeugung ist der Mensch »im Grunde ein wildes, entsetzliches Thier«[17]; der Philosoph weiß zur Verifikation dieser These und ihrer Variation, wonach im Menschen der »Teufel in Menschengestalt« auftrete, viele Beispiele zu benennen[18].

Kann ein so beschaffenes Wesen sich wandeln, kann es verändert werden? *Schopenhauer* ist Determinist und beantwortet diese Frage mit einem klaren *Nein*. Die Welt und alles, was sich in ihr befindet, erscheint ihm »als ein zweckloses und darum unbegreifliches Spiel einer ewigen Nothwendigkeit«. Diesbezüglich kennt er keinen Zweifel: »der *Determinismus* steht fest«, an ihm haben eineinhalb Jahrtausende vergeblich gerüttelt. Dieser unabwendbaren Notwendigkeit entsprechend »wird die Welt zu einem Spiel mit Puppen, an Drähten (Motiven) gezogen; ohne daß auch nur abzusehn wäre, zu wessen Belustigung: hat das Stück einen Plan, so ist ein *Fatum*, hat es keinen, so ist die blinde Nothwendigkeit der Direktor«[19]. Frei ist nur der überindividuelle Wille, der als Seinsprinzip die ganze Wirklichkeit bestimmt; in seiner Individuation – als Mensch, als Ich – ist er determiniert; und erst der Tod bedeutet »die große Gelegenheit, nicht mehr Ich zu seyn: wohl Dem, der sie benutzt«[20]. Während seines Lebens besitzt der Mensch also keine Willensfreiheit, erst der Tod löst diese Gebundenheit: »der Wille wird wieder frei: denn im *Esse*, nicht im *Operari* liegt die Freiheit«; und daß sich dies so verhält, will der Philosoph aus »dem Gesichte der meisten Todten« herauslesen, auf dem »der Friede und die Beruhigung« dessen, der willig und gern gestorben sei, sichtbar würde[21].

Die anthropologische Konsequenz dieses Determinismus ist die Lehre vom *angeborenen und unveränderlichen Charakter. Kapitel 43* des *zweiten Bandes* seines Hauptwerkes überschreibt *Schopenhauer* mit dem Titel: *»Erblichkeit der Eigenschaften«*[22] und belegt seine »Ueberzeugung von der Erblichkeit des Charakters vom Vater und des Intellekts von der Mutter«[23] an einer Fülle von historischen Beispielen.

Seine Theorie vom angeborenen und unveränderlichen Charakter entwickelt er hauptsächlich im *zweiten Teil* seiner *Schriften zur Naturphilosophie und zur Ethik* und zwar in der *Preisschrift über die Freiheit des Willens*. Dort schreibt er: »Der Charakter des Menschen ist *konstant*: er bleibt der selbe, das ganze Leben hindurch. Unter der veränderlichen Hülle seiner Jahre, seiner Verhältnisse, selbst seiner Kenntnisse und Ansichten, steckt, wie ein Krebs in seiner Schaale, der identische und eigentliche Mensch, ganz unveränderlich und immer der selbe. Bloß in der Richtung und dem Stoff erfährt sein Charakter die scheinbaren Modifikationen, welche Folge der Verschiedenheit der Lebensalter und ihrer Bedürfnisse sind. *Der Mensch ändert sich nie:* wie er in einem Falle gehandelt hat, so wird er, unter völlig gleichen Umständen (zu denen jedoch auch die richtige Kenntniß dieser Umstände gehört) stets wieder handeln. Die Bestätigung dieser Wahrheit kann man aus der täglichen Erfahrung entnehmen... Auf der selben Wahrheit beruht es, daß ein Mensch, selbst bei der deutlichsten Erkenntniß, ja, Verabscheuung seiner moralischen Fehler und Gebrechen, ja, beim aufrichtigsten Vorsatz der Besserung, doch eigentlich sich nicht bessert, sondern trotz ernsten Vorsätzen und redlichem Versprechen, sich, bei erneuter Gelegenheit, doch wieder auf den selben Pfaden wie zuvor, zu seiner eigenen Ueberraschung, betreffen läßt. Bloß seine *Erkenntniß* läßt sich berichtigen; daher er zu der Einsicht gelangen kann, daß diese oder jene Mittel, die er früher anwandte, nicht zu seinem Zwecke führen, oder mehr Nachtheil als Gewinn bringen: dann ändert er die Mittel, nicht die Zwecke... Der individuelle Charakter ist *angeboren:* er ist kein Werk der Kunst, oder der dem Zufall unterworfenen Umstände; sondern das Werk der Natur selbst. Er offenbart sich schon im Kinde, zeigt dort im Kleinen, was er künftig im Großen seyn wird. Daher legen, bei der allergleichesten Erziehung und Umgebung, zwei Kinder den grundverschiedensten Charakter aufs deutlichste an den Tag: es ist der selbe, den sie als Greise tragen werden. Er ist sogar, in seinen Grundzügen, erblich, aber nur vom Vater, die Intelligenz hingegen von der Mutter; worüber ich auf Kap. 43 des zweiten Bandes meines Hauptwerkes verweise. Aus dieser Darlegung des Wesens des individuellen Charakters folgt allerdings, daß Tugenden und Laster angeboren sind. Diese Wahrheit mag manchem Vorurtheil und mancher Rockenphilosophie, mit ihren sogenannten praktischen Interessen, d.h. ihren kleinen, engen Begriffen und beschränkten Kinderschulansichten, ungelegen kommen: sie war aber schon die Ueberzeugung des Vaters der Moral, des *Sokrates.*«[24]

Schopenhauer versucht diese seine Theorie wieder mit einer Fülle historischer Belege zu erhärten, deren Autoren eine lange Reihe bilden, die von *Theognis* bis zu *Goethe* und *Lichtenberg* reicht[25].

Nun spricht *Schopenhauer* allerdings auch vom *»erworbenen Charakter«*[26], und dieser Begriff könnte auf die Möglichkeit der Erziehung schließen lassen. Diese Überlegung mag sich nicht zuletzt auch durch die Tatsache aufdrängen, daß sich im *zweiten Band* seiner *Parerga und Paralipomena* ein Kapitel *»Ueber Erziehung«* befindet[27]. Der offenkundige Widerspruch zwischen dem angeborenen und unveränderlichen Charakter einerseits und dem erworbenen Charakter andererseits löst sich allerdings rasch auf, wenn man zur Kenntnis nimmt, was *Schopenhauer* unter dem *»erworbenen Charakter«* versteht und was er meint, wenn er von *»Erziehung«* spricht.

Seinen konstanten und unveränderlichen, weil angeborenen Charakter lernt der Mensch erst im Laufe seines Lebens durch Erfahrung kennen; insofern nennt *Schopenhauer* den Charakter des Menschen auch *»empirisch«*[28]. Zunächst sei ein Mensch über sich und andere, über seine und die Eigenschaften und Entschlüsse anderer enttäuscht, weil er sich über sich und andere etwas vorgemacht habe. Hätte er sich und andere aber erprobt und hätte er nach der Probe die sich immer durchsetzenden stärkeren Motive erkannt, dann kenne er sich und könne auch anderer gewiß sein und sei dies auch: »erprobte Freunde, geprüfte Diener sind sicher«[29]. Das Ergebnis dieses Erprobens und Kennenlernens seines eigenen Charakters nennt *Schopenhauer* den *erworbenen Charakter:* »Erst die genaue Kenntniß seines eigenen empirischen Charakters giebt dem Menschen Das, was man *erworbenen Charakter* nennt: derjenige besitzt ihn, der seine eigenen Eigenschaften, gute wie schlechte, genau kennt und dadurch sicher weiß, was er sich zutrauen und zumuthen darf, was aber nicht. Er spielt seine eigene Rolle, die er zuvor, vermöge seines empirischen Charakters, nur naturalisirte, jetzt kunstmäßig und methodisch, mit Festigkeit und Anstand, ohne jemals, wie man sagt, aus dem Charakter zu fallen, was stets beweist, daß Einer, im einzelnen Fall, sich über sich selbst im Irrthum befand.«[30]

Die Tatsache des angeborenen und unveränderlichen Charakters besagt also nicht: der Mensch solle untätig bleiben, sondern – und hier berührt sich *Schopenhauers* Determinismus mit der Prädestinationslehre der Reformatoren, aus der sich in eigenartiger Dialektik angestrengteste Geschäftigkeit des Menschen rechtfertigen läßt – sondern es kommt uns Menschen sehr wohl zu, »in der Zeit zu streben und zu kämpfen, eben damit das Bild, welches wir durch unsere Thaten wirken, so ausfalle, daß sein Anblick uns möglichst beruhige, nicht beängstige«[31].

Aber gerade in diesem bewußt gewordenen, »ganz eigentlich erworbenen und künstlichen Charakter« bestätigt sich die alte Weisheit des *Horaz*, daß die Natur, mag sie noch so intensiv ausgetrieben werden, dennoch immer wieder zurückkehre[32].

Zieht man aus diesen anthropologischen Thesen die pädagogischen Konsequenzen, dann ergibt sich für die *Erziehung* nur *eine* Möglichkeit: sie kann die Welt- und Selbsterkenntnis befördern; und *Schopenhauer* betont in seiner Abhandlung *Ueber Erziehung:* der »Hauptpunkt in der Erziehung« sei darin zu sehen, »daß die *Bekanntschaft mit der Welt*, deren Erlangung wir als den Zweck aller Erziehung bezeichnen können, *vom rechten Ende angefangen* werde«[33]. Erziehung kann also nur Einsichten vermitteln und den Intellekt des Menschen schärfen, sie kann ihm die Orientierung in der Welt erleichtern und das Kennenlernen seines Charakters. Dies gelingt ihr allerdings nur, wenn sie nach dem Grundsatz verfährt, »daß in jeder Sache die *Anschauung* dem *Begriffe* vorhergehe«[34], und wenn sie dabei jegliche Verfrühung vermeidet[35].

Im übrigen aber läßt *Schopenhauer* darüber keinerlei Zweifel aufkommen, daß auch diese eine Möglichkeit der Erziehung nur bei einigen zur Bildung führt: »Eigentliche Bildung, bei welcher Erkenntniß und Urtheil Hand in Hand gehen, kann nur Wenigen zugewandt werden, und noch Wenigere sind fähig sie aufzunehmen. Für den großen Haufen tritt überall an ihre Stelle eine Art Abrichtung: sie wird bewerkstelligt durch Beispiel, Gewohnheit und sehr frühzeitiges, festes Einprägen gewisser Begriffe, ehe irgend Erfahrung, Verstand und Urtheilskraft dawären, das Werk zu stören. So werden Gedanken eingeimpft, die nachher so fest und durch keine Belehrung zu erschüttern haften, als wären sie *angeboren*, wofür sie auch oft, selbst von Philosophen, angesehn worden sind.«[36]

So wenig aber Gedanken angeboren sind und wie viel auch für die *intellektuelle* Bildung getan werden kann, so unveränderlich und für Erziehung unzugänglich erweist sich der *moralische* Charakter eines Menschen. *Schopenhauer* betont dies immer wieder, wenn er behauptet, Gutheit und Bosheit hingen nicht von »äußerer Einwirkung, etwan von Lehren und Predigten«[37] ab; da der Charakter unveränder-

lich sei, könne man ihn »durch Belehrung ... nimmermehr ändern«[38], sei es unmöglich, »durch ethische Vorträge oder Predigten einen Tugendhaften zu Stande zu bringen«, und alles »Moralisiren« erweise sich als wert- und wirkungslos[39].
Was am Menschen berichtigt werden könne, sei nur »seine *Erkenntniß*«: der *»Kopf«* lasse sich ihm zurechtsetzen; »den *Charakter*, das *Herz* des Menschen zu bessern« sei ein aussichtsloses Unterfangen[40]. Nicht einmal Zwang sei dazu imstande; was sich erzwingen lasse, sei *»Legalität«*, nie aber *»Moralität«:* »man kann das Handeln umgestalten, nicht aber das eigentliche *Wollen*, welchem allein moralischer Werth zusteht«[41].
Wer seine »Erwartungen von der moralischen Anlage im Menschen« zu hoch schraube, werde sich über Enttäuschungen nicht wundern dürfen; und wenn man »bei der Erziehung die Moralität der Zöglinge dadurch zu befördern vermeint, daß man ihnen Rechtlichkeit und Tugend als die in der Welt allgemein befolgten Maximen darstellt«, gerate man als Erzieher bei diesen Zöglingen, die in ihrem späteren Leben die gegenteilige Erfahrung machen würden, leicht in den Geruch des Betrügers, und damit schade man ihrer Moralität mehr, als wenn man ihnen offen eingestanden hätte, daß die Welt im Argen liege und die Menschen alles, nur nicht gut seien[42].
Erziehung richtet also nach Auffassung *Schopenhauers* hinsichtlich »des *moralischen Charakters«* gar nichts aus; sie beeinflußt höchstens »das *animale* Leben«[43]; und eine Ethik, »die den Willen selbst modelte und besserte«, ist ausgeschlossen[44].
Wer mit Menschen umgehe, müsse wissen, daß »eigentliche moralische Besserung gar nicht möglich« sei; »sondern nur Abschreckung von der That«[45]; und wer da eine Verbesserung des Menschen anstrebe, der erreiche sie keinesfalls bei den bereits existierenden Menschen, sondern allenfalls bei den künftigen – nicht durch *Erziehung*, sondern allein durch *Züchtung*, also ausschließlich mittels *eugenischer* Maßnahmen.
Was diese Maßnahmen anlangt, so zeigt sich der Philosoph alles andere als zurückhaltend und zimperlich: »Wenn wir nun die hier gewonnene Ueberzeugung von der Erblichkeit des Charakters vom Vater und des Intellekts von der Mutter in Verbindung setzen mit unserer frühern Betrachtung des weiten Abstandes, den die Natur, in moralischer, wie in intellektueller Hinsicht, zwischen Mensch und Mensch gesetzt hat, wie auch mit unserer Erkenntniß der völligen Unveränderlichkeit sowohl des Charakters, als der Geistesfähigkeiten; so werden wir zu der Ansicht hingeleitet, daß eine wirkliche und gründliche Veredelung des Menschengeschlechts, nicht sowohl von außen als von innen, also nicht sowohl durch Lehre und Bildung, als vielmehr auf dem Wege der Generation zu erlangen seyn möchte. Schon Plato hat so etwas im Sinne gehabt, als er, im fünften Buche seiner Republik, den wunderlichen Plan zur Vermehrung und Veredelung seiner Kriegerkaste darlegte. Könnte man alle Schurken kastriren und alle dummen Gänse ins Kloster stecken, den Leuten von edelem Charakter ein ganzes Harem beigeben, und allen Mädchen von Geist und Verstand Männer, und zwar ganze Männer, verschaffen; so

würde bald eine Generation erstehn, die ein mehr als Perikleisches Zeitalter darstellte.«[46]

Schopenhauers Ansicht war mehr als Ansicht: sie war Wunsch; und dieser Wunsch war wiederum mehr als Wunsch: er war zugleich Vision – eine Vision, die sich im Deutschland der Jahre zwischen 1933 und 1945 erfüllt hat. Man braucht sich diesbezüglich nur an die Institution *»Lebensborn«* zu erinnern, wo geeignete »arische Mädel« und »ganze Männer« die nötigen Voraussetzungen angeboten bekamen, um dem »Führer« *Adolf Hitler* ein Kind zu schenken und das genetische Potential der Nation »aufzuarten« sowie ihr moralisches Niveau zu heben...

Hierzu paßt übrigens auch *Schopenhauers* Auffassung von der Möglichkeit der »Abrichtung« des Menschen, die in den Augen des Philosophen »von der menschlichen Erziehung gerade so verschieden« ist, »wie Anschauen von Denken«[47]: so sehr es ihm an Erziehbarkeit gebricht, »an *Abrichtungsfähigkeit* übertrifft der Mensch alle Thiere«[48]. – Jeglichen Gründern und Lenkern totalitärer Regime wird diese anthropologische These gut ins Konzept passen.

Anmerkungen

[1] *J. Hirschberger:* Geschichte der Philosophie. Band II: Neuzeit und Gegenwart. Herder, Freiburg 1955 (2. Aufl.), S. 412

[2] *J. Göttler:* Geschichte der Pädagogik in Grundlinien. Herder, Freiburg im Breisgau 1935 (3. Aufl.), S. 340

[3] *J. Hirschberger:* Geschichte der Philosophie. Band II, a.a.O., S. 418

[4] *A. Schopenhauer:* Sämtliche Werke. Nach der ersten, von *J. Frauenstädt* besorgten Gesamtausgabe neu bearbeitet und herausgegeben von *A. Hübscher.* Zweiter Band: Die Welt als Wille und Vorstellung. Erster Band. Brockhaus, Wiesbaden 1949 (2. Aufl.), S. 385: *Die Welt als Wille und Vorstellung I/§ 59*

[5] *A. Schopenhauer:* Sämtliche Werke. Nach der ersten, von *J. Frauenstädt* besorgten Gesamtausgabe neu bearbeitet und herausgegeben von *A. Hübscher.* Dritter Band: Die Welt als Wille und Vorstellung. Zweiter Band. Brockhaus, Wiesbaden 1949 (2. Aufl.), S. 668: *Die Welt als Wille und Vorstellung II/Kap. 46*

[6] Ebenda, S. 669

[7] Ebenda, S. 671

[8] *J. Hirschberger:* Geschichte der Philosophie. Band II, a.a.O., S. 422 und S. 418

[9] *A. Schopenhauer:* Sämtliche Werke. Dritter Band, a.a.O., S. 674: *Die Welt als Wille und Vorstellung II/Kap. 46*

[10] *A. Schopenhauer:* Sämtliche Werke. Zweiter Band, a.a.O., S. 366 ff.: *Die Welt als Wille und Vorstellung I/§ 57*; vgl. auch *J. Hirschberger:* Geschichte der Philosophie. Band II, a.a.O., S. 416 f.

[11] *A. Schopenhauer:* Sämtliche Werke. Zweiter Band, a.a.O., S. 428: *Die Welt als Wille und Vorstellung I/§ 65*

[12] Ebenda, S. 429

[13] *A. Schopenhauer:* Sämtliche Werke. Nach der ersten, von *J. Frauenstädt* besorgten Gesamtausgabe neu bearbeitet und herausgegeben von *A. Hübscher.* Vierter Band: Schriften zur

Naturphilosophie und zur Ethik. I. Ueber den Willen in der Natur. II. Die beiden Grundprobleme der Ethik. Brockhaus, Wiesbaden 1950 (2. Aufl.), Teil II, S. 209 f.: *Preisschrift über die Grundlage der Moral*

[14] Vgl. dazu auch *J. Hirschberger:* Geschichte der Philosophie. Band II, a.a.O., S. 419 ff. und *A. Reble:* Geschichte der Pädagogik. Klett, Stuttgart 1962 (6. Aufl.), S. 240 f.

[15] *A. Schopenhauer:* Sämtliche Werke. Zweiter Band, a.a.O., S. 391: *Die Welt als Wille und Vorstellung I/§ 61*

[16] Ebenda, S. 392; vgl. auch *A. Schopenhauer:* Sämtliche Werke. Dritter Band, a.a.O., S. 689: *Die Welt als Wille und Vorstellung II/Kap. 47*

[17] *A. Schopenhauer:* Sämtliche Werke. Nach der ersten, von *J. Frauenstädt* besorgten Gesamtausgabe neu bearbeitet und herausgegeben von *A. Hübscher.* Sechster Band: Parerga und Paralipomena. Zweiter Band. Brockhaus, Wiesbaden 1947 (2. Aufl.), S. 225: *Parerga und Paralipomena II/§ 114*

[18] Ebenda, S. 226

[19] *A. Schopenhauer:* Sämtliche Werke. Dritter Band, a.a.O., S. 364 f.: *Die Welt als Wille und Vorstellung II/Kap. 25*

[20] Ebenda, S. 582: *Kap. 41*

[21] Ebenda, S. 582 f. und S. 607

[22] Ebenda, S. 591 ff.

[23] Ebenda, S. 603 f.

[24] *A. Schopenhauer:* Sämtliche Werke. Vierter Band, a.a.O., Teil II, S. 50 ff.; vgl. auch *A. Reble* (Hrsg.): Geschichte der Pädagogik. Dokumentationsband II. Klett, Stuttgart 1971, S. 431

[25] *A. Schopenhauer:* Sämtliche Werke. Vierter Band, a.a.O., Teil II, S. 57 und S. 249 ff.

[26] Ebenda, S. 50 und *A. Schopenhauer:* Sämtliche Werke. Zweiter Band, a.a.O., S. 357 ff.: *Die Welt als Wille und Vorstellung I/§ 55*

[27] *A. Schopenhauer:* Sämtliche Werke. Sechster Band, a.a.O., S. 664 ff.: *Kap. 28*

[28] *A. Schopenhauer:* Sämtliche Werke. Vierter Band, a.a.O., Teil II, S. 48 ff.: *Preisschrift über die Freiheit des Willens*

[29] Ebenda, S. 49

[30] Ebenda, S. 50

[31] *A. Schopenhauer:* Sämtliche Werke. Zweiter Band, a.a.O., S. 357: *Die Welt als Wille und Vorstellung I/§ 55*

[32] *A. Schopenhauer:* Sämtliche Werke. Nach der ersten, von *J. Frauenstädt* besorgten Gesamtausgabe neu bearbeitet und herausgegeben von *A. Hübscher.* Fünfter Band: Parerga und Paralipomena. Erster Band. Brockhaus, Wiesbaden 1946 (2. Aufl.), S. 485

[33] *A. Schopenhauer:* Sämtliche Werke. Sechster Band, a.a.O., S. 665: *Parerga und Paralipomena II/§ 373*

[34] Ebenda, S. 665

[35] Ebenda, S. 667: *§ 374*; vgl. auch *A. Reble:* Geschichte der Pädagogik, a.a.O., S. 241

[36] *A. Schopenhauer:* Sämtliche Werke. Dritter Band, a.a.O., S. 74: *Die Welt als Wille und Vorstellung II/Kap. 6*

[37] *A. Schopenhauer:* Sämtliche Werke. Zweiter Band, a.a.O., S. 165: *Die Welt als Wille und Vorstellung I/§ 26*

[38] Ebenda, S. 347: *§ 55*

[39] Ebenda, S. 434: *§ 66*

[40] *A. Schopenhauer:* Sämtliche Werke. Vierter Band, a.a.O., Teil II, S. 52: *Preisschrift über die Freiheit des Willens*

[41] Ebenda, S. 255: *Preisschrift über die Grundlage der Moral § 20;* vgl. auch *A. Schopenhauer:* Sämtliche Werke. Sechster Band, a.a.O., S. 254: *Parerga und Paralipomena II/§ 119*

[42] *A. Schopenhauer:* Sämtliche Werke. Vierter Band, a.a.O., Teil II, S. 193 f.: *Preisschrift über die Grundlage der Moral § 13*

[43] *A. Schopenhauer:* Sämtliche Werke. Dritter Band, a.a.O., S. 298: *Die Welt als Wille und Vorstellung II/Kap. 20*

[44] Ebenda, S. 250 f.: *Kap. 19*; vgl. auch S. 265: *Kap. 19*

[45] Ebenda, S. 686: *Kap. 47*

[46] Ebenda, S. 603 f.: *Kap. 43*

[47] Ebenda, S. 63: *Kap. 5*

[48] *A. Schopenhauer:* Sämtliche Werke. Sechster Band, a.a.O., S. 639: *Parerga und Paralipomena II/§ 344*

Friedrich Nietzsche

Hier mag auch ein Hinweis auf *Friedrich Nietzsche* angebracht sein, der aus der Reihe der »beliebten nationalökonomischen Dogmen« seiner Zeit besonders das folgende herausgreift und verwirft: »Möglichst viel Erkenntnis und Bildung – daher möglichst viel Produktion und Bedürfnis – daher möglichst viel Glück«[1]; und der all jenen scharf erwidert, »welche durch eine außerordentliche Vermehrung aller Bildungsanstalten, durch einen dadurch erzeugten selbstbewußten Lehrerstand ein gewaltiges Bildungsbedürfnis zu befriedigen vorgeben« und mit ihrem Kampf »gegen die natürliche Rangordnung im Reiche des Intellekts« letztlich nur »die Wurzeln jener aus dem Unbewußtsein des Volkes hervorbrechenden höchsten und edelsten Bildungskräfte« zu zerstören suchen, »die im Gebären des Genius und sodann in der richtigen Erziehung und Pflege desselben ihre mütterliche Bestimmung haben«[2]. In diesem Zerstörungsversuch offenbare sich der Haß gegen den »echten deutschen Geist«, die Furcht vor der »aristokratischen Natur der wahren Bildung« und die Absicht, »der strengen und harten Zucht der großen Führer ... zu entlaufen«[3].

Friedrich Wilhelm Nietzsche kommt 1844 als Sohn eines Pfarrers zu Röcken bei Lützen in Sachsen zur Welt, verliert als Fünfjähriger seinen Vater, der einer Gehirnerweichung erliegt, und wächst in einer von Frauen bestimmten Umgebung heran. Nach dem Besuch des Gymnasiums in Schulpforta bei Naumburg studiert er in Bonn und Leipzig Theologie und Klassische Philologie. 1869, kurz vor seiner Promotion, erhält der gerade erst Vierundzwanzigjährige – inzwischen als glänzender Altphilologe bekannt – einen Ruf auf eine außerordentliche Professur für Klassische Philologie an der Universität Basel. Ein Jahr später wird er zum ordentlichen Professor ernannt. Als freiwilliger Krankenpfleger nimmt er 1870 am Krieg zwischen Deutschland und Frankreich teil. Im gleichen Jahr erkrankt er schwer und kehrt nach Basel zurück. 1872 veröffentlicht er seine erste größere Schrift: *Die Geburt der Tragödie* – eine kritische Auseinandersetzung mit der Bildungsproblematik und zugleich die Ouvertüre seines eigenen philosophischen Denkens. 1879 zwingt ihn seine nie ganz geklärte Krankheit zur Aufgabe seines Lehramtes. Die folgenden zehn Jahre lebt er als freier Schriftsteller in Sils-Maria und in verschiedenen Städten Italiens. Im Januar 1889 bricht er in Turin zusammen und verbringt die letzten elf Lebensjahre in geistiger Umnachtung. 1900 stirbt er in Weimar.

Nietzsche hat für seine scharfe Kritik an den Bestrebungen seiner Zeit, die Bildungsinstitutionen zu vermehren, um allen oder möglichst vielen Angehörigen des Volkes mehr Bildung zukommen zu lassen, folgende anthropologische Begründung parat: »... darüber müssen wir einmütig sein, daß von der Natur selbst nur unendlich seltene Menschen zu einem wahren Bildungsgange ausgeschickt werden, und daß zu deren glücklicher Entfaltung auch eine weit geringere Anzahl von höheren Bildungsanstalten ausreicht, daß aber in den gegenwärtigen auf breite Massen angelegten Bildungsanstalten gerade diejenigen am wenigsten sich gefördert fühlen müssen, für die etwas Derartiges zu gründen überhaupt erst einen Sinn hat«[4].

Nietzsche folgert aus dieser Elite-Anthropologie: »Also, nicht Bildung der Masse kann unser Ziel sein: sondern Bildung der einzelnen ausgelesenen, für große und bleibende Werke ausgerüsteten Menschen: wir wissen nun einmal, daß eine gerechte Nachwelt den gesamten Bildungsstand eines Volkes nur ganz allein nach jenen großen, einsam schreitenden Helden einer Zeit beurteilen und je nach der Art, wie dieselben erkannt, gefördert, geehrt, oder sekretiert, mißhandelt, zerstört worden sind, ihre Stimme abgeben wird.«[5]

Anmerkungen

1 *F. Nietzsche:* Werke in drei Bänden. Herausgegeben von *K. Schlechta*. Hanser, München 1960 (2. Aufl.). Band III, S. 191: *Über die Zukunft unserer Bildungs-Anstalten (1872) – Erster Vortrag*
2 Ebenda, S. 218: *Dritter Vortrag*
3 Ebenda, S. 228: *Dritter Vortrag*
4 Ebenda, S. 216 f.: *Dritter Vortrag*
5 Ebenda, S. 218: *Dritter Vortrag*

Christliche Erzieher im neunzehnten Jahrhundert

Pessimistische Tendenzen werden nicht selten auch im pädagogischen Gedankengut einer Reihe von Männern des neunzehnten Jahrhunderts spürbar, die im Rahmen ihrer Tätigkeit als evangelische oder katholische Seelsorger besonders erzieherische Aufgaben wahrnahmen und von denen man die meisten zu den Pionieren auf dem Gebiet der Sozialpädagogik rechnen darf.

So kennzeichnen zum Beispiel zahlreiche »Weherufe und Gerichtsdrohungen« die Erziehungspredigten *Theodor Fliedners*[1] und erinnern »an die Erschütterungs- und Angstpraxis methodistischer Predigtweise, wie er sie in England kennengelernt hatte. Es fehlt ihm manchmal etwas von der fröhlichen Freiheit und natürlichen Unbefangenheit den Dingen dieser Welt gegenüber, wie sie ein Luther besessen hat. Das alles wird oft in pietistischer Weise gar zu einseitig nur als Sünde oder doch als Möglichkeit der Verführung zur Sünde betrachtet«[2].

Verhaltener, aber gleichwohl deutlich vernehmbar klingen diese Töne auch bei *Johann Hinrich Wichern*[3] an, wenn er bei der Beschreibung der *»Ursachen der so vielfach erfolglosen Bemühungen in der heutigen Kindererziehung«* neben den *»äußeren Ursachen der Erfolglosigkeit«* auf jene im *Inneren* des Kindes zu sprechen kommt: »Die Hauptsache bleibt aber, immer und immer wieder das Übel im Allerinnersten aufzusuchen und anzugreifen, sich also darüber nie zu täuschen, daß die Sünde, die alles unter sich beschlossen, auch in jedem Kinde eine Macht ist, die ohne die Führung des Kindes zu der Gemeinschaft mit dem alleinigen Erlöser nicht überwunden werden kann.«[4]

Gewiß wendet sich *Wichern* entschieden gegen den aus dieser Theologischen Anthropologie erwachsenen pietistischen Erziehungsstil. Aber in diesem Zusammenhang ist sein Hinweis doch sehr aufschlußreich, wonach zur Erklärung der inneren Gründe der Erfolglosigkeit in der Erziehung – also jener Ursachen, »die nicht außerhalb des Kindes, also nicht in Mängeln, Versuchungen und Verkehrtheiten, die es umgeben, sondern überwiegend in ihm, dem Kinde selber liegen« – »wenig oder nichts gesagt« sei, »wenn zu dem Zweck auf die Sünde im allgemeinen verwiesen« werde; denn hier handle es sich »um die Ursache einer besonderen intensiven und extensiven Kraft der Sünde in dem einzelnen, um den Grund zu jener Virtuosität im Sündigen bei ganz einzelnen«[5].

Wichern verweist auf eine Reihe von »Tatsachen«, aus denen sich klar ergebe, daß am Fehlschlagen der Erziehung nicht die äußeren Umstände und das fehlerhafte Verhalten der Erzieher schuld sind, sondern etwas »in der Person des Kindes selbst«[6] – Tatsachen, die den Einwand, »daß solchen Naturanlagen gegenüber alle Erziehung eine Torheit ist«[7], naheliegend erscheinen lassen.

Er selbst stützt diesen Einwand nicht; aber er sieht ganz klar die Grenzen jener Erziehung, die der Mensch allein leistet: »Wer diese Nöte menschlichen Lebens und Christum als den alleinigen Retter aus aller Not erkannt hat, der weiß, daß alle jene besorglichen Erscheinungen im Leben der Jugend nichts anderes sein können und sein dürfen als ebenso viele Aufforderungen an die christliche Erziehung, den Kampf mit jenen Naturmächten ernstlich und vertrauensvoll in Christi Namen aufzunehmen. In Christi Namen – denn in der Tat, der große barmherzige Samariter hat es sich allein vorbehalten, die Tore gewisser Hilfe aufzutun und den ihm vertrauenden Eltern oder sonstigen Erziehern im tapferen Glauben diejenige Weisheit, Geduld, Demut, Willenskraft und Gebetstreue zu geben, die unerläßlich sind, um in der Erziehung aller, namentlich aber solcher Kinder, die schwere Probe zu bestehen.«[8]

Damit neigt sich *Wichern* doch sehr stark der Position des pädagogischen Realismus zu. Sehr deutlich zeigt sich dies im voraufgehenden Abschnitt über die äußeren Ursachen der erzieherischen Erfolglosigkeit. Hier weist er »mit Entschiedenheit« die Auffassung zurück, wonach für das Mißlingen der elterlichen Erziehung die Ursache *immer* bei den Eltern zu suchen sei. Neben dem Wirken der göttlichen Gnade sei und bleibe das Christenleben »Sache der freiesten Aneignung, die persönlichste, eigenste Tat jedes Menschen, zu der es keinen Zwang, keinerlei äußere Nötigung gibt, geben kann, geben darf«. Christliche Lebensführung – und wohl jedwede Form sittlicher Lebensgestaltung – lasse sich weder »anlehren oder anlernen« noch »anerziehen«: sie »will allezeit frei als aus Gottes Hand genommen sein«. Und so müsse christliche Erziehung derart gestaltet sein, daß nicht »Nötigung«, sondern »allezeit das Wehen der Freiheit und das Erbieten der Freiheit« spürbar werde. Eine solche Erziehung bereite »zur Annahme der Gottesliebe vor«, eben gerade deshalb, weil sie keine den Erfolg erzwingende *Nötigung* darstelle, sondern sich als *Angebot* an die Freiheit des Edukanden richte: »die ganze Erziehung ist ein derartiges Angebot«[9].

Gewiß gebe es auch in der christlichen Erziehung Zwang und gegenwirkende Maßnahmen: »aber nur zur Bändigung des Fleisches, nicht aber, um dem Evangelium einen Eingang in die Herzen zu verschaffen«[10]. Letztlich gelte jedoch für alle Erziehung – ob sie nun in der Familie oder in der sozialpädagogischen Institution »Rettungshaus« stattfinde – als oberster Grundsatz: *Freiheit*; Freiheit, die die *Gnade* an die Stelle des *Gesetzes* rücke und aus deren Geist Kinder als »Zöglinge« und nicht als »Züchtlinge« betrachtet würden[11]. Wo anstelle von Zwang und Gesetz Freiheit herrsche und Gnade, dort bleibe zwar alles offen; aber bei allen Grenzen der Erziehung ließen sich doch ihre Chancen nicht leugnen.

Ungleich stärker unterstreicht hingegen *Christian Palmer*[12] in seiner *Evangelischen Pädagogik* wieder den Gedanken vom durch die Erbsünde verdorbenen Menschen; und heftig polemisiert er dabei gegen den Optimismus des Aufklärungszeitalters, wenn er in der Auseinandersetzung »mit dem flachen religiösen Liberalismus der letzten hundert Jahre ..., der zwar die Menschen und alles, was sie gemacht, *in concreto* für gründlich schlecht erklärte, aber *in abstracto* den Menschen für einen Engel an Unschuld angesehen wissen wollte«, den Nachweis erbringen will, »wie sehr die Plattheit eben nur das Platte liebt und einen *horror* hat vor allem, was in die Tiefe geht, also auch vor den Abgründen, die im Menschenherzen verborgen liegen«[13].

Diesem oberflächlichen und optimistischen Liberalismus hält er entgegen: »Gerade die Pädagogen sollten es am allerbesten wissen, am klarsten merken, daß das Böse nicht von außen in das Menschenkind eindringt, sondern daß der Keim dazu schon in ihm liegt; gerade sie sollten auch durch Erfahrung belehrt sein, wohin es führt, wenn die Sünde nur eben als ein Anflug von außen behandelt und darum gar nicht mit dem erforderlichen sittlichen Ernste bekämpft wird... Wer aber auf dem Wege tieferer Beobachtung und schärferen Denkens, den die vulgäre Oberflächlichkeit zu Basedows wie zu Diesterwegs Zeiten gleich sehr scheut, zu jener Erkenntnis gekommen, und wem ebenso klar geworden ist, daß die Sünde in das innerste Wesen des Menschen einen Widerspruch bringt, der gar nicht auszugleichen ist, daß sie mithin schlechterdings nichts zu seinem Wesen, zu seiner anerschaffenen, gottebenbildlichen Natur Gehöriges sein kann, sondern als ein fremdes Element erst in dieselbe gekommen sein muß: der sieht ein, daß nur eine Lehre, wie das christliche Dogma von der Erbsünde, die vernünftige Lösung des Rätsels darbietet.«[14]

In ähnlicher Weise versucht von katholischer Seite her der Bischof von Mainz *Wilhelm Emanuel Ketteler*[15] nachzuweisen, wie wenig die »allgemeine Menschenbildung« zu bewirken vermag, wenn es darum geht, die Situation der Menschen zu verbessern und ihre Not zu wenden.

Dem Erziehungsoptimismus des Humanismus und Liberalismus seiner Tage hält er entgegen: eigentlich müßte es »zwei Klassen von Menschen auf Erden geben: erstens die Menschen mit der allgemeinen Menschenbildung, und diese bildeten das Geschlecht ohne Leidenschaften, ohne Laster und Verbrechen, das nur dem Gebote der höheren Vernunft gemäß handelte; und zweitens jene ohne allgemeine Menschenbildung, die dann allen Leidenschaften und Lastern hingegeben sein müßten«. Und *Ketteler* richtet an die Optimisten die Frage: »Wo ist die Menschenbildung, die den Geizigen mildtätig macht, die den liederlichen Jüngling, das eitle Mädchen mit Liebe zum Nebenmenschen erfüllt, wo ist die Lehrweise, das Lehrbuch, das imstande wäre, den Geist der christlichen Entsagung, Selbstverleugnung in die Herzen der Menschen einzupflanzen? Zeiget es mir, zeiget mir das Geschlecht mit wahrer Nächstenliebe, das ihr ohne Christentum durch eure Weltweisheit gebildet, und ich will mit euch das Christentum über Bord werfen. Solange ich aber sehen werde, daß alle Weisheit, alle Wissenschaft, alle Weltbildung zusammengenommen nicht imstande ist, ein einziges Fünklein christlicher Liebe auf Erden zu entzünden, nicht imstande, ein einziges Leben der Liebe zu gestalten, einen einzigen Geizigen von seinem Geiz zu heilen, werde ich feststehen in dem Glauben, daß die Menschheit in Sünde gefallen und nur durch das Christentum wiederhergestellt werden kann.«[16]

Pessimistische Züge sind es, die im Werk der genannten Männer dort spürbar werden, wo die Rede von der *Seinslage des Menschen* ist. Bei keinem dieser Männer führt dieser Anthropopessimismus freilich zu einem *pädagogischen* Pessimismus; im Gegenteil: sie haben viel für die theoretische Grundlegung und die praktische Verwirklichung der Erziehung in ihrer Zeit geleistet. Aber sie waren sich aus ihrer Sicht vom Menschen, als dem von Gott abgefallenen Wesen, stets der eng gezogenen Grenzen der Erziehung bewußt, wobei hier sicher der Hinweis auf konfessionelle Unterschiede angebracht ist.

Während die Pädagogik in der Tradition *Luthers* und *Calvins* dem Dogma von der totalen Verderbnis des Menschen entspricht und die aus dieser anthropologischen Grundannahme abgeleitete Erziehungspraxis – jene *Luthers* mag dabei etwas behutsamer erscheinen – den dem Bösen voll ausgelieferten Menschen durch eine harte, Eigensucht und Eigenwillen brechende Zucht für die Alleinwirksamkeit der göttlichen Gnade vorzubereiten sucht – eine pädagogische Richtung, die weit ins zwanzigste Jahrhundert hereinreicht und in der Erbsündebeladenheit des Menschen auch die Ursachen des Kulturverfalls und der Krise in der Gegenwart erblickt, gegen welche rein humanistische und kulturpädagogische Bestrebungen nichts auszurichten vermögen – während also die Pädagogik des reformierten Christentums auf dem Dogma von der gänzlich verderbten Menschennatur fußt, spricht die katholische Lehre vom Menschen zwar ebenfalls vom gefallenen und von der Erbsünde gezeichneten Menschen; aber sie sieht ihn nicht gänzlich verdorben und nicht völlig außerstande, etwas für sein eigenes Heil zu tun. Wohl bleibe eine Schwächung der Menschennatur unverkennbar; aber neben dem Wirken der Gnade behalte das Tun des Menschen – auch und gerade das erzieherische – seine große Bedeutung[17].

Stellvertretend für eine Reihe katholischer Erzieher sei hier – neben *Philipp Neri*[18], dem humorvollen Erzieher in Rom im sechzehnten Jahrhundert – nur *Giovanni Bosco*[19], der überragende Erzieher in Turin und Mitbegründer der Sozialpädagogik im neunzehnten Jahrhundert genannt.

Auch *Don Bosco* weiß um die Mattstellen im Leben des Kindes und des jungen Menschen sowie um die Kraft und Verführungsmacht des Bösen. Aber er weiß auch, daß das nicht das letzte Wort ist. Sinn, Notwendigkeit und Möglichkeit der Erziehung sieht er in der Überzeugung begründet, daß *jeder* Mensch für das Gute ansprechbar bleibt: »In jedem Jungen, auch im schlechtesten, gibt es eine Stelle, die für das Gute empfänglich ist. Erste Pflicht des Erziehers ist es, diese Stelle zu suchen, diese empfindsame Saite seines Herzens, um Nutzen daraus zu ziehen.«[20]

Anmerkungen

1 *Theodor Fliedner*, evangelischer Pfarrer, lebte von 1800 bis 1864. 1836 gründete er in Kaiserswerth die erste Diakonissenanstalt. In seinem Todesjahr gab es bereits dreißig Diakonissenhäuser. Wie *Johann Hinrich Wichern* zur Unterstützung seiner erzieherischen Bemühungen im *Rauhen Haus* in Hamburg *Gehilfen* schulte, so bildete *Fliedner* seit 1844 in Duisburg Pastoralgehilfen aus. Aus beiden Einrichtungen ging die männliche Diakonie hervor. *Fliedners* besonderes Engagement galt der Gefängnisseelsorge.

[2] *M. Gerhardt:* Theodor Fliedner. Ein Lebensbild. Erster Band. Verlag der Buchhandlung der Diakonissen-Anstalt, Düsseldorf-Kaiserswerth 1933, S. 318

[3] *Johann Hinrich Wichern*, 1808 in Hamburg geboren, beginnt im Alter von achtzehn Jahren sein berufliches Wirken als Schulgehilfe und trägt sich bereits in dieser Zeit mit dem Gedanken, etwas für die Rettung verwilderter und verwahrloster Kinder zu unternehmen.
Nach dem Abschluß des Theologiestudiums in Göttingen und in Berlin, das ihm Freunde ermöglichen, widmet er sich als Kandidat der Theologie zunächst wieder der Lehrtätigkeit, erweitert aber sein Aufgabenfeld und arbeitet in der Kranken- und Armenpflege.
1833 geht sein Jugendwunsch in Erfüllung: ein sozial gesinnter Senator überläßt ihm ein Haus in Horn bei Hamburg, und *Wichern* gestaltet es zu einem *Rettungshaus* zur Betreuung gestrauchelter, teilweise vorbestrafter junger Menschen. Anfänglich sind es vierzehn Kinder; im Lauf der Jahre leben über achtzig Zöglinge im *Rauhen Haus. Wichern* verfolgt die Absicht, mit der Rettung dieser in die Irre geleiteten Jugendlichen im Geiste *christlicher Nächstenliebe* den inhumanen Tendenzen der zunehmenden Industrialisierung entgegenzuarbeiten und mit seinem Rauhen Haus eine Keimzelle der sozialen und religiösen Erneuerung zu schaffen.
Man wirft ihm zuweilen vor, er und seine Bestrebungen seien ›konservativ‹; und in der Tat lehnt er – wie sein katholischer Zeitgenosse *Adolf Kolping* – Kommunismus und Sozialismus als Wege zur Lösung der sozialen Frage entschieden ab. Aber konservativ in *dem* Sinn, den dieses Wort hierzulande trägt: rückschrittlich kann man *Wichern* keinesfalls nennen. Gerade er ist es, der – beispielsweise – pietistisch-konservatives Erziehungsdenken und die entsprechende Praxis zu überwinden trachtet, was nicht zuletzt darin Ausdruck findet, daß er alles autoritäre Gebaren mißbilligt und bemüht ist, den ihm anvertrauten jungen Menschen zur Mündigkeit und Kritikfähigkeit zu verhelfen.
Auf seine Initiative hin erfolgt 1848 die Gründung der *Inneren Mission*, deren Geschicke er bis zu seiner Erkrankung entscheidend mitbestimmt.
Ab 1854 bemüht er sich um die Reform des Strafvollzugs in Berlin-Moabit, wird 1857 zum Oberkonsistorialrat ernannt und als vortragender Rat für das Gefängniswesen ins preußische Ministerium des Innern berufen.
Über die ihm damit übertragenen vielfältigen Aufgaben hinaus erarbeitet er Vorschläge zur Neugestaltung der Konfirmation und engagiert sich während der Kriege 1864, 1866 und 1870/1871 im Bereich der Felddiakonie.
Bereits 1866 erleidet er einen ersten Schlaganfall. 1871 verschlechtert sich sein Gesundheitszustand, *Wichern* kehrt nach Hamburg zurück und widmet sich wieder ganz der Arbeit im Rauhen Haus, wo er 1881 nach mehrjährigem Siechtum stirbt.

[4] *J.H. Wichern:* Ausgewählte Schriften. Band 2: Pädagogische Schriften. Herausgegeben von *K. Janssen*. Bertelsmann, Gütersloh 1958, S. 135

[5] Ebenda, S. 138 f.

[6] Ebenda, S. 141

[7] Ebenda, S. 142

[8] Ebenda, S. 143

[9] Ebenda, S. 135 f.

[10] Ebenda, S. 136

[11] Ebenda, S. 150

[12] *Christian David Friedrich Palmer*, evangelischer Theologe und Pädagoge und als solcher einer der namhaften Vertreter der evangelischen Pädagogik im neunzehnten Jahrhundert,

lebt von 1811 bis 1875. Sein Erziehungsdenken legt er in seiner 1853 veröffentlichten *Evangelischen Pädagogik* nieder. Ausgangspunkt der Erziehung aus dem evangelischen Geist ist die Erlösungsbedürftigkeit des sündigen Menschen.

13 *Chr. Palmer:* Evangelische Pädagogik. Neu bearbeitet von *E. Gundert*. Steinkopf, Stuttgart 1882 (5. Aufl.), S. 142 f.

14 Ebenda, S. 143 f.

15 *Wilhelm Emanuel Freiherr von Ketteler*, Bischof von Mainz und bedeutender Kirchenpolitiker im neunzehnten Jahrhundert, lebt von 1811 bis 1877. Er zählt sowohl als Abgeordneter des Frankfurter Parlaments (1848/1849) und als Mitglied des Reichstags (1871/1872) wie auch als Bischof zu den namhaften Sozialpolitikern seiner Zeit. Er ist einer der ersten, die die Dringlichkeit der sozialen Frage erkennen und deren Lösung anstreben. Neben seinen Schriften geben vor allem seine Predigten und Reden davon Zeugnis.

16 *J. Krämer:* Erziehung als Antwort auf die soziale Frage. Henn, Ratingen bei Düsseldorf 1963, S. 148

17 Vgl. *J. v. d. Driesch* und *J. Esterhues:* Geschichte der Erziehung und Bildung. Band I: Von den Griechen bis zum Ausgang des Zeitalters der Aufklärung. Schöningh, Paderborn 1960 (5. Aufl.), S. 243 f.

18 *Philipp Neri* kommt 1515 in Florenz zur Welt. Mit siebzehn Jahren geht er nach Rom, verdient sich seinen Lebensunterhalt und sein Studium als Hauslehrer und betreibt in seiner freien Zeit ein Apostolat der Straße.
Was *Giovanni Bosco* im neunzehnten Jahrhundert für die verwahrloste Jugend Turins sein wird, das bedeutet *Neri* der römischen Jugend des sechzehnten Jahrhunderts.
1551 läßt er sich zum Priester weihen. Bald folgt die Gründung des *Oratoriums*, einer Vereinigung von Weltpriestern, die sich vorrangig in der Seelsorge engagieren und sich um eine Reform des religiösen Lebens in Rom bemühen. 1595 stirbt *Neri* – verehrt als »Apostel Roms«.
Dieser *»Sokrates in der Soutane«* – wie ihn *Walter Nigg* genannt hat – bringt es allein durch die Kraft seines unbezwinglichen Humors fertig, die heruntergekommene Jugend Roms um sich zu scharen, und wie kaum ein anderer vor ihm und nach ihm vermag er mit dieser Jugend erstaunliche Erfolge zu erzielen. Er weiß um das Ganz-anders-Sein junger Menschen und macht sich, wie auf seinem Denkmal zu lesen steht: »von frohem Geschrei umgeben, in Weisheit unter Kindern zum Kind«.
Bekannt ist sein Appell an die jungen Leute: »Macht alles, was ihr wollt; mir genügt es, daß ihr nichts Böses tut!« Und man darf annehmen, daß er die Grenzen, jenseits derer das Böse beginnt, sehr weit zog.

19 *Giovanni Bosco* kommt 1815 in der Region Piemont als Sohn eines armen Kleinbauern zur Welt. Erst im Alter von sechzehn Jahren ist es dem begabten Jungen möglich, das Gymnasium zu besuchen. Seinen Lebensunterhalt verdient er sich als Nachhilfelehrer, aber auch als Kellner, Schuster, Schlosser und Musikant.
1836 beginnt er sein Theologiestudium, wird 1841 zum Priester geweiht und wendet sich bereits ein Jahr später der sozialen Problematik in seinem Land zu, von der die Kinder und Jugendlichen am verhängnisvollsten betroffen sind.
1846 schafft er in Turin-Valdocco für etwa siebenhundert verwahrloste junge Menschen eine Bleibe, nach deren Vorbild recht bald schon andernorts Jugendheime entstehen. Ältere, erfahrene Jungen setzt er als Helfer ein und begründet mit ihnen 1859 die Erzieherkongregation der Salesianer – benannt nach seinem Lieblingsheiligen *Franz von Sales*.

In seinem Todesjahr, 1888, existieren bereits vierundsechzig *Oratorien*; und heute wirken seine Salesianer in vielen Ländern der Welt.
Die Kirche, die es ihm zu Lebzeiten nicht immer leicht gemacht und seinen Erziehungsstil zunächst abgelehnt hat, erhebt ihn 1934 zur Ehre der Altäre.

[20] *G. Bosco:* Pädagogische Visionen und Reflexionen. Herausgegeben von *F. Pöggeler*. Klinkhardt, Bad Heilbrunn/Obb. 1965, S. 52

Eberhard Grisebach

Angewidert vom Idealismus und Humanismus und im Gegensatz zur Erziehungsauffassung dieser anthropozentrischen Lebenseinstellungen bemüht sich *Eberhard Grisebach* um eine »kritische Pädagogik«, die nach der Möglichkeit der Erziehung fragt und die Grenzen des Erziehers zu bestimmen sucht[1]. Seine diesbezüglichen Ansichten veröffentlicht er 1924 unter dem Titel *Die Grenzen des Erziehers und seine Verantwortung*.

1880 in Hannover geboren, interessiert sich *Grisebach* zunächst für den Beruf des Architekten, wendet sich dann aber der Philosophie zu, studiert bei *Rudolf Eucken* in Jena, wo er 1922 eine Professur übernimmt, und wirkt ab 1931 bis zu seinem Tod im Jahre 1945 – kurz nach dem Ende des Zweiten Weltkrieges – als Ordinarius für Philosophie, Psychologie und Pädagogik an der Universität Zürich – zuletzt ziemlich vereinsamt und von denen, an die er sich in erster Linie richtet: den Lehrern, kaum verstanden[2].

Grisebach ist stark von *Kierkegaard* beeinflußt, er steht der Dialektischen Theologie – geprägt von Männern wie *Karl Barth* und *Friedrich Gogarten* – sehr nahe, und er ist wohl der erste, der existenzphilosophisches Denken für die Pädagogik fruchtbar zu machen sucht. Für ihn ist der Mensch »in eine Isolierung geraten, die erst dann aufgehoben wird, wenn das Ich in seiner Selbstüberschätzung erschüttert ist, wenn die Grundanschauung des Individualismus und Humanismus sich verwandelt in eine Erkenntnis des widerspruchsvollen Wesens des Menschen und seiner Wirklichkeit«[3].
Ausgehend also von der Dialektik der Wirklichkeit, den großen Widersprüchen, vor denen und in denen sich der Mensch befindet, und die er weder in seiner Existenz noch in seinen kulturellen Schöpfungen aufzuheben und zu überbrücken vermag; ausgehend von der Kluft, die sich in ihm auftut: durch »den Widerspruch von Geist und Natur, von Subjekt und Objekt«[4]; überzeugt von der Unmöglichkeit, »zwischen Ich und Du direkte Brücken zu bauen«[5]; im Blick auf den Widerspruch zwischen Glauben und Wissen, zwischen Gott und Schöpfung gelangt *Grisebach* zu einer radikalen Infragestellung dessen, was man bislang als Erziehung verstanden und was man von Erziehung erwartet hat.
Man hat ihm deswegen einen »totalen pädagogischen Pessimismus«[6], einen »ausgesprochenen Erziehungspessimismus«[7] bescheinigt, wobei es aber doch einigermaßen fraglich bleibt, ob dieser Vorwurf gerechtfertigt ist.
Zutreffend bleibt, daß *Grisebach* die »allgemeine Erziehungssucht« seiner Tage, wonach jeder jeden erziehen möchte, scharf kritisiert[8]; vielleicht denkt er dabei an *Ernst Kriecks* These: »Alle erziehen alle jederzeit.«[9] Überzeugt von der Notwendigkeit einer »Erneuerung des Menschengeschlechts« sind alle begierig, »die anderen zu verwandeln«, und jeder hält sich zur Erfüllung dieser Aufgabe für berufen. Mit der »zunehmenden Überschätzung der Erziehungsmöglichkeit« geraten die »Grenzen des Erziehers« in Vergessenheit. Der Erziehungsenthusiasmus und das ihm

eigene Führerpathos haben die Tatsache völlig verdeckt, daß der »Augenblick scheinbar höchster Entwicklung der Pädagogik ... zugleich der Moment tiefsten Zerfalls ist« und daß sich daher zwingend die Frage stellt, ob »wir überhaupt einen anderen Menschen verwandeln« können und ob wir dies etwa an uns selbst vermögen – auf dem Wege der »Selbsterziehung«[10]. – »Sind wir denn überhaupt etwas geworden, sodaß es lohnt, nach dem verantwortlichen Erzieher zu fragen? Wer soll die Verantwortung tragen für unsere heutige Lage, die sich als Zerfall darstellt? Welches ist denn das wirkliche Sein, das wir einem Erzieher oder einem erziehenden, ursprünglichen Prinzip unseres Wesens verdanken? Wozu haben wir uns selbst erzogen? ... Die Erzieher sind möglicherweise die schuldigen Urheber meiner Nichtigkeit.«[11]

Aus all diesen Fragen spricht *Grisebachs* Überzeugung, daß die Änderung eines anderen Menschen über eine sogenannte Erziehung »undenkbar« ist; und dies bedeutet: »Die Stellung des Erziehers, die die individualistische Geschichtsauffassung mit Autorität und Vermögen ausstattete, schrumpft zusammen.«[12] *Grisebach* stellt damit nicht alle Fähigkeiten des Erziehers in Frage: dieser kann dem Edukanden eigene Erfahrungen und Einsichten mitteilen; er kann das Bewußtsein, den Intellekt und die Urteilskraft fördern, Ziele und Werte aufzeigen, sogar »Willens-Gymnastik« betreiben; aber dies alles erreicht nicht »das Sein der Seele«, das Zentrum der Person. Hier tut sich für den, der »über den Ursprung keine Macht hat«, eine unüberwindliche Grenze auf; und es wäre für den Erzieher gut, wenn er sich dieser Grenze bewußt würde und dazu der Tatsache, »daß er nicht Seelsorger und Heiland zu sein vermag«[13].

Grisebach unterzieht einige Forderungen, die an Erzieher immer wieder gerichtet werden, und einige Aufgaben, die Erzieher zu leisten versprechen, einer kritischen Analyse. Da ist der Auftrag der »religiösen Erziehung«. Aber gerade sie ist nie und nimmer Sache eines Menschen. »Die Anmaßung, direkt aus jenseitigen Gründen den andern verwandeln zu wollen, ist der höchste Grad einer Selbstüberhebung und Grenzüberschreitung, die überhaupt denkbar ist. Auch die edelste humanistische Gesinnung eines Erziehers darf uns nicht darüber hinwegtäuschen, daß durch solche Grenzüberschreitung die Wirklichkeit verloren geht und eine Scheinbildung gefördert wird.«[14] Wenn wir nicht zur »Kritik aller Ideologien und aller ideologischen Erziehung« bereit sind, wenn wir uns weiterhin über das, was wir vermögen, »Illusionen« hingeben, »stehen uns weitere bittere Enttäuschungen bevor«[15]. Dies gilt für den Bereich einer sogenannten »staatsbürgerlichen Erziehung« nicht weniger als für die »religiöse Erziehung«, und es gilt ganz allgemein für den Anspruch des Erziehers, den er aus dem »Ruf nach dem Führer« ableiten zu dürfen vermeint[16]. Für *Grisebach* ist Erziehung »keine Führung durch den einzelnen Menschen«[17], sondern »die problematische Wechselwirkung von Ich und Du, die zwischen allen Menschen bestehen kann«, wobei die Erziehung junger Menschen durch ältere nur einen »Sonderfall dieser allgemeinen Wechselwirkung« darstellt[18].

Wer sein pädagogisches Denken auf einem Begriff von »Erziehung im individualistischen Sinne« aufbaut, wird *Grisebach* dem »totalen pädagogischen Pressimismus« zurechnen dürfen; er wird ihm damit freilich kaum gerecht; denn der Philosoph bemüht sich um den Aufbau einer »kritischen Pädagogik«, deren Hauptaufgaben er darin sieht, »dem Menschen im allgemeinen und dem Erzieher im besonderen seine Grenzen zu weisen« und alle »Anmaßung individualistischer Pädagogik, die Isolierung des Ichs und das einschichtige Denken« aufzudecken: »Indem die kritische Pädagogik dem Erzieher seine Grenzen ins Bewußtsein ruft, führt sie uns wieder zu dem Glauben an eine Erziehung der Menschheit, in der auch das Ewige Berücksichtigung und offene Seelen findet. Die kritische Pädagogik versucht also allen anmaßenden Glauben des Menschen an sich selbst einzuschränken und seinen Irrtum zu beseitigen, als vermöchte er durch eigenen Entschluß allein sich zu erneuern und schließlich gerecht zu werden. Sie spricht nüchtern von unserer Lage und unserem Schicksal; sie verzichtet darauf, durch Erweckung von Enthusiasmus die Menschen in falschen Hoffnungen zu wiegen. Redlich gilt es, den Ernst unserer Lage und unserer Begrenzung zu erkennen, gegen jede angemaßte Absolutheit überall zu protestieren. Wirkliches Sein wird nur in der Bindung der Gemeinschaft gefunden. Die Anarchie und Dekadenz unserer Zeit kann von Segen sein, wenn sich unser Wesen zur Frage nach dem Ursprunge wieder öffnet, und die Grenzen erkannt werden, die dem einzelnen Menschen und dem Erzieher in der Wechselwirkung von Ich und Du gesetzt sind.«[19] – »Die Bescheidung des Erziehers, die Erkenntnis seiner Grenzen, macht erst Erziehung möglich.«[20]

Auf dem Boden dieser »kritischen Pädagogik« bemüht sich *Grisebach* auch um eine Klärung der Problematik der Verantwortung angesichts der Erziehung – um eine Klärung, auf die er, wäre er ein totaler pädagogischer Pessimist, wohl verzichten würde: »Es ist ja durchaus nicht so, daß wir nach Aufweisen der Grenzen des Erziehers jeder Verantwortung in der Erziehung jetzt enthoben wären, weil wir das Sein des anderen nicht unmittelbar durch Gedanken oder Motive zu beeinflussen vermögen. Die Verantwortung hat in der realen Dialektik einen anderen Sinn gewonnen. Sind die Grenzen erst einmal erkannt, so wird allerdings niemand mehr den Pädagogen als Einzelnen dafür verantwortlich machen, daß er das Sein des Zöglings oder der anderen Menschen so oder so verwandelt habe. Wer sollte auch hier Gericht über den Pädagogen halten? Ein Aufsichtsrat der Erziehungswissenschaft, der Staat, welche hohe Instanz, oder gar der Zögling selbst? Ein solches Urteil über den ›verantwortlichen‹ Erzieher kann es nicht mehr geben, wenn Erziehung als der dialektische Prozeß des wirklichen Geschehens gefaßt ist. Wer außer oder über diesem Wechselverhältnis ein Urteil fällt, hätte jedenfalls keinen Boden unter den Füßen, sondern höchstens einen ›prinzipiellen Standpunkt‹. Das seingebende Prinzip allein ist außer der Wechselbeziehung. Über diesen Ursprung gibt es kein Urteil und keinen Richterspruch, denn der Ursprung ist schlechthin unbegreiflich.«[21]

Bei aller Vielfältigkeit der verschiedenen Denkansätze der *Existenzphilosophie* verdanken die meisten Vertreter dieser geistigen Richtung des zwanzigsten Jahrhunderts dem dänischen Denker *Kierkegaard*[22] wichtige Anstöße. *Grisebachs* Reflexio-

nen über die Grenzen des Erziehers sind geeignet, dieses keineswegs eindimensionale und oft genug widerspruchsbefrachtete Denken, das für gewöhnlich dem Sammelbegriff »Existentialismus« subsumiert wird, wenigstens in diesem Problembereich – dem pädagogischen – exemplarisch zu verdeutlichen.
Einen jüngeren Versuch einer derartigen Verdeutlichung und einer weiteren Klärung des Verhältnisses von *Existenzphilosophie und Pädagogik* hat *Otto Friedrich Bollnow*[23] unternommen. Er zeigt, wie auf den »ungeheueren pädagogischen Enthusiasmus« in den Jahren nach dem Ersten Weltkrieg, dem »ein gewaltiger Glaube an die guten Kräfte im Menschen« bei den Vertretern der pädagogischen Reformbewegung zugrunde lag, mit dem Ende des Zweiten Weltkrieges – 1945 – eine große pädagogische Müdigkeit folgt[24]. Die Ereignisse zwischen 1933 und 1945: »die Erfahrung von so viel menschlicher Schwäche und Gemeinheit, ... der erschütternde Blick in so viel Abgründe der menschlichen Natur und in so viel Fragwürdigkeiten der gesamten menschlichen Situation«[25] verursachten einen tiefgreifenden Wandel der bisherigen Vorstellungen über den Menschen und legten die Auffassung nahe, die im folgenden »anthropologischen Grundsatz der Existenzphilosophie« ihren Ausdruck findet, wonach »es im Menschen einen letzten, innersten, von ihr mit dem für sie charakteristischen Begriff als ›Existenz‹ bezeichneten Kern gibt, der sich grundsätzlich jeder bleibenden Formung entzieht, weil er sich immer nur im Augenblick realisiert, aber auch mit dem Augenblick wieder dahinschwindet«. Dieser Grundsatz paralysiert jeglichen pädagogischen Fortschrittsglauben. Es gibt im geistig-sittlichen Leben des Menschen höchstens »den einzelnen Aufschwung«, aber nie »einen stetigen Fortschritt«[26]; und was die überlieferten anthropologisch-pädagogischen Vorstellungen anlangt, die sich beispielsweise im Begriff »Bildsamkeit« zusammenfassen lassen, in einem Begriff, den *Johann Friedrich Herbart* den »Grundbegriff der Pädagogik« nennt[27], so stehen sie im klaren Widerspruch zu jenem anthropologischen Grundsatz der Existenzphilosophie. »Bildsamkeit« des Menschen beinhaltet notwendig den »Gedanken an die Möglichkeit einer Erziehung«, an »eine gewisse bleibende Formbarkeit des Menschen«: »Diese Bildsamkeit aber leugnet die Existenzphilosophie, zum mindesten soweit es sich um den existentiellen Kern des Menschen handelt. Unterhalb dieses Bereichs, in dem, was sie – etwas allzu summarisch – mit dem Begriff des uneigentlichen Daseins zusammenfaßt, da mag es auch so etwas wie eine Formung oder Bildung geben, aber diese bleibt eine untergeordnete Angelegenheit, die am tieferen Wesen des Menschen vorbeigeht und kaum den hohen Namen einer Erziehung verdient.«[28]

Anmerkungen

[1] *E. Grisebach:* Die Grenzen des Erziehers und seine Verantwortung. Unveränderter reprografischer Nachdruck der 1. Ausgabe, Halle an der Saale 1924. Wissenschaftliche Buchgesellschaft, Darmstadt 1966, S. VII

[2] Vgl. *A. Hübscher:* Denker unserer Zeit. Mit 32 Abbildungen. Piper & Co, München 1956, S. 201 ff.; *J. Dolch:* Eberhard Grisebach. In: Lexikon der Pädagogik. II. Band. Herder, Freiburg 1953, Sp. 513 f.

[3] *E. Grisebach:* Die Grenzen des Erziehers und seine Verantwortung, a.a.O., S. 117

[4] Ebenda, S. 5

[5] Ebenda, S. 30

[6] *H.J. Rechtmann:* Geschichte der Pädagogik. Wandlungen der deutschen Bildung. Unter Mitwirkung von *H.-J. Ipfling*. Ehrenwirth, München 1969 (3. Aufl.), S. 359

[7] *J. v. d. Driesch* und *J. Esterhues:* Geschichte der Erziehung und Bildung. Band II: Von der Humanität bis zur Gegenwart. Schöningh, Paderborn 1964 (6. Aufl.), S. 268

[8] *E. Grisebach:* Die Grenzen des Erziehers und seine Verantwortung, a.a.O., S. 7 ff.

[9] *E. Krieck:* Philosophie der Erziehung. Diederichs, Jena 1925 (Drittes und viertes Tausend), S. 47

[10] *E. Grisebach:* Die Grenzen des Erziehers und seine Verantwortung, a.a.O., S. 7 ff.

[11] Ebenda, S. 13 f.

[12] Ebenda, S. 30

[13] Ebenda, S. 31 f.

[14] Ebenda, S. 34 f.

[15] Ebenda, S. 59

[16] Ebenda, S. 124 ff., S. 207 ff. und besonders S. 239 f. sowie S. 39

[17] Ebenda, S. 59

[18] Ebenda, S. 11; vgl. auch S. 68 f.

[19] Ebenda, S. 37 f.

[20] Ebenda, S. 30

[21] Ebenda, S. 278

[22] *Sören Aabye Kierkegaard*, 1813 als Sohn eines wohlhabenden Kaufmanns in Kopenhagen geboren, studiert an der Universität seiner Heimatstadt Philosophie und Theologie und promoviert nach dem theologischen Examen mit einer Dissertation *Über den Begriff der Ironie mit ständiger Rücksicht auf Sokrates* zum Magister artium. Nachhaltige Einflüsse erfährt er von seinem tiefreligiösen und schwermütigen Vater und wohl auch von seiner Braut *Regine Olsen*, von der er sich ohne ersichtlichen Grund nach einjähriger Verlobungszeit wieder trennt, um für den Rest seines Lebens an dieser Trennung zu leiden. Im Winter 1841 weilt er in Berlin und hört dort *Schelling*. 1842 kehrt er nach Kopenhagen zurück und verbringt hier als freier Schriftsteller bis zu seinem Tod im Jahre 1855 ein äußerlich unscheinbares Leben. Als er stirbt, reicht der Rest seines Vermögens gerade noch zur Begleichung der Begräbniskosten. Gegen die Ehren, die ihm seine Kirche am Grabe erweist, kann er sich nicht mehr zur Wehr setzen; lediglich ein Laie protestiert während der Trauerfeier gegen die kirchliche Einvernahme dessen, der zu Lebzeiten sich dagegen verwahrt hatte, als Christ *dieser* Kirche anzugehören.

Kierkegaard leidet unsäglich darunter, wie sehr die Christenheit seiner Tage das *Christentum* pervertiert hat. Seine Aufgabe sieht er darin, »eine lügnerische Ausbreitung« des Christentums aufzuhalten und der von *Christus* geoffenbarten Wahrheit zum Durchbruch zu verhelfen. Diese Botschaft gilt es *direkt* mitzuteilen; ihr Vollzug im Leben des einzelnen Menschen kann aber nur durch *indirekte* Mitteilung gefördert werden – beispielsweise in Form der *Ironie*. Mit der Verfeinerung und literarischen Anwendung dieses Verfahrens – der *indirekten Mitteilung* – in seinen zahlreichen Werken gewinnt *Kierkegaard* eminente *pädagogische* Bedeutung.

23 Der Tübinger Philosoph und Pädagoge *Otto Friedrich Bollnow* kommt 1903 in Stettin als Sohn eines Lehrers zur Welt, beginnt zunächst in Berlin mit dem Studium der Architektur, wendet sich aber bald in Greifswald und Göttingen der Mathematik und Physik zu und promoviert 1925 in Göttingen bei dem berühmten Physiker und Nobelpreisträger *Max Born*. Von der Göttinger *Dilthey*-Schule beeinflußt, befaßt er sich nunmehr mit den Geisteswissenschaften, besonders mit der Lebensphilosophie und erwirbt 1931 die Venia legendi für Philosophie und Pädagogik. 1939 folgt er einem Ruf als ordentlicher Professor nach Gießen und ab 1946 lehrt er in Mainz. Von 1953 bis zu seiner Emeritierung im Jahre 1970 wirkt er als Nachfolger *Eduard Sprangers* in Tübingen, hält aber auch in den zwei Jahrzehnten seines Ruhestandes noch Vorlesungen. Im Februar 1991 stirbt er.

24 *O.F. Bollnow:* Existenzphilosophie und Pädagogik. Versuch über unstetige Formen der Erziehung. Kohlhammer, Stuttgart 1962 (2. Aufl.), S. 9 ff.

25 Ebenda, S. 12

26 Ebenda, S. 15

27 *J.F. Herbart:* Pädagogische Schriften. Herausgeben von *W. Asmus*. Dritter Band: Pädagogisch-didaktische Schriften. Küpper, Düsseldorf/München 1965, S. 165

28 *O.F. Bollnow:* Existenzphilosophie und Pädagogik, a.a.O., S. 16; vgl. dazu auch *O.F. Bollnow:* Neue Geborgenheit. Das Problem einer Überwindung des Existentialismus. Kohlhammer, Stuttgart 1960 (2. Aufl.); *Th. Ballauff* und *K. Schaller:* Pädagogik. Eine Geschichte der Bildung und Erziehung. Band III: 19./20. Jahrhundert. Alber, Freiburg/München 1973, S. 44 und S. 556 ff.; *M. Müller:* Existenzphilosophie im geistigen Leben der Gegenwart. Kerle, Heidelberg 1964 (3. Aufl.); *L. Prohaska:* Existentialismus und Pädagogik. Eine kritische Studie zum Aufbau einer christlichen Pädagogik auf existentieller Grundlage. Herder, Freiburg/Wien 1955; *W. Ruß:* Geschichte der Pädagogik. Klinkhardt, Bad Heilbrunn/Obb. 1968 (8. Aufl.), S. 192 ff.

Ernst Kriecks These: »Alle erziehen alle jederzeit«[1] wird man – oberflächlich besehen – den Zeugnissen zur Position des pädagogischen Optimismus zurechnen. Betrachtet man allerdings die Beiträge der Nationalsozialisten zur Pädagogischen Anthropologie insgesamt, dann trifft man auf zahlreiche Widersprüche und Inkonsequenzen, die sich nicht nur bei einem Vergleich der Thesen verschiedener Vertreter dieser politischen Ideologie zeigen, sondern die oft genug auch das Konzept eines einzelnen nationalsozialistischen Theoretikers kennzeichnen.

Das beste Beispiel dafür liefert der »Führer« dieser »Bewegung«, *Adolf Hitler*, selbst. Man braucht diesbezüglich nur seine anthropologischen Aussagen und seine Erziehungsgrundsätze in seinem völkischen Evangelium *Mein Kampf*, in seinen Reden und in seinen Gesprächen zu analysieren, um zu erfahren, daß »Hitlers Bild vom Menschen ... unvermittelt gegensätzlich« ist[2]. Da findet sich neben der Vorstellung, wonach der Mensch »das reine, edle Material der Natur« sei[3], ausgestattet mit einer grenzenlosen Bildsamkeit, die konträre Ansicht, mit der jene Bemühungen, die man für gewöhnlich meint, wenn man von Erziehung spricht, eine Abwertung erfahren. An ihrer Stelle werden neue, wirkkräftigere Methoden der »Menschenformung« vorgeschlagen, aus denen die Überzeugung spricht, daß die Beeinflußbarkeit und Wandelbarkeit des Menschen offenbar doch nicht so grenzenlos ist, wie es zunächst den Anschein hatte. Diese – letztlich erziehungspessimistischen – Theorien innerhalb der nationalsozialistischen Anthropologie und Pädagogik dominieren zweifelsohne.

Für *Hitler* »sind die wesentlichen Charaktereigenschaften im einzelnen Menschen grundsätzlich vorgebildet«: Egoist bleibt Egoist; der »geborene Verbrecher« wird immer Verbrecher sein und bleiben. Gleichwohl gibt es neben den gänzlich unwandelbaren, »den restlos ausgeprägten Charakteren«, »Millionen von verschwommen und unklar erscheinenden«, die bei entsprechender ›Erziehung‹ durchaus noch »zu wertvollen Gliedern der Volksgemeinschaft« werden könnten[4]. Eine der wichtigsten Erziehungsaufgaben ist in seinen Augen *»die Ausbildung der Willens- und Entschlußkraft sowie die Pflege der Verantwortungsfreudigkeit«*[5]. Die Bereitschaft, derartige Aufgaben zu erfüllen, setzt, so darf man annehmen, die Überzeugung voraus, diese Aufgaben seien auch zu bewältigen. Besieht man sich dann freilich die Methoden, mit denen *Hitler* seine Erziehungsziele zu erreichen sucht, und achtet man auch auf das Vokabular, dessen er sich in diesem Zusammenhang bedient, dann wird man doch die – wenn auch verdeckten – Zweifel an der grenzenlosen Erziehbarkeit des Menschen gewahren. Da ist mehrfach die Rede vom »Menschenmaterial«[6]; von der *»Menschenauslese«*[7]; davon, daß Erziehung das, worauf es ankommt, *»in Herz und Gehirn der ihr anvertrauten Jugend hineinbrennt«*[8]. – *Schopenhauer* sprach ›wenigstens nur‹ vom »Einimpfen«.

Hier bleibt allerdings zu fragen, worin sich diese ›Erziehung‹, die *Hitler* den »Intelligenzrassen«[9] vorbehalten wissen will, von der »Dressur« an einem »geborenen

Halbaffen« – gemeint sind Akademiker schwarzer Hautfarbe – unterscheidet, den man zum Advokaten oder Heldentenor abgerichtet hat, was dem schlauen Juden, der hinter alledem steht, dann wiederum zur Bestätigung seiner »Theorie von der *Gleichheit der Menschen«* dient. *Hitler* sieht in solcher Dressur »verbrecherischen Wahnwitz« gegenüber »Millionen Angehörigen der höchsten Kulturrasse«[10]. Doch die Logik seiner Begriffe und seiner gesamten Konzeption interessiert *Hitler* wenig; ihm geht es darum, daß die nationalsozialistische Erziehungspraxis *»ihre Krönung darin findet, daß sie den Rassesinn und das Rassegefühl instinkt- und verstandesmäßig in Herz und Gehirn der ihr anvertrauten Jugend hineinbrennt«*[11] und daß alles zur Hebung »der rassischen Qualität des gegebenen Menschenmaterials« geschieht[12].

Die Lösung der Aufgabe, »mit äußerster Sorgfalt und Genauigkeit aus der Gesamtzahl der Volksgenossen das von Natur aus ersichtlich befähigte Menschenmaterial herauszusieben und im Dienste der Allgemeinheit zu verwenden«[13], kann nicht mehr dem einzelnen Erzieher, der einzelnen Familie überlassen bleiben: diese Aufgabe zu lösen ist in erster Linie Sache des *Staates*. Sie wird vorrangig im *»Heranzüchten kerngesunder Körper«* erfüllt[14]; denn der neue, der »völkische Staat« bedarf keiner »Kolonie friedsamer Ästheten und körperlicher Degeneraten«, sondern sein Menschheitsideal verwirklicht sich »in der trotzigen Verkörperung männlicher Kraft und in Weibern, die wieder Männer zur Welt zu bringen vermögen«[15] – *Schopenhauer* läßt abermals grüßen!

Dieses *»Heranzüchten«* geschieht durch »körperliche Ertüchtigung«[16], wobei *Hitler* hier dem *Boxen* besondere Bedeutung zumißt; es geschieht aber in hervorragender Weise auch durch Maßnahmen, die er mit dem Begriff der *»Menschenauslese«* umschreibt und die zur Vernichtung von Millionen unschuldiger Menschen in den Gaskammern seiner Konzentrationslager geführt haben. Hinter diesen Maßnahmen steht letztlich die Überzeugung, daß das, wessen das Volk bedarf – *»Blutreinheit«*[17] – nicht eigentlich zu »lernen« ist, sondern daß das, worauf es im entscheidenden ankommt, »alles schon ursprünglich angeboren« ist[18]. Wer diese Anlagen nicht besitzt, gilt als »lebensunwertes Leben« und hat sein Recht auf Dasein verwirkt; denn vor seinem »verdorbenen Blut« gilt es das »gute Blut« zu schützen[19].

In dieser Konzeption der *»Menschenformung«*[20] tritt an die Stelle der *Person* der *»Typus«*[21]; und an die Stelle der *Erziehung* die *»Zucht«* – Zucht im Sinne von *»Heranzüchten«*, wie es *Schopenhauer* bereits vorschwebte, und im Sinne von *»Selektion«*, einer Maßnahme, die in mehreren Formen zur Anwendung gelangte und der die Institutionen »Lebensborn«[22] und »Kampfbund für den Kinderreichtum der Erbtüchtigen«[23] ebenso dienten wie die Institution »Konzentrationslager« mit ihrer Vernichtungsapparatur.

Wie sehr in der nationalsozialistischen Pädagogik *Erziehungs*maßnahmen durch *biologische* Maßnahmen ersetzt werden sollten – und tatsächlich auch bereits ersetzt wurden –, geht nicht nur aus den Ausführungen *Hitlers* hervor; zahlreiche Vertreter des »Dritten Reiches« wurden nicht müde, diesen Ansatz des »Führers« theoretisch

zu untermauern und zu vertiefen. Ob *Hans F.K. Günther* »das bedeutende Übergewicht der Vererbung« im Verhältnis von Vererbung und Umwelteinwirkung betont und – da »Erziehung … am *Anlagenbestand* eines Volkes nichts ändern« kann und »die Vererbung die ausschlaggebende Macht … gegenüber der Umwelt« darstellt – den »Weg der Aufartung, der Hebung für ein Volk nicht über die Erziehung – so wichtig diese für die Einzelmenschen in diesem Volke sein mag –, sondern allein über die *Auslese*« gehen sieht[24]; ob *Alfred Baeumler* den Begriff *»Rasse«* zum *»Grundbegriff der Erziehungswissenschaft«* erklärt und nachzuweisen bemüht ist, »daß der Begriff der Bildsamkeit bisher falsch aufgefaßt wurde«[25]; ob *Wolfgang Schultz* – während der nationalsozialistischen Herrschaft Professor für Philosophie an der Universität München – den »Wahn«, wonach »alle Menschen gleich sind und die Erziehung mit jedem jedes Ziel erreichen könne, das man sich stecke«, durch »die Einsicht in die Vorgänge der Vererbung und in das Schicksalhafte der Erbanlagen« widerlegt und »zerstört« sieht[26]; ob sich *Heinrich Himmler* als »Saatzüchter« begreift, »der eine alte, gute Sorte, die vermischt und abgebaut ist, wieder rein züchten soll«[27]; oder ob schließlich der Reichsbauernführer *Richard Walter Darré* – er lebt von 1895 bis 1953 – davon träumt, »aus dem besten deutschen Blut durch Verdrängungskreuzungen im Laufe der Generationen wieder den reinen Typ der nordischen Deutschen« zu »züchten«[28] – nirgendwo handelt es sich dabei um Vorstellungen und Maßnahmen, die der Überzeugung von der *Erziehbarkeit* und der *Lernfähigkeit* des Menschen entspringen, sondern um solche, mit deren Hilfe die obersten menschlichen und völkischen Güter: *Blut- und Rassereinheit* geschützt, gefördert, gesteigert oder erneuert werden sollten – um Maßnahmen, mit denen zudem in totalitärer Manier jeder einzelne, ausnahmslos, erfaßt werden sollte – der nationalsozialistischen Parole entsprechend: *»Du bist nichts – Dein Volk ist alles.«*[29]
Nun ist dies alles nicht ganz neu. Ein Blick in die abendländische Geistesgeschichte, zurück nach Sparta, mag das belegen – nach Sparta, von dem der griechische Historiker und Philosoph *Plutarch* schreibt: »Die Zucht erstreckte sich bis auf die Erwachsenen. Keinem stand es frei zu leben, wie er wollte, sondern sie lebten in der Stadt wie in einem Feldlager nach strengen Vorschriften für all ihr Verhalten und ihre Beschäftigung in der Öffentlichkeit, und überhaupt glaubten sie nicht sich, sondern dem Vaterlande zu gehören«; und was *Lykurg* – den Gesetzgeber Spartas anlangt –, so »gewöhnte er die Bürger daran, ein Privatleben weder zu wünschen noch zu kennen, sondern wie die Bienen fest mit der Gemeinschaft verwachsen und miteinander um den König gedrängt beinahe aus sich selbst herauszutreten vor Begeisterung und Ehrbegierde, und ganz dem Vaterlande zu gehören«[30]. – Sparta wurde für viele, die über das Verhältnis von Staat und Erziehung reflektierten und in das Repertoire ihrer Erziehungsmaßnahmen *eugenische* Methoden mit einbezogen, zum Vorbild; in ganz besonderem Maße gewiß auch für *Platon*[31]; und so »abwegig« es wohl wäre, den Philosophen den »ersten Nationalsozialisten« zu nennen[32], was zu tun sich die deutschen Faschisten keineswegs scheuten, so gehört zum ganzen *Platon* doch immerhin auch die Forderung nach dem staatlichen Erzie-

hungsmonopol; und bereits er entwickelte ausgefeilte Maßnahmen der Eugenik zum Zwecke der Aufzucht wehrkräftiger Hüter des Staates[33].

Platon hatte viel Zeit und konnte im Alter manches von dem, was er ursprünglich wollte und beschrieb, zurücknehmen oder abschwächen; seine spätere Skepsis gegenüber dem Menschen und der Erziehung – wovon noch zu reden sein wird – hatte andere anthropologische Ursachen als wir sie bei den Theoretikern des »Dritten Reiches« finden. Sie, die Erbauer und Hüter des »Tausendjährigen Reiches«, besaßen nur wenig Zeit – ganze zwölf Jahre; aber was sie in dieser Zeit ersannen, propagierten und in die Tat umsetzten, stellt alle verwandten Überlegungen und Versuche seit *Lykurg, Theognis* und *Pindar* über *Platon* bis herauf zu *Schopenhauer* in den Schatten.

Anmerkungen

1 *E. Krieck:* Philosophie der Erziehung. Diederichs, Jena 1925 (Drittes und viertes Tausend), S. 47. – *Ernst Krieck*, 1882 geboren, wirkt zunächst als Lehrer, lebt ab 1924 als freier Schriftsteller und übernimmt 1928 eine Professur an der Pädagogischen Akademie Frankfurt am Main. Wegen seines offenen Bekenntnisses zum Nationalsozialismus wird er 1931 an die Pädagogische Akademie Dortmund versetzt. Nach der Machtübernahme durch *Hitler* erhält er 1933 eine Professur an der Universität Frankfurt am Main. Ab 1934 lehrt er als Professor für Philosophie und Pädagogik an der Universität Heidelberg. Seit 1932 war *Krieck* um eine philosophische Untermauerung des Nationalsozialismus und um die Begründung der nationalsozialistischen Pädagogik bemüht. 1947 stirbt er in einem aliierten Straflager.

2 *H.-J. Gamm:* Führung und Verführung. Pädagogik des Nationalsozialismus. List, München 1964, S. 15

3 *H. Rauschning:* Gespräche mit Hitler. Europa, Zürich/Wien/New York 1940 (Vierter unveränderter Neudruck), S. 237; vgl. auch *F. Stippel:* Die Zerstörung der Person. Kritische Studie zur nationalsozialistischen Pädagogik. Auer, Donauwörth 1957, S. 56

4 *A. Hitler:* Mein Kampf. Zweiter Band: Die nationalsozialistische Bewegung. Eher, München 1932 (1. Auflage der kart. Ausgabe – Band 2 – 1.–10. Tausend), S. 460. – *Adolf Hitler*, 1889 geboren, gründet 1925 die Nationalsozialistische Deutsche Arbeiter-Partei (NSDAP), wird 1933 als Führer der stärksten Partei Reichskanzler und erklärt sich 1934 – nach dem Tode *Hindenburgs* – als »Führer und Reichskanzler« zum deutschen Staatsoberhaupt. In seiner während eines Haftaufenthaltes in Landsberg am Lech 1923/24 verfaßten Programmschrift *Mein Kampf* entwirft er auch seine Erziehungsgrundsätze, die die Basis der nationalsozialistischen Pädagogik abgeben. 1945 begeht *Hitler* Selbstmord.

5 Ebenda, S. 462

6 Ebenda, S. 451 und S. 482

7 Ebenda, S. 477

8 Ebenda, S. 475 f.

9 Ebenda, S. 479

10 Ebenda, S. 478 f.

[11] Ebenda, S. 475 f.; vgl. auch *F. März* (Hrsg.): Soziale und politische Erziehung. Klinkhardt, Bad Heilbrunn/Obb. 1970, S. 55

[12] *A. Hitler:* Mein Kampf, a.a.O., S. 451

[13] Ebenda, S. 481 f.

[14] Ebenda, S. 452

[15] Ebenda, S. 455

[16] Ebenda, S. 454

[17] Ebenda, S. 476

[18] Ebenda, S. 477

[19] Vgl. *H.-J. Gamm:* Führung und Verführung, a.a.O., S. 16 f.

[20] Vgl. *E. Krieck:* Menschenformung. Grundzüge der vergleichenden Erziehungswissenschaft. Quelle & Meyer, Leipzig 1944 (6. Aufl.)

[21] Vgl. *F. Stippel:* Die Zerstörung der Person; ferner *H.-J. Gamm:* Führung und Verführung, a.a.O., S. 122 ff.

[22] Vgl. *H.-J. Gamm:* Führung und Verführung, a.a.O., S. 38 ff. und S. 468

[23] Vgl. ebenda, S. 40

[24] *H.F.K. Günther:* Führeradel durch Sippenpflege. Vier Vorträge. Lehmann, München 1936, S. 104 und S. 109 f. – *Hans Friedrich Karl Günther* lebt von 1891 bis 1968, übernimmt 1930 in Jena eine Professur für Sozialanthropologie und lehrt ab 1935 in Berlin als Ordinarius für Rassenkunde, Völkerbiologie und ländliche Soziologie. Mit seinen Schriften liefert er die ideologische Grundlage des nationalsozialistischen Rassismus. Nachhaltig beeinflußt er die Pädagogik des »Dritten Reiches« durch seine These vom Primat des Erbgutes vor allen Umwelteinflüssen: zur »Aufartung« des Volkes bedürfe es der »Auslese« und nicht der Erziehung.

[25] *A. Baeumler:* Bildung und Gemeinschaft. Junker und Dünnhaupt, Berlin 1942, S. 81. – *Alfred Baeumler* lebt von 1887 bis 1968. 1928 lehrt er als Professor für Philosophie an der Technischen Hochschule Dresden. 1933 übernimmt er ein Ordinariat für Philosophie und Politische Pädagogik an der Universität Berlin. Früh bekennt er sich in seinen Schriften zum Nationalsozialismus und beteiligt sich an der Grundlegung einer nationalsozialistischen Pädagogik. Diese Vorleistungen und sein gutes Verhältnis zu *Alfred Rosenberg*, dem Chefideologen des »Dritten Reiches«, qualifizieren ihn zum »Amtsleiter des Amtes Wissenschaft des Beauftragten des Führers für die Überwachung der geistigen Schulung der NSDAP«.

[26] *W. Schultz:* Grundgedanken nationalsozialistischer Kulturpolitik. Eher, München 1939, S. 166

[27] *H. Himmler* zitiert bei *P. Meier-Benneckenstein* (Hrsg.): Dokumente der deutschen Politik. Band 3: Deutschlands Weg zur Freiheit 1935. Bearbeitet von *A. Friedrichs*. Junker und Dünnhaupt, Berlin 1937, S. 43. – *Heinrich Himmler*, 1900 geboren, seit 1929 »Reichsführer der SS« und als solcher innenpolitisch neben *Hitler* der mächtigste Mann im »Dritten Reich«: als Chef der Polizei seit 1936 und als Reichsinnenminister seit 1943, trägt zusammen mit *Hitler* die Hauptverantwortung für die Terrorakte der Geheimen Staatspolizei, die Grausamkeiten in den Konzentrationslagern und die Massenvernichtung der Juden. Als radikaler Verfechter der arischen Blutreinheit bestimmt er vorrangig die Maßnahmen der »Auslese« und beeinflußt entscheidend die Rassegesetze. Wie *Hitler* begeht er 1945 Selbstmord.

[28] Vgl. *H. Rauschning:* Gespräche mit Hitler, a.a.O., S. 36

[29] Vgl. *H.-J. Gamm:* Führung und Verführung, a.a.O., S. 33

[30] *Plutarch:* Große Griechen und Römer. Band I. Eingeleitet und übersetzt von *K. Ziegler*. Artemis, Zürich/Stuttgart 1954, S. 156 ff.; vgl. auch *W. Jaeger:* Paideia. Die Formung des griechischen Menschen. Erster Band. De Gruyter & Co., Berlin 1959 (4. Aufl.), S. 121

[31] Vgl. *W. Jaeger:* Paideia, a.a.O., S. 120

[32] Vgl. *F. Stippel:* Die Zerstörung der Person, a.a.O., S. 64

[33] Vgl. dazu beispielsweise *H.F.K. Günther:* Platon als Hüter des Lebens. Platons Zucht- und Erziehungsgedanken und deren Bedeutung für die Gegenwart. Lehmann, München 1928

Siegfried Bernfeld

So vielfältig und wohl auch widerspruchsbesetzt sich die sozialistische Lehre vom Menschen von *Marx* bis *Marcuse* und seit den Utopismen der Frühsozialisten bis zu jenen der Neuen Linken darstellen mag, in einer Frage scheint Übereinstimmung zu herrschen: sozialistische Anthropologie und pädagogischer Pessimismus schließen sich in aller Regel aus.
Zwar trifft es zu, daß es bereits unter den utopischen Sozialisten im Blick auf die Möglichkeiten der Erziehung einen *Skeptiker* gibt: der Deutsche *Wilhelm Weitling* teilt keineswegs den Erziehungsoptimismus seines englischen Zeitgenossen *Robert Owen* und seiner französischen Gesinnungsbrüder *Henry de Saint-Simon, Charles Fourier* und *Louis Blanc.* Seine pädagogische Skepsis beruht allerdings nicht auf einer pessimistischen Anthropologie, sondern gilt der Ansicht, mit Erziehung allein oder als vorrangigem Mittel könnten die gesellschaftlichen Verhältnisse grundlegend und zugunsten des Proletariats verbessert werden. In *Weitlings* Augen »ist der Fortschritt nur durch Revolutionen denkbar«[1]. Weder die alte noch eine neue Erziehung können Wandel und Fortschritt bewirken; keine noch so gute Erziehung vermag einen Armen reich zu machen, ebensowenig wie Unwissenheit die Ursache der Armut ist; »denn wenn dem so wäre, so müßte mancher reiche Kauz der ärmste Lump auf Gottes weiter Erde sein und mancher gebildete Arme einer der reichsten Erdbewohner«[2]. Wandel und Fortschritt sind nur durch eine *Revolution* zu erreichen. Hat sie ihr Werk vollbracht, dann schlägt die Stunde der *Erziehung. Weitling* nennt eine stattliche Reihe von »ersten Maßregeln, die eine revolutionäre Regierung gleich nach dem Umsturz der alten Gewalt zu ergreifen hätte«[3]; und an dieser Stelle seines Buches sowie an andern[4] zeigt er deutlich, daß er um die Notwendigkeit der Erziehung weiß und von ihrer Möglichkeit überzeugt ist. Bei all seiner Skepsis gegen den *Primat der Erziehung*, den pädagogischen Pessimisten darf *Weitling* eigentlich nicht zugerechnet werden.
Und doch erfährt die Regel – sozialistische Anthropologie und pädagogischer Pessimismus schließen sich aus – ihre Bestätigung durch eine Ausnahme; und diese Ausnahme verbindet sich mit dem Namen *Siegfried Bernfeld.*

1892 in Lemberg geboren, zählt *Bernfeld* zu den führenden Repräsentanten der österreichischen Jugendbewegung. Als Zwanzigjähriger leitet er in Wien das Akademische Committee für Schulreform und die jüdische Berufsberatungsstelle. 1919 gründet er das Kinderheim Baumgarten und versucht dort *sein* Modell einer sozialistischen Erziehung zu realisieren. 1925 geht er nach Berlin und arbeitet als Psychoanalytiker. Die Machtergreifung durch die Nationalsozialisten im Jahre 1933 zwingt ihn zur Emigration: zuerst kehrt er nach Wien zurück, bald darauf reist er nach Südfrankreich und übersiedelt schließlich 1938 in die USA. 1953 stirbt er in San Francisco.

Der Österreicher geht mit der Pädagogik seiner Zeit – der bürgerlichen – hart ins Gericht: »Denn die Pädagogik hält nicht, was man sich von ihr verspricht. Sie gibt keine klaren, eindeutigen, konkreten Anweisungen, ihre Mittel sind selten wirklich erfolgsicher, ihre Prognose oft falsch, nie gewiß, immer in eine späte, unabsehbare Zukunft weisend.«[5] Und was die meisten Pädagogen anlangt, so sind sie in puncto »Selbstschätzung« kaum zu schlagen[6]. Sie geben sich fortwährend Täuschungen hin, indem sie glauben, sie könnten Charaktere im Sinne ihrer erhabenen Erziehungsziele verwandeln[7]. Schulprogramme verlangen vor der Aufzählung der Fächer und Inhalte vom Lehrer »die Erziehung zum sittlich-religiösen Menschen«; aber kein Lehrer vermag diese Forderung zu erfüllen: »Der sittlich-religiösen Menschen gab es anno 1224 kaum weniger als 1924.«[8]

Die Pädagogik ist alles andere als eine Wissenschaft; es fehlt ihr gänzlich die empirische Basis; und bei vielen »sehr bedeutenden und einflußreichen Pädagogikern« fällt auf, daß sie das, wovon sie so viel reden und schreiben – das *Kind* – gar nicht oder nur flüchtig kennen[9]. Uninteressiert daran, wie das Kind *wirklich* ist, denken sie nur darüber nach, »wie man aus ihm etwas anderes bilden könnte. Das Kind ist Mittel zum theologischen, ethischen, sozialutopischen Zweck«[10]. Und so sind die Leistungen dieser Männer lediglich »Kunstleistungen, Intuitionsschöpfungen. Sie sind nicht Wissenschaft«[11]. Keiner dieser Pädagogiker merkt offenbar, wie wirkungslos sein ganzes Mühen bleibt und wie lächerlich und unnütz er selbst dabei erscheint: »sisyphische Überhebung, von boshaften Göttern mit Mühsal und Erfolglosigkeit bestraft«[12].

Bernfeld überschreibt denn auch seine kritische und pessimistische Studie aus dem Jahre 1925 mit dem Titel: *Sisyphos oder die Grenzen der Erziehung*. Mit ihr beabsichtigt er, »die Grenzen aller und heutiger Erziehung abzustecken«, dadurch für sich und seine Leser »jene Erziehungswissenschaft vorbereitend ..., die es noch nicht gibt«[13]. Den »Grundpfeiler einer künftigen neuen Erziehungswissenschaft« sieht er in einer Synthese aus *marxistischer* Sozialwissenschaft und der Psychoanalyse *Freuds*; sie gilt es an die Stelle der alten – *Herbartschen* – Brückenpfeiler *Ethik* und *Psychologie* zu setzen[14]. Und um Fehlinterpretationen auszuschalten und der zu erwartenden Kritik aus beiden Lagern vorweg gleich den Wind aus den Segeln zu nehmen, präzisiert er: »Beide haben recht. Nicht die Marxisten und die Freudianer, sondern Marx und Freud.«[15]

Diese Verbindung ist alles andere als gewöhnlich. Wie immer sich auch die Jünger *Sigmund Freuds* dazu verhalten mochten, die orthodoxen Marxisten – wovon noch zu sprechen sein wird – haben sie von Anfang an entschieden abgelehnt. Insofern ist es eigentlich auch nicht zulässig, im Blick auf *Bernfelds* Lehre vom Menschen von sozialistischer Anthropologie zu sprechen. Die Sozialisten werden, wenn sie sich höchste Zurückhaltung auferlegen, mindestens Anführungszeichen verlangen. Denn was die Deutung des Menschen und die Beschreibung der Möglichkeit seiner Erziehung anlangt, setzt sich bei *Bernfeld* nicht der Anthropooptimismus eines *Karl Marx* und jener seiner »berufenen« Interpreten durch; sondern der Anthropopessimismus *Freuds*, der in seiner Abhandlung über *Das Unbehagen in der Kultur* zur Feststellung gelangt, »daß der Mensch nicht ein sanftes, liebebedürftiges Wesen ist, das sich höchstens, wenn angegriffen, auch zu verteidigen vermag, sondern daß er zu seinen Triebbegabungen auch einen mächtigen Anteil von Aggressionsneigung rechnen darf. Infolgedessen ist ihm der Nächste nicht nur möglicher Helfer und Sexualobjekt, sondern auch eine Versuchung, seine Aggression an ihm zu befriedigen, seine Arbeitskraft ohne Entschädigung auszunützen, ihn ohne seine Einwilligung sexuell zu gebrauchen, sich in den Besitz seiner Habe zu setzen, ihn zu demütigen, ihm Schmerzen zu bereiten, zu martern und zu töten. *Homo homini lupus*; wer hat nach allen Erfahrungen des Lebens und der Geschichte den Mut, diesen Satz zu bestreiten? Diese grausame Aggression wartet in der Regel eine Provokation ab oder stellt sich in den Dienst einer anderen Absicht, deren Ziel auch mit milderen Mitteln zu erreichen wäre. Unter ihr günstigen Umständen, wenn die seelischen Gegenkräfte, die sie sonst hemmen, weggefallen sind, äußert sie sich auch spontan, enthüllt den Menschen als wilde Bestie, der die Schonung der eigenen Art fremd ist. Wer die Greuel der Völkerwanderung, der Einbrüche der Hunnen, der sogenannten Mongolen unter Dschengis Khan und Timurlenk, der Eroberung Jerusalems durch die frommen Kreuzfahrer, ja selbst noch die Schrecken des letzten Weltkrieges in seine Erinnerung ruft, wird sich vor der Tatsächlichkeit dieser Auffassung demütig beugen müssen. Die Existenz dieser Aggressionsneigung, die wir bei uns selbst verspüren können, beim anderen mit Recht voraussetzen, ist das Moment, das unser Verhältnis zum Nächsten stört und die Kultur zu ihrem Aufwand nötigt. Infolge dieser primären Feindseligkeit der Menschen gegeneinander ist die Kulturgesellschaft beständig vom Zerfall bedroht«[16].

Freud ist zwar im Blick auf die Zukunft des Menschen nicht ganz ohne Hoffnung; aber dieses Hoffnungsfünklein droht inmitten von Ratlosigkeit und Bedrückung eher zu erlöschen als aufzuflammen: »Die Schicksalsfrage der Menschenart scheint mir zu sein, ob und in welchem Maße es ihrer Kulturentwicklung gelingen wird, der Störung des Zusammenlebens durch den menschlichen Aggressions- und Selbstvernichtungstrieb Herr zu werden. In diesem Bezug verdient vielleicht gerade die gegenwärtige Zeit ein besonderes Interesse. Die Menschen haben es jetzt in der Beherrschung der Naturkräfte so weit gebracht, daß sie es mit deren Hilfe leicht haben, einander bis auf den letzten Mann auszurotten. Sie wissen das, daher ein gut Stück ihrer gegenwärtigen Unruhe, ihres Unglücks, ihrer Angststimmung. Und nun ist zu erwarten, daß die andere der beiden ›himmlischen Mächte‹, der ewige Eros, eine Anstrengung machen wird, um sich im Kampf mit seinem ebenso unsterblichen Gegner zu behaupten. Aber wer kann den Erfolg und Ausgang voraussehen?«[17]

Ähnliche Gedanken finden sich auch bei *Bernfeld*. Denn was die Beurteilung der Zukunft betrifft, so »wird der Pessimist geneigt sein, eine sehr zweifelhafte günstige Entwicklung nicht allzusehr zu überschätzen. Er wird finden, daß die Geschichte jener Neuerungen – was man Menschheitsgeschichte nennt – keine glückliche war. Im wesentlichen – mindestens – hat die Natur des Menschen sich erfolgreich dieser Neuerung widersetzt. Nur durch entsprechende gesellschaftliche Einrichtungen ist ein gewisses Gleichgewicht zwischen den Forderungen des Über-Ichs und dem gewohnten Ablauf der Triebe – seit uralten Zeiten gewohnt – hergestellt. Der Menschendurchschnitt steht unter dem Normalniveau der Forderungen, und eine sehr beträchtliche Zahl von Einzelnen bleibt hinter diesem Durchschnitt noch als krank und verbrecherisch zurück. Diese gesellschaftlichen Einrichtungen selbst aber erfreuen sich keineswegs einer zukunftsverleihenden Stabilität. Die Folgen jener Neuerungen im einzelnen sind fragwürdig genug, und wenige von ihnen versprechen ein irgend nennenswert dauerndes Faktum zu sein. Im ganzen ist keineswegs unmöglich, daß die Menschheit (die Gesellschaft der Tiere mit Inzestscheu und Schuldgefühl) an ihren Konflikten zugrunde geht, so wie Seifenblasen zerplatzen, bald oder später, was tut's«[18]?

Wie sein Lehrer *Freud* sieht auch *Bernfeld* den Menschen fest in das Spannungsverhältnis zwischen »Aggressionsaffekt« und »Liebesaffekt« eingebunden[19]. Diese Urspannung setzte und setzt der Erziehung erhebliche Grenzen: »Immer standen die empirischen Menschen vom ewigen Menschideal so weit ab, daß etwaige Differenzen nach oben oder unten vernachlässigt werden können, daß der Satz gilt, sie sind seit Jahrtausenden gleich weit vor ihm stehen geblieben... Den banalen, seit je gebräuchlichen Mitteln der Erziehung als solchen wohnt die umbildende idealverwirklichende Kraft nicht inne, die die Systeme der großen Pädagogiker ihnen zuschreiben. Es gibt keine Zauberei. Auch nicht durch milden Erzieherblick, nicht durch heilsame Prügel.«[20]

Bernfeld zeigt mehrere – wenigsten *vier* – Grenzen der Erziehung auf. Er sieht die »Ureinrichtungen der Erziehung« psychologisch bedingt in der *weiblichen Liebe* zum eigenen Kind und im *männlichen Vernichtungstrieb*, der in der *Vergeltungsfurcht* des Mannes gegenüber dem Weib eine Einschränkung erfährt. Die sozialen Folgen dieser naturhaften Urreaktionen sind: erstens die Sicherung des physischen Bestandes durch die Frauen[21], die die »organische Rekapitulation« der Menschheit, jene »ideale Erfüllung einer Plasmadidaktik« im Embryonalstadium nach der Geburt durch ihre Liebe ergänzen und den Säugling beziehungsweise das Kleinkind zur »libidinösen Identifikation« anregen, der sich kein Kind zu entziehen vermag[22]. Da sich aber nur »Verhaltensweisen« durch diese Identifikation aneignen lassen, nicht jedoch »Bewußtseinsinhalte«, bedarf es zum Erwerb letzterer eines besonderen Verfahrens, des »Unterrichts«. Dieses Verfahren hat seinen geschichtlichen Ursprung in den Initiationsriten, in denen die Knaben – oft gewaltsam den Müttern entrissen – von den Männern in den wichtigsten Fertigkeiten des erwachsenen Mannes unterwiesen werden. Diese Unterweisung vollzieht sich in schmerzhaften, ja grausamen Riten, die wichtiges Kennzeichen der ersten Schule im Zauberbusch sind und ihren Charakter bis in die Gegenwart wenig geändert haben: »ein Stück des uralten Sadismus, ein Schimmer jener Aggressionsorgie, in deren Dunstkreis die Schule erstmals erfunden wurde, verklärt sie noch heute, gehörte ihr ausnahmslos jederzeit«[23]. Und hierin erblickt *Bernfeld* die zweite soziale Funktion der Erziehung: »Das heranwachsende Kind ... muß zugleich mit der Beendigung der Rekapitulation den psychischen Zustand erreicht haben, der es zu einem in seiner Gesellschaft ungefährdeten, seine Gesellschaft nicht gefährdenden Mitbürger macht.«[24] Die soziale Funktion der männlichen Erziehung besteht also darin, das »Kulturplus der menschlichen Psyche zu erzielen und zu verewigen..., denn durch dessen Erzielung konserviert sich die erwachsene Gesellschaft in der von ihr erzogenen Generation«[25].

In diesem Prozeß offenbart sich aber für *Bernfeld* die *erste* und zugleich bedeutsamste Grenze der Erziehung: die *soziale*. Sie läßt sich durch die gesamte Geschichte der Menschheit verfolgen: seit jenen Urvätern, die ihr Leben und den Besitz ihrer Frauen vor ihren und deren Söhnen zu schützen suchten und zu diesem Zweck die Inzestschranke aufrichteten, bis in die Gegenwart herein, wo die herrschende Klasse zur Sicherung ihrer Macht »als sehr respektables Kampfmittel die Erziehung« einsetzt[26]. – Die erste Grenze besteht also in der *konservativen* Tendenz und Funktion der Erziehung: »Die soziale Funktion der Erziehung ist die Konservierung der biopsychischen und der sozialökonomischen, mit ihr der kulturell-geistigen Struktur der Gesellschaft. Nichts als diese Konservierung, diese Fortpflanzung. Was darüber hinausweist, ist die Tendenz zur Verewigung der Machtverteilung von heute, und damit der psychisch-sozialen Gegebenheiten von heute. Sie ist demnach nicht allein Konservierung im Sinne der Reproduktion des Erreichten, sondern Konservierung im Sinne der Verhinderung eines Neuen. Hier gilt nur eine Einschränkung. Die Tendenz ist der Erziehung beigemengt, die Machtverteilung nicht allein im Status des Heute zu erhalten, sondern sie zugunsten der erziehenden Macht zu verschieben. Sie ist also auch ideell konservativ, vom Gesichtspunkt der herrschenden – und also auch erziehenden – Gruppe gesehen.«[27] Das aber bedeutet, daß Erziehung für eine strukturelle Veränderung der gesellschaftlichen Verhältnisse das ungeeignete Mittel darstellt; daß derjenige, der einen gesellschaftlichen Fortschritt intendiert, für die Verwirklichung seiner Absicht von der Erziehung nichts zu erwarten hat. Denn hier liegt ihre »wirkliche, unübersteigliche Grenze«. Wer gesellschaftlichen Fortschritt will – in diesem Punkt berühren sich *Bernfeld* und *Weitling* zweifelsohne, wenn auch festzuhalten bleibt, daß *Bernfeld* im Unterschied zu *Weitling* durchgehend *anthropologisch* argumentiert – wer gesellschaftlichen Fortschritt erstrebt, muß zuvor die Gesellschaftsstruktur ändern[28]. Sowjetrußland habe dafür Beispiel und Beweis geliefert[29]. *Bernfeld* nimmt die Urheberschaft dieser Auffassung keineswegs für sich in Anspruch; er beruft sich hier ausdrücklich auf *Marx*[30]. – An dieser sozialen Grenze der Erziehung zerplatzen alle Erzieherillusionen von der Allmacht der Erziehung und gleitet die »feige Selbstberuhigung« der großen Pädagogen kläglich aus[31].

Die *zweite* Grenze der Erziehung stellt der *Erzieher selbst* dar. Was *Bernfeld* dazu sagt, artikuliert er erneut in der Absicht zu »desillusionieren«[32]. Ob es den großen und kleinen Pädagogen gefällt oder nicht, es bleibt höchst unwahrscheinlich, »daß der Wille der Erzieher die Schranken durchbrechen wird, welche die sozialen Grenzen darstellen«[33]. Wie sollte auch eine alte Gesellschaft, der doch – wie alle Erwachsenen – auch die Erzieher angehören, die neue schaffen; wie sollten gerade die Erzieher aus diesem »Hexenring« ausbrechen? Von wem immer auch man »große revolutionäre Wandlungen der Menschenseele« erhoffen mag, an die Erzieher sollte man dabei tunlichst nicht denken: »Die Chancen stehen schlimm für unseren edlen jungen Mann, der gerade durch Erziehung wesentliche Weltveränderungen vornehmen will.«[34] – Dieses Dilemma wird aber noch erheblich verstärkt, wenn man an »die seelischen Tatsachen im Erzieher« denkt[35]. *Bernfeld* rückt an dieser Stelle der »Liebe des Erziehers« und der über sie verfertigten Lyrik zu Leibe. Warum genügt es den Erziehern nicht – wie Schustern und Ärzten beispielsweise – schlichtweg ihre Arbeit zu verrichten: zu pflegen, zu spielen, zu unterrichten und dergleichen Notwendiges zu tun? »Was geht den Erzieher die Kultur und die Menschheit an?«[36] – Der tiefste Grund des Dilemmas liegt aber darin, daß die Liebe zu Kindern letztlich *unbefriedigend* bleibt. Wer die Liebe zum Beruf macht, benimmt sich wie ein ahnungsloser, weil kinderloser Onkel, »der die Onkelhaftigkeit zum Beruf gemacht hat«[37]. Da nun aber jede Form von Liebe – dies hat *Freud* unerschrocken aufgezeigt und nachgewiesen – eine von der geschlechtlichen Liebe als der ursprünglichen und vorbildhaften »abgeleitete, zielabgelenkte« ist, der Erzieher in unserer Kultur und Gesellschaft jedoch seine Liebe zum Kind nur in dieser zielabgelenkten – sublimierten – Weise zeigen darf, will er sich nicht dem Verdacht der Perversität aussetzen, kommt es zu jenen »Situationen tiefster Unbefriedigung«, aus denen der Erzieher nach Auswegen sucht: so wie er eigentlich lieben möchte – bewußt oder unbewußt –, darf er es nicht; er darf das Kind nur »im ›allgemeinen‹« lieben[38]. Mit dieser an sich unbefriedigenden und unbefriedigten »Liebe« läßt sich freilich nur dann leben, wenn man ihr Objekt möglichst in die Ferne rückt: an die Stelle des konkreten Kindes tritt die »Menschheit«; ihr Dank wird dem Erzieher der ersehnte Ersatz für die verdrängte, weil verbotene eigentliche Liebe zu den Kindern. – Am Charakter der Menschheit ändert diese sublimierte Liebe allerdings gar nichts; und auf den Dank der Menschheit wartet der Erzieher vergebens, mag er sich selbst, sein Tun und seine Liebe zur Menschheit auch noch so wichtig nehmen.

Was die *dritte* Grenze der Erziehung betrifft, von der zu erfahren der Leser wohl am meisten erwartet haben mag und die »jeder Baedeker für pädagogische Ambulationen«[39] besonders hervorhebt: *die eingeschränkte Erziehbarkeit des Kindes*, so teilt *Bernfeld* nun keineswegs den Pessimismus so mancher Pädagogiker. Zwar hält er die Pädagogik durchaus für entbehrlich – wie es eigentlich die extremen pädagogischen Pessimisten hätten tun müssen; aber in der Frage der Erziehbarkeit sieht er »doch nicht so schwarz«[40], und er betont ausdrücklich, daß er »hier in gewissem Sinne optimistisch« ist[41]. Mögen die Darwinisten, die Vererbungswissenschaftler, die Konstitutionsforscher und die Deterministen allesamt recht haben damit, daß menschliches Leben wie ein mechanisches Puppenspiel genau nach der Vorausbestimmung des Mechanikus ablaufe, so wissen sie doch keineswegs, *wie* die Puppen tanzen werden. Bei genauem Hinsehen zeigt sich zudem, daß Menschen sich nicht wie Puppen drehen: »Ihr Schicksal ist vorausbestimmt – gewiß – vom Augenblick der Zeugung an, es wird aber erst fällig in einer bestimmten Biosphäre, in einem bestimmten Milieu, es wird konkret an bestimmten Erlebnissen, durch gewisse Einflüsse von außen. Das Leben des Menschen ist Rekapitulation, aber nicht Rekapitulation des Lebens des Vaters oder des Urahns... Man darf sich hier fast optimistisch äußern, ist das Kind auch nicht beeindruckbar wie Wachs, so ist es dies noch eher als starr und spröde wie Metall. Die Möglichkeiten und Grenzen der Beeinflußbarkeit des Kindes genauestens abzuwägen und zu bestimmen, wäre eine wichtige Aufgabe der Erziehungswissenschaft.«[42] – Genau dazu ist die Erziehungswissenschaft derzeit aber noch nicht fähig: sie weiß zu wenig über die Erziehbarkeit des Menschen; und ihre Prognose – gerade auf sie kommt es der Pädagogik am meisten an – ist »äußerst unsicher«[43]. Zudem ist der *einzelne* Erzieher gar nicht in der Lage, die Erziehbarkeit des Kindes optimal fruchtbar zu machen. Ein derartiges Unterfangen hat überhaupt nur unter Absehung vom *einzelnen* Erzieher und von seinem Tun Sinn und Aussicht auf Gelingen; es ist nur mit einer »nach dem Kollektivum gerichteten Zielsetzung und Prognostizierung« und nur mit einer »auf die Totalität der beeinflussenden Faktoren eingestellten Erziehungsgesinnung« zu realisieren. Diese Voraussetzungen sind allerdings »nur in einer sozialistischen Gesellschaft gegeben«[44]. Diesbezüglich freilich stößt man auf »eine neuerliche Grenze«[45] – eine *vierte*; und *Bernfeld* kritisiert in diesem Zusammenhang freimütig die Sozialisten seiner Tage, die immer noch, statt eine umfassende Revolutionierung der gesamten gesellschaftlichen Verhältnisse – nach dem Muster der Sowjets – anzustreben, mit pädagogischer Flickschusterei diese Verbesserung zu erreichen hoffen. »Sie sind rückständig in ihren pädagogischen Auffassungen, stehen in ihnen hinter dem erreichten Denkniveau in anderen sozialen Fragen, hinter dem erkämpften Machtstandard zurück. Die Arbeitermassen und selbst ihre weitblickenden Führer haben den Gedanken der kollektiven Erziehungseinrichtungen und der rationalisierten Erziehungsmaßnahmen nicht erfaßt.« Doch sieht *Bernfeld* in dieser Grenze »zum erstenmal eine übersteigbare«[46].

Es ist wenig verwunderlich, daß bei den in besonderem Maße mit pädagogischen Fragen befaßten orthodoxen marxistischen Zeitgenossen *Bernfelds* dessen Ansatz keine Gegenliebe fand und seine Kritik keinen Wandel der marxistischen Pädagogik in Österreich und Deutschland hervorrief; denn – so kontern *Bernfelds* marxistische Kritiker: »Die proletarische Forschung und Wissenschaft trägt notwendig die Merkmale der Zuversicht, des *Optimismus.*«[47] Zwar würdigt man *Bernfeld* als »Kenner marxistischer Denktechnik«, lehnt aber strikt eine Verflechtung des Marxismus mit der Psychoanalyse *Freuds* ab: »Mit der Wahl der Freudschen Psychologie als Arbeitsmethode versagt Bernfelds Marxismus. Eine Lehre von der Seele, die sich auf die Annahme eines im wesentlichen *konservativ* vorausbestimmten Charakters der Erziehung stützt, taugt nicht für das Proletariat. Mit seiner (wenn auch nicht so klar ausgesprochenen) Meinung, daß die Erziehung als revolutionäres Mittel im Befreiungskampfe des Proletariats nicht in Frage käme, setzt sich der Verfasser in Widerspruch zu *Karl Marx*, der uns ja immer und immer wieder eingeschärft hat, daß doch gerade der *Mensch* es ist, der die politischen und wirtschaftlichen Verhältnisse bewußt verändert, und daß der Erzieher erzogen werden muß.«[43]

Anmerkungen

1 *W. Weitling:* Garantien der Harmonie und Freiheit. Mit einer Einleitung und Anmerkungen neu herausgegeben von *B. Kaufhold*. Akademie, Berlin 1955, S. 228
2 Ebenda, S. 228 f.
3 Ebenda, S. 263
4 Vgl. beispielsweise S. 202 ff.: *»Von der Schularmee«*. – *Wilhelm Weitling* lebt von 1808 bis 1871 und gilt als bedeutendster Vertreter des utopischen Sozialismus in Deutschland. Er zählt zu den führenden Köpfen der deutschen Arbeiterbewegung, die sich 1836 in Paris im »Bund der Gerechten« erstmals eine eigenständige Organisation schafft, wendet sich in der französischen Metropole dem Kreis der dortigen Frühsozialisten zu und entwirft als erster Deutscher eine Theorie des Kommunismus. Im Gegensatz zu den französischen utopischen Sozialisten räumt er zum Zweck der Veränderung der gesellschaftlichen Verhältnisse der Revolution den Vorrang vor der Erziehung ein.
5 *S. Bernfeld:* Sisyphos oder die Grenzen der Erziehung. Suhrkamp, Frankfurt am Main 1973 (10.–13. Tausend), S. 9 f. – Die erste Ausgabe erschien 1925 im Internationalen Psychoanalytischen Verlag, Leipzig/Wien/Zürich.
6 Ebenda, S. 11
7 Ebenda, S. 22
8 Ebenda, S. 23
9 Ebenda, S. 31
10 Ebenda, S. 37
11 Ebenda, S. 35
12 Ebenda, S. 39; vgl. auch S. 114 f.
13 Ebenda, S. 86
14 Ebenda, S. 66 f.
15 Ebenda, S. 91
16 *S. Freud:* Gesammelte Werke. Chronologisch geordnet. Vierzehnter Band: Werke aus den Jahren 1925–1931. Fischer, Frankfurt a. M. 1968 (4. Aufl.), S. 470 f. – *Sigmund Freud*, österreichischer Arzt und Begründer der Psychoanalyse lebt von 1856 bis 1939. Zusammen mit *Josef Breuer* erarbeitet er ein Verfahren zur Therapie von Neurosen und entwickelt eine Theorie ihrer Entstehung. Seit 1902 als Professor in Wien tätig, emigriert er 1938 – nach dem Anschluß Österreichs an das nationalsozialistische Deutschland – nach London. Mit seinen Einsichten über das menschliche Triebleben und seiner Theorie des Unbewußten beeinflußt er neben der Psychologie eine Reihe anderer Wissenschaften, nicht zuletzt auch die Pädagogik.
17 Ebenda, S. 506
18 *S. Bernfeld:* Sisyphos oder die Grenzen der Erziehung, a.a.O., S. 83 f.
19 Ebenda, S. 59 ff.
20 Ebenda, S. 41
21 Ebenda, S. 73
22 Ebenda, S. 77

[23] Ebenda, S. 79
[24] Ebenda, S. 79 f.
[25] Ebenda, S. 85
[26] Ebenda, S. 97
[27] Ebenda, S. 110
[28] Ebenda, S. 119 ff.
[29] Ebenda, S. 153
[30] Ebenda, S. 123 f.
[31] Ebenda, S. 125
[32] Ebenda, S. 128
[33] Ebenda, S. 128
[34] Ebenda, S. 132 f.
[35] Ebenda, S. 142
[36] Ebenda, S. 133
[37] Ebenda, S. 135
[38] Ebenda, S. 136 f.
[39] Ebenda, S. 143
[40] Ebenda, S. 143
[41] Ebenda, S. 153
[42] Ebenda, S. 143 ff.
[43] Ebenda, S. 145
[44] Ebenda, S. 149 f.
[45] Ebenda, S. 153
[46] Ebenda, S. 152 f.
[47] *O. Müller:* Pessimismus und Optimismus in der Gesellschafts- und Erziehungswissenschaft. In: Das proletarische Kind. Monatsblätter für proletarische Erziehung. Herausgegeben von *O.* und *A. Rühle*. 2. Jg., Buchholz-Friedewald, Dresden 1926, S. 122
[48] Ebenda, S. 122; vgl. auch *H. Blankertz:* die Geschichte der Pädagogik. Von der Aufklärung bis zur Gegenwart. Büchse der Pandora, Wetzlar 1982, S. 301 ff.

Pädagogische Optimisten

… ich darf wohl sagen, daß von zehn Menschen, denen wir begegnen, neun das, was sie sind, gut oder böse, nützlich oder unnütz, durch ihre Erziehung sind.

John Locke

Gebt mir ein Dutzend gesunder, wohlgebildeter Kinder und meine eigene Umwelt, in der ich sie erziehe, und ich garantiere, daß ich jedes nach dem Zufall auswähle und es zu einem Spezialisten in irgendeinem Beruf erziehe, zum Arzt, Richter, Künstler, Kaufmann oder zum Bettler und Dieb, ohne Rücksicht auf seine Begabungen, Neigungen, Fähigkeiten, Anlagen und die Herkunft seiner Vorfahren.

John Broadus Watson

Die erste Erziehung muß also rein negativ sein. Sie darf das Kind nicht in der Tugend und in der Wahrheit unterweisen, sondern sie muß das Herz vor Laster und den Verstand vor Irrtümern bewahren. Wenn es euch gelingt, nichts zu tun und zu verhindern, daß etwas getan werde, den Zögling gesund und stark bis ins zwölfte Lebensjahr zu bringen, selbst wenn er links von rechts nicht unterscheiden kann, so würde sich nun sein Geist von der ersten Lektion an der Vernunft öffnen. Nichts würde den Erfolg eurer Bemühungen verhindern, da er ohne Vorurteile und Gewohnheiten ist. Bald wäre er unter euren Händen der weiseste Mensch. Ihr habt mit Nichtstun begonnen und endet mit einem Erziehungswunder.

Jean-Jacques Rousseau

Der Mensch wächst körperlich und wächst damit zugleich auch geistig. Mit der Zunahme des Gehirnes nehmen auch die Denkfunktionen und die Antriebe zum Handeln zu. Dem Menschen wächst der Verstand ebenso wie ihm die Haare wachsen, und er bekommt Gedanken und Sprache ebenso, wie er Zähne bekommt.

Ludwig Gurlitt

Pessimistische Erziehungseinstellungen sind, wie sich nachweisen ließ, sehr früh in der abendländischen Geistesgeschichte anzutreffen, und im Blick auf die These *Friedrich Schneiders*, wonach »in den Anfangszeiten bewußter Erziehung« die optimistische Einstellung »wohl die allgemein herrschende« war[1], scheint eher die Umkehrung dieser These zuzutreffen.
Wenn man von der begründeten Annahme ausgeht, daß »Erziehung« in den Anfangszeiten des Menschen zunächst kein »Problem« darstellt und deshalb als »bewußtes« Phänomen gar nicht erscheint, daß sie vielmehr erst dort zu einem Problem wird, wo Schwierigkeiten auftreten: Krisen im Umgang zwischen Kindern und Eltern, zwischen Erwachsenen und der Jugend; enttäuschte Erwartungen, die zumeist im Scheitern des Erziehers voll bewußt werden – wenn man von dieser Annahme ausgeht, dann scheinen in den Anfangszeiten bewußter Erziehung die Zweifel an der Erziehbarkeit des Menschen dominiert zu haben.
Dort nun, wo sich derartige Zweifel überstark artikulierten, erfolgten – so hat es den Anschein – Gegenreaktionen: am Anfang steht nicht die *Aufklärung*; sie tritt immer erst als Folgeerscheinung auf, und alle Aufklärungsperioden – zumindest in der abendländischen Geschichte – entstanden jeweils als Gegenreaktion.
Mag es für die Wirklichkeit insgesamt – im Blick auf die allgemeine Empfindung, Überzeugung, »Erfahrung«, daß es *etwas gibt* und daß es *nicht nichts gibt* – mag es für die Wirklichkeit insgesamt also zutreffen, daß im Anfang der *Logos* existierte[2], so bleibt doch unbestreitbar, daß auf den Menschen selbst dieser Satz nicht übertragbar ist. Im Blick auf ihn waren vor dem *Logos* der *Mythos*[3], vor der Vernunft das – oftmals unzulängliche, unklare – Vernehmen, vor dem Wissen der Glaube und vor dem Glauben oft genug der Aberglaube, vor den Religionen des Lichtes und der Liebe die Dämonenreligionen, vor der »Aufklärung« die Unklarheit; und in christlich-eschatologischer Sicht gilt: »Jetzt schauen wir durch einen Spiegel, unklar, dann aber von Angesicht zu Angesicht.«[4]
Auch die Erziehungsgeschichte bestätigt diesen Sachverhalt: vor den Sophisten und vor *Sokrates* – dem Sophisten mit Gewissen – lebten und dachten die *Vor*-Sokratiker; und der pädagogische Enthusiasmus der griechischen Aufklärer – soweit er sich nicht als kleverer, geschäftstüchtiger Zweckoptimismus entlarven läßt – wird erst verständlich auf dem Hintergrund jener Zweifel am Sinn der Erziehung, wie sie beispielsweise *Demokrit* ausgesprochen hat. Oft genug hat es sogar den Anschein, daß der pädagogische Optimismus als Glaube an »große, sehr große oder sogar unbeschränkte Erfolgsmöglichkeiten« der Erziehung[5]; als Vorstellung vom neugeborenen Menschenkind als einem »unbeschriebenen Blatt«, wonach der Mensch »allein das Produkt seiner Erfahrungen« und dabei wiederum speziell seiner »erzieherisch absichtlich herbeigeführten Lernerfahrungen« darstelle[6]; als Überzeugung, daß der Mensch bei allen gegenteiligen Erfahrungen, die man mit ihm macht, dennoch grundsätzlich und ursprünglich »gut« sei – oft genug hat es

den Anschein, daß der pädagogische Optimismus in einer sisyphosischen Trotzreaktion wurzelt.

Aber so unterschiedlich die Motive für einen »lebendigen Glauben an die Macht der Erziehung«, den *Schneider* den meisten in der Geschichte fortlebenden Pädagogen zuspricht, auch sein mögen, immer erwächst und erklärt sich dieser Glaube als Reaktion auf – letztlich als unerträglich empfundene – Zweifel an der Güte des Menschen oder auf Zweifel an seiner Verbesserungsfähigkeit, falls er schon nicht von Anfang an ganz gut und gescheit sein sollte.

Die Motive der pädagogischen Optimisten sind tatsächlich – ähnlich denen der Zweifler – wiederum recht unterschiedlich. Gemeinsam ist ihnen allen zumeist nur der Hang zum Extremen, zur Radikalität: indem sie die *All*macht der Erziehung propagieren, die grundsätzliche Möglichkeit, »aus jedem alles (zu) machen«[7]. Die Divergenzen zeigen sich hingegen im *Erziehungsverständnis*.

Da sind wieder einmal die *Indeterministen*, die im Unterschied zu ihren pessimistischen Gesinnungsbrüdern nicht primär an den unverfügbaren, der Erziehung unzugänglichen innersten, »existentiellen Kern des Menschen« denken, sondern die absolute Freiheit der Person dergestalt deuten, daß »es in der Macht des Zöglings« stehe, »sich dem erzieherischen Einfluß voll zu erschließen, in welchem Fall die Erziehung Unermeßliches bewirken könne«[8].

Da sind die *Humanisten* und *Idealisten* mit ihrem Glauben an die grenzenlosen Selbstbildungskräfte der Individualität und ihrem »Persönlichkeitskult«[9].

Da sind die *Aufklärer*, die oft genug mit der Möglichkeit der Wissensvermittlung jene der Bewußtseins- und Gesinnungsveränderung beziehungsweise Gesinnungsverbesserung gekoppelt sehen: »Wissen ist Tugend«; das Wissen um das Gute zwingt geradezu zum sittlich verantwortbaren, guten Verhalten.

Da sind die *Naturalisten* und die *Romantiker*, für die der ursprünglich »gute« Mensch sich – geschützt vor schädlichen Umwelteinflüssen – *von selbst* »entfaltet« und »entwickelt«, und die daher für eine »Erziehung« im Sinne des *Abwartens*, des *Wachsenlassens* – des *»Nichtstuns«* eintreten, in der optimistischen Überzeugung, diese »negative Erziehung« verfehle – ungestört – nie ihr optimales Ziel[10].

Da sind schließlich jene, die den Menschen – »sei es aus Zynismus, sei es aus einer Weltverbesserungsideologie heraus – für unbeschränkt *manipulierbar* und *machbar* halten«[11], die aus der Überzeugung heraus »erziehen«, den Edukanden so beeinflussen zu können, daß dieser gar nicht mehr anders zu wollen vermag, als von ihm gewollt wird, daß er will.

Gerade mit Blick auf die zuletzt genannte Position zeigt sich, wie fließend die Grenzen selbst zwischen den Extrempositionen sind: was sich – je nach dem Erziehungsverständnis – als pädagogischer Optimismus darstellt, kann ebenso als Ausdruck einer pessimistischen Erziehereinstellung interpretiert werden. Und dieser Umstand legt es nahe, noch ausführlich über den Zusammenhang zwischen dem Erziehungs*verständnis* und dem Glauben an die *All*macht beziehungsweise *Ohn*macht der Erziehung nachzudenken.

Zunächst aber soll von den pädagogischen Optimisten die Rede sein.

Anmerkungen

[1] *F. Schneider:* Einführung in die Erziehungswissenschaft mit besonderer Berücksichtigung der Lehre vom Erziehen und Unterrichten. Styria, Graz/Wien/Köln a.Rh. 1953 (2. Aufl.), S. 69

[2] *Jo 1,1*

[3] Vgl. *J. Hirschberger:* Geschichte der Philosophie. Band I: Altertum und Mittelalter. Herder, Freiburg 1953 (2. Aufl.), S. 10 ff.

[4] *1 Kor 13, 12*

[5] *F. Schneider:* Einführung in die Erziehungswissenschaft mit besonderer Berücksichtigung der Lehre vom Erziehen und Unterrichten, a.a.O., S. 69

[6] *E. Weber:* Grundfragen und Grundbegriffe. Pädagogik. Eine Einführung. Herausgegeben von *E. Weber*. Band 1. Auer, Donauwörth 1972, S. 25

[7] *M.J. Langeveld:* Einführung in die theoretische Pädagogik. Klett, Stuttgart 1965 (5. Aufl.), S. 92

[8] *W. Flitner:* Allgemeine Pädagogik. Klett, Stuttgart o. J. (6. Aufl.), S. 88

[9] *J. v. d. Driesch* und *J. Esterhues:* Geschichte der Erziehung und Bildung. Band I: Von den Griechen bis zum Ausgang des Zeitalters der Aufklärung. Schöningh, Paderborn 1960 (5. Aufl.), S. 243 f.

[10] *M.J. Langeveld:* Einführung in die theoretische Pädagogik, a.a.O., S. 90

[11] *H. Roth:* Pädagogische Anthropologie. Band I: Bildsamkeit und Bestimmung. Schroedel, Hannover/Berlin/Darmstadt/Dortmund 1966, S. 43

Protagoras aus Abdera

Wie sehr der optimistischen Einstellung dem Menschen und seiner Erziehung gegenüber der Anthropopessimismus voraufgeht, läßt sich besonders augenfällig an Hand der griechischen Geistesgeschichte nachweisen: vor der »neuen philosophisch-religiösen Geistgläubigkeit«, wie sie im Apollo- und Athenekult zum Ausdruck kommt, ist dieses Volk »lebens- und erziehungspessimistisch eingestellt«[1]. Mit der Hinwendung zu den Göttern des Lichtes und der Weisheit vollzieht sich ein grundsätzlicher Einstellungswandel, der sich dann ganz besonders im pädagogischen Bereich auswirkt, dergestalt, daß sich der Grieche als »Anthropoplast unter den Völkern« begreift und in seinem Staat den »Former des Menschen und seines ganzen Lebens« erblickt: »wirkliche Menschen zu formen, wie der Töpfer den Ton und der Bildhauer den Stein zur Gestalt modelt, das ist ein kühner Schöpfergedanke, der nur im Geiste dieses Künstler- und Denkervolkes reifen konnte. Das höchste Kunstwerk, das es sich als Aufgabe gestellt fand, wurde ihm der lebendige Mensch«[2].

Wie die Geschichte sehr vieler Sachverhalte und Institutionen der europäischen Kultur so beginnt auch jene des Lehrerstandes in Griechenland. Dort findet man in der zweiten Hälfte des fünften vorchristlichen Jahrhunderts in Gestalt der *Sophisten* – »wissender und weiser Männer« wie sie sich selbst empfinden und nennen – die ersten Lehrer im Abendland. Diese merkwürdigen, schillernden und mit einem mehr als gesunden Selbstbewußtsein ausgestatteten Persönlichkeiten wie *Protagoras aus Abdera* und *Gorgias aus Leontinoi, Prodikos aus Keos* und *Hippias aus Elis*, schließlich noch *Antiphon aus Athen* – sie alle wollen viel; eines aber wollen sie ganz besonders, und *Protagoras* bringt es auf den Punkt: »die Menschen erziehen«[3]. – Diese ersten europäischen Aufklärer entdecken in den Tagen zunehmender Emanzipation des griechischen Bürgertums im menschlichen Wissensdrang und Bildungsstreben ein lukratives Betätigungsfeld und lassen sich für ihre begehrten Dienste sehr gut bezahlen. Die Verachtung des an Macht verlierenden Adels, der Tugend und Bildung in seinem blauen Blut zu besitzen wähnt, und die Abscheu aristokratischer Philosophen, die Lohnarbeit schmähen, weil sie Geld von Haus aus besitzen und andere für sich arbeiten lassen – diese Diskreditierung stört die Sophisten überhaupt nicht. Sie brüsten sich vielmehr, allwissend und unfehlbar zu sein, dazu befähigt, von einem erhöhten Lehrstuhl aus die Weisheit unter ihre Schüler zu streuen; und um ihr Geschäft zu steigern, inszenieren sie nicht selten Reklamevorstellungen – eine »Schau«, in der sie Kostproben ihres Wissens geben und vollmundig das Blaue vom Himmel versprechen. Sie bieten die Konturen und Farben eines Bildes vom Lehrer, das sich durch alle Jahrhunderte bis in die Gegenwart herein zäh zu behaupten vermag. Selbst Gott wird da noch strapaziert, wenn es den Lehrer in dieser Richtung zu charakterisieren gilt: »Gott weiß alles; der Lehrer weiß alles *besser*!« – Zwar sinken die Preise durch zunehmende Konkurrenz rasch; aber *Isokrates* – ein später Sophist – stirbt als steinreicher Mann, obgleich er nur noch einen Bruchteil dessen einnimmt, was *Protagoras* für seinen Unterricht verlangt[4].

Bei den Sophisten schlägt das Pendel in Richtung des pädagogischen Optimismus am stärksten aus. Sah man in der Epoche der Adelsherrschaft die Basis der *areté* im väterlichen *Bluterbe* und erst in zweiter Linie in der Übung der ererbten Fähigkeiten, so rückt in der aufkommenden Demokratie und unter dem Einfluß der sophistischen Theorie die intellektuelle Ausbildung in den Vordergrund: *areté* ist nunmehr das Ergebnis des *Lernens* und *Übens* sowie ganz bewußter *Lern- und Übungshilfen*.

Bezeichnend für diese Akzentverschiebung ist das Wort des Sophisten *Kritias aus Athen:* »Durch Übung sind mehr Leute tüchtig als von Natur.«[5] Was die Sophisten beabsichtigen, was sie zu leisten versprechen und wofür sie sich wie bereits vermerkt – zumindest in den Anfangszeiten ihres Auftretens – recht gut bezahlen lassen[6], lautet: die Menschen *gescheiter und damit besser machen*. Ihr pädagogisches Tun bedeutet also vorrangig, wenn nicht gar ausschließlich *Unterricht*; und ihr Vertrauen auf die Wirkkraft des Wortes und des Wissens, ihre Erwartungen gegenüber dem belehrten und durch Übung geschulten Verstand des Menschen sind nahezu grenzenlos – so grenzenlos wie die Bildsamkeit des Menschen selbst. Die Sophisten sind die ersten europäischen *Aufklärer*; und alle nachfolgenden Aufklärungsepochen sind jener griechischen wenigstens darin verwandt, daß in ihnen allen Unterricht und Lehre eine Überbetonung erfuhren. Diese Überbetonung wiederum wurzelt in der Überzeugung, daß ein *guter Unterricht* zugleich die *beste Erziehung* bedeutet. Die Sophisten haben diese Überzeugung zum ersten Mal artikuliert; und der »Rationalismus des ›erziehenden Unterrichts‹, der Verstandeskultur und Wissensmast lastet seit ihnen auf aller humanistischen Erziehung unseres Abendlandes«[7].

Der bedeutendste und berühmteste Sophist ist zweifelsohne der Mann aus Abdera, einer wegen der angeblichen Borniertheit ihrer Einwohner verrufenen Stadt an der Küste Thrakiens. *Protagoras* lebt ungefähr von 485 bis 415 vor *Christus* und wirkt vierzig Jahre lang als gefragter Lehrer in mehreren griechischen Städten sowie in Unteritalien und auf Sizilien. In Athen, wo er sich öfters aufhält, pflegt er auch mit *Euripides* und *Perikles* Kontakte. Von seinen Schriften sind lediglich ein Dutzend Fragmente erhalten geblieben.

Das meiste, das die Nachwelt über ihn ›weiß‹, verdankt sie *Platon*, der einen seiner Dialoge mit *Protagoras'* Namen betitelt. Da *Platon* aber in Gegnerschaft zu den Sophisten steht, sie häufig ironisch behandelt und insbesondere *Protagoras'* These: »Aller Dinge Maß ist der Mensch, der seienden, daß (wie) sie sind, der nicht seienden, daß (wie) sie nicht sind«[8], scharf kritisiert, bleibt es höchst fraglich, ob uns in seinem Dialog der historische *Protagoras* begegnet. Man kann aus dieser These einen hybriden Subjektivismus und nihilistischen Relativismus herauslesen; man kann sie als Artikulation jener Ansicht begreifen, wonach alle menschliche Wahrnehmung und Erkenntnis aus der Tätigkeit der Sinne herrühren; und man kann sie als Ausdruck der Bescheidenheit interpretieren – der Einsicht in die Grenzen menschlicher

Erkenntnismöglichkeiten. Dazu jedenfalls würde sein Satz passen, der die ganze *theologia negativa* in sich birgt: »Über die Götter allerdings habe ich keine Möglichkeit zu wissen … weder daß sie sind, noch daß sie nicht sind, noch, wie sie etwa an Gestalt sind; denn vieles gibt es, was das Wissen … hindert: die Nichtwahrnehmbarkeit und daß das Leben des Menschen kurz ist.«[9]

Wie nahe steht der Sophist mit diesem Bekenntnis doch seinem Erzrivalen *Sokrates*! – Wegen Gottlosigkeit wird er in Athen vor Gericht gestellt und verurteilt. Seine Schrift *Über die Götter* wird öffentlich verbrannt – auch dies gab es damals bereits. Auf der Flucht nach Sizilien ertrinkt er.

Im Mythos über die Erschaffung und Ausstattung der Lebewesen, den uns *Platon* überliefert[10], begreift *Protagoras* den Menschen als *Mängelwesen*, das seine ursprüngliche Bedürftigkeit nach und nach in kulturellen Reichtum wandelt: da der Mensch infolge seiner im Vergleich zu den Tieren unzureichenden Organausstattung nicht lebensfähig ist, muß er nach Möglichkeiten der Kompensation suchen – muß er entdecken und erfinden. So entstehen allmählich Werkzeuge, Sprachen, Sitten – eine vom Menschen für den Menschen umgestaltete Natur: eben *Kultur*. *Arnold Gehlen* wird im zwanzigsten Jahrhundert diese These, der Mensch sei ein Mängelwesen, und ihre Konsequenzen erneut reflektieren[11].

Protagoras will – wie alle Sophisten – *»die Menschen erziehen«*. Er möchte, daß sie »die bürgerliche Kunst«[12] und Tauglichkeit erlernen und durch rhetorische Schulung fähig werden: »die schwächere Meinung zur stärkeren zu machen«[13] – gewiß, ein nicht ungefährliches Unterfangen, wenn man an die Kraft der Überredung und an den Mißbrauch der Macht des Wortes in der Lüge denkt. Zusammen mit den anderen Sophisten zählt er – wenn man *Platon* glauben darf[14] – zu den Begründern des abendländischen Bildungskanons und Lehrplans. Und er glaubt, ebenso naiv wie unverbrüchlich, an die Bildsamkeit des Menschen und an die Lehrbarkeit von Tauglichkeit und Tugend.

Beispielhaft für seinen Optimismus ist das Versprechen, das *Protagoras* einem jungen Mann gibt, der in Begleitung des *Sokrates* bei ihm vorspricht und sein Schüler werden möchte: »Junger Mann, es wird dir also geschehen, wenn du dich zu mir hältst, daß du schon an dem ersten Tage, den du bei mir zubringst, besser geworden nach Hause gehen wirst, und an den folgenden ebenfalls, und so alle Tage zum Besseren fortschreitest.« Und dem *Sokrates*, der nun im Blick auf die Lern*inhalte* Genaueres zu erfahren wünscht, antwortet *Protagoras:* »bei mir aber soll er nichts lernen als das, weshalb er eigentlich kommt. Diese Kenntnis aber ist die Klugheit in seinen eigenen Angelegenheiten, wie er sein Hauswesen am besten verwalten, und dann auch in den Angelegenheiten des Staates, wie er am geschicktesten sein wird, diese sowohl zu führen als auch darüber zu reden«[15].

Hinter diesem Versprechen steht ganz deutlich die optimistische Überzeugung von der Bildsamkeit des Menschen, *aller* Menschen; und die Sophisten sehen darin auch gar nicht einmal etwas Besonderes oder gar eine umwerfende anthropologische

Neuentdeckung, sondern: alle Menschen erziehen doch ihre Sprößlinge, woraus wiederum gefolgert werden darf, »daß also die Erziehbarkeit des Menschen die *communis opinio* der ganzen Welt ist und daß praktisch die Erziehung von jedermann unbedenklich geübt wird«[16]. *Protagoras* zieht diese Konsequenz aus allen Erziehungsakten, besonders aber aus denen, die *Lob* oder *Strafe* genannt werden: »Wer aber mit Vernunft sich vornimmt, einen zu strafen, der bestraft nicht um des begangenen Unrechts willen, denn er kann ja doch das Geschehene nicht ungeschehen machen, sondern des zukünftigen wegen, damit nicht ein andermal wieder, weder derselbe noch einer, der diesen bestraft gesehen hat, dasselbe Unrecht begehe. Und indem er dieses beabsichtigt, denkt er doch wohl, daß die Tugend kann angebildet werden; denn der Abwendung wegen straft er ja.«[17]

Nun gilt es an dieser Stelle allerdings auf ein Mißverständnis hinzuweisen, aus dem den Sophisten immer wieder einmal eine ungerechte Bewertung erwächst. *Heinrich Rechtmann* beispielsweise führt den »Rationalismus des ›erziehenden Unterrichts‹« auf sie zurück[18], und viele andere Interpreten haben dies ebenfalls getan. In dieser Interpretation wird freilich übersehen oder verschwiegen, daß der *areté*-Begriff – wie die meisten Begriffe jeder Sprache – einen Bedeutungswandel durchgemacht hat.

Wenn die Sophisten diesen Begriff verwenden, denken sie an die *politische areté:* sie denken »in erster Linie dabei an die intellektuellen und rednerischen Fähigkeiten«; und diese Bedeutung entspricht ja auch dem *protagoreischen* Lehrversprechen. Sie denken nicht – wie dann *Sokrates* und *Platon* und alle Späteren – an »Tugend« als *ethisches* Phänomen, an einen Sachverhalt, der in enger Beziehung zu Phänomenen wie *Gewissen* und *Verantwortung* steht. Daher werden weder die sokratischen noch die platonischen und auch nicht die modernen Zweifel an der »Lehrbarkeit der Tugend« den Sophisten gerecht.

Werner Jaeger spricht hier – zumindest was die modernen Interpreten anlangt – von einem »törichten Mißverständnis«: »Diese falsche Modernisierung des griechischen Begriffs der Arete trägt wesentlich die Schuld daran, daß der Anspruch der Sophisten oder Wissenslehrer, wie die Zeitgenossen und bald auch sie selbst ihren Beruf nannten, dem heutigen Menschen vielfach von vornherein als unsinnige naive Anmaßung erscheint.«[19] – So anmaßend einige von ihnen auch auftraten, für *diese* ihnen unterstellte Anmaßung waren sie noch gar nicht reif. Was die »Lehrbarkeit der Tugend« – wie *sie* diese verstanden – betrifft, kannte ihr pädagogischer Optimismus freilich keine Grenzen.

Und doch muß für *Protagoras* diesbezüglich eine Einschränkung gemacht werden. Bei allem naiven Optimismus weiß er – der Realist unter den Sophisten – gleichwohl auch um die Schranken, die erzieherischer Einflußmöglichkeit und menschlicher Lernfähigkeit entgegenstehen: Neben Lehrkunst und Übung bedarf es auch der *Begabung*; und: »Ein Nichts ist Fertigkeit ohne Übung oder Übung ohne Fertigkeit.«[20]

Anmerkungen

[1] *F.X. Eggersdorfer:* Jugenderziehung. Herausgegeben von *A. Fischer*. Kösel, München 1962, S. 101

[2] *W. Jaeger:* Paideia. Die Formung des griechischen Menschen. Erster Band. De Gruyter & Co., Berlin 1959 (4. Aufl.), S. 13 und S. 12; vgl. auch *H.J. Rechtmann:* Geschichte der Pädagogik. Wandlungen der deutschen Bildung. Unter Mitwirkung von *H.-J. Ipfling*. Ehrenwirth, München 1969 (3. Aufl.), S. 74 f.

[3] *Platon:* Sämtliche Werke. Band 1. In der Übersetzung von *F. Schleiermacher* mit der Stephanus-Numerierung herausgegeben von *W.F. Otto, E. Grassi, G. Plamböck*. Rowohlt, Hamburg 1965 (86.–93. Tausend), S. 59: *Protagoras 317 b*

[4] Vgl. *Th. Ballauff:* Pädagogik. Eine Geschichte der Bildung und Erziehung. Band I: Von der Antike bis zum Humanismus. Unter Mitarbeit von *G. Plamböck*. Alber, Freiburg/München 1969, S. 46 ff.; ferner: *H.-I. Marrou:* Geschichte der Erziehung im klassischen Altertum. Herausgegeben von *R. Harder*. Alber, Freiburg/München 1957, S. 75 ff.

[5] *Kritias aus Athen* zitiert bei *H. Diels:* Die Fragmente der Vorsokratiker. Nach der von *W. Kranz* herausgegebenen achten Auflage. Mit Einführungen und Bibliographien von *G. Plamböck*. Rowohlt, Hamburg 1957, S. 142: *Fragment 9*. – Der griechische Schriftsteller *Kritias aus Athen* lebt von ca. 460 bis 403 vor *Christus*. Er ist mit *Solon* und *Platon* verwandt und zählt zu den Schülern des *Sokrates*. Seine Demokratiefeindlichkeit entspricht seiner Sympathie für Sparta. Als Vertreter extremer sophistischer Theorien erkennt er als einer der ersten den Zusammenhang zwischen Bildung, Politik und Macht und leitet den Götterglauben aus dem Bedürfnis der Menschen, über Menschen zu herrschen, ab (vgl. *Fragment 25*).

[6] Vgl. *H.-I. Marrou:* Geschichte der Erziehung im klassischen Altertum, a.a.O., S. 79

[7] *H.J. Rechtmann:* Geschichte der Pädagogik, a.a.O., S. 74; vgl. auch *J. v. d. Driesch* und *J. Esterhues:* Geschichte der Erziehung und Bildung. Band I: Von den Griechen bis zum Ausgang des Zeitalters der Aufklärung. Schöningh, Paderborn 1960 (5. Aufl.), S. 50 f.

[8] *Protagoras aus Abdera* zitiert bei *H. Diels:* Die Fragmente der Vorsokratiker, a.a.O., S. 122: *Fragment 1*

[9] Ebenda, S. 122 f.: *Fragment 4*

[10] *Platon:* Sämtliche Werke. Band 1, a.a.O., S. 61 ff.: *Protagoras 320 c – 324 d*

[11] Vgl. *F. März:* Problemgeschichte der Pädagogik. Band I: Die Lern- und Erziehungsbedürftigkeit des Menschen. Pädagogische Anthropologie. Erster Teil. Klinkhardt, Bad Heilbrunn/Obb. 1978, S. 75 ff.

[12] *Platon:* Sämtliche Werke. Band 1, a.a.O., S. 63: *Protagoras 322 b*

[13] *Protagoras aus Abdera* zitiert bei *H. Diels:* Die Fragmente der Vorsokratiker, a.a.O., S. 123: *Fragment 6 b*

[14] Vgl. *Platon:* Sämtliche Werke. Band 1, a.a.O., S. 60: *Protagoras 318 d–e*; ferner ebenda, S. 77: *Protagoras 338 e – 339 a*

[15] Ebenda, S. 59 f.: *Protagoras 318 a ff.*

[16] *W. Jaeger:* Paideia, a.a.O., S. 392

[17] *Platon:* Sämtliche Werke. Band 1, a.a.O., S. 64 f.: *Protagoras 324 b;* vgl. auch *W. Jaeger:* Paideia, a.a.O., S. 390 f. und S. 388

[18] Vgl. Anmerkung 7

[19] *W. Jaeger:* Paideia, a.a.O., S. 369 f.

[20] *Protagoras aus Abdera* zitiert bei *H. Diels:* Die Fragmente der Vorsokratiker, a.a.O., S. 123: *Fragment 10*

Giovanni Pico della Mirandola

Das Mittelalter insgesamt als anthropopessimistisch abzuqualifizieren, hieße wichtige geistesgeschichtliche Zeugnisse, die gegen eine derartige Bewertung sprechen, ignorieren: man braucht in diesem Zusammenhang nur an *Thomas von Aquin* und seine Anthropologie zu erinnern, um ein derartiges Pauschalurteil entkräften zu können.

Gleichwohl kann und darf nicht verkannt werden, daß trotz der Fülle ihrer Aspekte, Tendenzen und Positionen die mittelalterlich-christliche Anthropologie – spätestens seit *Aurelius Augustinus* – ein Bild vom Menschen aufzeigt, in dem die dunklen Züge der menschlichen Existenz nicht zu übersehen sind: Verderbtheit und Sündhaftigkeit, Armseligkeit und vor allem die Ohnmacht, aus eigener Kraft die Wendung zum Guten vornehmen zu können.

Dieser Lehre vom Menschen setzen die Humanisten der Renaissance ein Menschenbild entgegen, in dem die hellen Farben dominieren: Schönheit und Würde, Gottähnlichkeit und Kreativität, insbesondere aber die Macht und Fähigkeit zur *eigenen* Vervollkommnung[1].

Einer der ersten, die an diesem neuen Bild vom Menschen arbeiten, ist *Johannes von Saaz*. In seinem *Ackermann aus Böhmen* – einem Streitgespräch zwischen Mensch und Tod – beschreibt er die hohen Vorzüge des Menschen und hält jenen, die den Menschen immer nur als einen Ausbund an Schlechtigkeit denunzieren, entgegen: sie würden damit letztlich Gott lästern, indem sie das bedeutsamste Werk seiner Schöpfung herabsetzen[2]. Der Mensch wird hier nicht mehr als verderbt und kraftlos geschildert, sondern als ein Wesen, das über vielerlei Fähigkeiten verfügt, die es selbst zu entfalten und zu vervollkommnen imstande ist.

Mit ähnlichen Argumenten versuchen auch die italienischen Humanisten die *Würde und Größe des Menschen* zu verteidigen und zu begründen: *Giannozzo Manetti*, der dieses Thema in einer Monographie reflektiert[3]; besonders aber *Giovanni Pico della Mirandola*, der vor allem die Selbst-Bildungs-Kraft des Menschen hervorhebt und den Menschen als »vollkommen frei und ehrenhalber schaltenden Bildhauer und Dichter« sich selbst die Lebensform bestimmen läßt und ihn in der Lage sieht, sich »in die höhere Welt des Göttlichen« durch den eigenen Geistesaufschwung zu erheben.

Die ganze Schöpfung ist determiniert. Im Menschen indes erblickt *Pico della Mirandola* das einzige Wesen, das von dieser strengen Festlegung gänzlich ausgenommen bleibt, weswegen der Philosoph auch die Astrologie kritisiert. *Freiheit* ist in seinen Augen *unbegrenzt*, und er lehnt es ab, sie mit einem ethischen Akzent zu versehen. Ihm ist der Mensch *absolut* frei: er kann sein, *was immer er sein will!* Darin gründet seine Chance und seine Gefährdung; und die Möglichkeit des Menschen, über sich selbst hinauszuwachsen, ist so groß wie das Risiko seines Fallens.

Diese und andere Thesen – insgesamt über neunhundert –, in denen er die menschliche Freiheit rühmt wie noch keiner vor ihm und mit denen er eine neue, aus griechischen, jüdischen und christlichen Elementen gestiftete Weltreligion zu begründen sucht – diese Thesen verarbeitet er zu einer Rede, die er in Rom vor Gelehrten aus aller Welt zu halten gedenkt. Aber daraus wird nichts: der Papst verbietet ihm dieses Vorhaben, bezichtigt ihn der Häresie und belegt ihn mit dem Bann. Gleichwohl wird diese Rede bekannt und erhält später den Titel *Von der Würde des Menschen*.
Giovanni Pico entstammt dem Geschlecht der *Grafen von Mirandola und Concordia*. 1463 geboren, lebt er im Kreis *Lorenzos des Prächtigen*, wendet sich unter dem Einfluß seines Lehrers und Freundes *Marsilio Ficino*[4] ganz der Philosophie zu und sucht einen *Bildungshumanismus* zu begründen. 1486 beabsichtigt er seine berühmte Rede zu halten, derentwegen er exkommuniziert wird. *Girolamo Savonarola* – der florentinische Bußprediger und Theokrat – bekehrt ihn zu einem strenggläubigen Christen. 1493 wird er vom Bann gelöst; 1494 stirbt er in der Nähe von Florenz – zweiunddreißigjährig und im Frieden mit seiner Kirche.

Dieser Mann, einer der markantesten Künder des Renaissancehumanismus, wird nicht von pädagogischen Motiven gedrängt, seinen Hymnus auf die *Offenheit des Menschen* anzustimmen; ebensowenig zieht er aus diesem Anthropinon pädagogische Konsequenzen. Mit der Betonung aber, die er dem Gedanken des Menschen als *Selbst*-Bildner verleiht, setzt er in der anthropologischen Reflexion einen neuen, gewichtigen Akzent und stärkt im Bildungsdenken der folgenden Jahrhunderte nachhaltig jene Richtung, die – mit einer Formulierung *Pestalozzis* gesprochen – den Menschen vorrangig oder gar ausschließlich als *»Werk seiner selbst«* und Bildung als *Selbstverwirklichung* des autonomen Menschen begreift – des Menschen, *der erst durch Bildung wahrer Mensch wird*.
Pico della Mirandola kennzeichnet den Menschen als ein Geschöpf, »das kein deutlich unterscheidbares Bild besitzt«[5], als Wesen, gleichsam mit der Wandlungsfähigkeit eines Chamäleons ausgestattet, zu dem er Gott-Vater, den höchsten Welt-Baumeister sprechen läßt: »Wir haben dir keinen bestimmten Wohnsitz, noch ein eigenes Gesicht, noch irgendeine besondere Gabe verliehen, o Adam, damit du jeden beliebigen Wohnsitz, jedes beliebige Gesicht und alle Gaben, die du dir sicher wünschst, auch nach deinem Willen und nach deiner eigenen Meinung haben und besitzen mögest. Den übrigen Wesen ist ihre Natur durch die von uns vorgeschriebenen Gesetze bestimmt und wird dadurch in Schranken gehalten. Du bist durch keinerlei unüberwindliche Schranken gehemmt, sondern du sollst nach deinem eigenen freien Willen, in dessen Hand ich dein Geschick gelegt habe, sogar jene Natur dir selbst vorherbestimmen. Ich habe dich in die Mitte der Welt gesetzt, damit du von dort bequem um dich schaust, was es alles in dieser Welt gibt. Wir haben dich weder als einen Himmlischen noch als einen Irdischen, weder als einen Sterblichen noch einen Unsterblichen geschaffen, damit du als dein eigener, vollkommen frei und ehrenhalber schaltender Bildhauer und Dichter dir selbst die Form bestimmst, in der du zu leben wünschst. Es steht dir frei, in die Unterwelt des

Viehes zu entarten. Es steht dir ebenso frei, in die höhere Welt des Göttlichen dich durch den Entschluß deines eigenen Geistes zu erheben.« – Und *Pico della Mirandola* fügt dem die Frage hinzu: »Müssen wir darin nicht zugleich die höchste Freigebigkeit Gott-Vaters und das höchste Glück des Menschen bewundern? Des Menschen, dem es gegeben ist, das zu haben, was er wünscht, und das zu sein, was er will. Denn die Tiere, sobald sie geboren werden, tragen vom Mutterleibe an das mit sich, was sie später besitzen werden, wie Lucilius sagt. Die höchsten Geister aber sind von Anfang an oder bald darauf das gewesen, was sie in alle Ewigkeiten sein werden. In den Menschen aber hat der Vater gleich bei seiner Geburt die Samen aller Möglichkeiten und die Lebenskeime jeder Art hineingelegt. Welche er selbst davon pflegen wird, diejenigen werden heranwachsen und werden in ihm ihre Früchte bringen. Wenn er nur die des Wachsens pflegt, wird er nicht mehr denn eine Pflanze sein. Pflegt er nur die sinnlichen Keime, wird er gleich dem Tiere stumpf werden. Bei der Pflege der rationalen wird er als ein himmlisches Wesen hervorgehen. Bei der Pflege der intellektualen wird er ein Engel und Gottes Sohn sein. Und wenn er mit dem Lose keines Geschöpfes zufrieden sich in den Mittelpunkt seiner Ganzheit zurückziehen wird, dann wird er zu *einem* Geist mit Gott gebildet werden, in der einsamen Dunkelheit des Vaters, der über alles erhaben ist, wird er auch vor allen den Vorrang haben. Wer möchte nicht dies unser Chamäleon bewundern? Oder wer möchte überhaupt irgend etwas anderes mehr bewundern?«[6]

Der Mensch als *sein eigener Bildner*, als Wesen, das in seiner *Selbstgestaltung* und *sich selbst verwirklichend erst Mensch wird* – dieser Gedanke wird zum zentralen Thema des Renaissancehumanismus und kennzeichnet eine weitere Dimension des pädagogischen Optimismus. In *Pico della Mirandola* finden die Nicht-Festgelegtheit des Menschen, seine Freiheit und seine Selbstgestaltungskraft ihren wortgewaltigsten Künder und Sänger.

Anmerkungen

1 Vgl. *M. Landmann:* De homine. Der Mensch im Spiegel seines Gedankens. Unter Mitarbeit von *G. Diem, N. Hinske, P.L. Lehmann, P.Chr. Ludz, M. Theunissen* und *E. Tielsch*. Alber, Freiburg/München 1962, S. 140 ff.

2 Vgl. Anmerkung 2 zum Kapitel über *Niccolò Machiavelli*

3 *I. d. Manectis:* De dignitate et excellentia hominis. Clarissimi viri Ianocii de Manectis, Equitis ac Iureconsulti Florentini, ad inclytum Arragonum Regem Alfonsum, de dignitate & excellentia hominis Libri IIII. Basel 1532. Ex Bibliotheca Io. Alexandri Brassicani Iureconsulti, recens in lucem aediti. Basiliae, apud And. Cratandrum. Anno M.D.XXXII. Mense Iunio. – *Giannozzo Manetti*, italienischer Humanist und florentinischer Ritter und Rechtsanwalt, lebte von 1396 bis 1459 und verfaßte im Auftrag des aragonischen Königs *Alfons* 1452 ein Buch über den Menschen: *De dignitate et excellentia hominis*, das allerdings erst 1532 veröffentlicht und 1584 auf den Index gesetzt wurde.

[4] Der italienische Renaissancephilosoph und Arzt *Marsilio Ficino* lebte von 1433 bis 1499. Als Lehrer an der Platonischen Akademie in Florenz erarbeitete und lehrte er eine Synthese aus *Platons* Philosophie und der christlichen Offenbarung, die in seiner *Theologia Platonica de animorum immortalitate* ihren Niederschlag fand.

[5] *G. Pico della Mirandola:* Über die Würde des Menschen. Nebst einigen Briefen und der Lebensbeschreibung Pico della Mirandolas. Ausgewählt und übertragen von *H.W. Rüssel.* Pantheon, Leipzig 1940, S. 50

[6] Ebenda, S. 50 f.; vgl. auch *Th. Ballauff:* Pädagogik. Eine Geschichte der Bildung und Erziehung. Band I: Von der Antike bis zum Humanismus. Unter Mitarbeit von *G. Plamböck.* Alber, Freiburg/München 1969, S. 511 ff.; ferner *J. Hirschberger:* Geschichte der Philosophie. Band II: Neuzeit und Gegenwart. Herder, Freiburg 1955 (2. Aufl.), S. 11 ff.

Dieses optimistische Vertrauen in die Selbstgestaltungspotenz des absolut freien Menschen findet in den ebenso bunten wie derben Satiren des französischen Humanisten *François Rabelais* erneut Ausdruck.

Rabelais kommt um 1494 in La Devinière bei Chinon zur Welt und stirbt 1553 in Paris. Zunächst Benediktinermönch, dann Weltpriester, wendet er sich 1530 der Medizin zu, wirkt als Arzt in Lyon, später in Metz, und steht mit bedeutenden humanistischen Zeitgenossen – beispielsweise mit *Erasmus von Rotterdam* – in Verbindung. In seinen Satiren vom Leben und den Abenteuern der Riesen *Gargantua und Pantagruel* übt er beißende Kritik an den zeitgenössischen kirchlichen, staatlichen und wissenschaftlichen Institutionen und schont darin weder Papst noch Kaiser, weder Mönche noch Universitätsprofessoren.

In seinem utopischen Entwurf der *Abtei Thélème* darf man wohl eines der frühesten Modelle antiautoritär strukturierter Kommunen erblicken[1], wie sie sich dann in der zweiten Hälfte des zwanzigsten Jahrhunderts konstituiert und – *nicht* bewährt haben. Aufnahme finden in diesem ›Kloster‹, das, unter ausdrücklicher Mißachtung der üblichen Lebensweise als Mönch oder Nonne, ein Leben in Wohlstand und äußerem Glanz ermöglicht, nur gleichgesinnte und ausgesprochen schöne Männer *und* Frauen, die sich nicht an die Gelübde der Armut, des Gehorsams oder gar der Keuschheit gebunden fühlen, sondern ausschließlich an eine einzige Regel; und diese ›Regel‹ verlangt: *»TU WAS DU WILT!«*[2]
In diesem Entwurf verficht *Rabelais* das neue Bildungsideal und die neuen Erziehungsziele und Erziehungsmethoden des Renaissancehumanismus, deren Grundlage in einem ebenfalls neuen Empfinden zu erblicken ist: in der Sehnsucht des Menschen nach *Natürlichkeit*.
Wußte sich der mittelalterliche Mensch als gefallen und erlösungsbedürftig, zielte sein ganzes Leben ins *Übernatürliche*, auf Gott hin, so empfindet der Mensch des Quattrocento anthropozentrisch und »natürlich«, empfindet sich selbst als *von Natur aus gut*. Und darin liegt auch die Erklärung dafür, warum aus der konsequenten Anwendung von *Rabelais'* ›Ordensregel‹ nicht Chaos und Anarchie erwachsen, sondern ein harmonisches Zusammenleben, eine Gemeinschaft glücklicher Menschen. Auf dieser Insel der bereits im Diesseits Seligen – in *Thélème* – triumphiert »nur mehr der schrankenloseste ethische Optimismus, das grenzenlose Vertrauen auf das *naturhafte* Gutsein des Menschen, im Sinne etwa des in der gleichen Zeit (nach stoischem Vorbild) aufgestellten Axioms: ›Virtus nihil aliud quam absoluta et perfecta natura.‹ Es ist das hohe Lied auf das edle und gute ›Humanum‹, das allein aus der Kraft des durch Bildung wissend gewordenen Geistes, der die ganze Welt an sich gerissen hat, lebt und das auch die höchste Aufgipfelung des Freiheitsanspruches als eine bewußt übernommene Bindung und bewußt getragene Verantwortung gegenüber einer allein aus ihrer inneren Harmonie lebenden Gemeinschaft versteht. Und zu diesem optimistischen Menschenbild gesellt sich ein nicht weniger optimi-

stisches Weltbild, das alle dunklen, schweren, konfliktsträchtigen Mächte des Lebens ignorieren möchte: wenn der Mensch sich nur in seiner wahren Natur frei entfalten kann, wird ihn dieses Leben wie von selbst mit allen irdischen Wonnen beglücken«[3]. *Rousseau* wird im achtzehnten Jahrhundert dieses Wunschdenken erneut aufgreifen und propagieren.

Anmerkungen

1 Vgl. *F. Rabelais:* Gargantua und Pantagruel. Herausgegeben, mit Anmerkungen und einem Nachwort versehen von *L. Schrader*. Textbearbeitung von *K. Pörnbacher*. Mit den 120 Holzschnitten der ›Songes Drolatiques de Pantagruel‹ von 1565. Aus dem Französischen verdeutscht durch *G. Regis*. Erster Band: Gargantua, Pantagruel. Drittes Buch. Hanser, München 1964, S. 129 ff.

2 Ebenda, S. 139

3 *M. Seidlmayer:* Wege und Wandlungen des Humanismus. Studien zu seinen politischen, ethischen, religiösen Problemen. Mit einem Gedenkwort von *H. Barion*. Vandenhoeck & Ruprecht, Göttingen 1965, S. 124; vgl. auch *Th. Ballauff:* Pädagogik. Eine Geschichte der Bildung und Erziehung. Band I: Von der Antike bis zum Humanismus. Unter Mitarbeit von *G. Plamböck*. Alber, Freiburg/München 1969, S. 527 ff.

Wolfgang Ratke

Der in der Renaissance eingeleitete Wandel vom theozentrischen zum humanistischen Menschenverständnis setzt sich in den folgenden Jahrhunderten mehr und mehr durch. Die alte Sicht des Menschen als eines sündigen, gnadebedürftigen und nichts aus sich selbst vermögenden Geschöpfes verändert sich unaufhaltsam in den neuen Glauben an die Güte des Menschen und an seine Selbstbildungskräfte; und dieser Glaube hat seine pädagogische Dimension: »Alle pädagogischen Reformen wollen den Menschen aus menschlicher Selbstkraft vervollkommnen, also erziehen.«[1] – Beispielhaft für diesen Glauben im siebzehnten Jahrhundert ist das pädagogische Werk *Wolfgang Ratkes*. Dieser Mann lebt in der festen Überzeugung von der Macht der Erziehung. Er »weiß«, wie man es anzustellen hat, daß Wohlstand, Friede und Glück nicht erst im jenseitigen Leben zu erreichen sind, sondern – auf dem Wege der Unterweisung und Erziehung – bereits in diesem irdischen.

Ausnahmen mögen auch hier die Regel bestätigen; aber grundsätzlich lehrt die Erfahrung: Pädagogen sind *schwierige* Menschen – nicht die Erzieher, die ›Praktiker‹ also; sondern diejenigen, die zu wissen meinen oder vorgeben, was Erziehung sei; und unter ihnen wiederum jene ganz besonders, die dieses Wissen mit Rechthaberei und missionarischem Pathos unter die Leute zu bringen trachten und dabei Hoffnungen wecken, wonach es mit den gesellschaftlichen Zuständen aufwärtsgehe und das goldene Zeitalter anbreche, wollte man sich nach ihren Ratschlägen richten. In dieser Zunft vertrakter Menschen war *Wolfgangus Ratichius*, wie er sich der Zeitmode entsprechend nannte, ein besonders komplizierter.
1571 zu Wilster in Holstein geboren, studiert er Theologie und will eigentlich Prediger werden. Aber ein Sprachfehler hindert ihn an der Verwirklichung dieses Berufswunsches; und so schlägt er die pädagogische Laufbahn ein. Sein besonderes Interesse gilt dem Methodenproblem, zu dessen Lösung er sich berufen glaubt. Wie andere im Bereich der Alchemie oder der Medizin an Wunder grenzende Taten und Werke ankündigen, preist *Ratke* sich als Entdecker des Geheimnisses der Lehrmethode, erregt Bewunderung durch kuriose Experimente und legt sich selbst- und sendungsbewußt den hochgestochenen Titel *Didacticus* zu.
Kein Wunder, daß Magistrate und Fürsten mehr und mehr Interesse an seiner ›Geheimkunst‹ finden und ihn als Reformer ihres Erziehungswesens zu gewinnen suchen. *Ratke* wirkt in Amsterdam, Augsburg und Ulm; in Basel, Köthen und Magdeburg; nirgendwo freilich länger als zwei Jahre. Der große Erfolg bleibt allenthalben aus; und die Ursachen dafür dürfen gewiß nicht nur in der Ungunst der äußeren Verhältnisse gesehen werden. Ratkes Maßlosigkeit und Unverträglichkeit, seine Marktschreiermentalität und seine Prahlsucht machen eine Zusammenarbeit über längere Zeit unmöglich. Er wird verfolgt und verjagt, und einmal setzt man ihn sogar gefangen – in der Absicht, ihn zur Preisgabe seines ›didaktischen Geheimnisses‹ zu zwingen. Freilich war da gar nichts preiszugeben.
Im Alter findet er Zuflucht bei der Gräfin *Anna Sophia von Schwarzburg-Rudolstadt*, einer ehemaligen Schülerin. 1635 stirbt er in Erfurt.

Den auf dem Reichstag zu Frankfurt versammelten Landesherren übergibt *Ratke* am 7. Mai 1612 sein *Memorial*; und darin verkündet er selbstsicher: »Wofgangus Ratichius weiß mit göttlicher Hilfe zu Dienst und Wohlfahrt der ganzen Christenheit Anleitung zu geben:

1. Wie die hebräische, griechische, lateinische und andere Sprachen mehr in gar kurzer Zeit sowohl bei Alten als Jungen leichtlich zu lernen und fortzupflanzen seien.
2. Wie nicht allein in hochdeutscher, sondern auch in allen anderen Sprachen eine Schule anzurichten, darinnen alle Künste und Fakultäten ausführlich können gelernt und propagiert werden.
3. Wie im ganzen Reich ein einträchtige Sprach, ein einträchtige Regierung, und endlich auch ein einträchtige Religion bequemlich einzuführen und friedlich zu erhalten sei.«[2]

Fürwahr, ein großes Versprechen; zumal in einer krisenreichen Zeit, in der alles auf einen Krieg hindeutet, der sechs Jahre später dann auch ausbrechen und dreißig Jahre lang dauern wird. Und da verkündet einer, den Weg zu einer nachhaltigen Verbesserung der gesamtgesellschaftlichen Verhältnisse zu kennen. *Ratke* glaubt an die Erziehung und ihre menschenverwandelnde Kraft.

Der Holsteiner ist der Prototyp des pädagogischen Agitators, der in einer Mischung aus Utopismus und Arroganz das Blaue vom Himmel verspricht, ›genau weiß‹, wie eine glückliche Gesellschaft aufzubauen ist – man findet diesen Typus immer wieder einmal in der Geschichte, auch in der Gegenwart; der im Detail aber versagt, letztlich doch nur Resignation erzeugt und an der Realität scheitert. – Wer ihn einen Phantasten nennt und einen Scharlatan, einen didaktischen Alchemisten oder gar einen Betrüger, hat wohl nicht ganz Unrecht. Und dennoch darf dieser Mann einen Platz unter den Großen in der Geschichte der Erziehung beanspruchen und den bedeutenden pädagogischen Initiatoren zugerechnet werden.

Mag auch der ›Reichsreformer‹ gescheitert sein; als Kritiker der Erstarrung in Gewohnheit und des formalistischen Trotts der humanistischen Gelehrtenschulen[3] und als Rufer nach Vertiefung und Gründlichkeit im Unterricht; nach Naturgemäßheit, Ganzheit und nach Harmonie; nach Vernunftgemäßheit und Wahrheit; nach dem Primat der Muttersprache und nach einem effektiven Fremdsprachenunterricht; nach Zwanglosigkeit und milder Schulzucht; nach Weckung der Lernfreude und nach Erholung in sogenannten Quickstunden; schließlich nach einem staatlichen Schulwesen[4] – als Kritiker, Innovator und Initiator wurde *Ratke* gehört, und als solcher hat er – vor allem mit seiner Forderung der *Naturgemäßheit* – die Pädagogen der Folgezeit: von *Comenius* über *Rousseau* und *Pestalozzi* bis *Fröbel* und den Verfechtern einer Pädagogik »vom Kinde aus« nachhaltig beeinflußt.

Die in *Ratkes* Werk artikulierte übersteigerte Erziehungsgläubigkeit scheint eines der bezeichnendsten Merkmale des siebzehnten Jahrhunderts zu sein. So schreibt der deutsche Schriftsteller, Historiker und Theologe *Johann Balthasar Schupp*, der von 1610 bis 1661 lebt und in Marburg und Hamburg als Professor und Pastor wirkt, in seinem Traktat *Vom Schulwesen:* »Wann wir aller Orthen wohlbestalte

Schulen hätten, darinn die Jugend recht unterwiesen würde, hätten wir innerhalb zwantzig Jahren eine neue Welt, und bedörfften keiner Büttel oder Scharffrichter.«[5] Diese These findet in den folgenden Jahrhunderten zahlreiche Verfechter. Man braucht diesbezüglich nur an *John Locke* und *Gottfried Wilhelm Leibniz*, an *Anton Semenovič Makarenko* und *John Broadus Watson* zu denken. Wortlaut und Formulierungen sind unterschiedlich; Tendenz und Gehalt hingegen bleiben unverändert.

Anmerkungen

1 *F. Blättner:* Geschichte der Pädagogik. Quelle & Meyer, Heidelberg 1961 (10. Aufl.), S. 46

2 *W. Ratke:* Kleine pädagogische Schriften. Herausgegeben von *K. Seiler*. Klinkhardt, Bad Heilbrunn/Obb. 1967, S. 7: *Memorial* (1612)

3 Ebenda, S. 53: *Dolium Ratichii* (1626)

4 Vgl. ebenda, S. 32 f.: *Etliche Punkte, auf welchen die Didactica oder Lehrkunst Wolfgangi Ratichii gründlich beruhet* (1618)

5 *J.B. Schupp:* Vom Schulwesen. Mit Einleitung und Anmerkungen herausgegeben von *P. Stötzner*. Richter, Leipzig 1891, S. 59; vgl. auch Johann Balthasar Schuppen … saemtliche Lehrreiche Schrifften/In sieben und viertzig Tractaetlein bestehende … Zwei Bände. Wusts, Franckfurt am Mayn 1701

John Locke

Im Zeitalter der Aufklärung, in den Schriften ihrer Begründer und Verfechter erfährt der anthropologische und pädagogische Pessimismus der Reformatoren seine – vorläufig – endgültige Überwindung: das Mißtrauen gegen den Menschen und gegen die von seiner selbstverschuldeten Verderbnis mit betroffene Schöpfung wandelt sich in ein grenzenloses Vertrauen in die Güte der Natur und in die Verläßlichkeit der autonomen menschlichen Vernunft. Würde es gelingen, beide in die rechte Beziehung zu setzen, dann stünde einem anhaltenden Fortschritt in allen Bereichen menschlichen Lebens und menschlicher Kultur nichts mehr im Wege. Dann würde sich auch zeigen, daß das von allen Menschen ersehnte Leben in Glückseligkeit und Frieden keinen überirdischen Zustand darstellt, sondern einen, den die Menschen bereits in diesem Leben erlangen können.
Diese Erwartung spricht aus allen denkerischen Bemühungen der Aufklärungsphilosophen: aus ihrer Erkenntnislehre und ihrer eudämonistischen Ethik ebenso wie aus ihrer Theologie und ihrer politischen Theorie – besonders deutlich aber aus ihrer Anthropologie und Pädagogik[1].
Einer der ersten, die diesen neuen Glauben philosophisch begründen und die entsprechenden anthropologischen und pädagogischen Konsequenzen herausarbeiten, ist der englische Philosoph *John Locke*. Seine Erziehungslehre reißt den kundigen Leser heutigentags ebensowenig vom Stuhl wie den Gourmet die englische Küche: in beiden Fällen nimmt sich das Adjektiv *langweilig* geradezu schmeichelhaft aus. Doch was seine *Gedanken über Erziehung* anlangt, so empfand man sie keineswegs immer schon als hausbacken: zur Zeit ihres Erscheinens – im Jahre 1693 – wirkten sie wie eine Provokation und machten ihren Autor weithin bekannt. Dieser stellte so gut wie alle bislang gültigen Erziehungsansichten und pädagogischen Grundsätze auf den Kopf: körperliche Gesundheit und Abhärtung genießen den Vorrang vor Wissen und Eloquenz; jungen Menschen kommt man nicht mit harten Strafen bei, aber über geeignete Spiele hilft man ihnen leben lernen; Latein gehört ohne Zweifel zu den schönen Sprachen, Französisch hingegen ist wichtiger, und solide handwerkliche Kenntnisse sind fraglos nützlicher; vor allem aber sollte sich der Erzieher immer dessen bewußt sein, »daß es nicht so sehr seine Aufgabe ist«, den Jugendlichen »alles zu lehren, was Menschen überhaupt wissen können, sondern Liebe und Achtung gegenüber der Wissenschaft in ihm zu erwecken und ihn auf den rechten Weg zu bringen, auf dem er zum Wissen kommen und sich selber vervollkommnen kann, wenn er das will«[2]. – *Fritz Blättner* kennzeichnet treffend die Reaktion auf derlei Thesen, wenn er schreibt: »Wie mochten die Gelehrten auf dem Kontinent aufgehorcht haben... Wie zitterten die Perücken ... das wehte in den Schulstaub von Jahrhunderten hinein als ein reinigender Wind.«[3]

John Locke, der Begründer der modernen englischen Erziehung, dessen pädagogischer Einfluß aber weit über sein Heimatland hinausreicht, wird 1632 in Wrington, in der Grafschaft Somerset geboren. Nach dem Studium der Philosophie, der alten Sprachen und der Medizin, wirkt er als Arzt und Sekretär des *Lord Ashley*, des späteren *Earl of Shaftesbury* und betreut gleichzeitig als Hauslehrer dessen Sohn. Reisen führen ihn mehrfach auf den europäischen Kontinent, besonders nach Frankreich; und für sechs Jahre zwingt ihn die politische Lage in England ins Exil nach Holland. Nach seiner Rückkehr in die Heimat veröffentlicht er 1690 sein philosophisches Hauptwerk *Über den menschlichen Verstand* sowie drei Jahre später seine *Gedanken über Erziehung* und dient der Regierung seines Landes als Berater in Finanz-, Wirtschafts- und Bildungsfragen. 1704 stirbt er in Oates, in der Grafschaft Essex.

Der ganze überkommene Anthropopessimismus ist diesem Mann zuwider; und wo immer Begriffe und Argumente, die dieser Position entsprechen, auftauchen, wo immer von »bösartigen Neigungen« oder von einem »verdorbenen und schwer zu behandelnden Sohn« oder von »Unmenschlichkeit und Bösartigkeit« die Rede ist, da bezieht er entschieden die Gegenposition – so vor allem in seinen *Gedanken über Erziehung* – und betont, wie leicht sich »bösartige Neigungen« durch geeignete erzieherische Maßnahmen korrigieren lassen, wie selten sich verkehrte und unlenksame Kinder finden, so daß man derartige Fälle nicht zur Regel erklären dürfe, und wie skeptisch er allen anthropologischen Theorien und pädagogischen Konzepten gegenüberstehe, die »nach Unmenschlichkeit und Bösartigkeit schmecken«[4].
Der Kernthese seines philosophischen Hauptwerkes entsprechend, wonach der menschliche Geist alles, was er an Ideen besitzt, »aus der *Erfahrung*« gewinnt: aus der »Beobachtung, die entweder auf äußere sinnlich wahrnehmbare Objekte gerichtet ist oder auf innere Operationen des Geistes, die wir wahrnehmen und über die wir nachdenken«; der Kernthese entsprechend, wonach diese zweifache – sinnliche und geistige – Erfahrung »unserm Verstand das gesamte *Material* des Denkens« liefert[5] und wonach »wir nichts in unserm Geist haben, was nicht auf dem einen dieser beiden Wege hineingelangt wäre«[6], vergleicht *Locke* den Menschengeist – wie bereits *Aristoteles* – wieder mit einem leeren Blatt Papier, auf das *alles* geschrieben werden könne. Die pädagogische Konsequenz dieses erkenntnistheoretischen Ansatzes bedeutet: *Allmacht der Erziehung*, und *Lockes* Glaube an die – zumindest große – Macht der Erziehung klingt bereits in der *Widmung* seines pädagogischen Hauptwerkes an, wo der Verfasser die methodische und die gesellschaftliche Dimension dieses seines pädagogischen Optimismus artikuliert, indem er – dem großen Optimisten des siebzehnten Jahrhunderts, *Ratke*, nicht unähnlich – die Förderung *der* Erziehungsart betont, welche »den leichtesten, kürzesten und erfolgversprechendsten Weg aufzeigt, um sittliche Persönlichkeiten und tüchtige und befähigte Männer für die verschiedensten Berufe hervorzubringen«, und indem er vor allem die Notwendigkeit der Erziehung des »Gentleman« unterstreicht: »Denn wenn dieser Stand erst einmal durch Erziehung in Ordnung gebracht worden ist, wird er alle übrigen sehr schnell auch in Ordnung bringen.«[7]
Das entscheidende Zeugnis für *Lockes* ungebrochenes Vertrauen in die immense Wirkkraft der Erziehung findet sich im *ersten Abschnitt* seiner Erziehungslehre, wo

er behauptet, »daß von zehn Menschen, denen wir begegnen, neun das, was sie sind, gut oder böse, nützlich oder unnütz, durch ihre Erziehung sind. Sie ist es, welche die großen Unterschiede unter den Menschen schafft. Die kleinen oder nahezu unmerklichen Eindrücke auf unsere zarte Kindheit haben sehr bedeutende und dauernde Folgen: es ist wie mit den Quellen mancher Flüsse, wo ein behutsames Anlegen der Hand die lenksamen Wasser in Kanäle leitet, die ihnen einen ganz andersgerichteten Lauf geben; durch diese Leitung, die ihnen gleich zu Anfang an der Quelle gegeben wird, streben sie in verschiedene Richtungen und gelangen endlich zu sehr entfernten und auseinanderliegenden Orten«[8].

Dieser Glaube an die Macht der Erziehung spricht aus dem ganzen Buch des Engländers, sehr deutlich aber nochmals aus dem *letzten Abschnitt*, wo der Verfasser betont, daß er seine Überlegungen vor allem auf die Erziehung des Sohnes eines befreundeten Gentleman abgestimmt habe, auf die Erziehung eines Jungen also, »den ich, als er damals sehr klein war, nur als weißes Papier oder Wachs ansah, das man bilden und formen kann, wie man will«[9]. – An dieser Stelle zeigt sich in aller Deutlichkeit, wie weit *Locke* von *Descartes'* Theorie der *ideae innatae* entfernt ist und wie konsequent er seine erkenntnistheoretische Überzeugung von der Möglichkeit des Menschen: auch ohne angeborene Begriffe, allein durch den rechten Gebrauch seiner naturgegebenen Anlagen die für ihn wichtigen Dinge und Sachverhalte erkennen zu können, in seine Erziehungslehre übertragen hat.

Dennoch wäre es unzutreffend, *Lockes* pädagogischen Optimismus als *grenzenlos* zu bezeichnen. Für eine Revision dieser falschen Beurteilung des Engländers durch den Franzosen *Claude Adrien Helvétius* und durch zahlreiche Verfasser historisch-pädagogischer Werke hat sich vor allem *Martinus Jan Langeveld* ausgesprochen. Der niederländische Erziehungswissenschaftler gelangt zur Feststellung, *Helvétius* habe seine Worte *Locke* zu Unrecht in den Mund gelegt; und ebenso zu Unrecht werde dem Engländer immer wieder die *Tabula-rasa-Theorie* unterstellt. »Zweifelsohne geht er in einigen seiner Äußerungen so weit, aber aus dem Zusammenhang und dem Ganzen seiner erziehungswissenschaftlichen Ideen ergibt sich in dieser Frage viel mehr Zurückhaltung, als man ihm zuschreibt.«[10]

In ähnlicher Weise differenziert auch *Elfriede Tielsch*, wenn sie darauf hinweist, wie wenig es *Locke* bei all seiner Überzeugung von der Güte der menschlichen Natur und ihrer erzieherischen Lenkbarkeit im Blick auf die abendländische Geschichte entgangen sei, »daß der Mensch seinen Verstand merkwürdigerweise nicht so gebraucht, wie man es erwarten würde«, und wie für den alternden Philosophen daher vor allem im Blick auf den Menschen als Gesellschaftswesen »neben der vernünftigen Einsicht auch wieder die Autorität unentbehrlich« geworden sei[11].

Anmerkungen

[1] Vgl. *F. Blättner:* Geschichte der Pädagogik. Quelle & Meyer, Heidelberg 1961 (10. Aufl.), S. 71 ff.; ferner: *J. v. d. Driesch* und *J. Esterhues:* Geschichte der Erziehung und Bildung. Band I: Von den Griechen bis zum Ausgang des Zeitalters der Aufklärung. Schöningh, Paderborn 1960 (5. Aufl.), S. 243 f. und S. 323 ff.

[2] *J. Locke:* Gedanken über Erziehung. Übersetzt und herausgegeben von *H. Wohlers*. Klinkhardt, Bad Heilbrunn/Obb. 1962, S. 155: *§ 195*

[3] *F. Blättner:* Geschichte der Pädagogik, a.a.O., S. 74

[4] *J. Locke:* Gedanken über Erziehung, a.a.O., S. 61: *§ 84*, S. 63: *§ 87* und S. 81: *§ 107*

[5] *J. Locke:* Über den menschlichen Verstand. In vier Büchern. Band I: Buch I und II. Meiner, Hamburg 1962 (Neuausgabe), S. 108: *Buch II, Kap. I, § 2*

[6] Ebenda, S. 110: *Buch II, Kap. I, § 5*

[7] *J. Locke:* Gedanken über Erziehung, a.a.O., S. 6: *Widmung*

[8] Ebenda, S. 8: *§ 1*

[9] Ebenda, S. 169: *§ 217*

[10] *M.J. Langeveld:* Einführung in die theoretische Pädagogik. Klett, Stuttgart 1965 (5. Aufl.), S. 195, Anmerkung 67; vgl. dazu auch *C.A. Helvétius:* Vom Menschen, seinen geistigen Fähigkeiten und seiner Erziehung. Herausgegeben, übersetzt und mit einer Einleitung von *G. Mensching*. Suhrkamp, Frankfurt am Main 1972, S. 86

[11] *E. Tielsch* in: *M. Landmann:* De homine. Der Mensch im Spiegel seines Gedankens. Unter Mitarbeit von *G. Diem, N. Hinske, P.L. Lehmann, P.Chr. Ludz., M. Theunissen* und *E. Tielsch*. Alber, Freiburg/München 1962, S. 184; vgl. zum Ganzen auch: *Th. Ballauff* und *K. Schaller:* Pädagogik. Eine Geschichte der Bildung und Erziehung. Band II: Vom 16. bis zum 19. Jahrhundert. Alber, Freiburg/München 1970, S. 310 f.; *Th. Dietrich:* Geschichte der Pädagogik in Beispielen. 18.–20. Jahrhundert. Klinkhardt, Bad Heilbrunn/Obb. 1970, S. 21 ff.; *J. v. d. Driesch* und *J. Esterhues:* Geschichte der Erziehung und Bildung. Band I, a.a.O., S. 330 f.; *R. Kynast:* Problemgeschichte der Pädagogik. Junker und Dünnhaupt, Berlin 1932, S. 91 sowie *H.J. Rechtmann:* Geschichte der Pädagogik. Wandlungen der deutschen Bildung. Unter Mitwirkung von *H.-J. Ipfling*. Ehrenwirth, München 1969 (3. Aufl.), S. 132

Gottfried Wilhelm Leibniz

Unter den namhaften europäischen Rationalisten bekundet *Leibniz* wohl am meisten Interesse für pädagogische Fragen, wobei der sein ganzes philosophisches Denken prägende Optimismus auch auf seine pädagogisch relevanten Überlegungen und Bemühungen abfärbt. *Arthur Schopenhauer* nennt ihn den »Begründer des systematischen *Optimismus*«[1]. Daß der Pessimist diese Bezeichnung nicht in ehrender Absicht zu Papier bringt, ergibt sich bereits aus dem *ersten Band* seines Hauptwerkes, in dem er den Optimismus »eine wahrhaft *ruchlose* Denkungsart« nennt[2].

1646 in Leipzig geboren, studiert *Gottfried Wilhelm Leibniz* in seiner Heimatstadt, sodann in Jena und in Altdorf, wo er als Achtzehnjähriger promoviert und sofort eine Professur angeboten bekommt. Er schlägt dieses Angebot aus, wirkt als Diplomat und lebt mehrere Jahre in Paris und einige Zeit auch in London.

Dieser Mann zählt zu den großen Universalisten. Es dürfte wohl kaum einen kulturellen Bereich zu seiner Zeit gegeben haben, der keine Förderung oder Anregung durch ihn erfahren hätte. Er kennt sich in der Mathematik, in Physik und Geologie ebenso aus wie in der Chemie und Medizin. Er beweist einen hohen technischen Sachverstand, indem er Projekte wie den Bau der sibirischen Bahn und des Suezkanals gedanklich vorbereitet. Er arbeitet als Historiker, wirkt als Politiker und Jurist und bewährt sich als Philologe nicht weniger denn als Volkswirtschaftler. Er interessiert sich für theologische Probleme und tritt für die Wiedervereinigung der getrennten Kirchen ein. Er würdigt die Bedeutung der Muttersprache, plant Fachakademien für Offiziere, Beamte, Kaufleute und Handwerker und macht sich für die Hebung der Mädchenbildung stark. Die Akademie der Wissenschaften in Berlin verdankt ihre Gründung im Jahre 1700 seiner Anregung.

Die größte Bedeutung kommt ihm aber zweifelsohne als Begründer der neueren deutschen Philosophie zu; und als solcher hat er auch das moderne *pädagogische* Denken nachhaltig beeinflußt. Ohne seine Interpretation der Substanzen als *Kraft* und ohne seine Deutung der Wirklichkeit als der Gesamtheit einer unendlichen Anzahl von *Kraftzentren* – der *Monaden*, deren jede das Universum in je eigener, unwiederholbarer und unverwechselbarer Weise reflektiert, die aber bei all ihrer Individualität, Selbständigkeit und Selbstgenügsamkeit insgesamt in einer von Gott wundersam gefügten *Harmonie* aufeinander abgestimmt sind, dergestalt, daß sich das Universum nicht chaotisch und anarchisch, sondern in einer, vernünftigen Erwägungen entsprechenden, logisch aufgebauten Ordnung darstellt – ohne diese Metaphysik sähe die Pädagogik des achtzehnten und neunzehnten und wohl auch die des zwanzigsten Jahrhunderts in vielem – zumal in ihrer anthropologischen Grundlegung – anders aus. Die Monadologie und *Leibniz'* Lehre von den dem menschlichen Geist *eingeborenen Ideen*, die es in Akten der Wiedererinnerung und Selbstfindung zu erwecken und zu entdecken gälte – diese Philosophie gewinnt ihren pädagogischen Ausdruck in *Rousseaus Émile*; auf ihr ruht in wesentlichen Punkten die *Aufklärungspädagogik*; sie spiegelt sich in *Goethes* Idee von der »geprägten Form, die lebend sich entwickelt« und in der *Persönlichkeitspädagogik der Neuhumanisten*; sie verbirgt sich in jedem *bildungstheoretischen* Konzept, dem einerseits die Gedan-

ken des *»Selbstvollzugs«* und des *»Selbstgewinns«*, der *»Selbstverwirklichung«* und der *»Selbstbildung«*, andererseits der *»Selbstgenügsamkeit«* und *»Selbstlosigkeit«* zugrunde liegen; sie ermöglicht eigentlich erst die Begründung der *Entwicklungspsychologie* als einer eigenständigen Disziplin. Und *Leibniz* ist wohl auch den Initiatoren einer *personorientierten Pädagogik* zuzurechnen, in der die *Einmaligkeit* und *Nichtaustauschbarkeit* des Menschen als eines je eigenen Gedankens Gottes das anthropologische Fundament jeglichen erzieherischen Handelns bedeuten: »du wirst beklagen können, warum Gott dir nicht mehr Kräfte gegeben hat. Ich antworte: wenn er das getan hätte, so wärest du nicht du, denn dann hätte er nicht dich, sondern ein anderes Geschöpf hervorgebracht«[3].
Den größten Teil seines Lebens verbringt *Leibniz* am Hofe des Herzogs von Hannover, dem er als Berater, Bibliothekar und Hofgeschichtsschreiber dient. 1716 stirbt er dort.

In *Leibniz'* Augen stellt sich die Wirklichkeit als ein großartiges System immaterieller dynamischer Elemente dar, die er »Monaden« nennt und die Gott, die ewige und höchste Monade, in einer »prästabilierten Harmonie« so wunderbar geordnet hat, daß die Welt, in der wir leben, – auch unter Berücksichtigung des Übels, dem *Leibniz* einen Sinn im Ganzen zuspricht – als die *beste* aller denkbaren Welten gelten darf: »gäbe es nicht die beste *(optimum)* aller möglichen Welten, dann hätte Gott überhaupt keine erschaffen«. Und den Gegnern seiner Argumentation, die an eine Welt ohne Sünde und Leid denken, erwidert er: »was ich bestreite, ist, daß sie dann *besser* wäre«[4].
Es versteht sich als logische Konsequenz aus seiner Metaphysik und »Theodizee«, aus seiner Theorie von einer von Gott aufs beste (vor-)geordneten Welt, daß der Rationalist *Leibniz* dem Idealisten *Platon* und dessen Lehre, wie dieser sie in seinem *Menon* entwickelt hat, näher steht als *Aristoteles* und den empiristischen Zeitgenossen – beispielsweise *John Locke*; daß er also der Lehre von den *»eingeborenen Ideen«* und deren Vergegenwärtigung im Prozeß der Wiedererinnerung den Vorzug vor der *Tabula-rasa-Theorie* einräumt: »Daher hat Platon mit Recht das Denken … zu den reinen Begriffen hingelenkt und behauptet, daß alles Wissen es mit dem Ewigen zu tun habe und daß die universalen Begriffe oder die ewigen Wesenheiten höhere Realität besitzen, als die Einzeldinge, die am Zufall und an der Materie teilhaben und die in einem ewigen Fluß bestehen. Der Sinn gibt uns eher Irrtum, als Wahrheit; der Geist wird durch die Kenntnis des Einzelnen und durch die Berührung mit dem Körper mannigfach affiziert, wird aber erst in der reinen Erkenntnis der ewigen Wahrheiten von der Materie abgezogen und dadurch vollendet. Es gibt in unserm Geiste eingeborene Ideen, die uns die allgemeinen Wesenheiten der Dinge darstellen: unser Wissen sei daher eine Wiedererinnerung, und unsre Vollkommenheit sei zuletzt auf eine Gemeinschaft mit Gott zurückzuführen. Dies alles ist, wenn man es richtig auslegt, völlig wahr und von höchster Bedeutung.«[5]
Platon hin, *Aristoteles* her – *beide* erkenntnistheoretischen Ansätze führen – ins Pädagogische gewendet – zu optimistischen Erwartungen: ob ein Lehrer die »leere Tafel« im Edukanden geschickt beschreibt oder durch geeignete Maßnahmen den

Prozeß der »Wiedererinnerung« optimal in Gang setzt; beide Unternehmungen erzielen bei aller Unterschiedlichkeit der anthropologischen Ausgangslage und bei aller Verschiedenheit im methodischen Bereich das gleiche Ergebnis.
Was *Leibniz* anlangt, so hat er – einer der ganz großen universalen Geister des Abendlandes – neben seinen vielfältigen Bemühungen im Bereich fast sämtlicher Wissenschaften seine besondere Aufmerksamkeit der Reform und dem inhaltlichen und institutionellen Auf- und Ausbau des Bildungswesens zugewandt[6]; und die kühnen Worte, die ihm immer wieder zugeschrieben werden, fügen sich sowohl seiner optimistischen Philosophie als auch seinem engagierten Einsatz für die Verbesserung des Bildungswesens in Deutschland widerspruchsfrei ein: »Erziehung überwindet alles!« – Und: »Gebt uns die Erziehung in die Hand, wir werden in weniger als einem Jahrhundert den Charakter Europas verändern!«[7]

Anmerkungen

1 *A. Schopenhauer:* Sämtliche Werke. Nach der ersten, von *J. Frauenstädt* besorgten Gesamtausgabe neu bearbeitet und herausgegeben von *A. Hübscher*. Dritter Band: Die Welt als Wille und Vorstellung. Zweiter Band. Brockhaus, Wiesbaden 1949 (2. Aufl.), S. 668: *Kap. 46*; vgl. auch *P. Schlechta:* Leibniz als Lehrer und Erzieher. Kupferberg, Mainz 1946, S. 21 ff.

2 *A. Schopenhauer:* Sämtliche Werke. Nach der ersten, von *J. Frauenstädt* besorgten Gesamtausgabe neu bearbeitet und herausgegeben von *A. Hübscher*. Zweiter Band: Die Welt als Wille und Vorstellung. Erster Band. Brockhaus, Wiesbaden 1949 (2. Aufl.), S. 385: *§ 59*

3 *G.W. Leibniz:* Philosophische Schriften. Herausgegeben und übersetzt von *H.H. Holz*. Band I: Kleine Schriften zur Metaphysik. Wissenschaftliche Buchgesellschaft, Darmstadt 1965, S. 175; vgl. zum Ganzen auch: *Th. Ballauff* und *K. Schaller:* Pädagogik. Eine Geschichte der Bildung und Erziehung. Band II: Vom 16. bis zum 19. Jahrhundert. Alber, Freiburg/München 1970, S. 305 ff.

4 *G.W. Leibniz:* Philosophische Werke. Herausgegeben von *A. Buchenau* und *E. Cassirer*. Vierter Band: Die Theodicee. Neu übersetzt und mit Einleitung, Anmerkungen und Register versehen von *A. Buchenau*. Meiner, Leipzig 1925, S. 101

5 *G.W. Leibniz:* Philosophische Werke. Herausgegeben von *A. Buchenau* und *E. Cassirer*. Zweiter Band: Hauptschriften zur Grundlegung der Philosophie. Übersetzt von *A. Buchenau*. Durchgesehen und mit Einleitungen und Erläuterungen herausgegeben von *E. Cassirer*. Meiner, Leipzig 1924 (2. Aufl.), S. 460 f.; vgl. auch *G.W. Leibniz:* Philosophische Werke. Herausgegeben von *A. Buchenau* und *E. Cassirer*. Dritter Band: Neue Abhandlungen über den menschlichen Verstand. Neu übersetzt, eingeleitet und erläutert von *E. Cassirer*. Meiner, Leipzig 1926 (3. Aufl.), S. 1 ff. und zahlreiche Stellen in der *Vorrede* und im *ersten Buch: Von den eingeborenen Ideen*; vgl. ferner *J. Hirschberger:* Geschichte der Philosophie. Band II: Neuzeit und Gegenwart. Herder, Freiburg 1955 (2. Aufl.), S. 159 f.

6 Vgl. *L. Richter:* Leibniz und die Pädagogik. In: pädagogik. 1. Jahrgang. Heft 2. Volk und Wissen, Berlin/Leipzig 1946, S. 16 ff.

7 Vgl. *F.X. Eggersdorfer:* Grenzen der Erziehung und der Erziehungswissenschaft. In: Lexikon der Pädagogik. II. Band. Herder, Freiburg 1953, Sp. 494; ferner *H. Netzer:* Erziehungslehre. Klinkhardt, Bad Heilbrunn/Obb. 1972 (10. Aufl.), S. 27; vgl. ferner *G.W. Leibniz:*

Philosophische Werke. Herausgegeben von *A. Buchenau* und *E. Cassirer*. Dritter Band, a.a.O., S. 185: »Wenn indessen der Geist sich seiner Vorteile recht bedienen wollte, so würde er den entschiedensten Sieg davontragen. Den Beginn muß die Erziehung machen, die in der Art geregelt werden sollte, daß man die wahren Güter und die wahren Übel, so viel als möglich, fühlbar macht, indem man die für die Erläuterung dieser Begriffe passendsten Umstände hervorhebt. Ein Erwachsener hingegen, der keine solche treffliche Erziehung erhalten hat, muß, lieber spät als niemals, beginnen, erleuchtete und vernünftige Vergnügungen zu suchen, um sie der Lust der Sinne, die verworren aber eindrucksvoll ist, entgegenzusetzen.«

»Tut das Gegenteil vom Üblichen und ihr werdet fast immer das Richtige tun.«[1] – Ein phantastischer Vorschlag, der, seit er zu Papier gebracht worden ist, nichts von seiner Faszinationskraft verloren hat und – wie die Flötentöne des Rattenfängers von Hameln – viele Menschen immer wieder aufs neue in seinen Bann zu ziehen vermag; auch in unseren Tagen, wie es scheint. Wer diesen Rat erteilt, wischt mit einer einzigen Handbewegung den reichen Schatz menschlicher Erfahrung beiseite: nicht nur das Abwegige oder das Überflüssige, sondern auch das, was sich in der langen Geschichte des Denkens, Forschens und Handelns als praktikabel, hilfreich und gültig erwiesen hat.

Rousseau freilich meint, auf diesen Schatz gut und gerne verzichten zu können. Erfahrung, Tradition, Kultur, Geschichte, Kunst, Wissenschaft – dies alles hat den Menschen ja nicht besser werden, sondern ihn vielmehr von seiner anfänglichen Güte, mit der ihn die Schöpfer-Natur ausgestattet und in die Welt entsandt hat, abfallen und sich mehr und mehr davon entfernen lassen. Zum *Ursprung* zurückzufinden gibt es nur einen einzigen Weg; und ihn weist nicht die Erfahrung oder die Vernunft; nicht die Geschichte oder die Konvention; und schon gar nicht die Offenbarungsreligion. Wer diesen Weg beschreiten möchte, der muß ganz tief *in sich selbst* hineinhorchen, auf die Stimme des ›Gewissens‹: »was Gott will, daß der Mensch tun soll, das läßt er ihm nicht durch einen anderen Menschen sagen: er sagt es ihm selber; er schreibt es ihm ins Herz... Zu oft täuscht uns die Vernunft; wir sind nur allzu berechtigt, sie abzulehnen. Das Gewissen aber täuscht nie. Es ist der wahre Führer des Menschen: es verhält sich zur Seele wie der Instinkt zum Leib. Wer ihm folgt, gehorcht der Natur und braucht nicht zu fürchten, in die Irre zu gehen... Ich brauche mich nur selbst zu befragen, was ich machen will. Alles, was ich als gut empfinde, ist gut; alles, was ich als schlecht empfinde, ist schlecht«[2]. – So einfach ist das!

Als *Rousseau* seinen *Émile*, aus dem die zitierten Sätze stammen, schreibt, ist er bereits fünfzig Jahre alt und hat ein bewegtes Leben hinter sich.

1712 in Genf zur Welt gekommen, verliert er bei der Geburt seine Mutter. Der Vater, ein Uhrmacher, kümmert sich wenig um den Sohn und verläßt, zur Flucht aus Genf gezwungen, den zehnjährigen *Jean-Jacques* für immer. Dieser, sich selbst überlassen, vorübergehend auch bei einem Kupferstecher in der Lehre, läuft Gefahr zu verwahrlosen. Als Sechzehnjähriger konvertiert er vom Calvinismus zum katholischen Bekenntnis, geht nach Turin und verlebt dort in großer Armut und Einsamkeit die schwierigste Zeit seines Lebens. Im Alter von siebzehn Jahren findet er bei *Frau von Warens*, einer gleichfalls katholisch gewordenen Calvinistin, die dreizehn Jahre älter ist als er, in Annecy Aufnahme. Sie wird ihm zur Ersatzmama, führt ihn in die zeitgenössische Literatur ein, nimmt ihn ins Bett und vermittelt ihm die Grundlagen seiner Bildung. Unstet und arrogant wie er ist, hält es ihn nirgends sehr lange. 1742 zieht er nach Paris und verdingt sich als Privatsekretär und Hauslehrer. Dort macht er auch die Bekanntschaft von *Thérèse Levasseur*, einem jungen Mädchen, dessen Einfalt er in Kauf nimmt, da *Thérèse* es offenbar versteht, seine vitalen Bedürfnisse zu befriedigen. Mit ihr, in freier Lebensgemeinschaft verbunden, setzt er fünf Kinder in die Welt und schickt diese – einem im damaligen Paris beliebten ›Gesellschaftsspiel‹ entsprechend – jeweils nach der Geburt ins Findelhaus. Dort jedenfalls konnten sie ihn nicht aus seinen Träumen vom Menschen und von einer ›neuen Gesellschaft‹ aufwecken! Sein Landsmann *Jean-Paul Sartre* wird dieses Verhalten zweihundert Jahre später – ohne dabei an *Rousseau* zu denken – auf den Punkt bringen. *Sartres* diesbezügliche Ansicht sei – wie bereits im Kapitel über den Pessimisten *Demokritos aus Abdera*[3] – nochmals in Erinnerung gebracht: »Es gibt keine guten Väter, das ist die Regel; die Schuld daran soll man nicht den Menschen geben, sondern dem Band der Vaterschaft, das faul ist. Kinder machen, ausgezeichnet; Kinder *haben*, welche Unbill!«[4] – Erst nach fünfundzwanzig Jahren gemeinsamen Lebens heiratet *Jean-Jacques Thérèse*, und im Alter befällt ihn dann auch die Reue über seine Schuld an den eigenen Kindern.

1749 bearbeitet er die Preisfrage der Akademie von Dijon: *Hat die Neubelebung der Wissenschaften und Künste dazu beigetragen, die Sitten zu läutern?*[5] *Rousseau* antwortet: *Nein!* – Logisch nicht sehr schlüssig und überzeugend, in Gedankengang und Sprache jedoch faszinierend, weist er nach, daß der kulturelle und zivilisatorische Fortschritt der Menschheit ihren moralischen Rückschritt bewirkt habe; und seither sind die Zweifel am Nutzen wissenschaftlicher Errungenschaften für den Menschen nie mehr ganz verstummt. Der Genfer wird durch diese Schrift über Nacht ein berühmter Mann. In seinen nächsten Werken setzt er sich mit der Frage nach *Ursprung und Grundlagen der Ungleichheit unter den Menschen*[6] auseinander, deklariert den *Vergleich* als gesellschaftliches Erzübel und entwickelt in seinem *Contrat social* das Modell eines Idealstaates.

In den folgenden Jahren, inzwischen wieder zum Calvinismus zurückgekehrt, versucht er sich als Musiklehrer und Notenabschreiber, als Operettenkomponist und Musiktheoretiker und schließlich als Schriftsteller einigermaßen über Wasser zu halten.

1762 veröffentlicht er sein Buch *Emil oder Über die Erziehung* – den ersten pädagogischen Bestseller – und muß seiner darin geäußerten theologischen Ansichten wegen Paris verlassen. Gejagt und geächtet, flüchtet er in die Schweiz und anschließend nach England. Erst 1770 darf er wieder zurückkehren. Nunmehr vollendet er seine *Bekenntnisse*[7] und verbringt seine letzten Jahre menschenscheu in großer Zurückgezogenheit. In seiner Einsamkeit verordnet er sich ›Gelassenheit‹. Aber es ist nicht das Sich-Lassen eines *Meister Eckhart* oder das Sich-ganz-Gott-Anheimgeben seines Landsmannes *Fénelon*; sondern es ist die *stoische* Gelassenheit, der ›Gleichmut‹ dessen, der sich *auf sich selbst* verläßt und – verlassen bleibt. In seinem letzten Werk – den *Träumereien eines einsamen Spaziergängers* – finden sich die Worte: »ich habe gelernt, das Joch der Notwendigkeit ohne Murren zu tragen. Ehedem zwang ich mich noch immer, an hundert Dingen teilzunehmen; aber da jeder Griff daran sich mir nach und nach entzog, fand ich endlich meine Ruhelage. Von allen Seiten bedrängt, verharre ich im Gleichgewicht, weil ich mich nur noch auf mich selber stütze«[8]. – Spricht aus diesen Sätzen Zuversicht oder versteckte Verzweiflung?

1778 stirbt *Rousseau* in Ermenonville, nahe Paris.

Es ist zweifelsohne fragwürdig, die Reihe der französischen Erziehungsoptimisten mit *Rousseau* beginnen zu lassen – höchst fragwürdig, ihn dieser Gruppe, den Aufklärern, überhaupt zuzuordnen. Darf man einen Gefühlsphilosophen und Irrationalisten wie diesen Mann unbesehen den Aufklärern und Rationalisten zurechnen, ohne sich in Widersprüche zu verwickeln – einen Mann, der behauptet, »daß der Zustand der Reflexion ein Zustand wider die Natur ist und daß der grübelnde Mensch ein verdorbenes Tier ist«[9]?

Ganz ohne Zweifel mißtraut dieser Mann der Vernunft – zumindest jener Form, in der sich die Menschen ihrer bislang bedient haben und bedienen: solchermaßen wurde und wird sie immer wieder zur Quelle menschlichen Unglücks. Nicht die Vernunft, sondern die Leidenschaften dienen der Selbsterhaltung; sie sind die Stimme der Natur, die Stimme Gottes, die nie irrt und aus dem Inneren spricht.

Aber bei aller Skepsis gegenüber der Vernunft, bei aller Auseinandersetzung mit *Voltaire* und den anderen französischen Rationalisten und bei aller Absetzung von ihnen verdammt *Rousseau* die Vernunft keineswegs. Er weiß um ihre Notwendigkeit; er erkennt sie als Lehrerin des »Unterschiedes zwischen Gut und Böse«[10] an, und er glaubt an ihr Erwachen und an ihre Funktion als Führerin des Menschen. Aber im Blick auf die Erziehung sieht er ihren Ort nicht am Anfang, sondern am Ende[11]. In dieser Frage distanziert er sich ausdrücklich von *John Locke* und dessen pädagogischem Leitsatz, mit Kindern zu räsonieren: »Wenn die Kinder vernünftig wären, dann brauchte man sie nicht zu erziehen.«[12] – *Rousseau* ist also ganz gewiß »mehr Gefühlsphilosoph als Aufklärer«[13]; aber er ist – auf seine Weise – doch auch Aufklärer.

Wie steht es mit seiner Zuordnung zum pädagogischen Optimismus? Auch diesbezüglich sind Zweifel berechtigt. So wird man ihn, der ja doch eine naturalistische Anthropologie vertritt, der Beurteilung *Martinus Jan Langevelds* entsprechend eher den Pessimisten zurechnen müssen. *Langeveld* spricht von »seltsamen Theorien«, zu denen sich naturalistisch argumentierende Denker hätten verleiten lassen: »Müßten wir ihnen glauben, so würde alles Erziehen ohne die geringste Wirkung bleiben. Man dürfte nur abwarten, was sich ›von selbst‹ aus der ›Anlage‹ entwickelte. Das Endergebnis wäre dann fast von vornherein schon in der Anlage festgelegt.«[14]

Andere wiederum – *Arthur Schopenhauer* beispielsweise – nennen *Rousseau* abfällig einen Optimisten, dessen ganze Philosophie darauf beruhe, »daß er an die Stelle der christlichen Lehre von der Erbsünde und der ursprünglichen Verderbtheit des Menschengeschlechts, eine ursprüngliche Güte und unbegränzte Perfektibilität desselben setzt, welche bloß durch die Civilisation und deren Folgen auf Abwege gerathen wäre, und nun darauf seinen Optimismus und Humanismus gründet«[15].

Beide Zuordnungen lassen sich im Werk *Rousseaus* belegen; und sieht man von tatsächlichen Widersprüchen des Franzosen einerseits und von unzureichenden Interpretationen seines Werkes andererseits einmal ab, so wird man anhand dieser Zuordnungsschwierigkeiten vielleicht auch einsehen lernen, daß sich anthropologische und pädagogische Sachverhalte oft genug doch nicht so eindimensional und unkompliziert darstellen, wie es zuweilen vorgegeben wird, und daß es auch innerhalb der Grundpositionen des pädagogischen Pessimismus und des pädagogischen Optimismus mancherlei divergierende Teilpositionen gibt.

In unserem Zusammenhang trifft sicher *Schopenhauers* Einordnung zu, auch wenn sie abfällig gemeint ist; aber eines muß mit Rücksicht auf den Umstand, wonach Unterschiede und Widersprüche innerhalb der einzelnen Positionen zumeist auf dem unterschiedlichen Erziehungsverständnis beruhen, gleich vorweg gesagt werden: *Rousseaus* pädagogischer Optimismus gründet im Glauben an die sich *von innen* ereignende *Selbstentfaltung* des Menschen, nicht im Glauben an die Allmacht einer *von außen* am Menschen herummanipulierenden *›Erziehung‹*.

Im Blick auf den Menschen – den ursprünglichen – und auf den Erziehungsprozeß ist *Rousseau* ohne allen Zweifel *optimistisch* gestimmt – im eben angesprochenen Sinne; anders als beispielsweise *Freud*, der der menschlichen Natur mißtraut und die Möglichkeit einer Bändigung der Triebe recht skeptisch beurteilt. Dort, wo *Rousseau* pessimistische Töne anschlägt, hat er die Gesellschaft und die Zivilisation im Auge[16].

Bereits im ersten Satz seines *Emil* klingen *Rousseaus* naturalistisch-anthropologischer Optimismus und sein zivilisatorisch-gesellschaftlicher Pessimismus an: »Alles ist gut, wie es aus den Händen des Schöpfers kommt; alles entartet unter den Händen des Menschen.«[17] Die *ursprüngliche Güte* des Menschen und der Schöpfung insgesamt ist der Grundgedanke, der *Rousseaus* Buch durchzieht und auf dem seine – optimistische – Erziehungstheorie fußt: »Halten wir unerschütterlich daran fest, daß die ersten Regungen der Natur immer richtig sind. Es gibt keine Ur-Verderbtheit des Herzens. Es gibt darin kein einziges Laster, von dem man nicht sagen könnte, wie und woher es hineingekommen ist. Die einzige natürliche Leidenschaft ist die Selbstliebe oder im weiteren Sinn die Eigenliebe. Diese Eigenliebe an sich und in bezug auf uns ist gut und nützlich, und da sie nicht notwendig Beziehung zu anderen hat, ist sie in dieser Hinsicht von Natur aus indifferent. Sie wird nur durch ihre Anwendung und die Beziehungen, die man ihr gibt, gut oder böse. Bis die Vernunft, die der Führer der Eigenliebe ist, erwacht, darf das Kind nichts tun, weil andere es sehen oder hören, oder mit einem Wort, nichts aus Rücksicht auf andere tun, sondern nur das, was die Natur von ihm verlangt: dann wird es nur recht tun.«[18]

Hält sich der Erzieher an diesen Grundsatz, dann wird er sich allerdings radikal ändern müssen; dann wird er viel mehr und weitaus angestrengter als dies bislang – beispielsweise von *Johann Amos Comenius* oder *John Locke* – empfohlen worden ist, darauf zu achten haben, »was die Natur … verlangt«; dann wird er alle *positiven* – direkt eingreifenden – Maßnahmen gegenüber dem Kind – zumindest während der ersten zwölf Lebensjahre – zurückstellen müssen: alles Räsonieren und Moralisieren; dann wird Erziehung nur noch *negative* – bewahrende und die Umwelt des Kindes entwicklungsfördernd gestaltende, also *indirekte* – Erziehung sein dürfen.

Im Blick auf die Wirksamkeit der positiven Erziehung und der ihr entsprechenden vernünftelnden Eingriffe ist *Rousseau* ausgesprochener Pessimist. Seinem differenzierten Erziehungsbegriff zufolge – wonach uns die Natur oder die Menschen oder die Dinge erziehen – hat der Mensch allein auf die Erziehung durch den Menschen Einfluß; jene durch die Dinge hängt »nur in gewisser Hinsicht«[19] von ihm ab; und jene durch die Natur steht gänzlich außerhalb seiner Einflußsphäre. Gerade sie aber ist die entscheidende Erziehung des Menschen.

Auf die Frage nach dem Ziel der Erziehung antwortet *Rousseau:* »Es ist das Ziel der Natur selber... Da die drei Faktoren aber zusammenwirken müssen, wenn die Erziehung gelingen soll, so müssen wir die beiden anderen nach dem Faktor ausrichten, über den wir nichts vermögen.«[20] Paßt sich die Erziehung durch die Menschen also jener durch die Natur an, dann wird sie zur *negativen* Erziehung; und im Blick auf *ihre* Wirksamkeit erweist sich *Rousseau* als ausgesprochener Optimist.

Versucht die positive Erziehung Zeit zu gewinnen, um ihr Ziel möglichst schnell zu erreichen, so lauten die Grundsätze der negativen Erziehung: *Zeit verlieren* und *nichts tun* oder allenfalls *»das Gegenteil vom Üblichen« unternehmen*. Werden diese Regeln in den ersten Lebensjahren befolgt, dann gehen die kühnsten Erzieherhoffnungen in Erfüllung; und dann erfährt auch die menschliche Vernunft jene angemessene Behandlung, die sie benötigt, um der menschlichen Gesellschaft zum Segen zu gereichen. Zumindest der Wunsch bezüglich dieser segensreichen Wirksamkeit der Vernunft verbindet *Rousseau* und die rationalistischen Aufklärer seines Landes und seiner Zeit. Was aber seinen Optimismus anlangt, so darf nochmals auf zwei Passagen in seinem *Emil* verwiesen werden: »Die erste Erziehung muß also rein negativ sein. Sie darf das Kind nicht in der Tugend und in der Wahrheit unterweisen, sondern sie muß das Herz vor Laster und den Verstand vor Irrtümern bewahren. Wenn es euch gelingt, nichts zu tun und zu verhindern, daß etwas getan werde, den Zögling gesund und stark bis ins zwölfte Lebensjahr zu bringen, selbst wenn er links von rechts nicht unterscheiden kann, so würde sich nun sein Geist von der ersten Lektion an der Vernunft öffnen. Nichts würde den Erfolg eurer Bemühungen verhindern, da er ohne Vorurteile und Gewohnheiten ist. Bald wäre er unter euren Händen der weiseste Mensch. Ihr habt mit Nichtstun begonnen und endet mit einem Erziehungswunder... Achtet die Kindheit, beurteilt sie nicht voreilig, weder im Guten noch im Bösen. Laßt den Ausnahmen Zeit, sich anzukünden, zu bewähren und lange zu festigen, ehe ihr besondere Methoden auf sie anwendet. Laßt die Natur lange wirken, ehe ihr euch an ihrer Stelle handelnd einmischt, aus Angst, ihr Wirken zu behindern. Ihr kennt den Wert der Zeit, sagt ihr, und ihr wollt sie nicht verlieren. Man verliert sie aber viel eher, wenn man sie schlecht nützt. Ein schlecht unterrichtetes Kind ist von der Vernunft weiter entfernt als eines, das gar nicht unterrichtet worden ist. Ihr seid beunruhigt, wenn es seine ersten Jahre mit Nichtstun verbringt! Ist Glücklichsein denn nichts? Den ganzen Tag springen, spielen, laufen, ist das nichts? Sein ganzes Leben wird es nie wieder so beschäftigt sein... Was würdet ihr von einem Mann sagen, der niemals schliefe, um nur sein ganzes Leben lang zu verdienen? Dieser Mensch ist wahnsinnig, würdet ihr sagen. Er genießt seine Zeit nicht, er stiehlt sie sich selbst. Um dem Schlaf zu entfliehen, rennt er in den Tod. Bedenkt, daß es sich hier um das gleiche handelt, denn die Kindheit ist der Schlaf der Vernunft.«[21]

Anmerkungen

[1] *J.-J. Rousseau:* Emil oder Über die Erziehung. Vollständige Ausgabe. In neuer deutscher Fassung besorgt von *L. Schmidts*. Schöningh, Paderborn 1975 (3. Aufl.), S. 73

[2] Ebenda, S. 211 und S. 300 f.

[3] Vgl. Anmerkung 10 zum Kapitel über *Demokritos aus Abdera*

[4] *J.-P. Sartre:* Die Wörter. Aus dem Französischen mit einer Nachbemerkung von *H. Mayer*. Rowohlt, Reinbek bei Hamburg 1965 (36.–50. Tausend), S. 14

[5] *J.-J. Rousseau:* Preisschriften und Erziehungsplan. Herausgegeben von *H. Röhrs*. Klinkhardt, Bad Heilbrunn/Obb. 1967, S. 23 ff.

[6] Ebenda, S. 47 ff.

[7] *J.-J. Rousseau:* Die Bekenntnisse. Nach dem Text der Genfer Handschrift übertragen von *A. Semerau*. Mit einem Nachwort von *W. Pabst*. Fischer, Frankfurt am Main und Hamburg 1961

[8] *J.-J. Rousseau:* Träumereien eines einsamen Spaziergängers. Verdeutscht und mit einem Vorwort von *R.J. Humm*. Sammlung Klosterberg. Schweizerische Reihe. Herausgegeben von *W. Muschg*. Schwabe & Co., Klosterberg/Basel 1943, S. 175

[9] *J.-J. Rousseau:* Preisschriften und Erziehungsplan, a.a.O., S. 67; vgl. auch *J.-J. Rousseau:* Über den Ursprung und die Grundlagen der Ungleichheit unter den Menschen. Herausgegeben von *P. Goldammer*. Unter Verwendung älterer Übersetzungen aus dem Französischen übertragen von *H. Mende* und *K. Peter*. Aufbau, Berlin 1955, S. 53

[10] *J.-J. Rousseau:* Emil oder Über die Erziehung, a.a.O., S. 44

[11] Ebenda, S. 71 und S. 68

[12] Ebenda, S. 68

[13] *Th. Dietrich:* Geschichte der Pädagogik in Beispielen. 18.–20. Jahrhundert. Klinkhardt, Bad Heilbrunn/Obb. 1970, S. 29

[14] *M.J. Langeveld:* Einführung in die theoretische Pädagogik. Klett, Stuttgart 1965 (5. Aufl.), S. 90

[15] *A. Schopenhauer:* Sämtliche Werke. Nach der ersten, von *J. Frauenstädt* besorgten Gesamtausgabe neu bearbeitet und herausgegeben von *A. Hübscher*. Dritter Band: Die Welt als Wille und Vorstellung. Zweiter Band. Brockhaus, Wiesbaden 1949 (2. Aufl.), S. 672: *Kap. 46*

[16] Vgl. *H. Roth:* Pädagogische Anthropologie. Band II: Entwicklung und Erziehung. Grundlagen einer Entwicklungspädagogik. Schroedel, Hannover/Berlin/Darmstadt/Dortmund 1971, S. 98

[17] *J.-J. Rousseau:* Emil oder Über die Erziehung, a.a.O., S. 9

[18] Ebenda, S. 71

[19] Ebenda, S. 10

[20] Ebenda, S. 11

[21] Ebenda, S. 72 f. und S. 88 f.; vgl. zum Ganzen auch *F. Blättner:* Geschichte der Pädagogik. Quelle & Meyer, Heidelberg 1961 (10. Aufl.), S. 85 ff. sowie *A. Reble* (Hrsg.): Geschichte der Pädagogik. Dokumentationsband I. Klett, Stuttgart 1971, S. 179 ff.

Julien Offray de Lamettrie

Unter den Zeitgenossen und Landsleuten *Rousseaus* finden sich mehrere, die sich ausführlich zu pädagogischen Fragestellungen äußern und auf der Grundlage ihrer durchwegs materialistischen Weltanschauung und sensualistischen Anthropologie erzieherischen Einflußnahmen große, teilweise gar unbeschränkte Wirksamkeit bescheinigen, wobei sie, wenn sie von *Erziehung* und *Unterricht* sprechen, selbstredend und im Gegensatz zu *Rousseau* an *positive*, den Edukanden *von außen* erreichende Erziehungsmaßnahmen denken. Der älteste unter ihnen heißt *Lamettrie*. Verwunderlich ist es nicht, daß dieser Mann verfolgt wurde und fliehen mußte; denn was er über die »Krone der Schöpfung« schrieb und veröffentlichte, hat seine Zeitgenossen und die Obrigkeit in große Wut versetzt: ungeachtet der Vorzüge des Menschen vor den Tieren – so betont der Franzose beispielsweise – tut man ihm »nur Ehre an, wenn man ihn in eine Klasse mit ihnen einreihet. Bis zu einem gewissen Alter ist er wahrhaftig mehr Thier als sie, weil er weniger Instinct bei der Geburt mitbringt... Der Mensch ist nicht aus einem kostbareren Leim geknetet, die Natur hat nur ein und denselben Teig verwandt und nur die Sauerteige sind dabei verschieden ausgefallen... Der Mensch ist eine Maschine...«[1]

Julien Offray de Lamettrie gehört innerhalb des Kreises der französischen Aufklärer – wie vermerkt – der materialistischen Richtung an, die *Denis Diderot* anführt und zu der neben anderen *Paul Thiry d'Holbach, Claude Adrien Helvétius* und *Etienne Bonnot de Condillac* zählen.
1709 in der nordwestfranzösischen Hafenstadt Saint-Malo geboren, wirkt er nach seinem Studium, das ihn auch in die Schweiz und nach Holland führt, als Arzt. Selbstbeobachtung während einer langen Krankheit und das Verhalten blinder, gehörloser und vereinsamter Menschen bestärken ihn in seiner Überzeugung, daß es eine Seele als eigenständige Wesenheit nicht gibt: die geistigen Äußerungen des Menschen sind lediglich als Funktionen der Sinne zu begreifen. Seine diesbezüglichen Erkenntnisse publiziert *Lamettrie* 1745 in dem Buch *Naturgeschichte der Seele*. Weitaus radikaler vertritt er seine anthropologischen Thesen und seine Ansichten über die gänzliche Abhängigkeit des Geistes vom Leib und von dem, was ein Mensch ißt: »Welche Gewalt übt doch ein Mahl!«[2], sowie seine Meinung über die im Blick auf Denkleistung und Befähigung zu sittlichen Empfindungen weitgehende Identität von Mensch und Tier in seinem 1748 veröffentlichten Hauptwerk *Der Mensch eine Maschine*. Theologische Spekulationen bleiben in seinen Augen überflüssig und sinnlos; gleichwohl hält er die Existenz eines göttlichen Wesens und die Unsterblichkeit des Menschen für wahrscheinlich. Sinnliche Lust, die auch das Tier ganz unverhohlen sucht, ohne sich ihrer zu schämen, wie dies merkwürdigerweise beim Menschen zu beobachten ist, bleibt oberstes Lebensprinzip. –
Seine Gegner werfen ihm – ungerechtfertigterweise – einen liederlichen Lebenswandel vor und verfolgen ihn seiner Ansichten wegen. Am Hofe *Friedrichs des Großen* findet er Zuflucht; und der Preußenkönig nimmt ihn, der den Gipfel der Lust nicht in Sinnesfreuden, sondern im »Vergnügen des Geistes« und in den »Genüssen des Studiums«[3] erblickt, gegen seine Feinde in Schutz und bescheinigt ihm einen reinen, edlen Charakter[4], einem Mann, der in seinem

Hauptwerk schreibt: »Glücklich, wer Geschmack findet am Studium; glücklicher, wem es gelingt, durch dasselbe seinen Geist von Täuschungen und sein Herz von Eitelkeit zu befreien.«[5] – 1751 stirbt *Lamettrie* in Berlin.

Der französische Arzt und Philosoph gilt als Begründer der Vergleichenden Biologie und Anatomie; er liefert wichtige Beiträge zum Aufbau der Psychiatrie und Forensischen Medizin[6], und seine psychologischen und pädagogisch-anthropologischen Einsichten sind nicht weniger beachtlich.
Während für die Renaissancehumanisten die Erziehungsbedürftigkeit des Menschen in seiner Instinkt*freiheit* begründet liegt – in einem Wesenszug, der den Menschen *über* das Tier stellt, bewertet *Lamettrie* den gleichen Sachverhalt als Instinkt*armut*, als *Mängel*situation, die Erziehung ebenfalls unerläßlich macht, den Menschen aber zunächst einmal dem Tier *unter*zuordnen nötigt. Nur »die Wunder der Erziehung« können Abhilfe schaffen: »Welches Thier würde denn mitten in einem Milchstrome sterben? Nur der Mensch ... Man setze das Kind ferner mit einem Thiere an den Rand eines Abgrundes, es wird allein hineinfallen... Die Natur hatte uns also geschaffen, um unter den Thieren zu stehen, oder um eben hierdurch die Wunder der Erziehung, welche uns allein aus dem gleichen Stande mit ihnen zieht und uns endlich über sie emporhebt, besser in die Augen springen zu lassen.«[7] *Lamettrie* treibt noch keine vergleichenden Aufzuchtsexperimente mit Menschenkindern und Schimpansenjungen, wie sie im zwanzigsten Jahrhundert durchgeführt werden; aber er erwägt die Möglichkeit eines Sprachunterrichts für Affen, und seine Beobachtungen menschlicher und tierischer Verhaltensweisen ermutigen ihn zu der These: Affen würden durch Erziehung auf die Stufe des Menschen gehoben werden und die menschliche Sprache erlernen können; der Mensch hingegen würde ohne Erziehung im Stadium des Tieres verharren müssen. Das Entscheidende bleibe die Sprache: bevor er sie erfunden habe, sei der Mensch nur ein Tier gewesen[8]. Durch seine Untersuchungen kommt der Arzt zu der Ansicht, daß auch Tiere sittliche Regungen zu erfahren und zu artikulieren fähig sind. Er verweist auf das Beispiel eines Hundes, der seinen Herrn gebissen habe; sogleich hätte dieser Hund eine traurige Miene gezeigt und hätte durch sein gesamtes Verhalten Schuld eingestanden und Reue bekundet[9].
Was den Menschen – bei aller Verwandtschaft mit den Tieren – auszeichnet, ist die Tatsache, daß er im Vergleich mit ihnen »am meisten Gehirn ... im Verhältniss zu seiner Körpermasse« aufweist[10]. Dies ermöglicht es ihm, die durch Instinktarmut verursachten Mängel zu kompensieren. Dazu bedarf es allerdings *erzieherischer* und *unterrichtlicher* Maßnahmen. »Wenn die Organisation ein Verdienst ist, und zwar das erste Verdienst, und die Quelle aller anderen, so ist der Unterricht das zweite. Sei ein Gehirn noch so gut gebaut, ohne ihn würde es dem reinen Untergange geweiht sein... Aber ebenso drängt sich die Frage auf, welches denn die Frucht einer noch so vorzüglichen Schule sein würde, ohne ein Gehirn, welches dem Eingange oder der Aufnahme der Gedanken sich nicht vollkommen eröffnet hätte?...

Aber wenn das Gehirn zugleich gut organisirt und gut unterrichtet ist, so ist es ein vollkommen besäetes, fruchtbares Land, welches das Hundertfache von dem, was es empfangen, hervorbringt...«[11]

Wie wohl nur wenige vor ihm hat *Lamettrie* mit seinen Reflexionen über das auf Unterricht angewiesene menschliche Gehirn und über den ohne dieses Spezialgehirn des »Gehirnspezialisten« Mensch zwecklosen Unterricht nicht nur die *große Lern- und Erziehungsbedürftigkeit des Menschen* nachgewiesen, sondern zugleich *seine außerordentliche Lernfähigkeit und seine Erziehbarkeit*.

Auch er glaubt – wie *Rousseau* – an »Erziehungswunder«; aber im Unterschied zu seinem Landsmann denkt er dabei nicht an Wunder des Wachsenlassens, sondern an jene, die der positiven, zugreifenden Erziehung beschieden sind.

Anmerkungen

1 *de la Mettrie:* Der Mensch eine Maschine. Uebersetzt, erläutert und mit einer Einleitung über den Materialismus versehen von *A. Ritter*. Koschny, Leipzig 1875, S. 44 f., S. 49 und S. 21
2 Ebenda, S. 25
3 Ebenda, S. 10 und S. 14
4 Vgl. *A. Ritter:* Einleitung. In: *de la Mettrie:* Der Mensch eine Maschine, a.a.O., S. 4 f.
5 *de la Mettrie:* Der Mensch eine Maschine, a.a.O., S. 15
6 Vgl. *M. Landmann:* De homine. Der Mensch im Spiegel seines Gedankens. Unter Mitarbeit von *G. Diem, P.L. Lehmann, P.Chr. Ludz, M. Theunissen* und *E. Tielsch*. Alber, Freiburg/München 1962, S. 237 und S. 242
7 *de la Mettrie:* Der Mensch eine Maschine, a.a.O., S. 45
8 Ebenda, S. 32 ff.
9 Ebenda, S. 46 f.
10 Ebenda, S. 30
11 Ebenda, S. 41 f.

Claude Adrien Helvétius

Weitaus vertiefter als *Lamettrie* nimmt der Philosoph *Claude Adrien Helvétius* zur anstehenden Problematik Stellung; und seine Erwartungen in bezug auf die Wirkkraft der Erziehung sind kaum noch einer Steigerung fähig.

Seinem drei Jahre älteren – entwicklungsoptimistischen – Landsmann *Jean-Jacques Rousseau* widerspricht er so gut wie in allen Fragen, die den Menschen betreffen. *Helvétius* will diese Kritik aber nicht als totalen und persönlich diffamierenden Verriß begriffen wissen; in der Wut, mit der der Autor *Émiles* gehetzt worden ist, erblickt er einen untrüglichen Beweis für die Qualität dieses Buches und seines Verfassers: »Mittelmäßige Schriftsteller verfolgt man nicht.«[1]
Übrigens erleidet *Helvétius* selbst ein ähnliches Los wie *Rousseau*. Als der 1715 in Paris Geborene 1758 seinen *Discurs ueber den Geist des Menschen* veröffentlicht[2], gerät er in große Schwierigkeiten. Auf Betreiben der Sorbonne und des Pariser Parlaments wird das Buch öffentlich verbrannt.
Friedrich der Große hilft auch ihm und holt ihn an seinen Hof nach Potsdam, ohne freilich die Ansicht des radikalen Aufklärers zu teilen, wonach die geistige Ungleichheit, die man unter den Menschen antreffe, aus einer unterschiedlichen Erziehung resultiere. Im Blick auf die Veränderbarkeit des Menschen und die Macht der Schulmeister bleibt der Preußenkönig Skeptiker, ja Pessimist.
Einige Zeit verbringt *Helvétius* auch in England. 1771 stirbt er in Paris.
Der Franzose – man mag ihn im übrigen beurteilen und einordnen, wie man will: als Materialisten und Sensualisten; als Utilitaristen und Hedonisten – entwickelt seine pädagogischen Ansichten in seinem Werk *Vom Menschen, seinen geistigen Fähigkeiten und seiner Erziehung*, das erst nach seinem Tod, im Jahre 1772, erscheint. In ihm bedient er sich – wohl als einer der ersten – der soziologischen Denkweise, indem er die geistigen Unterschiede der Menschen als *gesellschaftlich* bedingt zu erklären versucht.

»Quintilian, Locke und ich sagen: Die geistige Ungleichheit ist die Wirkung einer bekannten Ursache, und diese Ursache ist die Verschiedenheit der Erziehung.«[3] Was die geistigen Anlagen »aller Menschen von allgemein guter Konstitution« betrifft, so sind sie nach Auffassung des Franzosen gleich[4]. Und auf die Frage, ob die Menschen bei ihrer Geburt gut oder böse seien, antwortet er, daß sie weder das eine noch das andere seien: »Kein Individuum wird gut, keines böse geboren«; der Menschen »Güte oder Bosheit ist ein Akzidenz: das Produkt ihrer guten oder schlechten Gesetze«[5]. Übrigens: *Rousseau*, der die ursprüngliche Güte des Menschen verfechte, zeige in seinem widerspruchsvollen Werk *Émile* mehrfach, wie wenig er selbst »von der ursprünglichen Güte der Charaktere überzeugt« ist[6]. Hat man diese anthropologischen Sachverhalte erst einmal begriffen, dann wird man nicht mehr umhin können, der Erziehung und der Wissenschaft von ihr größte Aufmerksamkeit zuzuwenden.
Helvétius versucht mit seinem Werk dieses Interesse für die Erziehung zu wecken; und dem *ersten Kapitel* des *zehnten* und letzten *Abschnittes* seines Buches, der aus-

schließlich pädagogischen Fragen gewidmet ist, gibt er folgende Überschrift: *»Die Erziehung vermag alles.«*[7] Darin schreibt er: »Die Erziehung macht uns zu dem, was wir sind.«[8] Er beruft sich in seinen Reflexionen mehrfach auf *John Locke; Rousseau* hingegen kritisiert und widerlegt er – wie bereits vermerkt; und dessen Theorie der negativen Erziehung lehnt er schroff ab, wobei er die in ihr enthaltenen Ungereimtheiten schonungslos aufdeckt[9].

Statt des *eingeborenen* Empfindens für das dem Menschen Zuträgliche und das Gerechte, das sich für *Rousseau* unter dem Schutz eines »untätigen« Erziehers nach und nach *von selbst* entfaltet, bleibt der Mensch für *Helvétius von Anfang an und in allen Bereichen* »ganz und gar« auf *positive* Erziehung verwiesen und stellt ausschließlich das Ergebnis jener Beeinflussung dar, die er erfuhr, und der Gewohnheiten, die er sich und die man ihm beigebracht hat[10]. Von dem Bedürfnis nach Selbsterhaltung abgesehen bringt das Menschenkind nichts mit auf die Welt. Seine *menschlichen* Empfindungen sind keine natürlichen und biologischen Phänomene, sondern *sittliche* und *soziale*, wie sie »im Schoße von Dörfern und Städten geboren werden, setzen voraus, daß schon Konventionen und Gesetze zwischen den Menschen bestehen, das bedeutet folglich deren Vereinigung in der Gesellschaft«; und damit sind sie »eine Erwerbung und folglich eine Wirkung der Erziehung«[11].

Was den von *Rousseau* so gepriesenen *natürlichen* Menschen anlangt, so ist dieser grausam und muß es sein: »Der Naturmensch ist sein eigener Schlachter und Koch... An den Mord gewöhnt, muß er für die Stimme des Mitleids taub sein.«[12] *Menschlich* kann der Mensch nur über die Erziehung werden: »Solange die Individuen verstreut im Walde leben, kann es für sie keine moralische Erziehung geben. Die Tugenden des zivilisierten Menschen sind die Liebe zur Gerechtigkeit und die Vaterlandsliebe, die des Wilden die Kraft und die Geschicklichkeit; seine Bedürfnisse sind seine einzigen Lehrer, sie allein erhalten die Gattung, und diese Erhaltung der Gattung scheint die einzige Absicht der Natur zu sein.«[13]

In *Helvétius'* Augen besteht also nicht der geringste Zweifel an der fundamentalen Bedeutung der Erziehung für den Menschen *als Menschen*. Vor allem was die *soziale* und *sittliche* Dimension anlangt, ist er das lern- und erziehungsbedürftigste Lebewesen: »Bis auf die Selbstliebe ist in uns alles Erwerbung. Man lernt, sich gegenseitig zu lieben, menschlich oder unmenschlich, tugendhaft oder lasterhaft zu sein. Der moralische Mensch ist ganz und gar Erziehung und Nachahmung.«[14]

Die Erziehung, die *alles vermag* und uns zu dem macht, »was wir sind«, besitzt diese Kraft allerdings nur dann, wenn die gesellschaftlichen Bedingungen ihrer Wirksamkeit nicht im Wege stehen; insofern ist sie selbst, als gute oder schlechte Erziehung, »fast vollkommen das Werk der Gesetze«[15]. Gewähren, fördern und garantieren diese die bestmögliche Erziehung, dann werden sie auch den unwiderlegbaren Nachweis dafür liefern, »daß das Glück der Völker in ihren eigenen Händen liegt und daß es völlig von dem mehr oder weniger lebhaften Interesse abhängt, das sie auf die Vervollkommnung der Erziehung richten werden«[16].

Rousseau und *Helvétius* unterscheiden sich in ihren pädagogischen Ansichten bis hinein in einzelne Teilbereiche. Während der Kulturkritiker beispielsweise den *Leistungsvergleich* und *Wettstreit* als Erziehungsmaßnahmen strikt ablehnt, weil er im *Vergleich* das gesellschaftliche Übel schlechthin erblickt, sieht *Helvétius* im *Wetteifer* einen Vorteil, der die öffentliche Erziehung vor jener in der Familie auszeichnet: »Die Haupttriebfedern in der frühen Jugend sind die Furcht und der Wetteifer. Der Wetteifer wird dadurch erzeugt, daß man sich selbst mit einer großen Anzahl anderer vergleicht. Und von allen Mitteln, die Neigung zu bestimmten Fähigkeiten und zur Tüchtigkeit hervorzurufen, ist dies letztgenannte das sicherste. Nun ist das Kind im Elternhause aber nicht in der Lage, diesen Vergleich anzustellen. Und seine Unterrichtung hat um so weniger Erfolg.«[17]

Anmerkungen

1 *C.A. Helvétius:* Vom Menschen, seinen geistigen Fähigkeiten und seiner Erziehung. Herausgegeben, übersetzt und mit einer Einleitung von *G. Mensching*. Suhrkamp, Frankfurt am Main 1972, S. 263

2 Vgl. *C.A. Helvétius:* Discurs ueber den Geist des Menschen. Aus dem Franzoesischen uebersetzt von *J.G. Forkert*. Mit einer Vorrede von *J.Chr. Gottsched*. Siegert, Leipzig/Liegnitz 1760

3 *C.A. Helvétius:* Vom Menschen, seinen geistigen Fähigkeiten und seiner Erziehung, a.a.O., S. 86

4 Ebenda, S. 86

5 Ebenda, S. 270

6 Ebenda, S. 274

7 Ebenda, S. 446

8 Ebenda, S. 447

9 Ebenda, S. 263 ff.

10 Ebenda, S. 191 und S. 198

11 Ebenda, S. 191 f.

12 Ebenda, S. 276

13 Ebenda, S. 452 f.

14 Ebenda, S. 247

15 Ebenda, S. 473

16 Ebenda, S. 475

17 Ebenda, S. 450

Paul Thiry d'Holbach

Große Hoffnungen setzt auch der französische Philosoph *Paul Thiry d'Holbach* auf die Kraft einer gut organisierten Erziehung.

Als *Heinrich Dietrich von Holbach* 1723 im rheinpfälzischen Edesheim geboren, schließt sich der Baron dem Kreis der französischen Enzyklopädisten an, vertritt wie diese den Atheismus und Materialismus und verfaßt 1770 sein Werk *System der Natur*, das man die »Bibel des Materialismus« genannt hat. 1789 stirbt er in Paris.

In dieser Schrift vertritt *d'Holbach*, ähnlich wie *Lamettrie*, eine materialistische Anthropologie, in der er den Menschen ebenfalls als eine mit der Fähigkeit zu denken ausgestattete Maschine interpretiert[1] und in der er die Verschiedenheit der einzelnen Menschen nicht zuletzt auch in der unterschiedlichen Ernährung begründet sieht, so daß man *d'Holbach* als einen frühen Vertreter jener These betrachten kann, die lautet: »der Mensch ist, was er ißt«[2].
Auf der Grundlage dieser materialistischen Lehre vom Menschen und einer eudämonistischen Ethik, in der er Intensität und Dauer des Glücks für dessen einzige Maßstäbe erklärt: »Das größte Glück ist das, welches am dauerhaftesten ist«[3] – auf dieser Grundlage nimmt *d'Holbach* auch ausführlich zu pädagogischen Fragen Stellung. Sucht man nach den echten Mitteln dafür, den menschlichen Irrtümern abzuhelfen, dann wird man sie nicht in der Religion suchen dürfen, sondern: »vor allem die Erziehung« ist es, die diese Mittel bereit hält. Gut erzogene Menschen bedürfen weder »himmlischer Belohnungen« noch der Vorstellung von »glühenden Abgründen«[4]: »Der Mensch ist nur darum oft so böse, weil er fast immer glaubt, daß er Vorteil davon habe. Wenn man die Menschen mehr aufklärt und glücklicher macht, so wird man sie besser machen. Eine gerechte und wachsame Regierung würde bald einen Staat voll rechtschaffener Staatsbürger haben; sie würde ihnen gegenwärtige, reale und fühlbare Beweggründe zu guten Handlungen geben: sie würde sie unterrichten, ihnen alle Sorgfalt angedeihen lassen und sie durch die Gewißheit eines für sie erreichbaren Glücks an sich fesseln.«[5]
Und in diesem Zusammenhang vertritt *d'Holbach* – abgesehen davon, daß er, wenn *er* von Erziehung redet, selbstverständlich ebenfalls *positive* Erziehungsmaßnahmen meint – die gleiche Auffassung, wie man sie bei *Rousseau* findet:»Nicht die Natur also bringt böse Menschen hervor, sondern unsere Institutionen bestimmen die Menschen dazu, böse zu werden. Das unter Räubern aufgezogene Kind kann nur ein Taugenichts werden; wenn es von ehrenhaften Menschen erzogen worden wäre, so könnte es nur ein rechtschaffener Mensch geworden sein.«[6]

Anmerkungen

[1] *P.T. d'Holbach:* System der Natur oder von den Gesetzen der physischen und der moralischen Welt. Aus dem Französischen übersetzt von *F.-G. Voigt*. Aufbau, Berlin 1960, S. 149
[2] Vgl. ebenda, S. 96 f.
[3] Ebenda, S. 105
[4] Ebenda, S. 213
[5] Ebenda, S. 262 f.
[6] Ebenda, S. 263; vgl. dazu auch *M. Landmann:* De homine. Der Mensch im Spiegel seines Gedankens. Unter Mitarbeit von *G. Diem, N. Hinske, P.L. Lehmann, P.Chr. Ludz, M. Theunissen* und *E. Tielsch*. Alber, Freiburg/München 1962, S. 252 ff., besonders S. 263 f.

Antoine Marquis de Condorcet

Alle bislang genannten französischen Philosophen erleben die große Revolution in ihrem Land nicht mehr – *d'Holbach* stirbt im Jahr ihres Ausbruchs; aber sie alle haben die 1789 beginnenden Ereignisse und deren Folgen mit ihren Gedanken und Theorien vorbereiten geholfen. Das pädagogische Programm der *Französischen Revolution* formuliert der Enzyklopädist *Antoine Marquis de Condorcet*.

Er wird 1743 in Ribemont bei Saint-Quentin geboren, macht sich zunächst durch seine mathematischen und naturwissenschaftlichen Studien einen Namen und verfaßt zudem zahlreiche Schriften über philosophische, theologische und politische Themen.
1789 steht er auf der Seite der Revolutionäre und legt als Präsident der Nationalversammlung dieser 1792 seinen *Bericht und Entwurf einer Verordnung über die allgemeine Organisation des öffentlichen Unterrichtswesens* vor.
Als Girondist verfolgt und verhaftet, stirbt er 1794 in Clamart bei Bourg-la-Reine, vermutlich durch Gift.

In seinem *Bericht und Entwurf* orientiert sich *Condorcet* an den Prinzipien der Aufklärungspädagogik; aus diesem Konzept spricht deutlich der starke Glaube seines Verfassers an die Macht der Erziehung.
In seinen Augen ist der effektiv organisierte Unterricht der geeignete und erfolggarantierende Weg, »jedem die Möglichkeit zu sichern, seine berufliche Geschicklichkeit zu vervollkommnen, sich für gesellschaftliche Funktionen vorzubereiten, zu denen berufen zu werden er berechtigt ist, den ganzen Umfang seiner Talente, die er von der Natur empfangen hat, zu entfalten und dadurch unter den Bürgern eine tatsächliche Gleichheit herzustellen und die politische Gleichheit, die das Gesetz als berechtigt anerkannt hat, zu einer wirklichen zu machen«.
Dieser Unterricht ist so zu gestalten, »daß die Vervollkommnung der Kunstfertigkeiten den Lebensgenuß der Allgemeinheit der Bürger erhöht und den Wohlstand derer, die sie betreiben, steigert; daß eine immer größere Zahl von Menschen fähig wird, die für die Gesellschaft notwendigen Funktionen gut zu erfüllen; und daß die ständig wachsenden Fortschritte der Erkenntnisse eine unerschöpfliche Quelle erschließen, die unseren Bedürfnissen hilft, die unsere Schmerzen heilt, die uns Mittel gibt für das individuelle Glück und den allgemeinen Wohlstand«.
Letzter Zweck dieses Unterrichts muß es sein, »in jeder Generation die physischen, intellektuellen und moralischen Fähigkeiten auszubilden und dadurch zu jener allgemeinen und stufenweise fortschreitenden Vervollkommnung des Menschengeschlechts beizutragen, von der jede gesellschaftliche Institution als ihrem letzten Ziel geleitet sein soll«[1].
Daß die »Vervollkommnung des Menschengeschlechts« durch Unterricht und Erziehung realisierbar ist, bleibt für die französischen Aufklärer über jeden Zweifel erhaben.

Anmerkungen

[1] *Condorcet:* Bericht und Entwurf einer Verordnung über die allgemeine Organisation des öffentlichen Unterrichtswesens. Mit einer Einleitung von *H.-H. Schepp*. Kleine Pädagogische Texte. Band 36. Beltz, Weinheim 1966, S. 20 f.; vgl. auch *Th. Ballauff* und *K. Schaller:* Pädagogik. Eine Geschichte der Bildung und Erziehung. Band II: Vom 16. bis zum 19. Jahrhundert. Alber, Freiburg/München 1970, S. 382

Johann Bernhard Basedow

Die deutschen Aufklärungspädagogen, die sich – entsprechend ihrer Absicht, alle Menschen durch eine reformierte Erziehung einer schon in dieser Welt erreichbaren Glückseligkeit zuzuführen – die wohlklingende Bezeichnung *Philanthropen – Menschenfreunde* – zulegen und in *John Locke* und *Jean-Jacques Rousseau* ihre Vorbilder erblicken, vertreten eigentlich samt und sonders die erziehungsoptimistische Position.
Beispielhaft darf hier *Johann Bernhard Basedow* genannt werden, der in seinem Werk *Vorstellung an Menschenfreunde und vermögende Männer über Schulen, Studien und ihren Einfluß in die öffentliche Wohlfahrt* – 1768 publiziert – an mehreren Stellen diesen Optimismus bezeugt.

Goethe charakterisiert ihn im *vierzehnten Buch* von *Dichtung und Wahrheit* als einen Mann mit verkrampften Gesichtszügen und einer heftigen, rauhen Stimme, der die Mitmenschen für seine philanthropischen Ideen und Ideale gewinnen möchte – nicht so sehr um ihre Herzen, sondern vielmehr um ihre Beutel zu öffnen, der aber aufgrund seines Betragens: seines höhnischen, schadenfreudigen Lachens, seiner Rechthaberei und plumpen Direktheit auf die meisten seiner Gesprächspartner verletzend und abstoßend wirke; wohl auch wegen seines ungepflegten Äußeren: seines schlechten Tabaks und seines schmuddeligen Anzünders, mit denen er, wo er geht und steht, die Luft verpeste. Und *Herder* möchte ihm nicht einmal Kälber zur Erziehung übergeben, um wieviel weniger erst Kinder. – Mag das Urteil der Humanisten über den Aufklärer und ›Menschenfreund‹ auch übertrieben schlecht ausgefallen sein; fraglos war *Basedow* – *Ratke* vergleichbar – ein schwieriger Mensch.
1724 als Sohn eines armen Perückenmachers in Hamburg geboren, verliert er früh seine Mutter und hat unter seinem überstrengen Vater sehr zu leiden. Er studiert evangelische Theologie, verdient sich seinen Unterhalt zunächst als Hauslehrer und wird 1753 zum Professor für Moral und Rhetorik an die dänische Ritterakademie in Soroe und 1761 an das Gymnasium in Altona berufen. Wegen seiner liberalen Ansichten gerät er mit der Orthodoxie bald in Streitigkeiten. Dieser Konflikt spitzt sich so zu, daß *Basedow* mit seiner Familie vom Abendmahl ausgeschlossen wird und seine Schriften teils eingezogen, teils mit dem Verbot des Verkaufs belegt werden. In dieser Situation wendet er sich der Pädagogik zu und legt in zwei Werken seine Ideen und Reformpläne nieder. 1768 erscheint seine *Vorstellung an Menschenfreunde*, und 1770 publiziert er *Das Methodenbuch für Väter und Mütter der Familien und Völker*.
Diese Werke machen *Basedow* rasch bekannt, und der junge Fürst *Leopold Friedrich Franz von Anhalt-Dessau* bietet dem Hamburger 1771 die Möglichkeit, seine pädagogischen Reformvorschläge zu realisieren. *Basedow* gründet in Dessau seine *Anstalt der Menschenfreunde* – mit drei Kindern, unter ihnen seine Tochter und sein Sohn. Bis 1779 steigt die Zahl der Zöglinge seines Philanthropins auf fünfzig.
1776 veranstaltet er ein öffentliches Examen, um den Besuchern – etwa achtzig bedeutenden und einflußreichen Persönlichkeiten – seine Methoden und Erfolge darzustellen und – dies

vor allem – um sie zu großzügigen Spenden zu motivieren; denn der Hamburger leidet unter ständigem Geldmangel.
Empfindlicher als dieser setzen dem Leben in der Anstalt freilich *Basedows* verletzende Art und sein Dilettantismus in organisatorischen Fragen zu und machen seinen Mitarbeitern die Kooperation mit ihm auf die Dauer unmöglich. Viele verlassen Dessau. 1778 legt *Basedow* die Leitung des Philanthropins nieder und wendet sich wieder ganz der Schriftstellerei zu. 1790 stirbt er in Magdeburg. Seine Anstalt überlebt ihn nicht lange: 1793 wird sie für immer geschlossen.

Ohne Zweifel ist *Basedow*, der Gründer der philanthropischen Bewegung, der aktivste und bekannteste Vertreter der deutschen Aufklärungspädagogen, deren Lebensleistung freilich – bei allen persönlichen und situativen Unterschieden – insgesamt doch einen recht ambivalenten Eindruck vermittelt.
Was den Hamburger selbst anlangt, so verspricht er sich in erster Linie von *pädagogischen* Maßnahmen das Gelingen längst fälliger gesellschaftlicher Reformen und erkennt daher im Schul- und Studienwesen *»das brauchbarste und sicherste Werkzeug ..., den ganzen Staat* nach seiner besonderen Beschaffenheit glücklich zu machen oder glücklich zu erhalten«.
Die Schule erklärt *Basedow* zur »vorzüglichsten Werkstätte der öffentlichen Glückseligkeit« und fordert, sie von seiten des Staates so zu behandeln und zu organisieren, daß sie ihre ganze glückbringende Wirkkraft entfalten könne[1]. Und in seinem *Methodenbuch* nennt er als »Hauptzweck der Erziehung«: »die Kinder zu einem gemeinnützigen, patriotischen und glückseligen Leben vorzubereiten«[2].
Begeistert von den Ideen *Rousseaus* setzt sich der Hamburger energisch für eine lebenspraktische Ausrichtung des Unterrichts ein, für den Primat der lebendigen Sprachen und der Realien, für Unterrichtsformen, die der kindlichen Spielfreude entsprechen, für einen humanen Erziehungsstil.
Dies alles freilich macht nicht den ganzen *Rousseau* aus. Hat dieser nicht etwa verlangt: man müsse im Blick auf die ersten zwölf Lebensjahre Zeit verlieren; man dürfe nicht vernünfteln; man solle allein auf die natürliche Entwicklung vertrauen? – *Diese* Forderungen des Franzosen ignoriert *Basedow* ganz einfach, wofür seine Tochter, die – Gipfel der Ironie – ausgerechnet *Emilie* heißt, den traurigen Beweis liefert: mit dreieinhalb Jahren ›darf‹ sie bereits Französisch lernen und mit viereinhalb Latein! *Rousseau* wettert gegen den Rationalismus und Utilitarismus der Aufklärer; *Basedow* – einem Marktschreier gleich – kann sich nicht genug tun im Räsonieren, Moralisieren und im Erteilen von platten ›nützlichen‹ Ratschlägen. Der Franzose ist ein Feind der Stoffülle; der Deutsche ein ausgesprochener didaktischer Materialist... Verlangt *Rousseaus* Optimismus Zurückhaltung, so mündet jener *Basedows* in blindwütigem Aktivismus und Aktionismus.

Anmerkungen

[1] *J.B. Basedow:* Ausgewählte pädagogische Schriften. Besorgt von *A. Reble*. Schöningh, Paderborn 1965, S. 7: *Vorstellung an Menschenfreunde und vermögende Männer über Schulen, Studien und ihren Einfluß in die öffentliche Wohlfahrt – I/§§ 3 und 4*; vgl. auch S. 12: *§ 9*

[2] Ebenda, S. 81: *Das Methodenbuch für Väter und Mütter der Familien und Völker – Viertes Hauptstück*

Gotthold Ephraim Lessing

Lessing glaubt unverbrüchlich an den *menschlichen Verstand*, an seine Bildsamkeit und an seine positiven Möglichkeiten. Er ist durch und durch Aufklärer; aber bei allem Glauben an den Verstand und bei allem Vertrauen auf die *Kraft der Erziehung* findet sich doch nirgendwo in seinem umfangreichen Werk die oberflächliche Sichtweise pädagogischer Sachverhalte, wie sie vielen seiner Zeitgenossen und den meisten Aufklärungspädagogen eignet. Er unterscheidet sich von diesen vor allem dadurch – und darin steht er *Immanuel Kant* sehr nahe, daß er um den langen Atem weiß, den *»die Erziehung des Menschengeschlechts«* benötigt.
Einen »Erzieher seines Volkes« und einen »Pädagogen großen Stils«[1] hat man ihn genannt. Aber wenn man in den gängigen Darstellungen der *Geschichte der Pädagogik* etwas über ihn zu erfahren sucht, dann wird man – wofern er überhaupt Erwähnung findet – allenfalls mit ein oder zwei Seiten abgespeist. Zur Erziehung im üblichen Sinne findet er kaum Gelegenheit. Zwar bewährt er sich in zahlreichen Berufen: als Kritiker und Journalist, als Rezensent und Dramaturg, als Religionsphilosoph und Historiker, als Altertumswissenschaftler und Ästhetiker, vor allem als Dichter; aber *Lehrer* ist er zu keiner Zeit. Und auch als *Vater* kann er keine erzieherische Aktivität entfalten: im Dezember 1777 – er ist bereits neunundvierzig Jahre alt – schenkt ihm seine Frau einen Sohn; doch dieser stirbt kurze Zeit nach der Geburt, und auch seine Mutter erliegt wenig später den Folgen der Entbindung.

1729 als Sohn eines Predigers in Kamenz in der Oberlausitz geboren, studiert *Gotthold Ephraim Lessing* nach dem Besuch der Fürstenschule St. Afra zu Meißen in Leipzig und Wittenberg Theologie und Medizin, erwirbt den Magistertitel und veröffentlicht seine ersten Schriften. Zwischen 1752 und 1765 wechselt sein Aufenthalt häufig: er arbeitet als Redakteur in der Berliner privaten Staats- und Gelehrtenzeitung, betätigt sich als Übersetzer – beispielsweise von *Juan Huartes Pruefung der Koepfe zu den Wissenschaften*, publiziert eigene Werke, besucht als Reisebegleiter zahlreiche deutsche und niederländische Städte, wirkt als Sekretär eines Generals in Breslau, wird Mitglied der Preußischen Akademie der Wissenschaften und bewirbt sich schließlich – vergeblich, weil von *Voltaire* verleumdet – bei *Friedrich dem Großen* um eine Stelle als Bibliothekar. 1767 folgt er einem Ruf als Dramaturg an das Hamburger Theater. Nach dem Scheitern dieses Unternehmens findet er 1770 als herzoglich-braunschweigischer Bibliothekar in Wolfenbüttel seine endgültige, bescheidene Stellung.
Neben dem Schicksalsschlag, der ihn nach kurzer glücklicher Ehe durch den Tod seines Sohnes und seiner Frau trifft, hat er wegen seiner theologischen und literarischen Ansichten unter mancherlei Angriffen zu leiden und wird sogar mit dem Verbot der Veröffentlichung wissenschaftlicher Abhandlungen belegt. In dieser Situation zieht er sich auf seine »alte Kanzel« – die Bühne – zurück und schreibt dafür sein Schauspiel *Nathan der Weise*.
Beinahe zwei Jahrzehnte kränklich, stirbt er 1781 an Brustwassersucht.

In seinem Spätwerk *Die Erziehung des Menschengeschlechts* beschreibt *Lessing* in einer tiefsinnigen geschichtsphilosophischen Deutung des Menschheitsweges drei Stufen menschlicher Entwicklung.

In der *Kindheit* – verkörpert durch das »israelitische Volk« – führt Gott die Menschheit »durch alle Staffeln einer kindischen Erziehung«, wie sie uns im *Alten Testament*, dem ersten »Elementarbuch für Kinder«, begegnet. In diesem Alter werden nur konditionierende Erziehungsmaßnahmen begriffen: »unmittelbare sinnliche Strafen und Belohnungen« und ein Gesetz, »durch dessen Beobachtung oder Nichtbeobachtung« man bereits »hier auf Erden glücklich oder unglücklich zu werden hoffte oder fürchtete«[2]. Gutes Handeln bleibt in diesem Stadium an die Erwartung einer Belohnung und an die Furcht vor Strafe gebunden.

In einem neuen Zeitalter, da das Kind zum *»Knaben«* wurde, ein Teil der Menschheit also so weit gekommen war, »daß er zu seinen moralischen Handlungen edlere, würdigere Beweggründe bedurfte und brauchen konnte, als zeitliche Belohnung und Strafen waren, die ihn bisher geleitet hatten«, erscheint *Christus* – »ein beßrer Pädagog« – und offenbart im *Neuen Testament*, dem »zweiten beßren Elementarbuch für das Menschengeschlecht«, diesem die »Unsterblichkeit der Seele«[3]. Nunmehr findet sittliches Handeln in der Aussicht auf ein ewiges Leben sein Motiv.

Vollendung erreicht menschliche Sittlichkeit allerdings erst in einem *»dritten Zeitalter«* – dann, wenn »die Zeit eines *neuen ewigen Evangeliums«* angebrochen ist, demgemäß jeder einzelne und die Menschheit insgesamt das Gute *um seiner selbst willen* tun; dann, wenn der menschliche Verstand »zu seiner völligen Aufklärung gelangt« ist »und diejenige Reinigkeit des Herzens hervorbringt..., die uns die Tugend um ihrer selbst willen zu lieben fähig macht«[4].

Gegen Ende dieser Abhandlung fragt *Lessing:* »soll das menschliche Geschlecht auf diese höchsten Stufen der Aufklärung und Reinigkeit nie kommen? Nie?« Und seine Antwort lautet: »Nein; sie wird kommen, sie wird gewiß kommen, die Zeit der Vollendung, da der Mensch, je überzeugter sein Verstand einer immer bessern Zukunft sich fühlet, von dieser Zukunft gleichwohl Bewegungsgründe zu seinen Handlungen zu erborgen nicht nötig haben wird; da er das Gute tun wird, weil es das Gute ist, nicht weil willkürliche Belohnung darauf gesetzt sind, die seinen flatterhaften Blick ehedem bloß heften und stärken sollten, die innern bessern Belohnungen desselben zu erkennen... Sie wird gewiß kommen, die Zeit eines *neuen ewigen Evangeliums*, die uns selbst in den Elementarbüchern des Neuen Bundes versprochen wird.«[5]

Allerdings nicht heute bereits, und auch gewiß morgen noch nicht! *Lessing* selbst glaubt an die *Seelenwanderung;* und er mahnt alle Eiferer und ruhelosen Weltverbesserer seiner Zeit zur Geduld: »warum könnte jeder einzelne Mensch auch nicht mehr als einmal auf dieser Welt vorhanden gewesen sein?... Ist diese Hypothese darum so lächerlich, weil sie die älteste ist?... was habe ich denn zu versäumen? Ist nicht die ganze Ewigkeit mein?«[6]

Kant nicht unähnlich weiß *Lessing* wohl um die menschliche Bosheit[7], darum, daß wir der »Erkenntnis nach … Engel und dem Leben nach Teufel« sind[8]. Gleichwohl glaubt er unverbrüchlich an den Fortschritt der menschlichen Vernunft und – als Folge des zunehmenden Vernunftgebrauchs – an den kulturellen und moralischen Fortschritt der Menschheit im Verlauf ihrer Geschichte.
Erziehung spielt in seinen Augen bei der Realisierung dieses Fortschritts eine unverzichtbare und machtvolle Rolle. In seinen *Fabeln* stellt er einmal die vorwurfsvolle Frage: »Warum werden wir nicht besser erzogen?« Als Antwort fügt er sogleich hinzu: »Gott gibt uns die Seele; aber das *Genie* müssen wir durch die Erziehung bekommen.«[9]

Anmerkungen

[1] Vgl. *A. Kintrup:* Gotthold Ephraim Lessing. In: Lexikon der Pädagogik. III. Band. Herder, Freiburg 1954, Sp. 321

[2] *G.E. Lessing:* Ausgewählte Texte zur Pädagogik. Besorgt von *D.-J. Löwisch*. Schöningh, Paderborn 1969, S. 121 ff.: *Die Erziehung des Menschengeschlechts* – 1780 *(§§ 9, 20, 26, 16 und 17)*

[3] Ebenda, S. 130 ff.: *Die Erziehung des Menschengeschlechts* – 1780 *(§§ 55, 53, 64 und 58)*

[4] Ebenda, S. 135 f.: *Die Erziehung des Menschengeschlechts* – 1780 *(§§ 89, 86 und 80)*

[5] Ebenda, S. 135 f.: *Die Erziehung des Menschengeschlechts* – 1780 *(§§ 81, 85 und 86)*; vgl. auch *H.J. Rechtmann:* Geschichte der Pädagogik. Wandlungen der deutschen Bildung. Unter Mitwirkung von *H.-J. Ipfling*. Ehrenwirth, München 1969 (3. Aufl.), S. 147 f.

[6] *G.E. Lessing:* Ausgewählte Texte zur Pädagogik, a.a.O., S. 137 f.: *Die Erziehung des Menschengeschlechts* – 1780 *(§§ 94, 95 und 100)*

[7] Vgl. ebenda, S. 23: *Gedanken über die Herrnhuter* – 1750

[8] Ebenda, S. 26: *Gedanken über die Herrnhuter* – 1750

[9] Ebenda, S. 58: *Fabeln. Drei Bücher. Nebst Abhandlungen mit dieser Dichtungsart verwandten Inhalts* – 1759

Johann Gottfried Herder

Ohne Zweifel bereitet es einige Schwierigkeiten, zwischen Aufklärung und Neuhumanismus eine klare Trennlinie zu ziehen. Die gewichtigste Ursache dieser Schwierigkeiten darf wohl darin gesehen werden, daß viele jener Männer, von denen bislang die Rede war und von denen noch zu sprechen sein wird, im Verlauf ihres Lebens und Schaffens mannigfaltige Entwicklungen durchlaufen haben, so daß sich ihr Lebenswerk höchst differenziert und mehrdimensional darstellt.
Ganz gewiß zählt *Leibniz* zu den rationalistischen Aufklärern; aber nirgendwo zeigt er jene rationalistische Einfältigkeit, wie sie beispielsweise *Basedow* zur Schau stellt. Und was den Rationalisten *Lessing* betrifft, so darf er mit vielen seiner Bemühungen den Neuhumanisten zugerechnet werden. Ähnliches läßt sich von *Kant* und von *Herder* sagen, die ebenso zu den Verfechtern der Aufklärung gezählt werden dürfen, wie sie jenen zuzurechnen sind, die einen übertriebenen aufklärerischen Rationalismus und eine überzogene Aufklärungspädagogik überwinden halfen – jene überspannte Aufklärung, der gegenüber vor allem *Johann Gottlieb Fichte* – in seinen Frühschriften selbst überzeugter, ja radikaler Aufklärer – seine tiefe Verachtung zum Ausdruck bringt, wenn er sich in seinen Vorlesungen über *Die Grundzüge des gegenwärtigen Zeitalters* – 1804/1805 gehalten – auf das »leere und unerquickliche freigeisterische Geschwätz« jener Epoche besinnt und feststellt: »Wir sind desselben müde; wir fühlen seine Leerheit und die völlige Nullität, welche es uns, in Beziehung auf den doch einmal nicht ganz auszurottenden Sinn für das Ewige, gibt.«[1] Was diese Männer aber allesamt untereinander und mit den »unverbesserlichen« Aufklärern verbindet, ist ihr – episodischer oder grundsätzlicher – Glaube an die allmächtige Wirkkraft der Erziehung.
Johann Gottfried Herder artikuliert diese Überzeugung mehrfach. So schwärmt bereits der Fünfundzwanzigjährige in seinem *Journal meiner Reise im Jahr 1769* von dem herrlichen Werk, »die Jugend der Menschlichen Seele in Erziehung wieder herzustellen… O gebet mir eine unverdorbne, mit Abstraktionen und Worten unerstickte Jugendseele her, so lebendig, als sie ist; und setzet mich denn in eine Welt, wo ich ihr alle Eindrücke geben kann, die ich will, wie soll sie leben!«[2]

»Die philosophische Anthropologie hat seit Herder keinen Schritt vorwärts getan… Sie braucht auch keinen Schritt vorwärts zu tun, denn dies ist die Wahrheit.« So beurteilt der Anthropologe *Arnold Gehlen* die Leistung des großen Humanisten[3]. Und in der Tat: kaum einer hat die für die Pädagogik höchst bedeutsamen und mit Namen wie *Adolf Portmann, Konrad Lorenz, Nikolaas Tinbergen, Jakob von Uexküll, Helmuth Plessner* und *Arnold Gehlen* verbundenen Erkenntnisse der geisteswissenschaftlichen und naturwissenschaftlichen Lehre vom Menschen – seine Instinktreduziertheit und Weltoffenheit sowie seine daraus resultierende Lern- und Erziehungsbedürftigkeit – so zutreffend vorwegerkannt und präzis beschrieben wie *Herder:* »Der Mensch ist der erste *Freigelassene* der Schöpfung; er stehet aufrecht. Die Waage des Guten und Bösen, des Falschen und Wahren hängt in ihm: er kann forschen, er soll wählen. Wie die Natur ihm zwo freie Hände zu Werkzeugen gab und ein überblickendes Auge, seinen Gang zu leiten: so hat er auch in sich die Macht, nicht nur die Gewichte zu stellen, sondern ... *selbst Gewicht zu seyn* auf der Waage.«[4]

1744 als Sohn eines armen Schulmeisters im ostpreußischen Mohrungen zur Welt gekommen, findet *Herder* nach dem Studium in Königsberg, wo er *Kant* hört, als Prediger und Lehrer in Riga seine erste Anstellung, unternimmt sodann mehrere Reisen, lernt in Straßburg *Goethe* kennen und wirkt dank dessen Vermittlung nach einer fünfjährigen Tätigkeit als Konsistorialrat in Bückeburg von 1776 bis zu seinem Tod im Jahre 1803 als Oberhofprediger, Generalsuperintendent und Inspektor des Schulwesens in Weimar.

Herders zentrales Thema, dessen vielfältige Aspekte er in seinem umfangreichen Werk beleuchtet, lautet: *der Mensch* – seine Gottesebenbildlichkeit und seine Personalität; seine Freiheit und seine dialogische Existenzweise; seine Sprachfähigkeit und Geschichtlichkeit; seine Individualität und Sozialität; seine Heimatverbundenheit und seine Offenheit als Weltbürger; seine Bildsamkeit und – allem voran und durchgängig – seine Bestimmung zur *Humanität:* »Humanität ist der Schatz und die Ausbeute aller menschlichen Bemühungen, gleichsam die *Kunst* unsres *Geschlechts*. Die Bildung zu ihr ist ein Werk, das unabläßig fortgesetzt werden muß; oder wir sinken, höhere und niedere Stände, zur rohen Thierheit, zur *Brutalität* zurück.«[5]

In seinen zwischen 1784 und 1791 veröffentlichten *Ideen zur Philosophie der Geschichte der Menschheit* ist für *Herder* der Mensch »zwar ein schwaches Kind, aber doch ein Freigebohrner: wenn noch nicht vernünftig, so doch einer bessern Vernunft fähig, wenn noch nicht zur Humanität gebildet, so doch zu ihr bildbar«[6]; und in seinem großen Vertrauen auf »die menschliche Vernunft« und ihren stetigen Fortschritt »im Ganzen des Geschlechts« hält er es für alles andere als »Schwärmerei, zu hoffen daß wo irgend Menschen wohnen, einst auch vernünftige, billige und glückliche Menschen wohnen werden: glücklich, nicht nur durch ihre eigene, sondern durch die gemeinschaftliche Vernunft ihres ganzen Brudergeschlechts«[7].

Herder erweist sich in seiner Anthropologie durchaus als Realist. Er beschreibt den Menschen als »ersten *Freigelassenen* der Schöpfung« und als »Freigebohrnen«, der in sich die »Waage des Guten *und Bösen*, des *Falschen* und Wahren« trägt und somit offen ist für *alle* Möglichkeiten: nicht nur für die Wahrheit und die Verwirklichung des Guten, sondern ebenso für Irrtum und Bosheit. Und doch hat es den Anschein, als könnte sich dieser Realismus gegenüber dem offenbar überwältigenden Idealismus des Philosophen nicht behaupten; und *Theo Dietrich* scheint von diesem Sieg des Idealismus über den Realismus *Herders* überzeugt zu sein, wenn er zu der Feststellung gelangt: »Die realistisch ansetzende Anthropologie Herders endet damit idealistisch.«[8]

Allerdings bleibt bei genauer Berücksichtigung des Textes zu bedenken, daß *Herder* die Erfüllung seiner Vision nicht verspricht, sondern *erhofft!* – Wie stünde es um die Erziehung wohl erst, wenn diejenigen, die sie leisten, nicht mehr zu hoffen fähig wären?

Anmerkungen

[1] *J.G. Fichte:* Ausgewählte Werke in sechs Bänden. Herausgegeben von *F. Medicus.* Vierter Band: Darstellung der Wissenschaftslehre aus dem Jahre 1801. Die Wissenschaftslehre – vorgetragen im Jahre 1804. Die Grundzüge des gegenwärtigen Zeitalters. Wissenschaftliche Buchgesellschaft, Darmstadt und Meiner, Hamburg 1962, S. 624

[2] *J.G. Herder:* Humanität und Erziehung. Besorgt von *C. Menze.* Schöningh, Paderborn 1968 (2. Aufl.), S. 83 f.

[3] *A. Gehlen:* Der Mensch. Seine Natur und seine Stellung in der Welt. Athenäum, Bonn 1950 (4. Aufl.), S. 90

[4] *J.G. Herder:* Humanität und Erziehung, a.a.O., S. 103: *Ideen zur Philosophie der Geschichte der Menschheit* (1784–1791) *Viertes Buch*

[5] Ebenda, S. 137: *Briefe zur Beförderung der Humanität* (1793–1797) *Brief 27*

[6] Ebenda, S. 103 f.: *Ideen zur Philosophie der Geschichte der Menschheit – Viertes Buch*

[7] Ebenda, S. 134: *Ideen zur Philosophie der Geschichte der Menschheit – Fünfzehntes Buch*

[8] *Th. Dietrich:* Geschichte der Pädagogik in Beispielen. 18.–20. Jahrhundert. Klinkhardt, Bad Heilbrunn/Obb. 1970, S. 95

Johann Gottlieb Fichte

Ungleich bestimmter als *Herder* zeigt sich *Fichte* angesichts der anstehenden Problematik: wer die Freiheit des Menschen akzeptiert und respektiert, darf *hoffen* – mehr nicht! – *Fichte* hingegen gibt sich mit einer vagen Hoffnung, zu der das, was er »die bisherige Erziehung« nennt, berechtigt, nicht mehr zufrieden.
Im Winter 1807/1808 hält er in Berlin – gleichsam unter napoleonischen Bajonetten – seine sprachgewaltigen *Reden an die deutsche Nation*. Sie sind nicht loszulösen von der politischen Situation, in der sie konzipiert worden sind: der preußische Staat liegt danieder. Es gilt ihn wieder aufzubauen; und dieses epochale Werk kann nur mit Hilfe einer *neuen Erziehung* gelingen, deren Grundzüge der Philosoph seinen Hörern vorstellt.

1762 als Sohn eines Webers in der Oberlausitz geboren, studiert *Johann Gottlieb Fichte* zunächst Theologie, schlägt sich in Sachsen und in der Schweiz als Hauslehrer durch, beschäftigt sich sodann bei *Kant* in Königsberg mit philosophischen Fragen und etwas später bei *Pestalozzi* in der Schweiz mit pädagogischen. 1794 übernimmt er eine Philosophieprofessur in Jena und betätigt sich, als er nach fünf Jahren – des Atheismus beschuldigt – seinen Lehrstuhl verliert, in Berlin als Schriftsteller. 1805 erhält er einen Ruf nach Erlangen und wenige Jahre später nach Berlin, wo er 1810 als erster gewählter Rektor die Geschickte der jungen Universität lenkt. 1814 stirbt er.

Wie schon *Rousseau* geht auch *Fichte* in seiner Geschichtsphilosophie davon aus, daß die Menschen am Beginn ihrer Geschichte ohne Schuld existierten. In einem Urfall seien sie aber moralisch schuldig geworden, wobei mit dem Zeitalter der Aufklärung dieser Zustand der Verdorbenheit seinen Gipfelpunkt erreicht habe. Nunmehr gelte es, sich von allem vordergründigen, utilitaristischen und selbstsüchtigen Glückseligkeitsstreben loszusagen und ein neues Zeitalter zu begründen, das ausschließlich von der Idee, von der Moralität und vom »Sinn für das Ewige« bestimmt sei.
Zu dieser Gründung bedürfe es freilich einer *neuen Erziehung*, deren hervorragendstes Merkmal es sei, daß sie »die wirkliche Lebensregung und Bewegung ihrer Zöglinge nach Regeln sicher und unfehlbar bilden« könne, während die alte Erziehung daran zu erkennen gewesen sei, daß sie »zu guter Ordnung und Sittlichkeit höchstens nur ermahnt« habe, wobei aber diese Ermahnungen für das wirkliche Leben »unfruchtbar« geblieben seien. Diese alte Erziehung habe mit dem *freien Willen* des Edukanden gerechnet, der diesem durch keinerlei Erziehungsmaßnahmen genommen werden könne; aber »gerade in diesem Anerkennen, und in diesem Rechnen auf einen freien Willen des Zöglings« liege »der erste Irrtum der bisherigen Erziehung und das deutliche Bekenntnis ihrer Ohnmacht und Nichtigkeit«.
Um nun keinen Zweifel darüber aufkommen zu lassen, aus welchen Überlegungen sich sein Erziehungsoptimismus nährt, verdeutlicht *Fichte* den Unterschied zwischen jener überholten und seiner neuen Erziehung: indem die alte Erziehung

»bekennt, daß nach aller ihrer kräftigsten Wirksamkeit der Wille dennoch frei, d.i. unentschieden schwankend zwischen Gutem und Bösem bleibe, bekennt sie, daß sie den Willen, und da dieser die eigentliche Grundwurzel des Menschen selbst ist, den Menschen selbst zu bilden, durchaus weder vermöge, noch wolle oder begehre, und daß sie dies überhaupt für unmöglich halte. Dagegen würde die neue Erziehung gerade darin bestehen müssen, daß sie auf dem Boden, dessen Bearbeitung sie übernähme, die Freiheit des Willens gänzlich vernichtete, und dagegen strenge Notwendigkeit der Entschließungen und die Unmöglichkeit des Entgegengesetzten in dem Willen hervorbrächte, auf welchen Willen man nunmehro sicher rechnen und auf ihn sich verlassen könnte. Alle Bildung strebt an die Hervorbringung eines festen, bestimmten und beharrlichen Seins, das nun nicht mehr wird, sondern ist, und nicht anders sein kann, denn so, wie es ist. Strebte sie nicht an ein solches Sein, so wäre sie nicht Bildung, sondern irgendein zweckloses Spiel; hätte sie ein solches Sein nicht hervorgebracht, so wäre sie eben noch nicht vollendet. Wer sich noch ermahnen muß, und ermahnt werden, das Gute zu wollen, der hat noch kein bestimmtes und stets bereitstehendes Wollen, sondern er will sich dieses erst jedesmal im Falle des Gebrauches machen; wer ein solches festes Wollen hat, der will, was er will, für alle Ewigkeit, und er kann in keinem möglichen Falle anders wollen, denn also, wie er eben immer will; für ihn ist die Freiheit des Willens vernichtet und aufgegangen in der Notwendigkeit. Dadurch eben hat die bisherige Zeit gezeigt, daß sie von Bildung zum Menschen weder einen rechten Begriff, noch die Kraft hatte, diesen Begriff darzustellen: daß sie durch ermahnende Predigten die Menschen bessern wollte, und verdrießlich ward und schalt, wenn diese Predigten nichts fruchteten. Wie konnten sie doch fruchten? Der Wille des Menschen hat schon vor der Ermahnung vorher, und unabhängig von ihr, seine feste Richtung; stimmt diese zusammen mit deiner Ermahnung, so kommt die Ermahnung zu spät, und der Mensch hätte auch ohne dieselbe getan, wozu du ihn ermahnest; steht sie mit derselben im Widerspruche, so magst du ihn höchstens einige Augenblicke betäuben; wie die Gelegenheit kommt, vergißt er sich selbst und deine Ermahnung, und folgt seinem natürlichen Hange. Willst du etwas über ihn vermögen, so mußt du mehr tun, als ihn bloß anreden, du mußt ihn machen, ihn also machen, daß er gar nicht anders wollen könne, als du willst, daß er wolle«[1].

Fichtes Reden an die deutsche Nation sind nicht abzulösen von der historischen Situation, in der sie konzipiert wurden: der preußische Staat war besiegt und zerbrochen, es galt ihn wieder zu errichten; und diese historische Aufgabe konnte nur über eine *neue* Erziehung gelöst werden – eine Erziehung, deren Prinzipien in *Fichtes* idealistischer Philosophie wurzeln.

Wer daher voreilig Parallelen zieht zwischen *Fichtes* »Nationalerziehung« zur Wiederbegründung des preußischen Staates und der »nationalsozialistischen Erziehung«, wie sie sich einhundertfünfundzwanzig Jahre später ›ereignen‹ und im Verein mit der sie tragenden Politik des arischen Größenwahns eine der Ursachen für die endgültige Zerstörung des preußischen Staates darstellen wird, der wird dem

Philosophen gewiß nicht gerecht. Zwischen *Fichtes* gewiß merkwürdiger, ja fragwürdiger Pädagogik des »Machens« und jener des »Hineinbrennens« in Herz und Hirn, wie sie *Adolf Hitler* propagierte[2], liegen Welten.
Fichte predigt nicht Haß, sondern er spricht in der zitierten Rede im Zusammenhang mit der »Hervorbringung eines festen, bestimmten und beharrlichen Seins« von der Weckung der »Liebe für das Gute schlechtweg als solches, und nicht etwa um seiner Nützlichkeit willen für uns selber«[3]. Diese Liebe für das Gute trägt »die Gestalt des Wohlgefallens an demselben: eines so innigen Wohlgefallens, daß man dadurch getrieben werde, es in seinem Leben darzustellen. Dieses innige Wohlgefallen also wäre es, was die neue Erziehung als festes und unwandelbares Sein ihres Zöglings hervorbringen müßte; worauf denn dieses Wohlgefallen durch sich selbst den unwandelbar guten Willen desselben Zöglings als notwendig begründen würde«[4].
Wie weit aber auch *Fichtes* »neue Erziehung« von jener brutalen, wie sie sich in totalitären nationalistischen Staaten darstellt, entfernt sein mag: die in ihr geforderte Vernichtung der Freiheit des Willens und deren Aufgehen in der Notwendigkeit – und sei es durch »Weckung« der Liebe für diese Notwendigkeit – schmeckt doch unverkennbar nach irrationalistischer Manipulation. Und es dürfte schon wieder höchst fragwürdig sein, einem, der sich – aus welchen Motiven auch immer – für eine derartige Manipulation ausspricht, pädagogischen Optimismus zu bestätigen. Vielmehr hat es doch den Anschein, als habe der Optimismus hier einen Grad erreicht, mit dem er sich qualitativ verändert und in Pessimismus umschlägt – es sei denn, der Begriff *Erziehung* würde so gefaßt, daß in ihm die Freiheit der Person keine Rolle mehr spielt.
Fichtes Pädagogik des *Machens* und seine Überzeugung von den großen Möglichkeiten einer als Machen begriffenen Erziehung sowie der Zulässigkeit einer solchermaßen interpretierten Einwirkung durch Erzieher wird erneut in seinem *Lehrerbild* evident und in der dafür verwandten Terminologie – in Begriffen wie »anders machen«, »bilden«, »gestalten«, »hinaufbilden«...
Das Gelehrtenideal des Philosophen ist dem platonischen Ideal des Lehrers in vielem ähnlich; und wie für den Griechen der Lehrerstand nach einem langen Bildungsgang und einem mehrfach sich wiederholenden strengen Auswahlverfahren zur Führung des Gemeinwesens berufen ist, so sieht der deutsche Philosoph allein im Gelehrten den zur Erziehung, zur Leitung und zur sittlichen Vervollkommnung der Menschheit Auserwählten und Befähigten, der sich, ganz dem selbstlosen Dienst an der Kultur seines Zeitalters verpflichtet, als »Priester der Wahrheit« betrachten darf[5] und der nach Gottes Willen die Welt »anders machen« und »sie bilden« soll »nach Gottes Bilde«[6].
Zur Erfüllung dieses Werkes taugen nur *ganz wenige*[7], in denen die »ewige göttliche Idee« selbst »zum Dasein« gelangt und so »ein sinnliches Leben« gewinnt, welches deren »persönliches Leben völlig vernichtet, und in sich aufgenommen hat«[8] – *wenige Auserwählte* also, die – aus dem übrigen Volk ausgelesen[9] – eine »Gelehrten-

gemeinde« bilden und dazu aufgerufen sind, »sich und das Volk bis an das Ende der Tage einander entgegen zu erziehen zum Wechsel klarer Einsicht. Was in dieser Bildung und Erziehung liegt, ist es allerdings, was man im eigentlichen Sinne Gelehrsamkeit nennen muß, wie sich dieses alles zu seiner Zeit näher ergeben wird. Dennoch ist es unerläßlich, daß in der Gelehrtengemeinde Gesichte vorhanden seien, und daß alle gelehrte Bildung nur betrachtet werde, als das Mittel, nach diesen das Volk und die Welt zu gestalten; denn nur unter dieser Bedingung hat die Gelehrtengemeinde überhaupt das Recht, da zu sein, ohne dies wäre sie ja selbst Volk; und es wäre überhaupt gar nichts in der Welt vorhanden denn Volk, oder eigentlicher, da das Volk auch zu nichts hinaufgebildet werden sollte, Pöbel«[10].
Wie wenig *Fichte* bei der Erziehung des Gelehrten allerdings an eine *elitäre Standesbildung* denkt, zeigt nicht nur sein Erziehungskonzept, in dem Stand und Geschlecht unberücksichtigt bleiben und mit dem die ständische Gliederung der Nation überwunden werden soll[11], sondern vor allem seine – teilweise an *Fénelon* und *Rousseau* erinnernde – Warnung vor selbstgenießerischer Reflexion und seine Überzeugung: »sich selbst vergessen und verlieren in der Sache, und vor ihrem Gedanken zu keinem Gedanken an sich selber kommen können, ist die unabtrennliche Begleitung jedes wahren Talentes«[12].
Der Gelehrte »im wahrhaften Sinne des Worts«[13] sieht von sich gänzlich ab und geht völlig auf »im Denken der Sache«[14] und in der Darstellung der erkannten Wahrheit »in Werk oder Wort«[15]. Diese Selbstlosigkeit und seine Befähigung insgesamt berechtigen den Gelehrten allein, »in die eigentliche Leitung und Anordnung der menschlichen Angelegenheiten einzugreifen«[16]. Die übrigen aber sind in *Fichtes* Augen »Zuträger und Handlanger«; und »ihre Tugend besteht in pünktlichem Gehorsam und der Vermeidung alles Selbstdenkens, und über ihr Geschäft Selbsturteilens«[17].
Man hat dem Philosophen gewiß kein Unrecht zugefügt, wenn man ihn – bei allem Respekt – einen »Diktator der ›echten Wissenschaft‹« genannt hat[18].

Anmerkungen

1 *J.G. Fichte:* Ausgewählte Werke in sechs Bänden. Herausgegeben von *F. Medicus.* Fünfter Band: Über das Wesen des Gelehrten und seine Erscheinungen im Gebiete der Freiheit. Die Anweisung zum seligen Leben. Bericht über den Begriff der Wissenschaftslehre und die bisherigen Schicksale derselben. Zu »Jacobi an Fichte«. Reden an die deutsche Nation. Die Wissenschaftslehre von1810. Die Bestimmung des Gelehrten. Wissenschaftliche Buchgesellschaft, Darmstadt und Meiner, Hamburg 1962, S. 391 ff.
2 Vgl. *A. Hitler:* Mein Kampf. Zweiter Band: Die nationalsozialistische Bewegung. Eher, München 1932 (1. Auflage der kart. Ausgabe – Band 2 – 1.–10. Tausend), S. 475 f.
3 *J.G. Fichte:* Ausgewählte Werke in sechs Bänden. Fünfter Band, a.a.O., S. 395
4 Ebenda, S. 395
5 *J.G. Fichte:* Ausgewählte Werke in sechs Bänden. Herausgegeben von *F. Medicus.* Erster

Band: Versuch einer Kritik aller Offenbarung. Rezension des Aenesidemus. Über den Begriff der Wissenschaftslehre. Bestimmung des Gelehrten (1794) mit den Zusätzen zur dänischen Ausgabe (1796). Grundlage der gesamten Wissenschaftslehre. Grundriß des Eigentümlichen der Wissenschaftslehre in Rücksicht auf das theoretische Vermögen. Wissenschaftliche Buchgesellschaft, Darmstadt und Meiner, Hamburg 1962, S. 261

6 *J.G. Fichte:* Ausgewählte Werke in sechs Bänden. Fünfter Band, a.a.O., S. 647

7 Ebenda, S. 649

8 Ebenda, S. 11

9 Ebenda, S. 655

10 Ebenda, S. 656

11 *J.G. Fichte:* Ausgewählte Werke in sechs Bänden. Herausgegeben von *F. Medicus.* Sechster Band: System der Sittenlehre (1812). Transzendentale Logik. Staatslehre oder über das Verhältnis des Urstaates zum Vernunftreiche. Wissenschaftliche Buchgesellschaft, Darmstadt und Meiner, Hamburg 1962, S. 500 ff.

12 *J.G. Fichte:* Ausgewählte Werke in sechs Bänden. Fünfter Band, a.a.O., S. 34

13 Ebenda, S. 9

14 Ebenda, S. 67

15 Ebenda, S. 73

16 Ebenda, S. 9

17 Ebenda, S. 9

18 Vgl. *J. Göttler:* Geschichte der Pädagogik in Grundlinien. Herder, Freiburg im Breisgau 1935 (3. Aufl.), S. 272

Ernst Moritz Arndt

Das die Romantik bestimmende Kennzeichen darf wohl darin gesehen werden, daß sich diese um die Wende vom achtzehnten zum neunzehnten Jahrhundert nach Sturm und Drang und nach der Klassik als dritte Phase der Deutschen Bewegung aufblühende geistesgeschichtliche Epoche jedem eindeutig bestimmenden Kennzeichen eben gerade entzieht.
Und doch gibt es bei allen im Irrationalen, Subjektiven, Individuellen und in der Sehnsucht nach dem Unendlichen wurzelnden Meinungsverschiedenheiten und Widersprüchen in einzelnen Bereichen immer wieder auch gemeinsame Auffassungen. Solche weitgehend übereinstimmenden Ansichten lassen sich vor allem im *pädagogischen* Denken der Romantiker nachweisen – zumindest in ihrer grundsätzlich positiven Bewertung des Menschen und in ihrer darin begründeten entwicklungsoptimistischen Einstellung. Hierin zeigen sie sich als echte Jünger des Gefühlsphilosophen *Rousseau*, so sehr sie diesem auch in pädagogischen Detailfragen widersprechen und abweichende Meinungen vertreten: ihr Glaube an die sich *von innen* ereignende Selbstentfaltung des Menschen und ihr Eintreten für eine dieser Selbstentfaltung des ursprünglich guten Menschen entsprechende, also naturgemäße, das heißt »negative« Erziehung verbindet sie mit dem französischen Kulturkritiker. Klar tritt dies in *Ernst Moritz Arndts* Werk *Fragmente über Menschenbildung* zutage.

Wohl wird immer wieder einmal – in parlamentarischen Debatten und an nationalen Gedenktagen – von der Einheit Deutschlands gesprochen; aber ihn, einen der glühendsten Vorkämpfer für die Freiheit der Deutschen und ihre Einheit – *Ernst Moritz Arndt*, kennen heutigentags nur noch wenige. Wer in den gängigen Lexika nachschlägt, um etwas über ihn zu erfahren, bekommt den 1769 auf Rügen geborenen Bauernsohn als politischen Schriftsteller und patriotischen Dichter vorgestellt; nimmt zur Kenntnis, daß er als Professor in Greifswald und Bonn wirkte und wegen seiner politischen Vorstellungen zwanzig Jahre lang seine Rechte als Hochschullehrer nicht ausüben durfte und verfolgt wurde; und er lernt ihn als einen jener Abgeordneten der Frankfurter Nationalversammlung von 1848/1849 kennen, die sich für ein vereintes und demokratisch strukturiertes Deutschland stark machten.
Daß *Arndt*, der 1860 in Bonn starb, auch *pädagogische* Interessen verfolgte, wird selten, allfällig am Rande erwähnt. 1805 – relativ früh und geraume Zeit vor seinem Eintreten für die Lösung der nationalen Frage – veröffentlichte er seine *Fragmente über Menschenbildung* in zwei Bänden, denen er 1819 einen dritten mit dem Titel *Briefe an Psychidion, oder Über weibliche Erziehung* hinzufügte. *Otto Friedrich Bollnow* wertet dieses Werk als den »vollendeten Ausdruck der romantischen Gedankenwelt auf dem Gebiet der Pädagogik«[1]; und *Arndt* hat damit auf manchen Pädagogen der Folgezeit, vor allem auf *Friedrich Fröbel*, großen Einfluß ausgeübt, wie er seinerseits mit seinem Glauben an die sich *von innen* ereignende Selbstentfaltung des Menschen und mit seinem Eintreten für eine diese innere Entwicklung nicht störende, sondern wachsenlassende Erziehung den Einfluß *Rousseaus* verrät.

Wie *Rousseau* ist *Arndt* von der ursprünglichen Güte des Menschen überzeugt und tritt leidenschaftlich für diese Überzeugung ein: »Man hat lange gemeint und meint es noch zu sehr, der Mensch sei nicht herrlich und göttlich durch das, was er nur sei, sondern allein durch das, was er aus sich gemacht habe. So war man im Wahn, alles aus sich machen zu müssen, im Wahn, nichts dürfe so bleiben, als man es in der Wiege und an der Wiege gefunden«[2].

Wie *Rousseau* sieht *Arndt* das, worauf es für den Menschen ankommt, diesem bereits ins Herz geschrieben. Er bezeichnet diesen innersten, irrationalen, die Vernunft an Bedeutung weit überragenden Kern des Menschen als »Instinkt« und nennt diesen »das vollkommenste Sein in uns, das geheime Wirken, woraus alles aufsprudelt und wozu alles niedersinkt«[3]. Wie alles Ursprüngliche ist diese menschliche Elementarinstanz weder gut noch bös, sondern »gleichgültig«[4]; und alles, was ihr entspringt, kann damit niemals böse sein. So schreibt *Arndt* ganz im Sinne *Rousseaus:* »Alle Sünde wird nämlich gezeugt durch den Gedanken, der über etwas brütet, und durch eine Gewohnheit der Unart, die etwas übt.«[5]

Die pädagogische Konsequenz, die sich aus diesem anthropologischen Ansatz ergibt, ist die nämliche, die auch der französische Philosoph schon gezogen hat: die sich *von innen* ereignende und vom Instinkt als vollkommenstem Sein geleitete Selbstentfaltung des Menschen bedeutet für *Arndt* »Menschenbildung«, wobei er diesen Selbstentfaltungsvorgang als Vorgang der *Selbstbildung* interpretiert und in diese Theorie recht eigenwillig sogar den der sensualistischen Erkenntnislehre entlehnten Begriff vom »glatten Täfelchen ohne Gegenstände« beziehungsweise von der »weichen Tafel« einbringt[6]. »Sich bilden lassen soll man den jungen Menschen, alle Züge der schönen Welt sich frisch in die weiche Tafel einzeichnen lassen; so soll das lustige Reich der Bilder, so das Bild der Bilder, das Leben, in ihm und vor ihm auf- und untergehen. Dies wollen wir Bildung nennen, und die Nichtstörung dieses einfältigen Naturverfahrens heißt uns Menschenbildung im höchsten Sinn.«[7]

»Nichtstörung« lautet also einer der wichtigsten Grundbegriffe der *Arndt*schen Pädagogik; und dieser Begriff entspricht der entwicklungsoptimistischen Überzeugung von der *naturgemäßen* Entfaltung des Menschen hin zu seiner *naturgewollten* Bestimmung: »Weil wir diesen Instinkt, worauf alle Triebe ruhen, in jedem Menschen gewiß glauben, so sind wir so scheu, in das junge Leben positiv einzugreifen, so fürchten wir die jungen Triebe zu disziplinieren, als wenn wir etwas Besseres kennten und wüßten, als sie, die drinnen in der verborgnen Klause ihren Wegweiser und Hüter haben, der sie allein führen und schützen soll.«[8]

Die Anthropologie des zwanzigsten Jahrhunderts – repräsentiert durch Forscher wie *Portmann, Lorenz* und *Tinbergen; Uexküll, Plessner* und *Gehlen* – hat die dieser Pädagogik zugrunde liegende Lehre als Wunschdenken entlarvt. Es hat jedoch den Anschein – und heute wieder ganz besonders, wenn man etwa an den Begriff »Antipädagogik« denkt –, daß sich die Jünger *Rousseaus* in ihrem Glauben an dessen »Naturevangelium der Erziehung« durch niemanden und durch nichts irritieren lassen – weder durch solide wissenschaftliche Erkenntnisse noch durch die eigene

Erfahrung, die immer aufs neue lehrt, daß dort, wo man »wachsen läßt«, in erster Linie und besonders üppig *Unkraut* gedeiht.

Arndt sagt von dem tief im Innersten des Menschen eingeborenen Wegweiser, er sei »der Genius, von welchem Pythagoras und Sokrates soviel verstanden, den alle fromme und große Menschen zuweilen lebendig in sich fühlten und wornach wenigstens alle fragten, die sich um hohe Dinge kümmerten«[9]; er setzt also jenes anthropologische Phänomen, das er »Instinkt« nennt, dem *Gewissen* gleich; aber er übersieht offenbar oder weigert sich zu begreifen, daß die Gewissenspotenz im Menschen ohne *Erweckung von außen* – ohne den Beistand und die Wegweisung eines helfenden Begleiters verkümmert.

Ohne Zweifel ist *Arndt* den Entwicklungsoptimisten zuzurechnen. Und doch stößt sein Optimismus an eine merkwürdige Grenze und schlägt dort geradezu in sein Gegenteil um. Der Dichter versieht das *erste Kapitel* seiner *Fragmente über Menschenbildung* mit der Überschrift: *»Die Bildsamkeit des Menschen; Abhängigkeit derselben von Himmelsstrich und Nationalität«*[10].

Auf dem Hintergrund *Leibniz*scher Metaphysik beschreibt er den Menschen als einen »Mikrokosmos«, der wie »ein großer Spiegel« die ganze Wirklichkeit in sich versammelt und reflektiert. Im Blick auf die Bildsamkeit des Menschen besagt dies: »Der Mensch ist, wie die Welt um ihn, und die Welt wird, wie der Mensch auf ihr. Wo die Welt am reichsten und schönsten ist, da wird es nach unserer Ansicht der Mensch sein, wo sie am ärmsten und häßlichsten ist, da wird es wieder der Mensch sein – und so immer auf und ab durch alle Stufen und Wechsel. Ich glaube, daß es allgemeine Ursachen und Grundsätze aller Menschenbildung geben müsse, aber ich glaube nicht diese Allgemeinheit der Bildungsgrundsätze für alle Menschen aller Klimate gültig. Ich denke und hoffe eine immer weiter fliegende Erleuchtung und Humanisierung der Erde, weil mir dies nicht allein in der Hoffnung, sondern selbst in der Erfahrung gegeben ist, wenn ich die Weite der jetzt gebildeten Welt mit ihrer Enge in früheren Zeiten vergleiche. Denke ich vollends an die unendliche Masse von Kenntnissen und Erfindungen zur Verschönerung und Verherrlichung unseres Daseins und unseres Geschlechts, an die unzähligen Mittel, womit der Mensch die rohesten und widerstrebenden Elemente zum Teil schon zu seinem Dienste gezwungen hat, so wird diese Hoffnung mir fast Gewißheit. Aber ich sehe dieses alles nicht durchaus fortstrebend in die Unendlichkeit der Bildung, sondern Schranken und Hemmungen begegnen mir.«[11]

Für jene Lebensbereiche nämlich, wie man sie etwa in den kalten Zonen um die Erdpole oder in den heißen Gegenden im Bereich des Äquators antrifft, sieht *Arndt* »die Unmöglichkeit der Humanisierung« gegeben[12]. Denn in der Kälte des ewigen Eises sind die Lebensbedingungen so dürftig, daß der Mensch sich kaum über die Stufe des Tieres zu erheben vermag. Aber auch in den heißen Zonen mit ihrer üppigen Vegetation zeigt sich der Mensch – wegen seiner klimatischen Organisation und der spezifischen Natureinflüsse auf ihn – »doppelt verhärtet für die Menschwerdung«[13]. Extreme Naturverhältnisse schaffen extreme Lebensbedingungen; die

Bildsamkeit zur Humanität hingegen bedarf der »schöneren Mitte der Erde«[14]. Nur hier – in den Gegenden »zwischen dem fünfundzwanzigsten bis sechzigsten Grad nördlicher und südlicher Breite«[15] – vermögen die Ideen von Unsterblichkeit und Ewigkeit zu entstehen; nur hier können Mitleid, Zärtlichkeit und Liebe erwachen und vermögen Kunst und Religion, Freiheitsbewußtsein, Recht und Gesetzesgehorsam zu gedeihen. Nur hier findet sich *wahre Bildsamkeit*.

Was *Arndt* zum Problem *Bildsamkeit und Menschenbildung* zu sagen hat, gilt also nur für diesen Bereich der *Mitte*; und auch hier wiederum *nur* für »die Menschen der Mitte als die Bildungsfähigsten sowohl durch Naturanlage, als durch Glücksvorzüge. Kein hoher Reichtum, kein hervorragender Stand – so wie die Sachen jetzt stehen, ist da Verderben und Schwäche selten weit – kein Boden des Staatsschiffs, wo aller Unflat und Kehricht der Gesellschaft mit Armut und Hilflosigkeit zusammenfließt und jeden Gedanken an eine menschliche Bildung unmöglich macht, wenn auch die reiche Natur an die Kinder dieser Armen, die sich oft herrlich erheben, ihre Gaben freigebig spendete. Für uns sind hier die Ausnahmen nicht; wir wollen feste Regeln suchen und bleiben also billig bei dem stehen, wo wir diese Regeln am ersten befestigen können. Eine gesunde Familie nehme ich, mit den gewöhnlichen menschlichen Kräften und Anlagen ausgerüstet und begabt, und soweit frei von den drückenden Banden der Not, daß Zärtlichkeit, Familienteilnahme, Sorge und Denken für das künftige Leben, Schonung der zarten jugendlichen Kräfte in ihr aufkeimen und bewahrt werden können«[16].

So bedenkenswert – und möglicherweise auch vertretbar – nun die These vom Zusammenhang zwischen der Bildsamkeit des Menschen und einem gemäßigten Klima sein mag, so bedenklich erscheint allerdings *Arndts* weitere – *sozialpessimistische* – These, die sich auf eine zweite Kategorie von »Schranken und Hemmungen«, die der Bildung des Menschen im Wege stehen, bezieht und aus der klar hervorgeht, daß dieser Mann den Zusammenhang zwischen der Bildsamkeit eines Menschen und den gesellschaftlichen Bedingungen, unter denen dieser Mensch lebt, zwar durchaus erkennt und würdigt, aber – im Unterschied zu seinem bedeutenderen Zeitgenossen *Friedrich Daniel Ernst Schleiermacher* und jedenfalls zum Zeitpunkt der Abfassung der *Fragmente über Menschenbildung* – diesen Zusammenhang nicht als veränderbar, sondern als »eine Naturnotwendigkeit« betrachtet.

Über die Ungerechtigkeit und menschliche Tragik, die mit dieser vermeintlichen Zwangsläufigkeit verbunden ist, tröstet sich *Arndt* allerdings in typisch romantisch-idealistischer Manier hinweg. »Ich habe mich gestellt mit meinen umherschauenden Augen in ein glückliches Land voll bildbarer Menschen, aber in diesem glücklichen Lande sind nicht alle Menschen so glücklich, gebildet werden zu können. Auch hier gibt es eine Naturnotwendigkeit, die nicht die Anlagen und Fähigkeiten zerstört, wodurch man hier zu höherer Humanität vorbereitet werden kann, sondern die Ausbildung derselben verhindert. Der Tagelöhner in der Hütte, der arme Handwerker haben kaum ihre Kinder zu den ersten Spielen sich befiedern sehen, so müssen sie sie zur Arbeit stellen; sie müssen sie frühe mit der Mühe als ihrer Gesellin ins

Leben hineinstoßen, damit sie ihr Leben gewinnen. Alles wird bei ihnen übereilt, selbst der Unterricht, wenn sie einen haben können; auf mechanische Fertigkeit der Hände, auf Willigkeit und Geduld eines zeitigen Gehorsams kommt mehr an, als auf freie Entwicklung und Bewegung. Man arbeitet hier eher auf die Nützlichkeit, als auf die Kraft, auf das arme Entbehren, als auf das fröhliche Genießen hin, kurz auf eine frühe Beschränkung des eigenen Strebens, in welcher noch immer viele das ganze wichtige Geheimnis des Lebens und der Staaten verschlossen glauben, besonders diejenigen, welche in unsern freien Himmelsstrichen, die für keine Kasten und Klassen gemacht sind, gern die Kasteneinrichtung verewigen und in den frühesten Jahren schon mit der Muttermilch einen Gehorsam und eine Geduldigkeit, die außer den Grenzen der Humanität liegen, einsaugen lassen möchten. Es könnte schlimm und niederschlagend scheinen, daß dies so ist, aber gottlob es scheint mehr als es ist. Immer bleiben Menschen genug übrig, die ihre Kinder im Überfluß und ohne Mühseligkeit erwachsen lassen können, die auch, wenn sie verständig sind, alle Mittel in Händen haben, sie zu einem stolzen, freien und menschlichen Dasein erwachen zu lassen. Nicht in Sümpfe stellen wir uns, wenn wir zu den Sternen sehen wollen, sondern auf Berge. Aus dem höheren, schöneren Menschenleben, das solches wenigstens sein könnte, sehen wir zu dem höheren idealen Leben auf, das, weil es uns göttlich möglich dünkt, auch muß göttlich wirklich werden können. Ich spreche von den Eltern, die ihren Kindern eine freie Erziehung geben können. Dieser Erziehung kann schon jetzt jeder dreißigste Mensch genießen in ganzer Fülle, jeder zwanzigste in ihren wichtigsten Teilen. Glückliche Aussicht, wenn nur diese tüchtig gemacht werden, einmal das Salz der Erde zu bewahren! die Mühseligen und Armen werden dann, nicht mitwissend, aber mitlebend und mitgenießend künftig auch ein freudigeres und besseres Schicksal haben.«[17]

Arndts ›Prophetie‹ – nicht aus der Erfahrung sozialer »Sümpfe« gewonnen, sondern auf den »Bergen« eines idealistischen Wunschdenkens artikuliert – *Arndts* ›Prophetie‹ bezeugt den romantischen und vermutlich auch ehrlichen Optimismus des Dichters. Im Blick auf die Sozialgeschichte der »schöneren Mitte der Erde«, ganz besonders angesichts des von den niederen »Kasten und Klassen« hart und lange erkämpften Zugangs zur höheren Bildung grenzt sie an den Gipfel des Zynismus.

Anmerkungen

1 *O.F. Bollnow:* Die Pädagogik der deutschen Romantik. Von Arndt bis Fröbel. Kohlhammer, Stuttgart 1952, S. 24

2 *E.M. Arndt:* Fragmente über Menschenbildung. Nach der Originalausgabe neu herausgegeben von *W. Münch* und *H. Meisner*. Bibliothek pädagogischer Klassiker. Eine Sammlung der bedeutendsten pädagogischen Schriften älterer und neuerer Zeit. Herausgegeben von *F. Mann*. Beyer & Mann, Langensalza 1904, S. 14

3 Ebenda, S. 97

4 Ebenda, S. 97

[5] Ebenda, S. 49; vgl. *J.-J. Rousseau:* Preisschriften und Erziehungsplan. Herausgegeben von *H. Röhrs*. Aus dem Französischen übersetzt von *M.C. Milléquant* und *H. Wodzack* unter Mitwirkung des Herausgebers. Klinkhardt, Bad Heilbrunn/Obb. 1967, S. 67

[6] *E.M. Arndt:* Fragmente über Menschenbildung, a.a.O., S. 11

[7] Ebenda, S. 11

[8] Ebenda, S. 97

[9] Ebenda, S. 97

[10] Ebenda, S. 5

[11] Ebenda, S. 5

[12] Ebenda, S. 5 f.

[13] Ebenda, S. 6

[14] Ebenda, S. 9

[15] Ebenda, S. 7

[16] Ebenda, S. 9

[17] Ebenda, S. 8 f.; vgl. auch *Th. Ballauff* und *K. Schaller:* Pädagogik. Eine Geschichte der Bildung und Erziehung. Band III: 19./20. Jahrhundert. Alber, Freiburg/München 1973, S. 138 f.; vgl. ferner *O.F. Bollnow:* Die Pädagogik der deutschen Romantik, a.a.O. S. 25 ff. und S. 48 ff.

Frühsozialistischer Erziehungsoptimismus: Claude Henry de Rouvroy Graf von Saint-Simon – Charles Fourier – Jean Joseph Louis Blanc – Robert Owen – Moses Heß

Wie alle weltgeschichtlich bedeutsamen geistigen, religiösen und politischen Strömungen hat auch der Sozialismus seine *pädagogische* Dimension. Diese Bewegung, deren Entstehungsursachen in den Problemen und Konflikten der modernen Industrie- und Klassengesellschaft zu suchen sind und die zur – am Gemeinwohl orientierten – Umgestaltung der im Individualismus und Liberalismus wurzelnden kapitalistischen Gesellschaftsordnung in der ersten Hälfte des neunzehnten Jahrhunderts begründet wurde, birgt bei aller Gemeinsamkeit hinsichtlich ihrer ökonomischen, sozialen und politischen Ursachen und bei aller Übereinstimmung in den entscheidenden Programmpunkten im Blick auf ihre *Formen* und angesichts der *Verfahrensweisen* zur Verwirklichung ihrer gesellschaftspolitischen Zielsetzungen doch auch große Widersprüche.
Beides – Übereinstimmung und Widerspruch – spiegelt sich wiederum in der Pädagogik des Sozialismus. Übereinstimmung besteht hinsichtlich der hohen Bedeutung, die man der Bildungspolitik und der Erziehung in allen Richtungen des Sozialismus zumißt; Widersprüche treten hervor, sobald es um die Frage der Durchsetzung des sozialistischen Programms: der sozialistischen Eigentums-, Wirtschafts-, Arbeits- und Bildungspolitik und insgesamt der sozialistischen Staatsordnung geht: führen *Reformen* zum Ziel oder bedarf es zu dessen Verwirklichung der *Revolution*?
Die Beantwortung dieser *politischen* Frage bleibt für die Klärung der *pädagogischen* Problematik nicht ohne Bedeutung. Aber wer immer auch sich bei der Beantwortung dieser Frage durchsetzt – die Reformsozialisten oder jene, die sich für den Primat der Revolution aussprechen –, von ganz wenigen Ausnahmen abgesehen eignet den Sozialisten aller Schattierungen eine erziehungs*optimistische* Grundhaltung.
Diese Einstellung läßt sich bereits bei den Frühsozialisten nachweisen. Sieht man von *Wilhelm Weitling*[1] ab, der sich bei allem Interesse für die Verbesserung des Bildungswesens und die Konzeption einer sozialistischen Pädagogik klar für den Vorrang der *Revolution* vor allen sozialen Reformen ausspricht, weil ihm der gesellschaftliche Fortschritt allein durch die Revolution möglich zu sein scheint, so setzen die anderen bedeutenden Frühsozialisten – etwa der Hauptvertreter des *religiösen* Sozialismus in Frankreich, *Claude Henry de Rouvroy Graf von Saint-Simon*, so auch die *utopischen* Sozialisten: die Franzosen *Charles Fourier* und *Jean Joseph Louis Blanc* sowie der Engländer *Robert Owen* – ihre Hoffnungen bezüglich der Verbesserung der Wirtschafts- und Gesellschaftsordnung, der Rettung der breiten Masse sozial Schwacher aus der Verelendung, der Verwirklichung der sozialen Gerechtigkeit und der sittlichen und sozialen Erneuerung der gesamten Welt in die entsprechenden *Reformen*.

Folgerichtig zu seiner optimistischen Anthropologie, mit der er *Rousseau* sehr nahe steht, bemüht sich *Charles Fourier* um die Konzeption einer neuen *»harmonischen Erziehung«*.

Fourier lebt von 1772 bis 1837 und übt mit seinem System des utopischen Sozialismus, in dem er ein Modell überschaubarer und sich selbst genügender Genossenschaften entwirft, einen großen Einfluß auf die Genossenschaftsbewegung aus.

Die Zielsetzung seines Erziehungskonzeptes besteht darin: »die volle Entwicklung der körperlichen und geistigen Fähigkeiten zu ermöglichen und sie alle, selbst die Neigungen, mit produktiver Arbeit (industrie productive) zu verbinden«[2]. Dieser neuen Erziehung werde es im Verein mit anderen sozialen Reformen gelingen, eine »neue Gesellschaft« zu begründen, in der »die niederen Klassen mit der reichen in der Höflichkeit wetteifern, um auf den Feldern und in den Werkstätten angenehmen Umgang mit angenehmen Arbeitsbedingungen zu vereinigen«[3].

Ähnlich verhält es sich mit *Claude Henry de Rouvroy Graf von Saint-Simon*.

Er lebt von 1760 bis 1825, kämpft unter *Washington* in Nordamerika und büßt als Folge der Französischen Revolution sein gesamtes Vermögen ein. Mit seinem Eintreten für eine klassenlose Gesellschaft und seinen Reflexionen über die Arbeiterfrage im Industriezeitalter zählt er zu den bedeutendsten Initiatoren des französischen Sozialismus.

Auch *Saint-Simon* empfiehlt, die sozialen Probleme durch *pädagogische* Maßnahmen zu lösen, wobei er den Schwerpunkt vor allem auf die religiös-sittliche, also die *erzieherische* Dimension legt; denn: »Um das Wohl der Gesellschaft zu vergrößern, ist es wichtiger, die eigentliche Erziehung zu vervollkommnen als den Unterricht. Die eigentliche Erziehung ist es, die die Gewohnheiten bildet, die Gefühle entwickelt und die Fähigkeit zur allgemeinen Vorausschau (prévoyance générale) zur Entfaltung bringt. Sie lehrt einen jeden, Prinzipien anzuwenden und sich ihrer als sichere Führer für sein Verhalten zu bedienen. Die Erziehung kann als fortwährender Unterricht in den Kenntnissen angesehen werden, die zur Aufrechterhaltung der Beziehungen zwischen den Mitgliedern der Gesellschaft unerläßlich sind.«[4]

Wie seine älteren sozialistischen Zeitgenossen und Landsmänner erwartet auch *Jean Joseph Louis Blanc* das gesellschaftliche Heil nicht von einem gewaltsamen Umsturz, sondern von einer Reform der Arbeitsorganisation und – in erster Linie – von der *Erziehung*.

Blanc lebt von 1811 bis 1882 und tritt für die Einrichtung von staatlich geförderten Arbeiterproduktivgenossenschaften sowie für die Abschaffung der Privatwirtschaft ein.

Aus seinem Vertrauen in die Kraft der Erziehung ergibt sich für *Blanc* als Folge, »daß die Gesellschaft jedem ihrer Mitglieder sowohl Bildung und Unterricht schuldig ist, ohne die der menschliche Geist sich nicht entwickeln kann, als auch Werkzeuge der Arbeit, ohne die die menschliche Tätigkeit im voraus erstickt und tyrannisch ausgebeutet wird. Damit nun aber die Freiheit aller begründet und gesichert werde, muß der Staat eingreifen. Und welches Mittel muß er anwenden, um die Freiheit zu sichern? Die Gemeinschaft. Für alle durch gemeinsame Erziehung die Mittel für geistige Entwicklung, für alle durch brüderliche Vereinigung der Kräfte und Hilfsquellen die Werkzeuge für Arbeit! Das ist es, was die Gemeinschaft erzeugt, das ist es, was die wahre Freiheit ausmacht«[5].

Was den englischen Frühsozialisten *Robert Owen* anlangt, so steht er seinen französischen Zeitgenossen im Eintreten für eine Reform der gesellschaftlichen Verhältnisse *durch Erziehung* in nichts nach.

Owen lebt von 1771 bis 1858 und bemüht sich als Miteigentümer eines bedeutenden englischen Industrieunternehmens durch soziale Reformen um eine wirtschaftliche Besserstellung der Arbeiter, von der er sich auch günstige moralische Auswirkungen erhofft. So setzt er sich für die Begrenzung der Arbeitszeit und die Reduzierung der Kinderarbeit ein, gründet ein Versorgungssystem und Kleinkinderschulen. Seine utopisch-sozialistisch-kommunistischen Ideen sucht er auch in Nordamerika und Mexiko zu realisieren, scheitert aber damit.

Seiner anthropologischen Überzeugung entsprechend, wonach der Mensch ausschließlich das Werk seiner Umgebung ist, formuliert *Owen* folgenden »Grundsatz«: »*Jeder beliebige Charakter, der beste wie der schlechteste, der unwissendste wie der intelligenteste, kann jeder Gemeinschaft, ja der ganzen Welt aufgeprägt werden, wenn man gewisse Mittel anwendet, die in bedeutendem Maße den Regierenden der Nationen zur Verfügung stehen oder ohne Schwierigkeiten verschafft werden können.*«[6]
Für den Engländer sind es ausschließlich die gesellschaftlichen Verhältnisse, die einen Menschen zum Verbrecher werden lassen. Werden diese Verhältnisse durch eine bessere, eine »neue Umwelt«, die der Bildung guter Gewohnheiten dient, ersetzt, dann werden auch Elend und Verbrechen aufhören; und *Owen* beruft sich auf seine Lebenserfahrung, wenn er behauptet, »daß die Glieder jeder Gemeinschaft schrittweise dazu erzogen werden können, ein Leben *ohne Müßiggang, Armut, Verbrechen und Strafen* zu führen; diese Laster und Mißstände entsprangen alle den verschiedenen falschen Ordnungen, die in der ganzen Welt herrschen«[7].
Wie stark *Owens* Glaube an die Allmacht der Erziehung ist, offenbart das »grundlegende Prinzip«, das sein gesamtes pädagogisches Schrifttum bestimmt; es lautet: »›Man kann allen Kindern jedes Gefühl und jede Gewohnheit beibringen‹, mit anderen Worten, ›ihnen jeden beliebigen Charakter anerziehen.‹ Es ist wichtig, *dieses Prinzip immer im Auge zu behalten und seine Wahrheit so fest zu begründen, daß auch nicht der geringste Zweifel mehr besteht*... Die menschliche Natur ist ausnahmslos allgemein bildsam (universally plastic), durch eine richtige Erziehung *kann man die Kinder jeder Klasse unschwer bald zu Vertretern jeder anderen Klasse erziehen, sogar auch dazu, daß sie die Lebensweise dieser anderen Klasse für richtig*

und tugendhaft halten und im Kampf für sie sterben, obwohl man ihre Eltern glauben und sagen lehrte, dies sei eine Klasse schlechter und lasterhafter Menschen, und die Eltern dieser Kinder ihr Leben im Kampf gegen sie auch freiwillig geopfert hätten.«[8]

Dieser naive Erziehungsoptimismus der utopischen Sozialisten erfährt im revolutionären marxistisch-leninistischen Sozialismus mehrfach Kritik.
Wladimir Iljitsch Lenin, der eigentlich *Uljanow* heißt, von 1870 bis 1924 lebt, 1922 die Sowjetunion gründet, diese bis zu seinem Tod regiert und dessen in seinen Schriften niedergelegte und weiterentwickelte Lehre zur Partei- und Staatsdoktrin des Bolschewismus wird – *Lenin* nennt die politische Utopie »eine Art Wunschtraum«, der nie zu verwirklichen sei, da er die Realität der gesellschaftlichen und politischen Kräfte, »der Klassenkräfte« außer acht lasse[9]. Dennoch betrifft diese Kritik der kommunistischen *Revolutionäre* am »Revisionismus« nicht den sozialistischen Erziehungsoptimismus selbst und das ihm zugrunde liegende Menschenbild.

Dieser Optimismus findet sich schließlich auch bei dem deutschen sozialistischen Schriftsteller *Moses Heß*.

Heß lebt von 1812 bis 1875. In jüdischem Geiste erzogen und nach autodidaktischem Studium der Philosophie dem Sozialismus zugewandt, fordert er eine Gesellschaft, in der nach Abschaffung des Erbrechts und des Privateigentums die Gütergemeinschaft als Sozialprinzip herrscht. Als Korrespondent der *Rheinischen Zeitung* hat er Kontakte zu *Karl Marx* und *Friedrich Engels*. Mit seiner 1862 erhobenen Forderung nach Errichtung eines jüdischen Staates zur Lösung der Judenfrage zählt der »Kommunistenrabbi« zu den Begründern des Zionismus.

Bei aller Abneigung gegen Reformpläne samt ihrer Wirkungslosigkeit in der politischen Realität unterstreicht *Heß* in seinem 1848 publizierten *Roten Katechismus für das deutsche Volk* gleichwohl die Bedeutung und Macht der Erziehung in einer – »nach der Vernichtung alles Aristokratentums durch die solidarische Gemeinschaft der Arbeiter« – zu begründenden Volksrepublik.
Von der Erziehung hänge es ab, ob »die Menschen immer besser, befähigter und glücklicher werden«, weshalb es Pflicht des Staates sei, »alle Kinder von frühester Jugend an bis zur Mündigkeit unentgeltlich zu erziehen«.
Gewiß könne nicht »jeder alles lernen« – hier rückt der sozialistische Optimismus in die Nähe des pädagogischen Realismus; »aber jeder soll alles das lernen, wozu er Fähigkeiten zeigt«[10]. Und auf die Frage: ob man sich »schon eine Vorstellung von dem großartigen Leben machen« könne, »welches die Volksrepublik infolge der sozialen Erziehung der Jugend nach einem Menschenalter darbieten« werde, antwortet *Heß:* »Die Lebensverhältnisse der zukünftigen Volksrepublik können mit nichts, was die menschliche Gesellschaft bisher dargeboten hat, verglichen werden.

Auf den Trümmern einer alten Welt, die den Riesenfortschritten des menschlichen Geistes zu enge geworden, wird die Volksrepublik, eine neue Welt, mit neuen Bedürfnissen und Bestrebungen erstehen. – Anders wird das Leben gewonnen, anders geschaffen und darum auch anders beschaffen, anders gestaltet sein. Glück, Reichtum, Bildung, Kunst, Wissenschaft, Moral, Religion und Sitten, alles wird in ihr anders sein. Schwer ist es drum, sich eine klare und deutliche Vorstellung von dieser Welt zu machen, die unsre einzige Hoffnung, unser einziger Glaube und Trost ist in dem tiefen Elend, welches uns heute niederdrückt. Aber wir wissen genug von ihr und mehr als genug von der alten, heutigen Welt, um dieser mit leichtem Herzen den Abschied zu geben und der Gründung der Volksrepublik Gut und Blut aufzuopfern.«[11]

Vision und Wunsch dieses Mannes gehen im zwanzigsten Jahrhundert in Erfüllung: 1949 wird auf dem Gebiet der sowjetischen Besatzungszone die *Deutsche Demokratische Republik* gegründet und der Versuch unternommen, in dieser »Volksrepublik« mit einer *neuen Erziehung* den *neuen Menschen* zu formen. – Was würde *Heß* allerdings wohl sagen, wenn er »Glück, Reichtum, Bildung, Kunst, Wissenschaft, Moral, Religion und Sitten« der DDR und die Folgen dieses vierzig Jahre währenden pädagogischen Versuchs heute beurteilen könnte: den »Reichtum« einer geschundenen und zerstörten Umwelt – beispielsweise in und um Bitterfeld – und die »Moral« deformierter Charaktere, wie sie die sogenannten Stasi-Akten offenbaren?

Anmerkungen

1 Vgl. Anmerkung 4 zum Kapitel über *Siegfried Bernfeld*

2 *Ch. Fourier:* Die harmonische Erziehung. Ausgewählt, eingeleitet und übersetzt von *W. Apelt*. Volk und Wissen, Berlin 1958, S. 47

3 Ebenda, S. 46

4 *H. d. Saint-Simon* zitiert bei *Th. Ramm:* Der Frühsozialismus. Ausgewählte Quellentexte. Kröner, Stuttgart 1956, S. 36 f.

5 *J.J.L. Blanc* zitiert bei *Th. Ramm:* Der Frühsozialismus, a.a.O. S. 384

6 *R. Owen:* Pädagogische Schriften. Ausgewählt, eingeleitet und erläutert von *K.-H. Günther*. Volk und Wissen, Berlin 1955, S. 79

7 Ebenda, S. 99 und S. 102

8 Ebenda, S. 136 f. und S. 138; vgl. auch *K. Sauer:* Der utopische Zug in der Pädagogik. Beltz, Weinheim 1964, S. 11 f. sowie zum Ganzen *Th. Ballauff* und *K. Schaller:* Pädagogik. Eine Geschichte der Bildung und Erziehung. Band III: 19./20. Jahrhundert. Alber, Freiburg/München 1973, S. 325 bis S. 357

9 *W.I. Lenin:* Ausgewählte Werke in zwei Bänden. Band I. Dietz, Berlin 1960 (6. Aufl.), S. 604

10 *M. Heß* zitiert bei *J. Hermand* (Hrsg.): Der deutsche Vormärz. Texte und Dokumente. Reclam jun., Stuttgart 1967, S. 352 ff.

11 Ebenda, S. 356

Karl Marx

Ein starkes Vertrauen auf die *Allmacht der Erziehung*, das wiederum in einem unerschütterlichen Glauben an die *Güte des Menschen* und an seine Vollendbarkeit gründet, eignet auch *Karl Marx*, dem Initiator der nach ihm benannten Bewegung, und durchzieht sein ganzes Werk.

1818 in Trier als Sohn eines jüdischen Advokaten, der mit seiner Familie später zum Protestantismus konvertiert, geboren, arbeitet *Marx* nach dem Studium zunächst als Redakteur der *Rheinischen Zeitung*. Als diese verboten wird, emigriert er nach Paris, wendet sich dort der sozialistischen Bewegung zu und gewinnt den Industriellen *Friedrich Engels* zum Freund. Preußen setzt seine Ausweisung aus Frankreich durch, und *Marx* zieht mit dem Freund nach Brüssel. Zusammen mit *Engels* gründet er dort 1847 den *Deutschen Arbeiter-Bildungsverein*, und beide verfassen 1848 das *Kommunistische Manifest – Programmschrift des Bundes der Kommunisten* und Aufruf zum *Klassenkampf*.
1848 redigiert *Marx* zusammen mit *Engels* die *Neue Rheinische Zeitung* und geht nach deren erneutem Verbot 1849 mit seiner Familie nach London. Dort entstehen seine Hauptwerke, und dort widmet er sich – vom Freund unterstützt – bis zu seinem Tod im Jahre 1883 wissenschaftlichen Studien.
Abgesehen von einer Fülle von unmittelbaren Stellungnahmen zu pädagogischen Fragen ist sein gesamtes Werk pädagogisch bedeutsam und macht ihn zum »Klassiker einer sozialistischen Pädagogik«[1].

Zunächst bedarf es der *»Auflösung der bisherigen Weltordnung«*[2] und einer *»Zurückführung* der menschlichen Welt, der Verhältnisse, auf den *Menschen selbst« –* darin erkennt *Marx* wahre »Emanzipation«[3], bedarf es des *»Kommunismus* als *positiver* Aufhebung des *Privateigentums*, als *menschlicher Selbstentfremdung*, und darum als wirklicher *Aneignung des menschlichen* Wesens durch und für den Menschen. . Dieser Kommunismus ist als vollendeter Naturalismus = Humanismus, als vollendeter Humanismus = Naturalismus, er ist die *wahrhafte* Auflösung des Widerstreites zwischen dem Menschen mit der Natur und mit dem Menschen, die wahre Auflösung des Streits zwischen Existenz und Wesen, zwischen Vergegenständlichung und Selbstbestätigung, zwischen Freiheit und Notwendigkeit, zwischen Individuum und Gattung. Er ist das aufgelöste Rätsel der Geschichte und weiß sich als diese Lösung«[4]. Welche Rolle in diesem Prozeß der *Erziehung* und einer menschlich, das heißt sozial gestalteten *Umwelt* zukommt, erläutert *Marx* unter Hinweis auf die französischen Materialisten ausführlich: »Es bedarf keines großen Scharfsinnes, um aus den Lehren des Materialismus von der ursprünglichen Güte und gleichen intelligenten Begabung der Menschen, der Allmacht der Erfahrung, Gewohnheit, Erziehung, dem Einflusse der äußeren Umstände auf den Menschen, der hohen Bedeutung der Industrie, der Berechtigung des Genusses etc., seinen notwendigen Zusammenhang mit dem Kommunismus und Sozialismus einzusehen. Wenn der Mensch aus der Sinnenwelt und der Erfahrung in der Sinnenwelt alle Kenntnis, Empfindung etc.

sich bildet, so kommt es also darauf an, die empirische Welt so einzurichten, daß er das wahrhaft Menschliche in ihr erfährt, sich angewöhnt, daß er sich als Mensch erfährt. Wenn das wohlverstandne Interesse das Prinzip aller Moral ist, so kommt es darauf an, daß das Privatinteresse des Menschen mit dem menschlichen Interesse zusammenfällt. Wenn der Mensch unfrei im materialistischen Sinne, d.h. frei ist, nicht durch die negative Kraft, dies und jenes zu meiden, sondern durch die positive Macht, seine wahre Individualität geltend zu machen, so muß man nicht das Verbrechen am Einzelnen strafen, sondern die antisozialen Geburtsstätten des Verbrechens zerstören und jedem den sozialen Raum für seine wesentliche Lebensäußerung geben. Wenn der Mensch von den Umständen gebildet wird, so muß man die Umstände menschlich bilden. Wenn der Mensch von Natur gesellschaftlich ist, so entwickelt er seine wahre Natur erst in der Gesellschaft, und man muß die Macht seiner Natur nicht an der Macht des einzelnen Individuums, sondern an der Macht der Gesellschaft messen.«[5]

Auf diesem Hintergrund versteht es sich von selbst, daß die Vertreter des Sozialismus ihr Interesse in besonderem Maße der Gesellschaftswissenschaft und der Erziehungswissenschaft zuwenden und hier der pessimistischen Beurteilung der gesellschaftlichen Entwicklung durch die *»Wissenschaftler der bürgerlichen Gesellschaft«* – durch *Sigmund Freud* beispielsweise[6] – die Hoffnungsgestimmtheit jener Forscher gegenüberstellen, die ihre wissenschaftlichen Bemühungen ganz dem *»Befreiungskampf des Proletariats«* widmen. »Die proletarische Forschung und Wissenschaft trägt notwendig die Merkmale der Zuversicht, des *Optimismus*«; und was die *»proletarische Erziehung«* anlangt, so beweist sie »durch ihr Vorhandensein und ihr stetiges Wachstum – trotz dem Widerstande der herrschenden Klasse – die Fruchtbarkeit unsrer *optimistischen* Einstellung zur Erziehungsfrage.«[7]

Anmerkungen

[1] *Th. Ballauff* und *K. Schaller:* Pädagogik. Eine Geschichte der Bildung und Erziehung. Band III: 19./20. Jahrhundert. Alber, Freiburg/München 1973, S. 593

[2] *K. Marx:* Bildung und Erziehung. Studientexte zur Marxschen Bildungskonzeption. Besorgt von *H.E. Wittig*. Schöningh, Paderborn 1968, S. 58: *Zur Kritik der Hegelschen Rechtsphilosophie – Einleitung* (1844)

[3] Ebenda, S. 53: *Zur Judenfrage I.* (1843)

[4] Ebenda, S. 65: *Nationalökonomie und Philosophie* (1844)

[5] Ebenda, S. 88 f.: *Die Heilige Familie* (1845)

[6] Vgl. *S. Freud:* Gesammelte Werke. Chronologisch geordnet. Vierzehnter Band. Werke aus den Jahren 1925–1931. Fischer, Frankfurt am Main 1968 (4. Aufl.), S. 470 f. und S. 506: *Das Unbehagen in der Kultur* (1930)

[7] *O. Müller:* Pessimismus und Optimismus in der Gesellschafts- und Erziehungswissenschaft. In: Das proletarische Kind. Monatsblätter für proletarische Erziehung. Herausgegeben von *O.* und *A. Rühle*. 2. Jg., Buchholz-Friedewald, Dresden 1926, S. 121, S. 122 und S. 124; vgl. hierzu auch das Kapitel über *Siegfried Bernfeld*

Anton Semenovič Makarenko

Die volle Kraft des sozialistischen Glaubens an den Menschen und an die Allmacht der Erziehung findet ihren Ausdruck in der *sowjetischen* Pädagogik – vorab jener *Anton Semenovič Makarenkos.*

Sein Freund und Vorbild, der russische Dichter *Maksim Gorkij*, charakterisiert ihn als äußerlich finster und wortkarg; ausgestattet mit einer großen Nase, scharfen Augen und einer rauhen Stimme; er bewege sich langsam und sei doch allgegenwärtig; halb Militär, halb Dorfschulmeister ›mit Ideen‹; und stets bereit, »im Vorübergehen und ganz unmerklich liebevoll zu einem kleinen Kerl zu sein« und »einen kurzgeschorenen Kopf zu streicheln«[1].

Bekannt ist *Makarenkos* Wort: »Möglichst hohe Forderungen an den Menschen und möglichste Hochachtung vor ihm«[2]; und zweifelsohne waren seine Forderungen höchst anspruchsvoll. Aber er richtete sie nicht nur an seine Zöglinge und Mitarbeiter, sondern in erster Linie an sich selbst; und dies seit seiner Jugendzeit, ohne Unterbrechung und ohne Rücksicht auf seine Gesundheit. 1939 erliegt er – gerade erst einundfünfzigjährig – in einem Eisenbahnwagen einem Herzinfarkt.

1888 – im Todesjahr *Giovanni Boscos*, mit dem er manches gemein hat – als Sohn eines ukrainischen Anstreichers geboren, tritt *Makarenko* bereits als Siebzehnjähriger seine erste Stelle als Volksschullehrer an. 1917 qualifiziert er sich für das Lehramt an höheren Elementarschulen und wird aufgrund seiner ausgezeichneten Examensleistungen sofort Leiter einer solchen Schule. In dieser Zeit erlebt er die Oktoberrevolution – ein Ereignis, auf das er sich innerlich lange schon vorbereitet hat.

1920 bricht dann seine große Stunde an: der Vorsitzende des Volksbildungsamtes seines Bezirks beauftragt ihn, eine Kolonie für minderjährige Rechtsverletzer aufzubauen und pädagogisch zu leiten. Hier muß er ganz von vorne beginnen. Für die Bewältigung der Aufgaben, vor denen er nunmehr steht, findet er in der traditionellen pädagogischen Literatur keinerlei Hinweise: mit den Reflexionen *Rousseaus* oder *Herbarts* über das Erzieher-Zögling-Verhältnis ist im Blick auf sieben bis neun Millionen verwahrloster Jugendlicher, die infolge der Revolutionsereignisse in der Sowjetunion umherirren, nichts anzufangen. In dieser Situation und mit dem Auftrag, den »neuen Menschen« – den kommunistischen – zu schaffen, entwickelt er *sein* System der Erziehung, in dem er geschickt autoritär-diktatorische Elemente mit demokratischen verbindet.

Bei all seinen Erfolgen, die den unvoreingenommenen Besuchern – *Gorkij* beispielsweise, dessen Namen die Kolonie trägt – nicht verborgen bleiben, hat *Makarenko* gegen viele Widerstände anzukämpfen. Vor allem die frühsowjetischen »Pädologen« um *Nadežda Konstantinovna Krupskaja*, die Lebensgefährtin *Lenins*, diskreditieren sein Konzept als »Kommandeurpädagogik« und werfen ihm Drill und Dressur vor, nicht begreifend, daß die militärischen Elemente, die er einsetzt, ein spielerisches Moment in seiner Erziehung darstellen und daß Disziplin in *seinem* Verständnis Freiheit, Schutz und Geborgenheit bedeutet. – Er hinwiederum spart nicht mit beißender Kritik an der Pädologie, jener sowjetischen Version der europäischen Reformbewegung »vom Kinde aus«: wer auf Evolution vertraue, auf eine Pädagogik des

Wachsenlassens, ernte das, was man aus »reinen Naturverhältnissen« immer ernte: »gewöhnliches Unkraut«[3].

Gleichwohl setzen es seine Gegner durch, daß *Makarenko* seine erfolgreiche Arbeit in der Gorkij-Kolonie nach acht Jahren aufgeben muß. Weitere acht Jahre leitet er die Dzeržinskij-Kommune, die er – immer freilich unter Widerständen – zu einem »Laboratorium für kommunistische Erziehung«[4] gestaltet und in der er sein Kollektiv-System ausbaut.

In seinen letzten drei Lebensjahren widmet er sich seinem schriftstellerischen Werk. Nun erfährt er auch mehr und mehr Anerkennung. Sein Wunsch, als Mitglied in die Kommunistische Partei der Sowjetunion aufgenommen zu werden, bleibt allerdings unerfüllt. Erst nach seinem Tode entdeckt man in ihm den »sozialistischen Klassiker der Pädagogik«.

Sucht man nach dem wohl bezeichnendsten Persönlichkeitsmerkmal dieses Mannes, so wird man es in der *bejahenden* Lebenseinstellung *Makarenkos* erblicken dürfen, in seinem Optimismus, den er auch in Augenblicken der Verzweiflung nicht preisgab und den er meisterhaft auf seine Umgebung zu übertragen verstand. Er sprach von der »Dur-Stimmung«[5] und suchte in den jungen Menschen immer neue »Perspektiven« zu wecken; nahe: »die Freude auf den kommenden Tag«, und weite: die *»Zukunft unserer ganzen Union«*[6].

Makarenko – dieser sowjetische Pädagoge von der Größe eines *Pestalozzi* – ist sich dessen gewiß, daß dem »gemeinen, verpesteten und uns feindlichen Gestern«[7] ein »herrliches künftiges Leben« folgen wird[8]. Der Mensch ist gut; und dort, wo das Gute im Menschen verschüttet ist, ist der Erzieher verpflichtet, es in ihm zu projektieren: »Er muß mit einer optimistischen Voraussetzung an den Menschen herangehen, selbst wenn er dabei ein gewisses Risiko auf sich nimmt und Fehler begeht.«[9]

Makarenko lehnt – wie schon vermerkt – den *utopischen* Optimismus der sowjetischen Pädologen ab, jenen Optimismus, wie er beispielsweise bei *Pavel Petrovič Blonskij*[10] begegnet, der das Recht des Kindes auf eine ungestörte innere Entwicklung unterstreicht und »sozialistische Erziehung und natürliche Erziehung« für »Synonyme« hält[11]. Diesen »utopischen Optimismus« wendet *Makarenko* in einen »optimistischen Realismus«[12], in dem allerdings das *optimistische* Element das unverkennbare Übergewicht behält. Als Beleg dafür mag seine Vorlesung aus dem Jahre 1937 *Schöne Literatur über Kindererziehung* dienen, in der er mehrfach seine Überzeugung »von der absolut unbegrenzten Macht der pädagogischen Einwirkung« zum Ausdruck bringt: »Ich bin überzeugt, wenn ein Mensch schlecht erzogen ist, dann sind daran ausschließlich die Erzieher schuld. Ist ein Kind gut, so verdankt es auch dies der Erziehung seiner Kindheit. Es kann keine Kompromisse, keinen Mittelweg geben, und keine Pädagogik kann so mächtig sein wie unsere sowjetische Pädagogik, weil es bei uns keine Umstände gibt, die der Entwicklung eines Menschen im Wege stehen... Die Macht der Erziehung ist bei uns, in der Sowjetunion, unermeßlich; wir können uns noch nicht einmal vorstellen, wie allgewaltig sie sein kann, wenn sie sich weiterentwickelt.«[13] – Fürwahr, ein großes Wort, das allerdings nicht der Komik entbehrt, wenn man es angesichts der inzwischen zerfallenen Sowjetunion und des gescheiterten Sozialismus bedenkt!

Sucht man nach den Ursachen jener »kolossalen Erfolge« der sowjetischen Pädagogik, dann wird man sie ausschließlich in der Erfüllung der beiden Forderungen jener zitierten Hauptregel finden: »In der Vereinigung dieses gewaltigen Vertrauens und dieser gewaltigen Anforderungen liegt eben der Stil unserer Erziehung. Darauf ist das gesamte gesellschaftliche Leben der Sowjetunion aufgebaut.«[14]

Wie leicht freilich dieser lautere Optimismus – wie ihn *Makarenko* verkörpert – pervertiert, sobald die genannte Vereinigung gelöst wird: nur noch die gewaltigen Anforderungen gelten und an die Stelle des gewaltigen Vertrauens zum Menschen und der Hochachtung vor ihm der totale Erziehungsanspruch eines totalitären Staates tritt, zeigt sich recht augenfällig im Erziehungsverständnis *Michail Kalinins*, eines sowjetischen Politikers der stalinistischen Ära, für den Erziehung »eine ganz bestimmte, zielbewußte und systematische Einwirkung auf die Psyche des Zöglings« bedeutet, »um in ihm die vom Erzieher gewünschten Eigenschaften zu entwickeln«[15].

Aber auch diesem *totalitären* ›pädagogischen Optimismus‹ eignet der Glaube an die grenzenlose Macht der Erziehung, auf dem die gesamte sozialistische Erziehungstheorie aufbaut und der wiederum das Konzept einer »Erziehungsdiktatur« der sogenannten *Neuen Linken* bestimmt, in dem die These von der *absoluten* Bildsamkeit des Menschen eine der anthropologischen Kernthesen darstellt und das wieder stark an die Naivität der Frühsozialisten erinnert und sich lediglich durch die aggressive Arroganz und das Pathos des Elitären unterscheidet, womit es von seinen Schöpfern in den siebziger Jahren des zwanzigsten Jahrhunderts vorgetragen wird: gelingt es erst, die bestehende kapitalistische bürgerliche Gesellschaftsstruktur zu zerschlagen, dann wird der Mensch wieder zu seiner ursprünglichen Güte zurückfinden, und dann werden sich auch jene bildungswirksamen Umweltbedingungen schaffen lassen, die den Ausbau und Bestand einer neuen, emanzipierten, von jeder Herrschaft befreiten, sozialistischen Gesellschaft garantieren[16].

Anmerkungen

1 *Maksim Gorkij* zitiert bei *A.S. Makarenko:* Ausgewählte pädagogische Schriften. Besorgt von *H.E. Wittig*. Schöningh, Paderborn 1969 (2. Aufl.), S. 226 f.

2 *A.S. Makarenko:* Ausgewählte pädagogische Schriften, a.a.O., S. 110

3 *A.S. Makarenko:* Werke. Erster Band: Ein pädagogisches Poem (Der Weg ins Leben). Volk und Wissen, Berlin 1959, S. 592

4 *H.E. Wittig* in: *A.S. Makarenko:* Ausgewählte pädagogische Schriften, a.a.O., S. 222

5 *A.S. Makarenko:* Ausgewählte pädagogische Schriften, a.a.O., S. 138

6 Ebenda, S. 91 und S. 96

7 *A.S. Makarenko:* Werke. Erster Band, a.a.O., S. 235

8 Ebenda, S. 372

[9] *A.S. Makarenko:* Werke. Siebenter Band: Publizistik. Erzählungen und Skizzen. Aufsätze über Literatur und Rezensionen. Briefwechsel mit Gorki. Volk und Wissen, Berlin 1963, S. 322

[10] Der sowjetische Psychologe und Pädagoge *Pavel Petrovič Blonskij* lebt von 1884 bis 1941. Mit seinem Werk *Die Arbeitsschule*, das er 1918 publiziert, wird er international bekannt. Als Begründer der sozialistischen Produktionsschule bestimmt er die pädagogische Entwicklung in der Sowjetunion entscheidend mit. Aufgeschlossen für *Lev Nikolaevič Tolstojs* Konzept einer freien Erziehung und für die westeuropäische Reformpädagogik arbeitet er verstärkt auf dem Gebiet der Pädologie, der Wissenschaft vom Kind, und beeinflußt neben *Nadežda Konstantinovna Krupskaja*, der Lebensgefährtin *Lenins*, zeitweilig auch die sowjetische Schulpolitik. 1936 verwirft das Zentralkomitee der Kommunistischen Partei der Sowjetunion die Pädologie als reaktionären Versuch; *Blonskij* wendet sich nunmehr ganz der psychologischen Forschung zu.

[11] *P.P. Blonskij* zitiert bei *Th. Ballauff* und *K. Schaller:* Pädagogik. Eine Geschichte der Bildung und Erziehung. Band III: 19./20. Jahrhundert. Alber, Freiburg/München 1973, S. 612

[12] Vgl. ebenda, S. 616

[13] *A.S. Makarenko:* Werke. Fünfter Band: Allgemeine Fragen der pädagogischen Theorie. Erziehung in der sowjetischen Schule. Volk und Wissen, Berlin 1964, S. 380 und S. 390

[14] Ebenda, S. 393; vgl. zum Ganzen auch *Th. Ballauff* und *K. Schaller:* Pädagogik. Eine Geschichte der Bildung und Erziehung. Band III, a.a.O., S. 593 bis S. 642

[15] *Michail Kalinin* zitiert bei *K. Sauer:* Der utopische Zug in der Pädagogik. Beltz, Weinheim 1964, S. 73 – *Kalinin* lebt von 1875 bis 1946, zählt zu den engsten Mitarbeitern *Lenins* und *Stalins*, wird 1919 nominelles Staatsoberhaupt der Sowjetunion und wirkt seit 1938 als Vorsitzender des Präsidiums des Obersten Sowjets.

[16] Vgl. *W. Brezinka:* Die Pädagogik der Neuen Linken. Analyse und Kritik. Seewald, Stuttgart 1972, S. 25 ff.

Ellen Key

Will man den Bogen der geschichtlichen Betrachtung, die der erziehungs- beziehungsweise der entwicklungsoptimistischen Position gilt, weiter- und bis zu einem vorläufigen Endpunkt ziehen, dann dürfen verschiedene pädagogische Strömungen und – neben den bereits genannten – einige zusätzliche Persönlichkeiten des zwanzigsten Jahrhunderts nicht unerwähnt bleiben.
Als diesbezüglich zweifelsohne bedeutendste Strömung kann die *Reformpädagogische Bewegung* zwischen 1900 und 1932 angesehen werden. Sie ist als Gegenbewegung gegen die sogenannte »alte Schule« der Herbartianer zu begreifen, denen übrigens wegen ihrer Überzeugung: der Zögling sei durch einen bestimmten psychischen Mechanismen entsprechenden und geschickt aufbereiteten (Gesinnungs-) Unterricht erzieherisch erfolgreich zu steuern, gleichfalls eine *erziehungs*optimistische Grundhaltung bescheinigt werden muß[1].
Bereits der Auftakt der Reformpädagogischen Bewegung, das Buch der schwedischen Lehrerin und Frauenrechtlerin *Ellen Key* mit dem Titel *Das Jahrhundert des Kindes* – 1900 erschienen – bringt den ungebrochenen Glauben an die Güte des Menschenkindes und den gewaltigen pädagogischen Enthusiasmus zu Beginn und während des ersten Drittels des zwanzigsten Jahrhunderts zum Ausdruck – einen Enthusiasmus, der auch nicht durch die Ereignisse des Ersten Weltkrieges zerstört worden war, sondern nach 1918 das pädagogische Geschehen unvermindert prägte[2].
Dieser Optimismus läßt sich in allen Teilrichtungen dieser Bewegung und bei den meisten ihrer Repräsentanten nachweisen: ob man nun an die *Pädagogische Bewegung »vom Kinde aus«* denkt[3] und dabei an *Ellen Key, Ludwig Gurlitt, Maria Montessori* und *Berthold Otto* oder an die *Jugendbewegung*[4]; ob man sich der *Arbeitsschulbewegung* zuwendet[5] und ihren verschiedenen Teilrichtungen und Vertretern von *Georg Kerschensteiner* bis *Pavel Petrovič Blonskij* oder der *Kunsterziehungsbewegung*[6] und der Fülle ihrer Repräsentanten; ob man endlich die *Landerziehungsheimbewegung* betrachtet[7] und hier wiederum auf *Hermann Lietz, Gustav Wyneken* und *Paul Geheeb* den Blick richtet: der gesamten Bewegung und den sie tragenden Persönlichkeiten eignet bei aller unterschiedlichen Auffassung über einzelne Sachfragen jener angesprochene pädagogische Enthusiasmus und Optimismus: der Glaube an das Gute im Menschenkind, an die Freilegung der kreativen Kräfte in ihm und an den Aufbau einer neuen, besseren Gesellschaft aus dem Schutt einer zerbröckelnden Kultur und aus den Resten einer morbiden Gesellschaft *auf erzieherischem Weg*.
Diese Haltung nährt sich aus verschiedenen Wurzeln: aus dem Naturevangelium *Jean-Jacques Rousseaus*, seinem Irrationalismus und seiner Kulturkritik ebenso wie aus dem Gedankengut des deutschen Idealismus, der Lebensphilosophie sowie *Friedrich Nietzsches* Kritik an der Kultur, seinem Mißtrauen gegen die Vernunft, das ihn mit *Rousseau* verbindet, und seinem Konzept des »Übermenschen«[8].

Als Beleg für diese *entwicklungs*optimistische Einstellung vieler Reformpädagogen mögen einige Beispiele genügen.

Ellen Keys Appell lautet: »Lasst uns die Kinder leben lassen!«[9] *Friedrich Fröbel* hatte an seine Zeitgenossen einen ähnlich klingenden Aufruf gerichtet: *»Kommt, laßt uns unsern Kindern leben!«*[10] Sie, die pathetische Sibylle aus dem hohen Norden, fühlt sich berufen, diesen Satz in eine ihrem Empfinden entsprechend »inhaltsreichere« Version transponieren zu müssen, in eine Version, aus der unüberhörbar die Forderung ertönt: die Kinder in aller Welt, ganz besonders aber die deutschen, endlich von jeglicher Dressur, Einpaukerei, Methodik und Herdenbehandlung zu erlösen; denn: »Die Seelen der Deutschen werden schon im Kindergarten für die Uniform einexerziert…«[11] –
Das *Kind* ist ihr großes Thema. Ihm gilt ihr Hauptwerk, das 1900 erscheint und sie über Nacht berühmt macht. Mit seinem Titel erklärt sie ein ganzes Jahrhundert zum *Jahrhundert des Kindes* und widmet dieses Buch »allen Eltern, die hoffen, im neuen Jahrhundert den neuen Menschen zu bilden«[12].
Nun: die Säuglinge von 1900 sind – wofern sie überhaupt noch leben – inzwischen im Greisenalter; das ›Jahrhundert des Kindes‹ ist nahezu verstrichen, und es mag längst zu prüfen erlaubt sein, ob und in welchem Ausmaß die Prophezeiungen der Schwedin in Erfüllung gegangen sind, wonach im zwanzigsten Jahrhundert die »Religion der Entwickelung« das ihr so verhaßte Christentum ablösen werde und »die Erwachsenen endlich den Kindersinn verstehen« und ihn sich selbst bewahren würden[13].
Was das Christentum betrifft, mag sie so unrecht nicht gehabt haben. Im Blick auf die Säuglinge der Jahre seit 1900 befallen den Betrachter allerdings quälende Zweifel, ob er in ihnen tatsächlich »einen höheren Typus Mensch«[14] erkennen kann. Und was Leben und Glück der Kinder in diesem Jahrhundert anlangt, so verfälscht man die Realität wohl kaum, wenn man das ›Jahrhundert des Kindes‹ das *Jahrhundert der Enttäuschungen* nennt[15].
1849 in Sundsholm geboren, wirkt *Ellen Key* als Lehrerin in Stockholm und nebenher als Dozentin am dortigen Arbeiterinstitut. In mitreißenden Reden kämpft sie für die Emanzipation der Frau und setzt sich in ihren Schriften für eine freie, nach heutigem Sprachgebrauch antiautoritäre Erziehung ein. 1926 stirbt die Wegbereiterin der *Pädagogischen Bewegung »vom Kinde aus«* auf Strand am Vättersee.

In *Ellen Keys* Reflexionen über »Erziehung« finden sich folgende Sätze: »Ruhig und langsam die Natur sich selbst helfen lassen und nur sehen, dass die umgebenden Verhältnisse die Arbeit der Natur unterstützen, das ist Erziehung.«[16] Oder: »Bevor nicht Vater und Mutter ihre Stirne vor der Hoheit des Kindes in den Staub beugen; bevor sie nicht einsehen, dass das Wort Kind nur ein anderer Ausdruck für den Begriff Majestät ist; bevor sie nicht fühlen, dass es die Zukunft ist, die in Gestalt des Kindes in ihren Armen schlummert, die Geschichte, die zu ihren Füssen spielt – werden sie auch nicht begreifen, dass sie ebenso wenig die Macht oder das Recht haben, diesem neuen Wesen Gesetze vorzuschreiben, wie sie die Macht oder das Recht besitzen, sie den Bahnen der Sterne aufzuerlegen.«[17] – Aus beiden Sätzen ist deutlich der Einfluß *Rousseaus*, aus dem zweiten auch jener *Nietzsches* zu spüren:

der Glaube an die *Selbstentfaltungskraft* der – guten – Natur, die Verachtung der Kultur und ihres Einflusses sowie das Vertrauen in den künftigen, neuen Menschen, den »Übermenschen«, der im Kinde schlummert und einst die Geschichte bestimmen wird.
Würde man sich übrigens innerhalb der Lehre *Nietzsches* auf sein Konzept des »Übermenschen« beschränken, könnte man ihn gut und gerne auch den pädagogischen Optimisten zurechnen, wie man umgekehrt *Rousseau* mit der seiner anthropologischen Theorie immanenten These von der Unbegabbarkeit des Menschen gut und gerne den Pessimisten zuordnen könnte, woraus sich nur ein erneuter Hinweis auf die schon mehrfach erwähnte Schwierigkeit ergibt, die darin besteht, einzelne Denker mit ihren differenzierten anthropologischen und pädagogischen Ansätzen eindeutig einer bestimmten Position zuzuteilen.
Was *Ellen Key* anlangt, so besteht auch bei ihr diese Schwierigkeit; dann nämlich, wenn man als Maßstab den Begriff der *positiven* Erziehung zugrunde legt. Fairerweise wird man sich freilich daran zu halten haben, was *sie* unter *Erziehung* versteht; und dabei wird Erziehung »als linearer, zum Besseren fortschreitender Prozeß« gesehen: Erziehung »überwindet das nicht grundständig Böse und führt dadurch einen ›neuen‹ Menschen und eine ›neue‹ Menschheit herauf«[18].
Wer dieses Erziehungsverständnis *optimistisch* nennt, begeht sicher keinen Fehler.

Anmerkungen

[1] Vgl. *Th. Ballauff* und *K. Schaller:* Pädagogik. Eine Geschichte der Bildung und Erziehung. Band III: 19./20. Jahrhundert. Alber, Freiburg/München 1973, S. 200 f.
[2] Vgl. *O.F. Bollnow:* Existenzphilosophie und Pädagogik. Versuch über unstetige Formen der Erziehung. Kohlhammer, Stuttgart 1962 (2. Aufl.), S. 9 f. und S. 11
[3] Vgl. *Th. Dietrich* (Hrsg.): Die pädagogische Bewegung »Vom Kinde aus«. Klinkhardt, Bad Heilbrunn/Obb. 1963 und *Th. Gläss* (Hrsg.): Pädagogik vom Kinde aus. Kleine pädagogische Texte 26. Beltz, Weinheim 1960
[4] Vgl. *K. Seidelmann* (Hrsg.): Die deutsche Jugendbewegung. Klinkhardt, Bad Heilbrunn/Obb. 1966
[5] Vgl. *A. Reble* (Hrsg.): Die Arbeitsschule. Texte zur Arbeitsschulbewegung. Klinkhardt, Bad Heilbrunn/Obb. 1964 (2. Aufl.)
[6] Vgl. *H. Lorenzen* (Hrsg.): Die Kunsterziehungsbewegung. Klinkhardt, Bad Heilbrunn/Obb. 1966
[7] Vgl. *Th. Dietrich* (Hrsg.): Die Landerziehungsheimbewegung. Klinkhardt, Bad Heilbrunn/Obb. 1967
[8] Vgl. dazu *Th. Ballauff* und *K. Schaller:* Pädagogik. Eine Geschichte der Bildung und Erziehung. Band III, a.a.O., S. 41 ff.; *O.F. Bollnow:* Existenzphilosophie und Pädagogik, a.a.O., S. 11 f.; *W. Flitner* und *G. Kudritzki* (Hrsg.): Die deutsche Reformpädagogik. Band I. Küpper, Düsseldorf/München 1967 (2. Aufl.), S. 9 ff. sowie *W. Scheibe:* Reformpädagogik. In: Neues pädagogisches Lexikon. Herausgegeben von *H.-H. Groothoff* und *M. Stallmann.* Kreuz, Stuttgart/Berlin 1971 (5. Aufl.), Sp. 929 ff.

[9] *E. Key:* Das Jahrhundert des Kindes. Autorisierte Uebertragung von *F. Maro*. Fischer, Berlin 1905 (11. Aufl.), S. 261

[10] Vgl. *F. Fröbel:* Ausgewählte Schriften. Herausgegeben von *E. Hoffmann*. Erster Band: Kleine Schriften und Briefe von 1809–1851. Küpper, Düsseldorf/München 1964 (2. Aufl.), S. 114

[11] *E. Key:* Das Jahrhundert des Kindes, a.a.O., S. 261

[12] Ebenda, S. IX

[13] Ebenda, S. 184

[14] Ebenda, S. 5

[15] Vgl. dazu *H.P. Bleuel:* Kinder in Deutschland. Hanser, München 1971; ferner *F. März:* Das Jahrhundert der Enttäuschungen. Über Leben und Stellung des Kindes in unserer Gesellschaft. Vortrag anläßlich einer Tagung der Katholischen Akademie Augsburg. Akademie-Protokolle. Katholische Akademie Augsburg 1973

[16] *E. Key:* Das Jahrhundert des Kindes, a.a.O., S. 110

[17] Ebenda, S. 181

[18] *Th. Dietrich:* Geschichte der Pädagogik in Beispielen. 18.–20. Jahrhundert. Klinkhardt, Bad Heilbrunn/Obb. 1970, S. 187; vgl. auch *O. Eberhard:* Abendländische Erziehungsweisheit. Eine Hilfe für die Not der Gegenwart. De Gruyter, Berlin 1958, S. 138 ff.

Ludwig Gurlitt

Bis zu welchem Grad sich dieser Entwicklungsoptimismus steigern und wie diese Steigerung bis ins Extrem geradezu zum Unsinn pervertieren kann, hat kaum einer deutlicher gezeigt als *Ludwig Gurlitt*.
Dieser Mann gehört dem Kreis jener Pädagogen zu Beginn des zwanzigsten Jahrhunderts an, die ihre wichtigste Aufgabe darin erblickten, Leben und Lernen der Kinder in Familie, Heim und Schule von *deren* Bedürfnissen her – *»vom Kinde aus«* – zu gestalten. In scharfer Form kritisiert er die pädagogische Situation seiner Tage und die Praxis, Kinder in leidvoller Weise auf die Lebensbedingungen in dieser Welt vorzubereiten: »Wahrhaftig, sie haben genug zu leiden, ehe sie sich in die böse Welt hineinfinden, ihr braucht ihnen nicht künstlich bittere Arzneien in ihren Lebenskelch zu träufeln!«[1] Und *Gurlitt* verweist in seiner 1909 publizierten *Erziehungslehre* auf einhundertfünfundsechzig Kinderselbstmorde, die innerhalb von vierzehn Jahren allein in Berlin bekanntgeworden sind – fürwahr kein Novum unserer Tage, aber erschreckend genug, wie wenig sich die Lebensbedingungen der Kinder im ›Jahrhundert des Kindes‹ zu ihren Gunsten verändert haben.
Mit bissigen Worten geißelt *Gurlitt* vor allem die *Schule* und die in ihr drohende *»rote Gefahr«*. Gerade diese Institution trage in besonderem Maße Schuld am Leid der Kinder und Jugendlichen, indem sie statt stetiger Förderung permanente Leistungskontrolle betreibe: »Den ganzen Tag, das ganze Jahr, die ganze Schulzeit hindurch stehen unsere Schüler unter der Zensur, sei es, daß diese mit Worten, sei es, daß sie mit roter Tinte geübt wird... Stets steht der Lehrer zwischen dem Kopfe und dem Papiere des Schülers, stets schreckt diesem der rote Tintentopf die eigenen Gedanken zurück... In keinem Lande ist der Konsum von roter Tinte so stark wie bei uns.«[2] Und sarkastisch ruft *Gurlitt* seinen pflichtbesessenen Kollegen zu: »Ihr nennt euch Christen?! Hat denn Christus ›gearbeitet‹? Hat er seinen Jüngern den ganzen Tag zugerufen: ›Immer fleißig, ihr Fischer, fischen, fischen, fischen!‹ Hat Sokrates gearbeitet? Den ganzen Tag, das ganze Leben lang ist er in Athen gemütlich umhergebummelt. Und doch preist ihr ihn den Primanern? Er war ja ein Faulpelz, und wenn man ihn zum preußischen Oberlehrer hätte machen wollen, dann hätte er gewiß schon als Probekandidat den Giftbecher genommen...«[3]

1855 in Wien geboren, wirkt *Ludwig Gurlitt* nach dem Studium in Göttingen und Berlin als Gymnasiallehrer – zunächst in Hamburg, dann in Berlin-Steglitz, an eben jener Schule, von der mit der Gründung des »Wandervogels« die Jugendbewegung ihren Anfang nahm. Ab 1902 profiliert er sich als radikaler Reformer des wilhelminischen Schulwesens und sieht in den Lehrern die Hauptverantwortlichen für den Untertanengeist der Deutschen.
1907 tritt er – seinem Unabhängigkeitsdrang nachgebend – vorzeitig in den Ruhestand und gründet als Privaterzieher mehrere Heime. 1931 stirbt er in Freudenstadt.

Vieles in seinen Schriften erinnert den Kundigen an *Jean-Jacques Rousseau:* auch *Gurlitt* fordert eine »neue Erziehung«, und auch bei ihm soll es eine *»natürliche*

Erziehung« sein – eine, »die der Natur nachgeht und der Natur ihr Recht verschaffen will«.

Wie *Rousseau* warnt er vor der Aufopferung einer frohen Gegenwart des Kindes zugunsten einer mit viel Leid erkauften ›gesicherten‹, letztlich doch vagen Zukunft, nennt das Spiel »die wichtigste, ernsteste, notwendigste Lebensbetätigung der Kinder« und erblickt in deren *Glück* das oberste Prinzip aller Erziehung. Wirkliches Glück finde der Mensch aber nur in sich selbst; und deshalb müsse derjenige, der Kinder »zum Glück erziehen will, ... sie möglichst früh ihrem eigenen Schaffenstrieb überlassen«.

Wie *Rousseau* lehnt er die Offenbarungsreligion ab, verläßt sich lieber auf die »viel sprechenderen und viel überzeugenderen Offenbarungen des Weltgeistes« und beurteilt die christliche Lebenslehre im Blick auf Kinder als theoretisch unverständlich, praktisch nicht realisierbar und physisch unerträglich.

Und wie *Rousseau* verwickelt er sich in eine Reihe von Widersprüchen. So verlangt er beispielsweise ein »naturwissenschaftliches« Erziehungsverfahren, bewegt sich in seinen ›Argumenten‹ und Forderungen aber weitgehend auf einer irrationalen Ebene. Er betont die Nähe der Pädagogik zur *Biologie*, verlangt vom Lehrer *vor* der Erziehung der Kinder das Studium der Eltern im Blick auf das weitergegebene genetische Potential sowie die Festlegung der Grenzen und letzten Möglichkeiten der erzieherischen Arbeit, verrät aber an keiner Stelle, wie das konkret, an konkreten Kindern, geschehen soll.

Und wie der Franzose glaubt *Gurlitt* an ein inneres Führungsprinzip in jedem Kind und hält eine äußere Anleitung und Belehrung für völlig überflüssig, ja er treibt *Rousseaus* naturalistisch-anthropologische These geradezu auf die Spitze: »Der Mensch wächst körperlich und wächst damit zugleich auch geistig. Mit der Zunahme des Gehirnes nehmen auch die Denkfunktionen und die Antriebe zum Handeln zu. Dem Menschen wächst der Verstand ebenso wie ihm die Haare wachsen, und er bekommt Gedanken und Sprache ebenso, wie er Zähne bekommt.«[4]

Im Blick auf die anthropologischen Fakten kann man sich kaum eine noch unsinnigere pädagogische These vorstellen. Aber *Gurlitt* will aus Verärgerung über das Schulsystem und den Unterrichtsbetrieb seiner Tage wohl ganz bewußt provozieren.

Anmerkungen

1 *L. Gurlitt:* Erziehungslehre. Wiegandt und Grieben, Berlin 1909; hier zitiert aus: Die pädagogische Bewegung »Vom Kinde aus«. Herausgegeben von *Th. Dietrich.* Klinkhardt, Bad Heilbrunn/Obb. 1963, S. 41

2 *L. Gurlitt:* Der Deutsche und seine Schule; hier wieder zitiert aus: Die pädagogische Bewegung »Vom Kinde aus«, a.a.O., S. 47 ff.

[3] *L. Gurlitt:* Der Deutsche und seine Schule; hier zitiert aus: *Th. Wilhelm:* Pädagogik der Gegenwart. Kröner, Stuttgart 1967 (4. Aufl.), S. 15

[4] *L. Gurlitt:* Erziehungslehre; hier wieder zitiert aus: Die pädagogische Bewegung »Vom Kinde aus«, a.a.O., S. 36 bis S. 46

Alexander Sutherland Neill

Auf einem ähnlichen anthropologischen Konzept gründet auch die reformpädagogische Theorie des Schotten *Neill*, die er – im Unterschied zu *Rousseau* und zahlreichen anderen *theoretischen* Optimisten – in seiner Internatsschule von *Summerhill* in einer Jahrzehnte währenden Erziehertätigkeit auch *praktisch* erprobt hat. Nach dem Zeugnis des Begleittextes zu seinem Werk *Theorie und Praxis der antiautoritären Erziehung*[1] erwartet *Neill* das gesellschaftliche Heil nicht von einem *»Umsturz der bestehenden Zwangsgesellschaft«*, ebensowenig von der Politik und der fortschreitenden Technik: *»Freiheit und Menschlichkeit erhofft er sich ... von einer neuen Erziehung«*.

Nach dem antiautoritären Rummel der siebziger Jahre des zwanzigsten Jahrhunderts, als bald jeder über ihn sprach, ist es wieder still um ihn geworden. Die Erwartungen, die er mit seinem Experiment *Summerhill* weckte, gingen wohl nicht ganz in Erfüllung – jedenfalls nicht für Hinz und Kunz, die bei aller Faszination über die Erfolge eines ›neuen‹ Erziehungskonzeptes nicht oder erst viel zu spät merkten, daß mit diesem Künder kindlicher Freiheit und kindlichen Glückes ein Mann am Werke war, dem aufgrund seiner Persönlichkeit und seines Charismas beinahe alles, was er anfaßte, zu pädagogischem – nein: nicht unbedingt Gold, mindestens aber zu Kupfer geriet, während seine Epigonen allenfalls Blech produzierten. –
Neill selbst wollte nie Führer sein, wohl wissend, daß sich seine Intentionen leicht verfälschen lassen; und das ihm oft angeklebte Prädikat »progressiv« konnte er nicht ausstehen: »Ich ziehe das Wort Pionier vor, das an kräftige Burschen erinnert, die mit Äxten ihren Weg durch den Urwald bahnen, auf dem später die Wagen der Geschäftemacher und Ausbeuter rollen werden. Was du auch tust, immer folgen dir andere und verwandeln deine Wildnis in eine Stadt mit Leuchtreklamen und eleganten Lokalen...«[2]
1883 in Schottland geboren, wirkt *Alexander Sutherland Neill* zunächst als Lehrer und Schulleiter an öffentlichen Schulen, weilt für einige Zeit auch in Deutschland, wo er zusammen mit anderen die Internationale Schule Hellerau bei Dresden aufbaut. Nach England zurückgekehrt, gründet er 1921 die Internatsschule *Summerhill* und leitet sie bis zu seinem Tod im Jahre 1973.

Neills gesamte Pädagogik wird wiederum von seiner unerschütterlichen Überzeugung getragen, »daß das Kind kein schlechtes, sondern ein gutes Wesen ist«, das, »sich selbst überlassen und unbeeinflußt von Erwachsenen, ... sich entsprechend seinen Möglichkeiten« entwickelt[3], und daß es so etwas wie eine »Erbsünde« niemals gegeben hat[4].
Diese Überzeugung ist der Ausgangspunkt; und was seine Ziele anlangt, so verfolgt *Neill* mit ganzer Energie ein einziges: daß »Kinder von ihrem Unglücklichsein geheilt und – noch wichtiger – zu glücklichen Menschen erzogen werden«[5].
Wie bei jedem von *Jean-Jacques Rousseau* beeinflußten anthropologisch-pädagogischen Konzept begegnet man auch in der Pädagogik *Neills* im Blick auf die Erziehbarkeit des Menschen und hinsichtlich der Ausschöpfbarkeit seiner Begabungs-

reserven jener bekannten Ambivalenz, wonach optimistische und pessimistische Tendenzen gleichermaßen festzustellen sind.
Der Glaube an die Güte und die Selbstentfaltungskräfte des Kindes und die Überzeugung: Freiheit und Glück der Menschheit seien auf *erzieherischem* Wege zu gewinnen und Kinder, »die nach eigenen Gesetzen leben dürfen«, zeigen »den Beginn einer neuen Kultur« an, »deren Beschaffenheit eine radikalere Veränderung aufweist als jede neue Gesellschaft, die von den politischen Parteien versprochen wird«[6] – dieser Glaube und diese Überzeugung weisen *Neill* als *Entwicklungs*optimisten aus. Sein statisches Begabungskonzept und die diesem Konzept entsprechende »Entwicklungs«-Pädagogik belegen die *erziehungs*pessimistischen Züge und kennzeichnen *Summerhill* nach seinen eigenen Worten als eine Schule, »in der Kinder mit der angeborenen Fähigkeit und dem Wunsch, Gelehrte zu werden, Gelehrte werden, während jene, die nur zum Straßenkehrer geeignet sind, Straßenkehrer werden«[7].
Berücksichtigt man allerdings wieder *Neills* Erziehungsbegriff, seine gesamte Erziehungstheorie und seine erzieherische Absicht, so wird man ihn – zusammen mit *Rousseau* und den übrigen Vertretern der pädagogischen Reformbewegung – den pädagogischen Optimisten zurechnen dürfen.

Anmerkungen

1 *A.S. Neill:* Theorie und Praxis der antiautoritären Erziehung. Das Beispiel Summerhill. Rowohlt, Reinbek bei Hamburg 1970 (191.–240. Tausend)
2 *A.S. Neill:* Das Prinzip Summerhill: Fragen und Antworten. Argumente, Erfahrungen, Ratschläge. Nach der dritten, vom Autor durchgesehenen und bearbeiteten Auflage aus dem Englischen übertragen von *H. Krauss*. Rowohlt, Reinbek bei Hamburg 1971 (101.–125. Tausend), S. 113
3 *A.S. Neill:* Theorie und Praxis der antiautoritären Erziehung, a.a.O., S. 22 f.
4 Ebenda, S. 113
5 Ebenda, S. 20
6 Ebenda, S. 113
7 Ebenda, S. 23; vgl. dazu auch *H. Domke:* Erziehungsmethoden. Pädagogik. Eine Einführung. Herausgegeben von *E. Weber*. Band 2. Auer, Donauwörth 1973, S. 72

John Broadus Watson

Schließlich sei noch auf den amerikanischen Psychologen *John Broadus Watson* verwiesen, dessen Werk ein Maximum an *Erziehungs*optimismus bezeugt.

Watson lebt von 1878 bis 1958, lehrt ab 1908 als Professor für Psychologie an der Hopkins-University in Baltimore, verliert nach der Scheidung seiner Ehe 1920 diesen Lehrstuhl und ist anschließend in der freien Wirtschaft tätig.
Er begründet den *Behaviorismus*, eine Richtung der Psychologie, in der nur das objektiv beobachtbare Verhalten, nicht aber das auf dem Weg der Selbstbeobachtung gewonnene subjektive Erlebnis als Grundlage psychologischer Forschung zählt. Die Psychologie verdankt ihm eine Schärfung ihres methodischen Instrumentariums.

In seinem Hauptwerk formuliert *Watson* einmal die provozierende und nach seinem Eingeständnis bewußt übertreibende These: »›Gebt mir ein Dutzend gesunder, wohlgebildeter Kinder und meine eigene Umwelt, in der ich sie erziehe, und ich garantiere, daß ich jedes nach dem Zufall auswähle und es zu einem Spezialisten in irgendeinem Beruf erziehe, zum Arzt, Richter, Künstler, Kaufmann oder zum Bettler und Dieb, ohne Rücksicht auf seine Begabungen, Neigungen, Fähigkeiten, Anlagen und die Herkunft seiner Vorfahren.‹ Ich gehe damit über die Tatsachen hinaus und gebe das auch zu, aber das tun die Vertreter des Gegenteils auch und haben es viele tausend Jahre lang getan. Man beachte bitte, daß man mir bei der Durchführung dieses Experimentes zugestehen muß, die Weise, in der die Kinder erzogen werden sollen, und die Umwelt, in der sie zu leben haben, selbst zu bestimmen.«[1]
Wie immer man diese These sonst noch bewerten mag: in ihr artikuliert sich nicht sozialpädagogisches Engagement wie bei *Makarenko* beispielsweise oder individualpsychologische Heilabsicht, wie sie *Alfred Adler* etwa bekundet[2], der übrigens mit seiner »totalen Ablehnung jeder Vererbung« ebenfalls »einem unbegrenzten pädagogischen Optimismus«[3] huldigt – sondern in *Watsons* Worten artikuliert sich die Arroganz und Präpotenz des Psychokraten; die Lust dessen – das Wort *Freude* paßt hier nicht –, der die psychologische Technik genau zu handhaben weiß, um – würde man ihn nur gewähren lassen – Menschen in jede beliebige Verfassung zu steuern; für den »erziehen« nur ein anderes Wort für *machen* bedeutet. – Darf man *Makarenkos* Optimismus realistisch nennen, so erweist sich jener *Watsons* als *utopisch* und gleichermaßen *naiv*.
Diese Tendenz zum Utopischen und reichlich Naiven kennzeichnet auch den Reformoptimismus der sechziger und siebziger Jahre des zwanzigsten Jahrhunderts, der sich aus einer Überfülle an pädagogischen Aktionen, Reformen und Publikationen ablesen läßt und der nicht zuletzt aus den Reaktionen auf den »Sputnik-Schock« in den USA entstand, deren Wellen auch Westeuropa erreichten. Vom Optimismus, wie er die Reformpädagogen zu Beginn dieses Jahrhunderts beseelte, vom *Optimismus des Wachsenlassens*, unterscheidet sich jener der Reformpädagogen in der zweiten Jahrhunderthälfte allerdings einigermaßen. *Key & Co.* denken –

wie weiland *Rousseau* – mit dem Herzen und an das Kind. Die pädagogischen Optimisten der sechziger und siebziger Jahre sind Rationalisten und Unterrichtstechnokraten; und sucht man die emotionale Komponente dieses rationalistischen Optimismus, dann findet man sie zweifelsohne. Allerdings beschränkt sie sich auf die *Bildungseuphorie* seiner Verfechter. Diese sind freilich nicht so sehr in Erzieher- und Lehrerkreisen als vielmehr unter den Gesellschaftspolitikern, den Kulturpolitikern und den von der Erziehungspraxis oft weit entfernten »Erziehungswissenschaftlern« dieser Jahrzehnte zu finden[4].
Fragt man in diesem Zusammenhang, wie es im »Jahrhundert des Kindes« den Kindern erging und ergeht, dann wird man im letzten Viertel dieses Jahrhunderts feststellen können: daß das Kind nicht selten auf der Stecke blieb, daß es durch die rastlosen Aktionen seiner optimistischen ›Förderer‹ oft genug ebenso neurotisch wie ›klug‹ wurde und daß dieses Jahrhundert bei allem *Optimismus des Machenkönnens* im Blick auf das Kind wohl eher ein *Jahrhundert der Enttäuschungen* geworden ist[5].

Anmerkungen

[1] *J.B. Watson:* Behaviorismus. Ergänzt durch den Aufsatz: Psychologie, wie sie der Behaviorist sieht. Herausgegeben und mit einem Vorwort von *C.F. Graumann*. Aus dem Amerikanischen von *L. Kruse*. Kiepenheuer & Witsch, Köln/Berlin 1968, S. 123; vgl. auch *J.B. Watson:* Der Behaviorismus. Aus dem Amerikanischen übersetzt von *E. Giese-Lang*. In deutscher Ausgabe herausgegeben von *F. Giese*. Deutsche Verlags-Anstalt, Stuttgart/Berlin/Leipzig 1930, S. 134 f.; vgl. ferner *E. Weber:* Grundfragen und Grundbegriffe. Pädagogik. Eine Einführung. Herausgegeben von *E. Weber*. Band 1. Auer, Donauwörth 1972, S. 26

[2] Vgl. *A. Adler:* Individualpsychologie in der Schule. Vorlesungen für Lehrer und Erzieher. Hirzel, Leipzig 1929 sowie *A. Adler* und *C. Furtmüller:* Heilen und Bilden. Ein Buch der Erziehungskunst für Ärzte und Pädagogen. Neu herausgegeben von *W. Metzger*. Fischer, Frankfurt am Main 1973 – Der österreichische Nervenarzt *Alfred Adler* lebt von 1870 bis 1937. Er gilt als Begründer der *Individualpsychologie*, die er – Schüler *Sigmund Freuds* – im Gegensatz zur *Psychoanalyse* seines Lehrers entwickelt und pädagogisch fruchtbar macht. Große Bedeutung kommt in *Adlers* Konzept der Ermutigung und Stärkung des Vertrauens und Selbstvertrauens sowie des Gemeinschaftsgefühls zu. *Adler* richtet als erster Erziehungsberatungsstellen ein.

[3] *H.J. Rechtmann:* Geschichte der Pädagogik. Wandlungen der deutschen Bildung. Unter Mitwirkung von *H.-J. Ipfling*. Ehrenwirth, München 1969 (3. Aufl.), S. 267

[4] Vgl. *F. Kopp:* Bildungseuphorie? In: Pädagogische Welt. 33. Jg., S. 1 f. Auer, Donauwörth 1979

[5] Vgl. dazu *H.P. Bleuel:* Kinder in Deutschland. Hanser, München 1971 sowie *F. März:* Das Jahrhundert der Enttäuschungen. Über Leben und Stellung des Kindes in unserer Gesellschaft. Als Manuskript herausgegeben von der Katholischen Akademie Augsburg. Akademie-Protokolle 1973

Pädagogische Realisten

Die Handbreite breiter machen als die Hand, die Armeslänge länger als den Arm und den Schritt weiter ausholen wollen, als die Beine reichen, das ist unmöglich und wider die Natur. Und ebenso, daß der Mensch über sich selbst und über die Menschheit hinaufsteige: denn er kann nur mit seinen Augen sehen und mit seinem Griffe ergreifen.

Michel de Montaigne

Man findet keine so unglückliche Geistesanlage, daß sie durch Pflege nicht verbessert werden könnte… »Aber nicht aus jedem Holze läßt sich ein Merkur machen«, wird gesagt. Ich antworte: aber aus jedem Menschen ein Mensch, wenn Verderbnis fernbleibt.

Johann Amos Comenius

Aus so krummem Holze, als woraus der Mensch gemacht ist, kann nichts ganz Gerades gezimmert werden.

Immanuel Kant

Denn wir können die Kinder nach unserem Sinne nicht formen; / So wie Gott sie uns gab, so muß man sie haben und lieben, / Sie erziehen aufs beste und jeglichen lassen gewähren. / Denn der eine hat die, die anderen andere Gaben; / Jeder braucht sie, und jeder ist doch nur auf eigene Weise / Gut und glücklich.

Johann Wolfgang von Goethe

Einen Menschen schaffen oder umschaffen kann der Erzieher nicht; aber manche Gefahren abwenden und sich eigner Mißhandlung enthalten, das kann er, und das ist von ihm zu verlangen… Das Vermögen der Erziehung darf nicht für größer, aber auch nicht für kleiner gehalten werden, als es ist. Der Erzieher soll versuchen, wieviel er zu erreichen imstande sei, aber stets darauf sich gefaßt halten, durch Beobachtungen des Erfolgs auf die Grenzen vernünftiger Versuche zurückgewiesen zu werden.

Johann Friedrich Herbart

Man macht sich heutzutage vermutlich in keinem Lebensbereich so viele Illusionen wie im Erziehungsbereich.

Wolfgang Brezinka

Einleitung

Vom pädagogischen Realismus reden heißt: von den *Möglichkeiten*, aber auch von den *Grenzen* der Erziehung reden; und dies bedeutet: über etwas zu sprechen, worüber von jeher viele Vermutungen angestellt worden sind und angestellt werden, worüber aber kaum gesichertes Wissen besteht.
Nimmt man die Thesen der Pessimisten in den Blick und ebenso jene der Optimisten, vergleicht man ferner diese Thesen mit der Selbsterfahrung und den Erfahrungen und Erlebnissen, die man mit anderen Menschen gesammelt hat, sowie mit den Überzeugungen, die man wiederum aus alledem gewonnen hat, dann wird man genug Gründe finden, die die pessimistische Position belegen, andererseits auch nicht wenige Argumente, die die optimistische berechtigt erscheinen lassen.
Hermann Giesecke folgert diese Berechtigung beispielsweise »aus der biologisch feststellbaren Weltoffenheit des Menschen«[1]. Aber dieses anthropologische Phänomen ist nur eines unter unübersehbar vielen – eines, das zudem so komplex ist, daß es sogar beiden Positionen Argumente liefert; womit es sich möglicherweise freilich als *anthropologisches Schlüsselphänomen* entpuppt, mit dessen Hilfe sich die zahlreichen Schwierigkeiten und Widersprüche, wenn schon nicht lösen, so doch mindestens verständlich machen lassen.
Wer die Thesen der Pessimisten und Optimisten einem Vergleich unterzieht, stellt nicht selten fest, daß die Grenzen zwischen beiden Positionen fließend sind, obwohl doch die einen die Allmacht und die anderen die Ohnmacht der Erziehung beschwören.
Besieht man sich derlei Thesen etwas näher, dann allerdings trifft man immer wieder auf den Umstand, daß die Vertreter der einzelnen Positionen sowohl unter sich als auch im Gespräch mit den Verfechtern der Gegenposition aneinander vorbeireden, indem sie den zur Rede stehenden Komplex »nicht an der gleichen Stelle« berühren, sondern »innerhalb des Gesamtproblems verschiedene Einzelfragen und Einzelgebiete«[2] meinen: sie reden jeweils von ganz Verschiedenem, wenn sie vom Menschen sprechen; und sie meinen oft etwas ganz anderes, wenn sie *»Erziehung«* sagen.

I

Sowohl die Erziehungspessimisten als auch die pädagogischen Optimisten gehen von einem *Menschenbild* aus; das heißt: sie konzentrieren sich auf ein ganz bestimmtes anthropologisches Phänomen – auf ein in ihren Augen den Menschen »als solchen« besonders bestimmendes, »eigentliches« – und interpretieren diesen »Wesenszug« pädagogisch. Andere Wesenszüge, Erscheinungen, Tatbestände fallen dabei unter den Tisch, und die Vertreter einer derart geschlossenen und statischen »Anthropologie« übersehen entweder oder bestreiten ausdrücklich, daß doch *alle* anthropologischen Tatbestände – bekannte gleichermaßen wie unerforschte – von Bedeutung sind: »Bei jedem neuen Phänomen neu und unbefangen einzusetzen, immer offen zu bleiben für das unerwartet Neue und jeder Versuchung zu einer endgültigen Wesensbestimmung mannhaft zu widerstehen, darin liegt die Würde und die Verantwortung einer philosophischen Anthropologie«; und: »Nur in der Anerkennung dieser vollen Bildlosigkeit kann sich der Mensch für die unabsehbaren neuen Möglichkeiten seines Lebens offen halten.«[3]

Diese Feststellung *Otto Friedrich Bollnows* hat freilich für die Pädagogische Anthropologie nicht weniger Bedeutung als für die philosophische Lehre vom Menschen. Tatsache aber bleibt, daß zahlreiche Repräsentanten gesellschaftlicher Interessengruppen den »verpflichtenden« Charakter eines bestimmten Menschenbildes deshalb betonen, um sich »durch die Vorgabe eines solchen Menschenbilds der Erziehung zu bemächtigen«[4].

Und eine weitere Beobachtung läßt sich beim Studium der Geschichte der Pädagogik immer wieder machen: viele Pädagogen – oft genug Autodidakten – ersetzen ihr mangelndes oder dürftiges anthropologisches und pädagogisches Wissen durch ein übersteigertes Sendungsbewußtsein und die fehlende Überzeugungskraft ihrer Theorie durch Pathos, wobei sie dann nicht selten der Gefahr erliegen, »Autokraten« zu werden, deren Lehren ein »totalitärer Anspruch« eignet, mit dem sie »in dogmatische bzw. doktrinäre Erstarrung und gedankliche Diktatur« geraten[5].

II

Aber nicht nur die unterschiedlichen, auf isolierten anthropologischen Tatbeständen gründenden Vorstellungen vom *Menschen* führen zu Extrempositionen und tragen die Schuld daran, daß im pädagogischen Gespräch so viel aneinander vorbeigeredet wird; eine gewichtige Ursache für dieses Dilemma ist auch darin zu sehen, daß zwei oder drei, die von *»Erziehung«* reden, jeweils etwas ganz anderes damit meinen. Selbstverständlich gibt es zwischen beiden Ursachen einen Zusammenhang: was einer unter *Erziehung* versteht, hängt von seinem *Menschenverständnis* ab; das eine läßt sich aus dem anderen erschließen. Gleichwohl soll hier doch gesondert – wenn auch nur kurz – von unterschiedlichen Interpretationen des Erziehungsbegriffes die Rede sein, und zwar im Blick auf die beiden Extrempositionen[6].

Da gibt es jene, für die *erziehen* so viel bedeutet wie: *machen, formen, bilden, verändern, führen, disziplinieren, dressieren*... Dahinter verbirgt sich die Auffassung vom Menschen als einer plastischen Masse, an der die verschiedenen Umwelteinflüsse ihre Eindrücke hinterlassen, aus der aber vor allem der Erzieher alles, was ihm »ideal« dünkt, zu gestalten vermag. Dieses Menschen- und Erziehungsverständnis eröffnet grundsätzlich *erziehungs*optimistische Vorstellungen; nach Voraussetzungen für »Selbstformungsmöglichkeiten des Zöglings« sucht man hier allerdings zumeist vergeblich, so daß diesem *Erziehungs*-Optimismus ein *Selbstformungs*-Pessimismus entspricht[7].

Dann gibt es andere, die *erziehen* gleichsetzen mit: *sich entwickeln lassen, wachsen lassen, nichts tun als behüten und nur zusehen, daß der Selbstentfaltungsprozeß sich ungestört vollziehen kann*... Das diesen Erziehungsvorstellungen entsprechende Menschenbild besagt zwar nicht, daß der Mensch grundsätzlich unbeeinflußbar ist, wie dies die radikalen pädagogischen Pessimisten – die Vererbungs- oder Schicksalsdeterministen – proklamieren, indem sie entweder auf die erbbedingten beziehungsweise schicksalsbedingten Festlegungen des Menschen verweisen oder – infolge religiöser Überzeugungen – auf seine totale Verderbtheit; sondern es besagt: so wie der Mensch zur Welt kommt, ist er *gut*; und läßt man das grundsätzlich gute Kind sich ungestört entwickeln, dann entsteht daraus auch ein guter Erwachsener. Auch dieses Menschen- und Erziehungsverständnis läßt sich optimistisch *und* pessimistisch auslegen: im Blick auf den Edukanden konstatiert man einen *naturalistischen* Optimismus; im Blick auf den Erzieher aber letztlich einen *Erziehungs*-Pessimismus[8].

Wieder andere differenzieren zwischen *Erziehung* als *moralischer* Beeinflussung und *Unterricht* als *intellektueller* Aufklärung und gelangen anhand ihrer Erfahrungen im Bereich der *Wissens*- und *Fertigkeits*vermittlung »zu optimistischen Vorstellungen von der Bildsamkeit des Menschen«, während sie bei ihren erzieherischen Bemühungen, bei ihren Versuchen, den Edukanden moralisch zu beeinflussen, in ihm beispielsweise Wahrhaftigkeit, Frömmigkeit, Verantwortlichkeit, also *Charakterstärke, Tugenden, positive Werthaltungen* – als die im Vergleich zum Wissen und Können *wesentlicheren* Dispositionen – zu erwecken, rasch auf »die Unverfügbarkeit des Wesentlichen« stoßen[9].

Und schließlich gibt es welche, die, wenn sie von *Erziehung* sprechen, dabei weder an ein Machen und Formen denken und ebensowenig an ein Wachsen- und ein Sich-selbst-entfalten-lassen, sondern die aus ihrer Erfahrung mit dem Menschen und aus ihrer – letztlich eben unvollständigen – Kenntnis des Menschen heraus *erziehen* als *helfen* interpretieren; die verstanden haben, daß der Mensch das *lernfähigste* Lebewesen ist; daß *Lernen* als Akt des *Edukanden* sich zwar vielfach unbewußt und ohne Schwierigkeiten vollzieht, daß es aber oft genug auch auf Hemmungen stößt und *Lernhilfen* daher unerläßlich sind – Lernhilfen recht unterschiedlicher Art: Hilfen bei der Gewinnung von Wissen und Können, für gewöhnlich werden sie mit dem Wort *Unterricht* bezeichnet; und Hilfen bei der Gewinnung von affektiven Dispositionen, von Werthaltungen, von Entscheidungsfähigkeit und von Verantwortungsfähigkeit, die man mit den Begriffen *Erziehung im engeren Sinne, moralische Erziehung* oder ähnlichen Bezeichnungen benennt[10].

Es ist hier nicht der Ort, die verschiedenen Erziehungsbegriffe und die zugrunde liegenden Menschenbilder vertieft zu analysieren und zu reflektieren. Ihr kurzer Aufweis war an dieser Stelle insofern angebracht, als aus ihm die Genese der besprochenen Extrempositionen verständlich gemacht werden kann: die Entste-

hung des Glaubens an die *Allmacht der Erziehung* und der Überzeugung von ihrer *Ohnmacht* oder gar ihrer *Überflüssigkeit* beziehungsweise ihrer *Schädlichkeit*.
Was *Karl Jaspers* vom Optimismus und vom Pessimismus ganz allgemein, vor allem aber im Blick auf den politischen Bereich sagt: sie sind »gleich grundlos, gleich unzureichend, als Wissen eine Selbsttäuschung, ... als Praxis ein Sichablenken von der Aufgabe des Menschen... Sie sind gleich vernunftwidrig, ertragen nicht die Weite des Möglichen und die Suspension im Nichtwissen. Sie verführen zu hoffnungsloser Passivität oder zu besinnungsloser Aktivität, zur Lähmung oder Ziellosigkeit. Lähmend ist ihr Scheinwissen, das je nur nach der einen Seite alles zu dieser Gehörende für möglich hält. Ziellosigkeit liegt in dem aktiven Betrieb, in dem vordergründige Ziele eigensinnig festgehalten oder plötzlich preisgegeben werden«[11] – dieser Kritik des Philosophen an beiden Extrempositionen kommt für den pädagogischen Bereich besondere Bedeutung zu. Wer sich nämlich auf diesem Feld leichtfertig oder gar fanatisch auf Spekulationen beruft und »aufweisbare Tatbestände falsch verallgemeinert«, dem unterlaufen nicht bloß Fehler, sondern er handelt *verantwortungslos*[12]. Und wie immer er diese isolierten Tatbestände deutet – resignierend-passiv oder fortschrittsgläubig-betriebsam – seinen Edukanden wird er damit gleichermaßen zur Gefahr[13].
Wer sich hingegen – im Bewußtsein der Unabschließbarkeit seines Wissens vom Menschen – offenhält für *alle* anthropologischen Tatbestände; wer sich nicht voreilig auf das »Grundsätzliche«, das »Gesetzmäßige«, das »Normale« und vermeintlich »Faktische« festlegt, sondern auch das Unwahrscheinliche nicht ausschließt und das auf den ersten Blick unwichtig Erscheinende, das seine Bedeutung erst dann offenbart, wenn es zur Kenntnis und ernst genommen wird, in seine Überlegungen mit einbezieht; wer Erziehung weder als »Machen« noch als »Nichts-Tun« deutet, sondern als *Hilfe* begreift, die es dem Edukanden ermöglicht, die auf dem Wege zum mündigen Erwachsenen auftauchenden Schwierigkeiten zu meistern; wer also offenbleibt für *jede verantwortbare Möglichkeit* zu dieser Hilfe und ebenso für die *Grenzen*, auf die er dabei stößt – sie weder ignorierend noch dramatisierend, der handelt als Erzieher *realistisch*.

III

Über *Möglichkeiten und Grenzen der Erziehung einschließlich der Erziehungswissenschaft* ist in den letzten Jahrzehnten viel geschrieben worden[14]. Neben anderen hat auch *Wolfgang Brezinka* diesen Komplex aufgegriffen und mit der ihm eigenen Subtilität erschlossen und kritisch reflektiert[15].
Angesichts eines Bereiches, in dem man über relativ wenig gesicherte Erkenntnisse darüber verfügt, was machbar und erreichbar ist – und die Erziehungswirklichkeit muß trotz aller Fortschritte der modernen Erziehungswissenschaft als ein derartiger Bereich angesehen werden, hinsichtlich eines solchen Bereiches ist die Überlegung

müßig, ob man die »Möglichkeiten« in den Mittelpunkt der Untersuchung stellen soll oder die »Grenzen«. Selbst der oft beschworene Mut zum Positiven hilft hier nicht weiter. Denn spätestens seit *Sokrates* beweist jeder, der sein Nichtwissen eingesteht, wohl mehr Realitätssinn und Mut als jener, der sein Vermuten für Wissen ausgibt.
Und so ist es wohl als Zeichen der Nüchternheit zu verstehen, wenn die meisten Autoren das Wort »Grenzen« als Themabegriff wählen und nur wenige das Wort »Möglichkeiten«[16] oder gar den Begriff »Macht«[17] hinzusetzen.
Gewiß hat die Verwendung des Wortes »Möglichkeit« ihre Berechtigung – zumindest dort, wo es im Zusammenhang mit dem Wort »Notwendigkeit« auftritt: wo eine Notwendigkeit besteht, dort muß es wohl auch eine Möglichkeit geben. Und so betont *Martinus Jan Langeveld:* »Ist die Notwendigkeit der Erziehung erwiesen, so wird es schwierig, ihre Möglichkeit zu bezweifeln.«[18] – Wieso eigentlich, wird man fragen dürfen! *Langevelds* so zwingend erscheinende These täuscht Logik lediglich vor.
Im Blick darauf und angesichts der historisch leicht zu belegenden Tatsache, daß zwar seit Menschengedenken erzogen wird, daß die Ergebnisse dieses Mühens aber mehr als bescheiden ausgefallen sind und wohl auch weiterhin ausfallen werden, ist es ohne Zweifel angemessener, den vorstehenden Komplex unter dem Begriff *Grenzen* anzugehen.

Das Studium der einschlägigen Literatur zeigt die Vielschichtigkeit des pädagogischen Grenzphänomens; und versucht man eine Synthese der verschiedenen Klassifikations- und Gliederungsansätze sowie der einschlägigen Begriffe zu erstellen, dann könnte sie folgendermaßen aussehen:

1. *empirische Grenzen der Erziehung* – »Grenzen, die in der Beschaffenheit des Seienden, in der Wirklichkeit der Welt, in den Eigenschaften der Menschen, in der Gesellschaft und in der Kultur liegen«[19]; das sind:

1.1 *Grenzen im Edukanden:*

- Grenzen der Lernfähigkeit, der Erziehbarkeit, der Bildsamkeit; Grenzen, die sich durch die Erbausstattung beziehungsweise durch die Erbfaktoren, durch die Konstitution, durch erworbene Organdefekte oder durch seelische Fehlentwicklungen ergeben; *Josef Dolch* verwendet in diesem Zusammenhang den Begriff »*Möglichkeitsgrenzen* der Erziehung«[20];
- Grenzen, die sich aus dem Eigenpersonsein des Edukanden ergeben; aus dem Umstand, daß dieser *»selbst auch jemand sein will«*[21]; daß er selbst *will* und *nicht will*; daß er selbst Entscheidungen und andere Entscheidungen als der Erzieher fällen kann und auch tatsächlich fällt; daß er über sich selbst bestimmen und sich der Erziehung widersetzen kann; daß er auswählen, Stellung nehmen, sich selbst steuern kann; daß sein »existentieller Kern«[22] letztlich unerreichbar bleibt;
- zeitliche Grenzen der Erziehung[23], von denen

– die *unterste* Grenze das vorbereitende Stadium abschließt, in dem sich noch keine Erziehung »im Sinne von Personbildung«[24] ereignet, und von denen
– die *oberste* Grenze zu dem Zeitpunkt erreicht wird, in dem »der Mensch die volle Verantwortung für andere de facto auf sich zu nehmen hat und ... auch auf sittlicher Basis auf sich nimmt oder doch fähig ist, dies zu tun«[25];

1.2 Grenzen in der Umwelt des Edukanden:

- durch fehlende oder geringe soziokulturelle Anregungen; durch schichtenspezifische Lernschranken, durch sich widersprechende und sich gegenseitig neutralisierende Einflüsse;
- durch den Erzieher; Grenzen also, die aus mangelnder Einsicht und fehlendem Verständnis des Erziehers, aus seiner Unfähigkeit zur Einfühlung in den Edukanden und zur Anwendung geeigneter Erziehungsmaßnahmen, aus seiner Ahnungslosigkeit und Unwissenheit, aus Ungeschicklichkeit, Schuld und Scheitern erwachsen; *Dolch* spricht diesbezüglich von »*Wirksamkeitsgrenzen* der Erziehung« und von »*Fähigkeitsgrenzen*«[26];

2. *moralische Grenzen* – Grenzen, die sich aus der moralischen Fragwürdigkeit der Erziehungsziele, aus den nicht verantwortbaren Wirkungen beziehungsweise *Nebenwirkungen* der Erziehung ergeben, so daß man von schlechter und schädlicher Erziehung sprechen muß[27]. *Dolch* gebraucht in diesem Zusammenhang den Begriff »*Rechtsgrenzen* der Erziehung«[28].

3. *Grenzen der Erziehungswissenschaft* – Grenzen, die aus der Unkenntnis über das Machbare und über die Wirksamkeit von Einflüssen erwachsen – ganz allgemein: Grenzen, die sich aus der menschlichen Erkenntnisweise ergeben; und schließlich Grenzen, die mit dem über die moralischen Grenzen Gesagten zusammenfallen: Grenzen also, die der erziehungswissenschaftlichen Forschung aus sittlichen und religiösen Erwägungen gesetzt werden müssen, weil bestimmte Experimente mit und an Menschen bedenklich sind und verboten bleiben müssen.

Reflexionen über die Macht beziehungsweise die Ohnmacht des Erziehers werden sich in erster Linie auf den Komplex der *empirischen* Grenzen der Erziehung zu konzentrieren haben; und wer sich um eine realistische Position bemüht, wird diesbezüglich eine Reihe von Sachverhalten zu berücksichtigen haben.

1. Bei aller Gewißheit, die darüber herrscht, daß der Mensch erziehungsbedürftig ist und daß er sein ganzes Leben hindurch auf Lernen angewiesen ist, lassen sich doch individuelle Grenzen der Lernfähigkeit und der Erziehbarkeit nicht übersehen; und es zeigt sich, daß bestimmte erzieherische Absichten verwirklicht werden können, andere nicht oder nur recht unbefriedigend[29]. Die Ursachen dieser Grenzen sind vielfältig und im konkreten, individuellen Fall zumeist nur sehr schwer, oft gar nicht zu ermitteln.

Läßt man einmal die von *Langeveld* genannten zeitlichen Grenzen der Erziehung außer acht, so darf eine der Ursachen der Erziehungsgrenzen, die *in der Person des zu Erziehenden* liegen, jener Grenzen also, die die Lernfähigkeit des Edukanden, seine Beeinflußbarkeit, Veränderlichkeit und Bestimmbarkeit beschränken und vermindern, in dessen *Erbausstattung* gesehen werden, in dem, was seit langem als *endogener, von innen wirkender Faktor* benannt und mit Begriffen wie *Anlage, Konstitution, Erbbildung* umschrieben wird[30]. Rechnet man diesem Bereich des von den Vorfahren aufgrund der Erbgesetze *Vererbten* noch jenen des *Angeborenen* hinzu: also plötzlich auftretende Anomalien und Defekte infolge von Mutationen, die nach ihrem Auftreten dann allerdings erbfest sind, sodann auch den Bereich des *vorgeburtlich Erworbenen:* also Veränderungen und Schädigungen des Embryo[31] – nimmt man dies alles in den Blick, dann steht man vor einem Komplex, den die Pädagogen seit alters wohl kennen und bedenken. Wegen seiner Kompliziertheit freilich, das heißt wegen seiner Unerschließbarkeit in empirischer, vor allem aber auch in moralischer Hinsicht wissen wir bislang *»im Einzelfall über den Bedingungszusammenhang, in den wir eingreifen, wenn wir erziehen, fast nichts«*[32]; und diese Unwissenheit wird ihrerseits zu einer zusätzlichen Grenze der Erziehung. Denn – so läßt es sich aus der Geschichte der Pädagogik nachweisen – wichtige Erziehungsmaßnahmen wurden wegen unzureichender Kenntnisse der anthropologischen Gegebenheiten und infolge falscher Annahmen oft genug gar nicht eingesetzt; die Geschichte der Gehörlosenpädagogik ist diesbezüglich besonders aufschlußreich[33].

Und dennoch kann es sich der Erzieher angesichts der evidenten Hilfsbedürftigkeit des Edukanden nicht leisten, vor diesem angesprochenen Komplex seine Hände resignierend in den Schoß zu legen; und er tut gut daran, sich all jenen gegenüber reserviert beziehungsweise ablehnend zu verhalten, die mit unterschiedlichen Begründungen – biologischen, philosophischen, theologischen – die *Lernfähigkeit* und *Erziehbarkeit* des Menschenkindes sowie dessen *Möglichkeit, Entscheidungen zu treffen*, grundsätzlich leugnen. Er tut aber ebenso gut daran, auch jenen zu mißtrauen, die – wiederum aus recht unterschiedlichen Motiven – in der Erziehung ein Mittel zur unbegrenzten Manipulierbarkeit des Menschen sehen. Bei den Bemühungen des Erziehers geht es keinesfalls um *alles oder nichts*, um *Macht oder Ohnmacht*; vielmehr gilt es, die vorhandenen Möglichkeiten der Erziehung zu erkennen und voll auszuschöpfen.

Wer diese *realistische* Position vertritt, bezieht bei aller aus der erzieherischen Praxis gewonnenen Überzeugung von der Erziehbarkeit des Menschen sehr wohl die mannigfachen *Erziehungshindernisse im Edukanden* mit ein, die diese Erziehbarkeit zu vermindern in der Lage sind: neben den genannten Barrieren – vererbten, angeborenen und vorgeburtlich erworbenen – vor allem aber auch jene, die gerade aus der *Freiheit des Edukanden*, aus seinem *Eigenpersonsein* erwachsen[34], die sich als Selbstbestimmungsfähigkeit, als Selbststeuerungsvermögen, Auswählen-Können, Stellung-nehmen-Können, als Selbsttätigkeit äußern[35] und die den Edukanden befähigen, seine Erziehungsbereitschaft aufzukündigen und den Bemühungen des Erziehers Widerstand entgegenzusetzen[36].

Gleichwohl kann sich der pädagogische Realist nie und nimmer mit der These von der Ohnmacht des Erziehers abfinden. Zwar belehren ihn die Geschichte, die Theologie und nicht zuletzt oft genug auch seine eigene Erfahrung – wofern er diese sich ehrlich einzugestehen willens ist, wie töricht angesichts der realen Verhältnisse eine *pädagogistische* Position wäre und wie wenig Veranlassung tatsächlich besteht, sich einer übersteigerten Selbsteinschätzung hinzugeben. Aber weder die Geschichte der Menschheit noch das biblische Menschenbild[37] und schon gar nicht die eigene subjektive Erfahrung berechtigen zur Skepsis und zum Pessimismus. Vielmehr erwächst aus der Erfahrung der Erziehungsgrenzen im Edukanden eine *doppelte – erzieherische und erziehungswissenschaftliche – Aufgabe:*

• Sie verlangt *erstens*, alles Erdenkliche und Verantwortbare zu unternehmen, um in jenen Kindern, die trotz aller nachweisbaren Erziehungsbedürftigkeit der Erziehung erhebliche Hindernisse entgegenstellen und die *Langeveld* »›Nägel am Sarge‹ des Erziehers« nennt: Debile, Psychopathen, Sinnesgeschädigte, also Behinderte; aber auch Erziehungsunwillige, Asoziale … – um in jenen Kindern »einen Funken menschlich-persönlichen Lebens zu wecken, d.h. Leben, worin das Kind das von seiner menschlichen Bestimmung verwirklicht, wozu es unter den möglichst günstigen Umständen in der Lage ist«; und die Grenzen der Lernfähigkeit und der Erziehbarkeit erst dort als endgültig unverrückbar zu akzeptieren, »wo kein eigenes, wenn auch noch so elementares, sittliches Leben geweckt werden kann«[38]. – *Wilhelm Flitner* bemerkt zu diesem Sachverhalt: »*Bildsamkeit zeigt sich nicht, außer wo sie erwartet wird, und wo die Bildung schon wirksam ist, deren Möglichkeit sie zeigen soll* … Der Erzieher hält daher grundsätzlich jeden für geistig bildsam, er bemüht sich, die verschüttete Liebe zum Geist aus allen Verbildungen zu befreien, sie zu nähren und ihr Genüge zu tun, und er meint, daß auch im schlichtesten Dasein und unter den Umständen der größten Not die Vergeistigung des Leidens und Handelns möglich und das eigentlich Menschenwürdige sei.«[39] Und *Heinrich Roth* betont: »Bevor erzieherisch nicht alles getan wurde, was möglich war, ist kein erbbiologischer Pessimismus am Platze.«[40]

• Diese Aufgabe verlangt *zweitens*, alles Erdenkliche und Verantwortbare anzustellen, um die angesprochenen komplizierten anthropologischen Sachverhalte aufzuklären, verhängnisvolle »Annahmen über vermeintliche Grenzen der Erziehung in der Person des Educanden«[41] zu überprüfen und zu entlarven, und bei aller Bereitschaft, die Ergebnisse anderer Disziplinen – einschließlich der Theologie – zur Kenntnis zu nehmen, diesen Komplex dennoch durch eigene *pädagogische* Erforschung so weit zu erschließen, als er sich unter den gegebenen Voraussetzungen und bei angestrengtesten Bemühungen erschließen läßt[42].

2. Mindestens so gewichtig wie *die* Grenzen, die der Erziehung aus der Person des Edukanden erwachsen, sind jene Grenzen der Erziehung – auch und gerade unter dem anthropologischen Aspekt –, deren Ursachen in den *Umweltbedingungen* liegen, in dem, was für gewöhnlich als *exogener, von außen wirkender Faktor* benannt und mit Begriffen wie *Umwelt, Milieu, Fremdbildung* bezeichnet wird[43]; und hierzu zählt übrigens die *Erziehung* selbst – *Erziehung* in der ganzen Fülle ihrer Verständnismöglichkeiten: Erziehung im weiten Sinne der Enkulturations- und Sozialisationshilfe oder Erziehung im engeren Sinne als Personalisationshilfe beziehungsweise moralische Erziehung; die informell-situative Erziehung ebenso wie die formell-institutionalisierte; die direkte Erziehung gleichermaßen wie die indirekte[44].

Im Blick auf das pädagogische Grenzphänomen ist es sinnvoll, diesen Bereich zu gliedern. Da gibt es Grenzen der Erziehung, für die nicht unmittelbar eine einzelne Person verantwortlich ist, Grenzen, die aus den gegebenen, im Verlauf der Geschichte entstandenen und nicht ohne weiteres und ohne Schwierigkeiten zu ändernden *Verhältnissen* erwachsen; und daneben gibt es Grenzen, die der *Erzieher* selber verursacht und – je nach dem – auch zu verantworten hat.

Was den erst genannten Bereich anlangt, so wird man hier die Ursachen für die unbefriedigende Persönlichkeitsgestaltung eines Menschen in den *soziokulturellen Verhältnissen* zu suchen haben, in denen er aufwächst und in denen es an geeigneten und ausreichenden lernfördernden Anregungen fehlt. Die Verantwortung für einen derartigen Zustand und die darin gegebenen – zumeist sozialschichtenspezifisch bedingten – Lernbarrieren[45] trägt nicht der einzelne Erzieher, sondern die Gesellschaft insgesamt und vorrangig ihre politischen Repräsentanten. Die für die Erziehung Verantwortlichen können diesbezüglich in der Regel nur *die* Möglichkeiten ausschöpfen, die ihnen die Gesellschaft einräumt. Sie können mahnen, fordern und warnen; aber sie würden sich und ihre Einflußmöglichkeiten gewaltig überschätzen, wollten sie darangehen, die angesprochenen Verhältnisse auf *pädagogischem* Wege zu ändern.

Aber nicht nur soziokulturelle Mängelsituationen setzen einer erfolgreichen Erziehung Grenzen. Oft genug sorgt dafür die ungeheuere und geradezu verwirrende Fülle an Umwelteinflüssen mit ihren zuweilen kaum spürbaren, aber nicht selten höchst raffinierten Wirkweisen, die der Erzieher selbst zumeist gar nicht kennt beziehungsweise durchschaut; und gegen die er – würde er sie kennen und durchschauen – nichts oder nur sehr wenig auszurichten imstande wäre.

Wer angesichts dieser immensen Fülle potenter Umwelteinflüsse, inmitten derer sich der Erzieher wie auf einem verlorenen Posten ausnimmt, an die Macht der Erziehung glaubt, zeigt damit nur seine Ahnungslosigkeit und verdient Mitleid ob seiner Naivität. Gleichwohl: »Man macht sich heutzutage vermutlich in keinem Lebensbereich so viele Illusionen wie im Erziehungsbereich«[46]; und nirgendwo wird der Unterschied zwischen dem *Denkbaren* beziehungsweise dem *Erwünschten* und dem *Realisierbaren* mehr verwischt als gerade in diesem Bereich, wobei zudem noch gerne übersehen wird, daß gerade auf diesem Feld darüber, was *machbar* ist, die allergrößte Unwissenheit und Unsicherheit herrscht – ganz abgesehen von den moralischen Barrieren, vor denen die »Machbarkeit« des Menschen steht.

Nun wird man an dieser Stelle wieder einmal daran erinnern dürfen, daß *erziehen* eben nicht »machen« heißt, und daß der, der Erziehbarkeit mit Machbarkeit gleichsetzt, wohl einem schwerwiegenden anthropologischen Irrtum unterliegt; daß *erziehen* aber auch nicht so sehr »verbessern« oder »erhalten« oder »verhüten«[47] bedeutet, sondern vielmehr *helfen*.
Definiert man Erziehung aber als *Hilfe*, dann gesteht man logischerweise zu, daß der, dem beim Erlernen einer *menschlichen* Lebensführung geholfen werden soll, wohl *auch noch* eine Rolle spielt. Zu gerne wird vergessen, daß der entscheidende pädagogische Vorgang *im Edukanden* stattfindet: *er* lernt. Dabei stößt er oft genug auf Schwierigkeiten und benötigt *Lernhilfen*.
Häufig findet er diese Lernhilfen in Bereichen, die – will man den Erziehungsbegriff nicht unnötig und bis zur Verwaschenheit ausdehnen – mit Erziehung nichts zu tun haben. Damit wird der Beitrag des Erziehers und wird er selbst keineswegs als bedeutungslos abgetan: sein Tun ist, wenn es realitätsbewußt, realitätsbezogen und verantwortlich erfolgt, insgesamt so bedeutsam – weil notwendig, daß er aller Illusionen und Wunschvorstellungen gut und gerne entraten kann. Und sind auch die verwirrend vielfältigen Umwelteinflüsse noch so wirksam, so bedeuten sie für den Beitrag des für sein Tun verantwortlichen Erziehers, bedeuten sie für wohl überlegte und angemessene Lernhilfen, dennoch keineswegs *absolute* Grenzen, sondern immer nur *relative*, die als *Umweltgrenzen* – ebenso wie die *Erbgrenzen* – keinesfalls zu früh und zu eng gesetzt werden dürfen[48]. – »Wer erziehen will« – so betont *Heinrich Roth*, »darf wie der Arzt den Glauben nicht aufgeben, daß eine Wendung, wenn nicht zum Guten, so doch zum Besseren jederzeit noch möglich sein kann.«[49]

Der Umstand, daß einer erziehen *will* – weil ihm gar nichts anderes übrig bleibt oder weil er sich dazu berufen fühlt oder aus welchen Motiven auch immer, dieser Umstand besagt freilich noch lange nicht, daß er dazu auch *befähigt* ist; womit nunmehr die *Wirksamkeits- und Fähigkeitsgrenzen* des Erziehers angesprochen sind.
Es mag ja schwerfallen, den bereits von *Christian Gotthilf Salzmann* und *Friedrich Fröbel* erteilten Rat zu befolgen und die Schuld für erzieherisches Mißlingen und Scheitern zuerst und vorrangig bei sich selbst zu suchen: in der eigenen Persönlichkeit[50]. – Zu gerne verschanzt sich der Erzieher hinter der *guten Absicht*, von der er sich leiten ließ, und übersieht dabei die Kluft zwischen dem, was er *will*, und dem, was er *ist:* »Seine Existenz wiegt immer unendlich viel schwerer als seine erzieherische Absicht.«[51]
Mögen die Erziehungsziele, die er zu verwirklichen trachtet, auch noch so bedeutsam, hehr und hochgesteckt sein und mögen die Maßnahmen, mit denen er diese Ziele zu erreichen sucht, noch so bedacht und erprobt sein; Tatsache bleibt, daß seine Existenz von einer mehrfachen Begrenztheit betroffen ist: was weiß er schon über die von ihm bevorzugten Erziehungsziele; und darf er gewiß sein, daß er dem Edukanden mit ihrer Verwirklichung auch eine echte Lebenshilfe leistet und nicht vielmehr die Zukunft verbaut? Was weiß er schon über den Edukanden und die

zahllosen Umwelteinflüsse, die auf diesen einwirken? Kennt er die Wirkweise sogenannter »bewährter« Erziehungsmethoden tatsächlich so genau, um ihren Einsatz verantworten zu können? Und schließlich: was weiß er schon über sich selbst, über seine Existenz?[52]
Gewiß lassen sich all diese Fragen durch sorgfältige Untersuchungen und Versuche bis zu einem gewissen Grad beantworten. Aber diese partiellen Lösungen können und dürfen nicht über den grundsätzlichen *Versuchs*-Charakter aller Erziehung hinwegtäuschen; darüber, daß Erziehung »es letztlich mit dem Zögling nur ›versuchen‹« kann[53], daß sie deshalb in den Bezirk des *Schicksalhaften* reicht, in dem sich das, was in der Macht des Erziehers steht, und jenes, was sich seiner Verfügung entzieht, eng berühren; in dem Unschuld und Schuld, Ahnungslosigkeit und Verantwortlichkeit dicht nebeneinander stehen: »Um Verantwortung und Schuld kommt der Erzieher nicht herum, so sehr gerade das, worauf es in der Erziehung ankommt, nämlich zu Einsicht und Entsprechung gelangen zu lassen, nicht in seiner Macht steht.«[54]

IV

Mit diesem letztgenannten Gedanken nähert man sich einem Komplex, der im Bereich der Pädagogik – wie in allen Kulturbereichen – ein heißes Eisen darstellt, der allerdings im Zusammenhang einer Reflexion über die Grenzen der Erziehung und über die Position des pädagogischen Realismus nicht unterschlagen werden darf.
Dieser Komplex umgreift alle bislang angesprochenen Grenzen der Erziehung: diejenigen, die sich aus der Person des Edukanden ergeben, und jene, die der Erziehung aus dessen personaler Umwelt erwachsen; die empirischen und ebenso die moralischen; und insofern darf man in ihm die komplexeste und gleichermaßen die komplizierteste Grenze der Erziehung erblicken. Der Begriff, der für diesen Komplex steht, lautet: das *Böse*.
Die Frage nach der Wirklichkeit, die diesen Begriff bezeichnet, wird nur selten gestellt: das Böse gilt ähnlich wie Mißerfolg, Scheitern, Tod ... als Tabu; und derartige »Schattenseiten« des Lebens und der Erziehungswirklichkeit[55] und die damit verbundenen Problemstellungen wie »Tod und Erziehung«[56] oder »Erziehung angesichts des Bösen« werden nur selten bedacht und bearbeitet und bleiben aus der Gegenwartspädagogik weitgehend ausgeklammert[57].
In seiner letzten großen Arbeit unter dem Titel *Der Mensch in der Erziehungswirklichkeit* – posthum 1954 erschienen – stellt *Peter Petersen*[58] fest, daß bislang »in keiner Erziehungswissenschaft und Pädagogik eine grundsätzliche und weitausgreifende Behandlung des Problems des Bösen zu finden« sei; und doch könne die »selbständig gewordene Erziehungswissenschaft und ihr pädagogischer Realismus ... nicht an der Tatsache des Bösen vorbeigehen«[59].

Diese Tatsache zieht sich wie ein roter Faden durch die ganze Geschichte der Menschheit; aber in einem vielleicht nie gekannten Ausmaß hat sie sich im zwanzigsten Jahrhundert manifestiert – in zwei Weltkriegen und in Ereignissen, für die stellvertretend nur ein paar Namen stehen mögen: Auschwitz, Hiroshima, Vietnam, Nordirland, Palästina... – in Ereignissen, die nicht nur eine politische Herausforderung bedeuten, sondern ebensosehr eine pädagogische[60].

Um so verwunderlicher nimmt es sich aus, daß diese Herausforderung weitgehend unbeantwortet geblieben ist. Letztlich gibt es nur wenige Arbeiten aus jüngster Zeit, in denen dieses Problem behandelt worden ist und deren Autoren diesen umfassenden Komplex zudem nicht voll befriedigend ausgelotet haben, sondern über das Aufzeigen einiger Aspekte zumeist nicht hinausgelangt sind.

Sucht man vor der Reflexion der pädagogischen Dimension des Bösen und der Gründe ihrer Ausklammerung aus der gegenwärtigen Diskussion nach einer Definition dieses Wirklichkeitsbereiches – und zwar dort, wo er als Realität auch ernst genommen und nicht nur als »das *sogenannte* Böse« angesprochen wird, dann erfährt man, daß mit dem Begriff des Bösen das *ethisch-moralische Übel* bezeichnet wird, das in der freien Entscheidung der Person gegen das sittlich Gute und gegen das Sittengesetz wurzle und sich somit von den übrigen Erscheinungsweisen des Übels unterscheide: dem metaphysischen Übel in Gestalt der Endlichkeit alles Kreatürlichen und den zahlreichen physischen Übeln in Form von Krankheit, Leiden und Tod. Aus religiös-theologischer Betrachtung gerät das Böse als Widerspruch gegen Gottes Gesetz zur *Sünde*; unter rein anthropologischem Aspekt wird es als zu verantwortender Akt *Schuld* genannt[61]. Das Böse wird dabei also nicht als ein biologisches oder »ethologisches«, sondern als ein *ethisches* und damit spezifisch *personales* Phänomen begriffen.

Im 1966 erschienenen *ersten Band* seiner *Pädagogischen Anthropologie* bringt *Heinrich Roth* auch das *Böse* zur Sprache, wobei er auf die *pädagogische* Dimension dieses Komplexes eingeht. In der Erfahrung der Ohnmacht der Erziehung, die dem Erzieher nicht erspart bleibe und die auch der Erziehungswissenschaftler zur Kenntnis zu nehmen habe, spiegle sich die radikale Infragestellung des pädagogischen Optimismus, wie sie von seiten der Theologie vorgenommen werde, die Infragestellung jener naiven Annahme, es liege in der Macht des Erziehers, einen Menschen aus dessen Verhaftung an das Böse zu erretten und ihn den großen menschlichen Idealen und Zukunftsvisionen entsprechend auszurichten[62]. Bei allen intellektuellen und sittlichen Fortschritten, die der Erzieher an einem Menschen wahrnehmen könne, zeige sich ihm dieser doch oft genug auch als ein im Denken, Werten, Wollen und Handeln Versagender und Scheiternder: »Er steht im Wissen seinem Nichtwissen, in seinem Guten dem Bösen und in seinem Wertschaffen dem Wertwidrigen gegenüber.«[63]

Es hat in der Gegenwart nicht an Versuchen gemangelt, das Böse seines erschreckenden Charakters zu entkleiden, es zu relativieren und rational – naturwissenschaftlich – zu interpretieren[64]. Der Verweis auf Arbeiten des Verhaltensforschers *Konrad*

Lorenz mag in diesem Zusammenhang genügen. Da ist dann von »Aggression« die Rede; davon, daß der Mensch »nicht böse von Jugend auf« sei, »aber knapp gut genug für die Anforderungen, die von der Urhorde an sein soziales Verhalten gestellt wurden«; daß er aber »nicht gut *genug* für die Anforderungen der gewaltig vermehrten, anonymen Gemeinschaft späterer Kulturepochen« sei[65]; und es wird in Anlehnung an *Goethes* Wort von »jener Kraft, / Die stets das Böse will, und stets das Gute schafft«[66], aufgezeigt: *»Wozu das Böse gut ist«*[67], wobei später dann doch wieder eingestanden wird, daß Aggression nichts mit dem Bösen zu tun habe und nicht als Teil jener von *Goethe* beschworenen Kraft erscheine, »sondern ganz eindeutig als Teil der system- und lebenserhaltenden Organisation aller Wesen, der zwar, wie alles Irdische, in Fehlfunktionen verfallen und Leben vernichten kann, der aber doch vom großen Geschehen des organischen Werdens zum Guten bestimmt ist«[68].
Es ist gut, daß *Lorenz* diese Unterscheidung trifft; aber es ist gar nicht gut und dient jener angesprochenen Relativierung und Begriffsverwirrung, wenn dort vom »Bösen« die Rede ist, wo das wirklich *Böse* gar nicht gemeint ist: das Böse »als das vernichtende Prinzip«[69], als jene Kraft – um *Goethes* Wort einmal zu variieren und ihm dabei makabre Aktualität zu verleihen: die – angeblich – Gutes will und doch das Böse schafft; die beispielsweise eine »neue« Gesellschaft anstrebt und sich zu ihrer Verwirklichung des Terrors bedient – nicht selten sogar und zynischerweise unter Berufung auf Gottes Willen.
Wie sehr *Konrad Lorenz* in seinem Buch über *Das sogenannte Böse* das *tatsächlich* Böse verkennt, zeigt er am Ende dieses Buches, wenn er in seinem *»Bekenntnis zur Hoffnung«* einem rational kaum zu begründenden Optimismus Ausdruck verleiht: wonach »die Macht der menschlichen Vernunft«, indem sie »vernünftige Selektion« treibe – woran er fest glaube –, »unseren Nachkommen in einer nicht allzu fernen Zukunft die Fähigkeit verleihen wird, jene größte und schönste Forderung wahren Menschentums zu erfüllen« – die Forderung nach umfassender Menschenliebe[70]. – Das Böse wird relativiert, damit das Bewußtsein um seine Schrecklichkeit die Illusionen von einem künftigen Paradies auf Erden nicht zu stören vermag. Im Vergleich zu diesem naiven Humanismus und Optimismus wirken *Sigmund Freuds* Pessimismus und seine Ratlosigkeit überzeugender[71].
Bei aller Differenzierung, die *Lorenz* unbestritten vornimmt, scheint ihm und jenen wenigen, die in der Gegenwart das Böse überhaupt thematisieren, dennoch eine Unterscheidung nicht bewußt zu sein, die der französischen Philosoph *Gabriel Marcel* in seinem Hauptwerk *Sein und Haben* einmal getroffen hat und aus der auch verständlich wird, warum sich das Böse trotz seiner erschreckenden *Wirklichkeit* gleichwohl dem wissenschaftlichen, rational analysierenden Zugriff entzieht. *Marcel* unterscheidet zwischen *Problem* und *Mysterium*, wobei sich das Problem als etwas darstelle, auf das man trifft, das sich einem in den Weg stellt, das man als Ganzes vor Augen hat und – wenn auch oft genug nur unter Schwierigkeiten – zu lösen vermag; während das Mysterium etwas sei, das einen selbst umgreift, bei dem man sich engagiert fühlt, bei dem »die Unterscheidung des *in mir* und *vor mir*« ihre

Bedeutung verliert. Wie sehr Wissenschaftler freilich diese Unterscheidung verkennen und das Mysterium in ein aufzulösendes Problem verwandeln würden, dafür sei »das ›Problem des Bösen‹ ... typisches Beispiel«[72].

Was nun *Heinrich Roths* Reflexionen anlangt, so zeigt er den Menschen in seiner *Pädagogischen Anthropologie* als ein Lebewesen, das bei allen positiven Aspekten doch auch ständig vom Versagen betroffen bleibt, das im Denken, Werten, Wollen und Tun versagt, scheitert; und *Roth* stellt die Frage nach der Kraft, die das Böse zu überwinden vermag[73].

Gegen Ende des *ersten Bandes* seines Werkes kündigt er für den *zweiten* ein eigenes Kapitel über »Das Phänomen des Bösen als Problem der Erziehung« beziehungsweise über »Das Phänomen des *Bösen und die Erziehung*« an[74]. Dort befindet sich dann zwar ein Abschnitt über *»Das Dilemma aller Erziehung«*[75]; aber das angekündigte Kapitel sucht man vergebens. Gleichwohl bringt *Roth* die pädagogische Dimension des Bösen an mehreren Stellen dieses *zweiten Bandes* nochmals zur Sprache, wenn er betont: Erziehung könne ihr Ziel verfehlen und sich als hilflos und ohnmächtig erweisen; sie könne dem »Phänomen des Bösen« direkt begegnen, wobei man hier vor der Frage stehe, ob – wie *Sigmund Freud* es lehrte – für diese schmerzliche Realität die nicht zu kultivierenden Triebe der menschlichen Natur die Schuld trügen oder ob – wie *Jean-Jacques Rousseau* behauptete – die Gesellschaft, die den Menschen verderbe, dafür verantwortlich zu machen sei. – Wie immer aber diese Frage beantwortet würde und die zusätzliche, ob die Erziehung dem Bösen gegenüber machtlos sei, so gilt für *Roth*, daß sich die Pädagogik ihrem wissenschaftlichen Auftrag entsprechend weder auf eine schlechte menschliche Natur noch auf eine korrumpierte Gesellschaft hinausreden könne, sondern: »sie muß angesichts der Realitäten auf das hin erziehen, was eine Gesellschaft als Glück für das Individuum und als Wohl für die Gesellschaft (die Notwendigkeiten, die das Überleben beider fordert, eingeschlossen) zu fassen vermag«[76].

Das ist die Position des *pädagogischen Realismus*; und der, der sie vertritt, wird seiner Aufgabe, an der Sicherung des Überlebens von Individuum und Gesellschaft tatkräftig mitzuarbeiten, um so besser entsprechen, wenn er das Böse in seiner konkret-historischen Gestalt nicht unberücksichtigt läßt: »das jeweils zeitgenössische Böse«[77]; das Böse, das im zwanzigsten Jahrhundert »unter der idealistischen Tarnung« und mit dem *»Pathos anscheinend großer, insbesondere nationaler Ideale«* in kaum mehr zu überbietender Weise zu wüten vermochte[78].

1974 hat *Helmut Jaschke* über *Das Böse in der Erziehung* eine Monographie verfaßt, in der er bedauert, daß *Heinrich Roth* sein Vorhaben, das Phänomen des Bösen in einem eigenen Kapitel seiner *Pädagogischen Anthropologie* zu behandeln, nicht verwirklicht hat. *Jaschke* verbindet mit diesem Bedauern den Verdacht, *Roth* habe dieses Phänomen und seine Bedeutung für die Erziehung dann »doch nicht so recht ernst genommen«[79] – nicht zuletzt wohl deshalb, weil es zu dem von *Roth* entworfenen Persönlichkeitsmodell des autonomen, mündigen, dynamisch-produktiven Menschen im Widerspruch stehe[80].

Abgesehen davon, daß gerade das von *Roth* besonders hervorgehobene Erziehungsziel *Mündigkeit* und das *Böse* als *personales* Phänomen in der *Entscheidungsfähigkeit* eine gemeinsame Wurzel besitzen: nur der mündige, zu moralischer Selbstbestimmung befähigte Mensch kann dem Bösen verfallen – abgesehen davon also wird man *Jaschkes* Kritik entgegenhalten dürfen, daß *Roth* im Blick auf die pädagogische Dimension des Bösen das Wesentliche sehr wohl anspricht – auch wenn er dieses Ansprechen vorwiegend in die Frageform kleidet – und daß er, *Jaschke*, selbst bei allem Verdienst, das seinem Entwurf zukommt, und bei allem phänomenologischen Scharfsinn, den er darin anwendet, das anstehende »Problem« ebensowenig auslotet wie die übrigen und älteren spärlichen Versuche auf diesem Gebiet – ein »Problem«, das eben letztlich gar keines ist, sondern etwas, das die Problemebene *qualitativ* übersteigt. – Angesichts des *Mysteriums* gibt es viele Fragen; aber offenkundig gibt es keine Antworten und Lösungen.

Und doch können es sich Erzieher und Erziehungswissenschaftler nicht leisten, einem Gedanken *Ludwig Wittgensteins* entsprechend über das Unsagbare schweigend hinwegzugehen[81]. Ganz ohne Zweifel darf das Böse aus einer Pädagogischen Anthropologie und aus der Erziehungslehre nicht ausgeklammert werden und dürfen die Augen vor der immer wieder anzutreffenden »Bereitschaft zum Nein«, vor dem »Schatten im Menschenbild«, vor der »rätselhaften Brüchigkeit« des Menschen[82] nicht verschlossen werden.

Dies macht den *pädagogischen Realisten* aus: daß er das Böse als Grenze seiner Bemühungen zur Kenntnis nimmt; daß er es aber nicht für »das letzte Wort in der Erziehungswirklichkeit« hält, sondern für etwas, das, so machtvoll es sich auch immer zeigen mag, durch *Liebe* besiegbar bleibt[83]; und daß er schließlich über alle angesprochenen Grenzen der Erziehung nicht vergißt, daß der Mensch beim Erlernen des Lebens und, wenn es an der Zeit ist, auch des Sterbens vieler Lernhilfen bedarf, daß er *grundsätzlich erziehungsbedürftig* ist und wohl auch – in Grenzen – *erziehbar*. Recht viel mehr braucht er eigentlich gar nicht zu wissen[84].

Anmerkungen

1 *H. Giesecke:* Einführung in die Pädagogik. Juventa, München 1972 (4. Aufl.), S. 22

2 *M. Keilhacker:* Bildsamkeit. In: Lexikon der Pädagogik. I. Band. Herder, Freiburg 1952, Sp. 471; vgl. auch *W. Flitner:* Allgemeine Pädagogik. Klett, Stuttgart o. J. (6. Aufl.), S. 88 f.; *E. Lichtenstein:* Die philosophisch-pädagogische Frage nach der Erziehbarkeit des Menschen. In: *O.F. Bollnow*, *E. Lichtenstein* und *O. Weber:* Der Mensch in Theologie und Pädagogik. Mit einem Diskussionsbericht von *I. Röbbelen*. Quelle & Meyer, Heidelberg 1962 (2. Aufl.), S. 27

3 *O.F. Bollnow:* Die anthropologische Betrachtungsweise in der Pädagogik. Neue Deutsche Schule, Essen 1965, S. 39 und S. 53

4 Ebenda, S. 51 f.

[5] *Th. Ballauff* und *K. Schaller:* Pädagogik. Eine Geschichte der Bildung und Erziehung. Band III: 19./20. Jahrhundert. Alber, Freiburg/München 1973, S. 48

[6] Vgl. dazu auch *O.F. Bollnow:* Existenzphilosophie und Pädagogik. Versuch über unstetige Formen der Erziehung. Kohlhammer, Stuttgart 1962 (2. Aufl.), S. 16 ff.: *»Zwei Grundauffassungen von der Erziehung«*

[7] Vgl. *M.J. Langeveld:* Einführung in die theoretische Pädagogik. Klett, Stuttgart 1965 (5. Aufl.), S. 31

[8] Vgl. ebenda

[9] Vgl. *A. Flitner:* Wege zur Pädagogischen Anthropologie. Versuch einer Zusammenarbeit der Wissenschaften vom Menschen. Quelle & Meyer, Heidelberg 1967 (2. Aufl.), S. 253 f.

[10] Vgl. beispielsweise *E. Weber:* Grundfragen und Grundbegriffe. Pädagogik. Eine Einführung. Herausgegeben von *E. Weber.* Band 1. Auer, Donauwörth 1972, S. 52 ff.

[11] *K. Jaspers:* Die Atombombe und die Zukunft des Menschen. Politisches Bewußtsein in unserer Zeit. Piper & Co, München (Ungekürzte Sonderausgabe) 1960, S. 468 f.

[12] *W. Flitner:* Allgemeine Pädagogik, a.a.O., S. 88

[13] Vgl. *E. Weber:* Grundfragen und Grundbegriffe, a.a.O., S. 26

[14] Vgl. beispielsweise *W. Rein:* Pädagogik in systematischer Darstellung. Erster Band: Grundlegung. Beyer & Söhne, Langensalza 1911 (2. Aufl.), S. 167 ff.; *M. Frischeisen-Köhler:* Philosophie und Pädagogik. Eingeleitet von *H. Nohl.* Beltz, Weinheim 1962 (2. Aufl. – Erstdruck 1919); *S. Bernfeld:* Sisyphos oder die Grenzen der Erziehung. Internationaler Psychoanalytischer Verlag, Leipzig/Wien/Zürich 1925 (Neuausgabe: Suhrkamp, Frankfurt am Main 1973 – 10.–13. Tausend); *Th. Litt:* Möglichkeiten und Grenzen der Pädagogik. Abhandlungen zur gegenwärtigen Lage von Erziehung und Erziehungstheorie. Teubner, Leipzig/Berlin 1926; *F. Delekat:* Von Sinn und Grenzen bewußter Erziehung. Ein Versuch zur Bestimmung des Verhältnisses von Christentum und Erziehung. Quelle & Meyer, Leipzig 1927; *E. Stern:* Von den Grenzen der Erziehung. In: Jahrbuch der Erziehungswissenschaft und Jugendkunde. Herausgegeben von *E. Stern.* Dritter Band. Union Deutsche Verlagsgesellschaft, Berlin 1927, S. 181 ff.; *J. Dolch:* Grenzen der Erziehung und Pädagogik. In: Lexikon der Pädagogik der Gegenwart. Herausgegeben vom Deutschen Institut für wissenschaftliche Pädagogik Münster in Westfalen. Erster Band. Herder & Co., Freiburg im Breisgau 1930, Sp. 1041 ff.; *A. Fischer:* Bildsamkeit. In: Lexikon der Pädagogik der Gegenwart. Herausgegeben vom Deutschen Institut für wissenschaftliche Pädagogik Münster in Westfalen. Erster Band. Herder & Co., Freiburg im Breisgau 1930, Sp. 342 ff.; *P. Häberlin:* Möglichkeit und Grenzen der Erziehung. Eine Darstellung der Pädagogischen Situation. Schweizer Spiegel, Zürich 1936 (3. Aufl.); *W. Flitner:* Allgemeine Pädagogik, a.a.O., S. 86 ff.; *F.X. Eggersdorfer:* Grenzen der Erziehung und der Erziehungswissenschaft. In: Lexikon der Pädagogik. II. Band. Herder, Freiburg 1953, Sp. 493 ff.; *O.F. Bollnow:* Existenzphilosophie und Pädagogik, a.a.O., S. 14 ff.; *F.X. Eggersdorfer:* Jugenderziehung. Herausgegeben von *A. Fischer.* Kösel, München 1962, S. 99 ff.; *E. Spranger:* Macht und Grenzen des Einflusses der Erziehung auf die Zukunft. In: *E. Spranger:* Pädagogische Perspektiven. Beiträge zu Erziehungsfragen der Gegenwart. Quelle & Meyer, Heidelberg 1962 (7. Aufl.), S. 1 ff.; *M.J. Langeveld:* Einführung in die theoretische Pädagogik, a.a.O., S. 57 ff. und S. 85 ff.; *H. Schelsky:* Auf der Suche nach Wirklichkeit. Gesammelte Aufsätze. Diederichs, Düsseldorf/Köln 1965, S. 183 ff.; *H. Roth:* Pädagogische Anthropologie. Band I: Bildsamkeit und Bestimmung. Schroedel, Hannover/Berlin/Darmstadt/Dortmund 1966, S. 42 f.; *A. Flitner:* Wege zur Pädagogischen Anthropologie, a.a.O., S. 262 f.; *W. Kuckartz:* Sozialisation und

Erziehung. Eine Polemik wider den Pädagogismus. Neue Deutsche Schule, Essen 1969, S. 104 ff.; *Th. Ballauff:* Systematische Pädagogik. Eine Grundlegung. Quelle & Meyer, Heidelberg 1970 (3. Aufl.), S. 169 ff.; *H. Henz:* Lehrbuch der systematischen Pädagogik. Herder, Freiburg/Basel/Wien 1971 (3. Aufl.), S. 116 ff.; *H. Netzer:* Erziehungslehre. Klinkhardt, Bad Heilbrunn/Obb. 1972 (10. Aufl.), S. 26 ff.; *E. Weber:* Grundfragen und Grundbegriffe, a.a.O., S. 26 f.; *H. Domke:* Erziehungsmethoden. Pädagogik. Eine Einführung. Herausgegeben von *E. Weber.* Band 2. Auer, Donauwörth 1973, S. 27 ff.; *W. Wilhelm:* Grenzen der Erziehung. Henn, Ratingen/Kastellaun/Düsseldorf 1973

15 *W. Brezinka:* Grenzen der Erziehung. In: *W. Brezinka:* Erziehungsziele, Erziehungsmittel, Erziehungserfolg. Beiträge zu einem System der Erziehungswissenschaft. Reinhardt, München/Basel 1981 (2. Aufl. – Uni-Taschenbücher 548), S. 181 ff. (Erstdruck in: Die Heimstatt, Heft 3–4/1977, S. 275–299. Katholische Heimstattbewegung und Katholische Landesarbeitsgemeinschaften für Jugendsozialarbeit, Köln)

16 So *Eggersdorfer, Häberlin, Henz, Langeveld, Litt* und *Netzer* zum Beispiel

17 *Eggersdorfer, Rein* und *Spranger*

18 Vgl. *M.J. Langeveld:* Einführung in die theoretische Pädagogik, a.a.O., S. 72

19 *W. Brezinka:* Grenzen der Erziehung, a.a.O., S. 189

20 *J. Dolch:* Grenzen der Erziehung und Pädagogik, a.a.O., Sp. 1042

21 *M.J. Langeveld:* Einführung in die theoretische Pädagogik, a.a.O., S. 30

22 *O.F. Bollnow:* Existenzphilosophie und Pädagogik, a.a.O., S. 16

23 Vgl. *M.J. Langeveld:* Einführung in die theoretische Pädagogik, a.a.O., S. 85 ff.

24 Ebenda, S. 86

25 Ebenda, S. 87

26 *J. Dolch:* Grenzen der Erziehung und Pädagogik, a.a.O., Sp. 1043

27 *W. Brezinka:* Grenzen der Erziehung, a.a.O., S. 189 und S. 214 f.

28 *J. Dolch:* Grenzen der Erziehung und Pädagogik, a.a.O., Sp. 1041

29 Vgl. *M.J. Langeveld:* Einführung in die theoretische Pädagogik, a.a.O., S. 85

30 Vgl. *W. Flitner:* Allgemeine Pädagogik, a.a.O., S. 92 f.

31 Vgl. *H. Roth:* Pädagogische Anthropologie. Band I, a.a.O., S. 154

32 *W. Brezinka:* Grenzen der Erziehung, a.a.O., S. 198

33 Vgl. ebenda, S. 199; vgl. ferner *E. Weber:* Grundfragen und Grundbegriffe, a.a.O., S. 27

34 Vgl. *M.J. Langeveld:* Einführung in die theoretische Pädagogik, a.a.O., S. 30; vgl. ferner *W. Flitner:* Allgemeine Pädagogik, a.a.O., S. 92 f.

35 Vgl. *W. Brezinka:* Grenzen der Erziehung, a.a.O., S. 200 f.

36 Vgl. *W. Flitner:* Allgemeine Pädagogik, a.a.O., S. 86

37 Vgl. *O. Weber:* Das biblisch-theologische Menschenbild und seine Bedeutung für die Erziehung. In: *O.F. Bollnow, E. Lichtenstein* und *O. Weber:* Der Mensch in Theologie und Pädagogik, a.a.O., S. 19

38 *M.J. Langeveld:* Einführung in die theoretische Pädagogik, a.a.O., S. 92 f.

39 *W. Flitner:* Allgemeine Pädagogik, a.a.O., S. 90 und S. 95

40 *H. Roth:* Pädagogische Anthropologie. Band I, a.a.O., S. 266

41 *W. Brezinka:* Grenzen der Erziehung, a.a.O., S. 199

42 *H. Roth:* Pädagogische Anthropologie. Band I, a.a.O., S. 48

43 Vgl. *W. Flitner:* Allgemeine Pädagogik, a.a.O., S. 92 f.

44 Vgl. dazu beispielsweise *E. Weber:* Grundfragen und Grundbegriffe, a.a.O., S. 47 ff.

45 Vgl. ebenda, S. 26

[46] *W. Brezinka:* Grenzen der Erziehung, a.a.O., S. 207; vgl. auch *W. Brezinka:* Über Absicht und Erfolg der Erziehung. In: *W. Brezinka:* Erziehungsziele, Erziehungsmittel, Erziehungserfolg, a.a.O., S. 76 ff.

[47] Vgl. *W. Brezinka:* Grenzen der Erziehung, a.a.O., S. 187

[48] Vgl. ebenda, S. 212; vgl. ferner *W. Flitner:* Allgemeine Pädagogik, a.a.O., S. 90 sowie *E. Weber:* Grundfragen und Grundbegriffe, a.a.O., S. 27

[49] *H. Roth:* Pädagogische Anthropologie. Band I, a.a.O., S. 267

[50] Vgl. auch *W. Flitner:* Allgemeine Pädagogik, a.a.O., S. 87

[51] *A. Flitner:* Wege zur Pädagogischen Anthropologie, a.a.O., S. 262

[52] *W. Brezinka:* Grenzen der Erziehung, a.a.O., S. 202 ff.

[53] *Th. Ballauff:* Systematische Pädagogik, a.a.O., S. 170

[54] Ebenda, S. 170; vgl. auch S. 176

[55] Vgl. *H. Jaschke:* Das Böse in der Erziehung. Ein Beitrag zur pädagogischen Anthropologie. Patmos, Düsseldorf 1974, S. 9

[56] Vgl. *H. Zöpfl:* Bildung und Erziehung angesichts der Endlichkeit des Menschen. Auer, Donauwörth 1967

[57] Vgl. *F. Kopp:* Das Böse und die Erziehung. In: Pädagogische Welt. 31. Jg., S. 385–386. Auer, Donauwörth 1977

[58] *Peter Petersen* lebte von 1884 bis 1952, lehrte ab 1923 bis zu seinem Tod als Professor für Erziehungswissenschaft an der Universität Jena, machte sich durch seinen *Jenaplan* einen Namen als Schulreformer und gilt als Begründer einer illusionsfreien und realistischen Erziehungswissenschaft.

[59] *P. Petersen:* Der Mensch in der Erziehungswirklichkeit. III. Band der Allgemeinen Erziehungswissenschaft. Setzkorn-Scheifhacken, Mülheim (Ruhr) 1954, S. 149; vgl. dazu den ganzen *III. Teil* dieses Werkes: S. 147 bis S. 224

[60] Vgl. *Th. W. Adorno:* Erziehung zur Mündigkeit. Vorträge und Gespräche mit *H. Becker* 1959–1969. Herausgegeben von *G. Kadelbach*. Suhrkamp, Frankfurt 1972 (16.–30. Tausend), S. 88 ff.

[61] Vgl. *J. Schuster:* Das Böse. In: *W. Brugger* (Hrsg.): Philosophisches Wörterbuch Herder, Freiburg 1953 (5. Aufl.), S. 41

[62] *H. Roth:* Pädagogische Anthropologie. Band I, a.a.O., S. 48

[63] Ebenda, S. 141

[64] Vgl. dazu auch *H. Jaschke:* Das Böse in der Erziehung, a.a.O., S. 13 ff.

[65] *K. Lorenz:* Ganzheit und Teil in der tierischen und menschlichen Gemeinschaft. In: Studium generale. 3. Jg., S. 455–499. Springer, Berlin/Göttingen/Heidelberg 1950, S. 493; vgl. auch *H. Roth:* Pädagogische Anthropologie, Band I, a.a.O., S. 175 ff.

[66] *J.W. Goethe:* Gedenkausgabe der Werke, Briefe und Gespräche (28. August 1949). Herausgegeben von *E. Beutler*. Band 5: Die Faustdichtungen. Artemis, Zürich/Stuttgart 1962 (2. Aufl.), S. 184: *Faust I/1335 f.*

[67] *K. Lorenz:* Das sogenannte Böse. Zur Naturgeschichte der Aggression. Borotha-Schoeler, Wien 1969 (23.–24. Aufl.), S. 35 ff.

[68] Ebenda, S. 73

[69] Ebenda, S. 73

[70] Ebenda, S. 401 f.

[71] Vgl. Anmerkung 16 und Anmerkung 17 zum Kapitel über den Pessimisten *Siegfried Bernfeld*

[72] *G. Marcel:* Sein und Haben. Übersetzung und Nachwort von *E. Behler*. Schöningh, Paderborn 1954, S. 108 f.; vgl. auch *F. März:* Einführung in die Pädagogik. Sechs Kapitel zur Orientierung in der pädagogischen Wirklichkeit. Kösel, München 1965, S. 22 ff. – *Gabriel Marcel* lebt von 1889 bis 1973 und gilt neben seiner Arbeit als Dramatiker als einer der führenden Repräsentanten der französischen Existenzphilosophie. 1929 konvertiert er zum katholischen Glauben und wird zum Gründer und Wortführer des christlichen Existentialismus in seinem Lande.

[73] *H. Roth:* Pädagogische Anthropologie. Band I, a.a.O., S. 141 ff.

[74] Ebenda, S. 437 und S. 442

[75] *H. Roth:* Pädagogische Anthropologie. Band II: Entwicklung und Erziehung. Grundlagen einer Entwicklungspädagogik. Schroedel, Hannover/Berlin/Darmstadt/Dortmund 1971, S. 44

[76] Ebenda, S. 97 f.

[77] Ebenda, S. 402

[78] Ebenda, S. 403; vgl. auch S. 411

[79] *H. Jaschke:* Das Böse in der Erziehung, a.a.O., S. 13

[80] Ebenda, S. 12; vgl. auch S. 92 ff.

[81] *L. Wittgenstein:* Schriften 1: Tractatus logico-philosophicus. Tagebücher 1914–1916. Philosophische Untersuchungen. Suhrkamp, Frankfurt am Main 1969 (siebtes bis neuntes Tausend), S. 83

[82] *F. Kopp:* Das Böse und die Erziehung, a.a.O., S. 385 f.

[83] *H. Jaschke:* Das Böse in der Erziehung, a.a.O., S. 97

[84] Vgl. *M.J. Langeveld:* Einführung in die theoretische Pädagogik, a.a.O., S. 95

Sein Vater war Steinmetz; und sein bedeutendster Schüler, *Platon*, verglich ihn mit einem Künstler und rühmte ihn als »Bildner«[1]. Er selbst freilich, den man »das mächtigste erzieherische Phänomen in der Geschichte des Abendlandes«[2] genannt hat, begriff seine erzieherischen Intentionen nicht als Ausdruck eines künstlerischen Impulses, sondern verwies – im Bewußtsein der Grenzen aller Erziehung – auf den Beruf seiner Mutter; und die war Hebamme. Seine dringlichste Aufgabe sah er darin: »zu prüfen, ob die Seele des Jünglings ein Trugbild und Falschheit zu gebären im Begriff ist oder Fruchtbares und Echtes... Geburtshilfe leisten nötigt mich der Gott, erzeugen aber hat er mir verwehrt... Die aber mit mir umgehen, zeigen sich zuerst zwar zum Teil als gar sehr ungelehrig; hernach aber, bei fortgesetztem Umgang, alle, denen es der Gott vergönnt, als wunderbar schnell fortschreitend, wie es ihnen selbst und andern scheint; und dieses ganz offenbar ohne jemals irgend etwas von mir gelernt zu haben, sondern nur selbst aus sich selbst entdecken sie viel Schönes und halten es fest; die Geburtshilfe indes leisten dabei der Gott und ich«[3].

Es gibt eigentlich nicht sehr viel, was über *Sokrates* bekannt geworden ist. Da er nichts Schriftliches hinterlassen hat, bleibt man ganz auf die Zeugnisse seiner Zeitgenossen angewiesen, von denen ihn die einen – wie *Aristophanes* beispielsweise – karikieren, während ihn *Platon* heiligspricht und ihm wohl auch eigenes Gedankengut unterlegt. Vielleicht hat *Xenophon* den wirklichen *Sokrates* beschrieben; aber niemand weiß dies genau[4].

Um 469 vor *Christus* geboren, geht es *Sokrates* – ähnlich wie seinen großen Gegnern, den Sophisten – um *Aufklärung*; allerdings nicht um eine oberflächliche, populäre, preiswerte; sondern um eine *entlarvende:* eine dem Aufgeklärten seine eigene Unwissenheit und Dummheit offenbarende. Manch einer »meint etwas zu wissen, obwohl er nicht weiß, ich aber, wie ich eben nicht weiß, so meine ich es auch nicht. Ich scheine also um dieses wenige doch weiser zu sein als er, daß ich, was ich nicht weiß, auch nicht glaube zu wissen«[5].

Sokrates ist sich also seines *Nichtwissens* bewußt; und er will auch anderen zu dieser Einsicht verhelfen. Denn für ihn bedeutet eben diese Selbst-Erkenntnis den Anfang des Weges zum wahren Wissen. Das Gehenlernen auf diesem Wege vollzieht sich allerdings nicht wie das Lernen intellektueller Fertigkeiten; vollzieht sich nicht als passive Übernahme von außen dargebotener Inhalte, sondern als *aktives und mühsames Suchen und Wiederentdecken eines eingeborenen Wissens*, das jeder für sich und neu entdecken muß.

Für die alten Dichter – *Theognis* und *Pindar* etwa – lag die Tugend im Blut; und dieses galt es reinzuhalten und zu pflegen. In *Sokrates* erfährt diese Auffassung ihre Vergeistigung: das wahre Tugend-Wissen ist dem Menschen angeboren; und es läßt sich wiedererwecken – in der »Sammlung der Seele«[6]. Deshalb gilt es für nichts »so sehr zu sorgen wie für die Seele, daß diese aufs beste gedeihe«, und zu zeigen, »daß nicht aus dem Reichtum die Tugend entsteht, sondern aus der Tugend der Reichtum«[7].

Die Art, wie *Sokrates* seinen Zeitgenossen geistige Geburtshilfe leistete: seine bohrenden Fragen; seine Kunst, den andern in Widersprüche zu verwickeln; seine Ironie – diese Art war kaum geeignet, sich Freunde zu schaffen. Und so ist es nicht verwunderlich, daß sich die Athener seiner zu entledigen suchten. Man beschuldigte ihn, die Götter zu lästern und die Jugend zu verführen, und man verurteilte ihn zum Tod. Trotz der Möglichkeit, aus dem Gefängnis zu entfliehen, blieb er sich, seiner Sendung und seiner Überzeugung, in der er sich durch eine innere, göttliche Stimme – das *Daimonion* – bestärkt wußte, treu und erlitt 399 den Tod durch den Giftbecher.

Sokrates, von dem *Cicero* sagte, er habe die Philosophie vom Himmel auf die Erde heruntergeholt, um sie den Menschen dienstbar zu machen, hat, wenn die Zeugnisse nicht trügen, die Seele entdeckt und mit ihr die Innerlichkeit und das Gewissen, die innere Freiheit und die Aufgabe der Selbstbildung, die Autonomie und die Würde des einzelnen Menschen.

Als Erzieher ging es ihm – im Unterschied zu den Sophisten – nicht um Anpassung, sondern um Erweckung und Anregung; nicht um Dialektik, Technik der Macht und das Aufnötigen von Meinungen, sondern um den Anstoß zu eigener Wahrheitssuche, zu eigenem Denken und zum Hinhören auf die innere Stimme; nicht um das Unterrichtshonorar, sondern um den lebendigen und freundschaftlichen Dialog mit seinen Schülern.

Von der existentiellen Tiefe seines Mühens zeugt sein Hinweis auf die *endzeitliche* Dimension der Erziehung. Denn: letztlich verbleibt der Seele auf dem Weg in die Ewigkeit nichts weiter als die hier erworbene *Bildung und Erziehung*. Beide entscheiden für den Toten gleich zu Beginn seiner Reise dorthin über Heil oder Unheil. Und deshalb bedarf die Seele, wofern sie tatsächlich unsterblich ist, der *Sorge*. Jetzt erst erhellt die Gefahr in ihrem vollen Ausmaß, wollte einer seine Seele vernachlässigen. Wäre nämlich der Tod absolute Auflösung, so grenzte dies für die Schlechten an den Gipfel des Glücks: im Tod wären sie mit einem Mal all ihrer Bosheit ledig. Angesichts seiner *Unsterblichkeit* aber gibt es für den Menschen keinen anderen Ausweg aus dem Verderben und kein Heil sonst, es sei denn die größtmögliche Vervollkommnung seiner sittlichen Haltung und seiner Einsicht[8].

Nun zieht – was die Frage: *Macht oder Ohnmacht des Erziehers* anlangt – auch *Sokrates* die Wirksamkeit und die gewiß offenkundige Wirkung der Sophisten sowie ihren Optimismus im Bereich *intellektueller* Schulung nicht grundsätzlich in Zweifel[9]; und *Franz Xaver Eggersdorfer* läßt den *platonischen Sokrates* gar »mit der ganzen nun folgenden griechischen Philosophie zum Verkünder dieses Optimismus« werden, da er »in dieser Grundidee mit den Sophisten und der griechischen Aufklärung« übereingestimmt habe[10]: darin also, daß der Mensch durch *Aufklärung* im Bereich aller Künste – der intellektuellen, der handwerklichen *und* jener der Lebensführung – *auch erzogen* werde; daß, wer das Gute *kenne*, niemals mehr »aus freier Wahl dem Bösen nachgeht oder dem, was er für böse hält«[11]; daß ein fehlgeleiteter Wille mit der Korrektur des fehlerhaften Wissens *notwendig* in die recht Bahn finde. Und auch *Sokrates* sieht sich zum *Lehrer* berufen – wie die Sophisten, wenn er in seiner *Verteidigungsrede* hervorhebt: »solange ich noch atme und es vermag, werde ich nicht aufhören, nach Weisheit zu suchen und euch zu ermahnen«[12].

Dies alles freilich darf und kann nicht darüber hinwegtäuschen, daß dieser Mann, wenn *er* von *areté* und von der »Lehrbarkeit der Tugend« spricht, etwas anderes meint; daß das ganze Problem bei *ihm* differenzierter und komplizierter wird; daß *seine* Versprechungen im Blick auf dieses Problem, das ihn ja lebenslang beschäftigt, bescheidener und schon gar nicht optimistisch klingen.

Wenn *er* vom »Wissen« spricht, meint er mehr als intellektuelles Wissen; wenn *er* von »Tugend« redet, denkt er an einen »seelischen Wert«[13]; und wenn *er* »Erziehung« sagt, dann meint er eben die *Sorge für die Seele* und einen »Dienst«, den er »dem Gott leistet«[14].

Das *sokratische* Wissensverständnis transzendiert jenes der Sophisten: Wissen betrifft nicht mehr nur den *Intellekt*, sondern es wurzelt in der *Seele* und – gerade dies zu betonen wird *Sokrates* nicht müde – es findet sich nur bei ganz wenigen: er selbst weiß jedenfalls, daß er es noch nicht besitzt, weiß um sein *Nichtwissen*; weswegen er es ablehnt, sich in jenem Sinne *Lehrer* zu nennen, wie sich die Sophisten als »Lehrer« begreifen[15].

Aus diesem neuen Verständnis der alten Begriffe – *Wissen, Tugend, Erziehung* – heraus widerspricht der Athener der sophistischen Theorie von der »Lehrbarkeit der Tugend« und lehnt es ab, sich einen Lehrer und Erzieher zu nennen. Denn nach seiner Kenntnis des Menschen liegt das *Wissen* bereits *in* diesem; und jemand das *Lernen* zu *lehren* heißt für ihn: diesen zu jener »Wiedererinnerung« *anregen*, deren es bedarf, sich seines inneren Wissens zu vergewissern[16]; ihm dabei *behilflich* zu sein, seine Seele »zu sammeln«[17].

Sokrates denkt nicht daran, *andere gescheiter und damit besser zu machen*; er denkt nicht daran, andere zu »belehren« und zu »erziehen«; *er versucht anzuregen und zu erwecken*. Er begreift sich als »Geburtshelfer«: Wissen und Tugend muß jeder *selber* aus sich gebären. Beide Aufgaben – Gebären und Geburtshilfe leisten – sind zu lösen; aber gleichwohl schwer genug, um ihre Lösung allzu optimistisch zu versprechen.

Anmerkungen

1 *Platon:* Sämtliche Werke. Band 3. In der Übersetzung von *F. Schleiermacher* mit der Stephanus-Numerierung herausgegeben von *W.F. Otto, E. Grassi, G. Plamböck*. Rowohlt, Hamburg 1964 (71.–75. Tausend), S. 100: *Politeia 361 d*, S. 192: *472 d* und S. 245: *540 c*; vgl. ferner *W. Jaeger:* Paideia. Die Formung des griechischen Menschen. Erster Band. De Gruyter & Co., Berlin 1959 (4. Aufl.), S. 280

[2] *W. Jaeger:* Paideia. Die Formung des griechischen Menschen. Zweiter Band. De Gruyter & Co., Berlin 1959 (3. Aufl.), S. 74

[3] *Platon:* Sämtliche Werke. Band 4. Nach der Übersetzung von *F. Schleiermacher* mit der Stephanus-Numerierung herausgegeben von *W.F. Otto, E. Grassi, G. Plamböck*. Rowohlt, Hamburg 1962 (36.–40. Tausend), S. 115: *Theaitetos 150 cd*

[4] Vgl. *H.-I. Marrou:* Geschichte der Erziehung im klassischen Altertum. Herausgegeben von *R. Harder*. Alber, Freiburg/München 1957, S. 90

[5] *Platon:* Sämtliche Werke. Band 1. In der Übersetzung von *F. Schleiermacher* mit der Stephanus-Numerierung herausgegeben von *W.F. Otto, E. Grassi, G. Plamböck*. Rowohlt, Hamburg 1965 (86.–93. Tausend), S. 13: *Apologie 21 d*

[6] *Platon:* Sämtliche Werke. Band 3, a.a.O., S. 20: *Phaidon 67 c* und S. 34: *Phaidon 83 a*; vgl. auch *W. Jaeger:* Paideia. Die Formung des griechischen Menschen. Zweiter Band, a.a.O., S. 243

[7] *Platon:* Sämtliche Werke. Band 1, a.a.O., S. 20: *Apologie 30 ab*

[8] *Platon:* Sämtliche Werke. Band 3, a.a.O., S. 57: *Phaidon 107 cd*

[9] *W. Jaeger:* Paideia. Die Formung des griechischen Menschen. Zweiter Band, a.a.O., S. 173

[10] *F.X. Eggersdorfer:* Jugenderziehung. Herausgegeben von *A. Fischer*. Kösel, München 1962, S. 101

[11] *Platon:* Sämtliche Werke. Band 1, a.a.O., S. 93: *Protagoras 358 c*

[12] *Platon:* Sämtliche Werke. Band 1, a.a.O., S. 20: *Apologie 29 d*

[13] *W. Jaeger:* Paideia. Die Formung des griechischen Menschen. Zweiter Band, a.a.O., S. 88

[14] *Platon:* Sämtliche Werke. Band 1, a.a.O., S. 20: *Apologie 30 ab*

[15] *Platon:* Sämtliche Werke. Band 1, a.a.O., S. 11: *Apologie 19 dff.*; vgl. auch *W. Jaeger:* Paideia. Die Formung des griechischen Menschen. Zweiter Band, a.a.O., S. 116 ff.

[16] Vgl. *Platon:* Sämtliche Werke. Band 2. In der Übersetzung von *F. Schleiermacher* mit der Stephanus-Numerierung herausgegeben von *W.F. Otto, E. Grassi, G. Plamböck*. Rowohlt, Hamburg 1962 (46.–50. Tausend), S. 10 ff.: *Menon*

[17] Vgl. Anmerkung 6

Platons pädagogische Gedankenwelt ist ungeheuer reich und differenziert. Wollte einer aber den *Kern* dieser Fülle aufspüren – das, worum es dem Philosophen letztendlich geht; und wollte er dies zudem noch in einem einzigen Bild veranschaulicht sehen, dann würde man ihn gewiß gut beraten, wenn man ihn auf das von *Platon* selbst und mehrfach gezeichnete Bild von den »Augen des Geistes« verwiese. Im *siebten Buch* seines *Staates* und im Zusammenhang mit seinem berühmten *Höhlengleichnis* formuliert er die *zentrale* Aufgabe aller Erziehung, wonach es gälte: das im barbarischen Morast einer sich ständig wandelnden Scheinwelt vergrabene Auge des Geistes herauszuziehen und aufwärts zu führen zum Licht des wahrhaft Seienden und Göttlichen[1]. Im *Symposion* läßt er *Sokrates*, seinen Lehrer, sagen: »Das Auge des Geistes fängt erst an scharf zu sehen, wenn das leibliche von seiner Schärfe schon verlieren will«[2]; und in seinem Alterswerk *Sophistes* stellt er fest, daß »die Geistesaugen der meisten … in das Göttliche ausdauernd hineinzuschauen unvermögend« seien[3].

Allerdings ändert diese – nicht zuletzt selbst verschuldete – Unfähigkeit nichts an der Dringlichkeit jener Aufgabe, um deren Lösung sich *Platon* sein ganzes Leben lang bemüht und die jeder Mensch für sich selbst zu leisten verpflichtet sei: fortzuschreiten nämlich von der trügerischen Wahrnehmung der Sinne zur Anschauung der reinen, unverfälschten Wirklichkeit, und vor allem »des glänzendsten unter dem Seienden«: der Idee des *Guten*[4].

Erst mit der Lösung dieser Aufgabe gelingt *Bildung* – das einzige, was der Mensch nach dem Tod in die Ewigkeit mitzunehmen vermag[5]. Um dieses Ziel zu erreichen, bedarf es freilich der »Umlenkung der Seele« – bedarf es der *Erziehung* als »Kunst der Umlenkung«[6].

427 vor *Christus* in Athen geboren und einem alten adeligen Geschlecht entstammend, wurde *Platons* Lebensweg nachhaltig durch *Sokrates* geprägt, dessen bedeutendster Schüler er war. Im Unterschied zu seinem Lehrer hat er ein umfangreiches literarisches Werk hinterlassen, angesichts dessen sachlicher Aussage und sprachlicher Form einem die Entscheidung darüber schwerfällt, wen man mehr bewundern soll: den Philosophen oder den Dichter.

Dabei war *Platon* kein Stubengelehrter; vielmehr – ein Mann von Welt – stand er mit den bedeutendsten Persönlichkeiten seines Zeitalters in Verbindung. Seine Reisen führten ihn nach Unteritalien, Nordafrika und Ägypten.

387 gründete er in Athen seine Schule, die Akademie. Und: er wollte den idealen Staat nicht nur gedanklich entwerfen; er suchte ihn auch zu realisieren – in Syrakus, wo er sich bemühte, den jungen Tyrannen *Dionysios II.* »zu einem der Herrschaft würdigen Könige zu gestalten«[7]. Hierbei scheiterte er allerdings und entging nur knapp der Katastrophe. 347 starb er in seiner Vaterstadt.

Man wird sich hüten müssen, *Platon* voreilig einer bestimmten Position zuzuordnen, und man wird ihm wohl kaum gerecht, wenn man ihn unter die Vertreter des pädagogischen Pessimismus einreiht. Ebenso unzulässig dürfte es allerdings sein, ihn der Gegenposition zuzurechnen, obgleich seine Reflexionen über die Lehrbarkeit der Tugend – oberflächlich besehen – eine derartige Zuordnung naheliegend erscheinen lassen.

Dagegen freilich sprechen wiederum seine Rassenzuchttheorie und seine strengen eugenischen Vorschriften, wobei allerdings zu bedenken bleibt, daß all dies sehr wohl auch zusammenpassen könnte: etwa in dem Sinne, daß eine optimale Erziehbarkeit eine strenge Rassenzucht und -auslese voraussetzt und die dabei gewonnenen besten Anlagen der erzieherischen Förderung bedürfen, damit die in ihnen ruhende Leistungskraft zu ihrer vollen Entfaltung gelangen kann[8].

Platons pädagogischer Gedankenreichtum und wohl auch manche Widersprüchlichkeit verbieten jede vorschnelle und einseitige Festlegung, weil diese leicht zur Fehldeutung gerät. Nimmt man sein pädagogisches Denken insgesamt in den Blick, dann wird man freilich feststellen müssen, daß es einerseits von Optimismus kündet, andererseits aber auch von zweifelnden und pessimistischen Erwägungen nicht frei geblieben ist.

So gab es in *Platons* Leben eine Periode, in der er vom »Glauben an die Macht der Erziehung« beseelt war[9]. Möglicherweise war er der erste, der sich Gedanken über die *Bildsamkeit* des jugendlichen Menschen gemacht hat: in der Jugendzeit nämlich »wird vornehmlich das Gepräge gebildet und angelegt, welches man jedem einzeichnen will«[10]; und *Werner Jaeger* erwähnt in diesem Zusammenhang das griechische Wort *eúplaston*, das man mit dem Begriff *bildsam* wiedergeben darf[11].

Gewiß mißtraute der Philosoph, wie sein Lehrer *Sokrates*, dem Rationalismus und Intellektualismus der Sophisten: wenn *er* vom »Wissen« redet und dieses mit der »Tugend« in Beziehung setzt, hält er sich an *Sokrates* und nicht an *Protagoras*. Und nicht ohne Absicht beendet er seinen Dialog *Protagoras* im Blick auf die Frage nach der Tugend und ihrer Lehrbarkeit mit einer Aporie[12]. Er weiß bereits darum, daß alles Wissen *ambivalent* ist: zum Guten wie zum Bösen verwertbar. Er ist sich dessen bewußt, daß Wissen und Wollen der Kontrolle der Vernunft bedürfen, und *er* ist es schließlich, der den in seinen Augen letztlich oberflächlichen Erziehungsoptimismus der Sophisten aufs Korn nimmt und dialektisch zerpflückt.

Und dennoch glaubt *Platon* an die verwandelnde Kraft der Erziehung – sein Werk und sein Leben bezeugen dies fraglos. Doch geben beide eben nicht nur Zeugnis von seinen Hoffnungen und Höhenflügen, sondern ebensosehr von seiner Ratlosigkeit und seiner Resignation; und es ist ganz gewiß kein poetischer Kniff, wenn er nicht nur seinen *Protagoras*, sondern auch andere Dialoge in einer Aporie enden läßt. In Athen, im Kreise seiner Schüler, erlebt er Bildsamkeit und Bildungswilligkeit; dieses Erleben mag ihn in »seiner hochgesteigerten Schätzung des Einflusses der Erziehung«[13] bestärkt haben. In Sizilien scheitert er als Erzieher und entgeht nur ganz knapp dem Desaster.

Neben den äußeren Ereignissen sollte man aber auch jene innere Einstellung *Platons* nicht vergessen, die sich in seinem anthropologischen Dualismus artikuliert.

Wie passen der Rassenzuchtgedanke und die ausgefeilten eugenischen Vorschriften einerseits, die dem *Leib* gelten, und die »Sammlung der *Seele*« sowie die »Sorge« für sie andererseits zusammen? Der Philosoph gehört in seinem langen Leben allen Positionen an: er ist Optimist, Pessimist *und* Realist. Und *Franz Xaver Eggersdorfer* dürfte mit seiner Charakteristik des Atheners richtig liegen, wenn er feststellt: »Wohl ist Platon voll überzeugt von der Macht der Erziehung im Dienst staatlicher Gemeinschaft, er ist aber voller Skepsis gegenüber dem ethischen Erfolg derselben im Einzelleben.«[14] – Irgendwann macht er sich nichts mehr vor.
In seiner Auseinandersetzung mit den Sophisten wird immer wieder spürbar, wie sehr *Platon* bei seiner sonstigen kritischen Haltung *Homer* gegenüber in der Frage der *Wirksamkeit* der Erziehung auf seiten der alten Dichter und Sänger der *areté* des adeligen Blutes zu finden ist, indem er ihre Zweifel an den »demokratischen Illusionen der aufgeklärten Massenbildung« teilt und seinen Lehrer *Sokrates* – den »Plebejer« – in seinen Dialogen als »Wiederentdecker dieser adeligen Erziehungszweifel« auftreten läßt[15].
Gewiß: der *platonische Sokrates* verficht – wie die Sophisten – die These von der »Lehrbarkeit der Tugend«; aber *seine* These besagt, auch wenn sie den gleichen Wortlaut hat, doch etwas ganz anderes. Die Sophisten sind Intellektualisten, und wenn *sie* von »Wissen« sprechen und das Wesen der Tugend als »Wissen« definieren, reden sie von etwas anderem als *Sokrates*, wenn er die gleichen Worte gebraucht. Wäre die Tugend im Sinne der Sophisten – intellektualistisch also – lehrbar, dann müßten die Nachkommen großer Männer ihren Vätern auch in dieser Tugendgröße ähnlich sein; dies freilich trifft oft genug nicht zu.
Für *Sokrates* ist das Bewußtsein um das eigene *Nichtwissen* der Anfang des Weges zum wahren Wissen; und das Gehenlernen auf diesem Weg – ein höchst anstrengendes Unternehmen – ist in Grenzen lehrbar. Aber das dabei ausgelöste Lernen vollzieht sich nicht wie das Lernen intellektueller Fertigkeiten, deren Lehrbarkeit *Sokrates* überhaupt nicht anzweifelt; vollzieht sich nicht als passive Übernahme äußerlich dargebotener Inhalte, sondern als aktives und mühsames Suchen und Wiederentdecken des »angeborenen Wissens«. Für die alten Dichter lag die *areté* im Blut; und dies galt es reinzuhalten und zu pflegen. In *Sokrates-Platon* erfährt diese Auffassung ihre Vergeistigung: das wahre (Tugend-)Wissen ist der *Seele* des Menschen eingeboren; und es läßt sich nur wiedererwecken in der »Sammlung der Seele«[16].
Platon macht sich in diesem Punkt nichts vor; und hätte man die verstreuten Zweifel an der Möglichkeit der Erziehung in den Dialogen auch überlesen, so lassen sie sich in seinem *Siebenten Brief* nicht mehr ignorieren. Es sind nicht viele, die sich in seinen Augen auf die Sammlung der Seele einlassen und die geeignet sind, sich dabei helfen zu lassen. Zwar weiß er für sich als Lehrer nichts »Schöneres … als etwa den Menschen zu großem Heile Gedeihendes niederzuschreiben und das Wesen der Dinge für alle an das Licht zu ziehen«, wenn »es sich in einer der Mehrzahl verständlichen Weise niederschreiben und aussprechen ließe«. Aber indem er diesem

Wunsch nachsinnt, kommt er zu der resignierenden Erkenntnis, daß das, »was sich für einen Versuch hierüber ausgibt, für nichts den Menschen Ersprießliches« gehalten werden muß, »mit Ausnahme einiger weniger, welche selbst es vermittels eines leisen Fingerzeiges aufzufinden imstande wären; von den übrigen aber würde es die einen, wie es nicht sollte, mit einer keineswegs angemessenen Geringschätzung erfüllen, die andern aber mit einem hochfliegenden und törichten Dünkel, als haben sie irgendwelche erhabene Wahrheiten begriffen«[17].

Zu letzteren gehörte *Dionysios II.*, der Tyrann von Syrakus, zu dessen erzieherischer Betreuung *Platon* von seinen Freunden, vor allem von *Dion*, einem Verwandten des Tyrannen, gedrängt wurde. *Platon* verhielt sich in dieser Angelegenheit von Anfang an zurückhaltend. Nicht er, sondern *Dion* – begeistert von seinem Lehrer-Freund und dessen Einfluß auf ihn – war der Optimist.

In *Dions* Augen war mit dem Regierungsantritt *Dionysios II.* der Moment und die Chance gekommen, das, was *Platon* in seiner *Politeia* entworfen hatte, in die Wirklichkeit umzusetzen; für ihn war damit der ideale und vollkommene Staat zum Greifen nahe gerückt. Allerdings bedachte er nicht, daß die in der *Politeia* beschriebene Erziehung des Herrschers einen langen und anstrengenden Weg der Auslese bedeutete, während hier in Sizilien ein bereits im Vollbesitz der Macht befindlicher junger Mann erzogen werden sollte, der zudem einer Reihe zusätzlicher Beeinflusser ausgesetzt war, die dem Zugereisten aus Athen äußerst mißtrauisch und eifersüchtig gegenüberstanden.

Platon war sich all dessen wohl bewußt, denn er kannte seit seiner ersten sizilischen Reise, zu einer Zeit, als noch *Dionysios I.* regierte, die dortigen Verhältnisse. Aber er wollte sich andererseits auch nicht dem Vorwurf aussetzen, seine Theorie sei gar nicht zu realisieren beziehungsweise er wolle dies überhaupt nicht. Und so macht er sich in seinen alten Tagen auf den Weg – er, der immer den Wunsch hegte, sich von der »Torheit der Menge« zurückzuziehen, »sich ruhig« zu »verhalten und, sich nur um das Seinige bekümmernd, ... wenigstens selbst rein von Ungerechtigkeit und unheiligen Werken dieses Leben hinzubringen und beim Abschiede daraus in guter Hoffnung ruhig und zuversichtlich zu scheiden«[18]. Er verdrängt diese seine Resignation und seinen Pessimismus; er läßt Athen, wo man ihn ebenfalls brauchte und wo man ihn verehrte, zurück; er beschreitet den schwierigeren Weg und – er scheitert!

Einerseits weiß *Platon* sehr wohl um die Unberechenbarkeit der Jugend: »die Neigungen solcher Menschen sind vorübergehend und nehmen oft eine entgegengesetzte Richtung«[19]; andererseits gibt er die Hoffnung nicht auf, und es scheint ihm »als nichts Wundersames, daß in einem Befähigten, der als junger Mann das über wichtige Dinge Gesagte wenig beachtete, die Liebe zu einem tugendhaften Leben« doch noch »erwache«[20]. – Gleichwohl, seine Hoffnung wird bitter enttäuscht: die Erziehung des Tyrannen mißlingt; der Freund ist tot; und er selbst kommt zwar mit heiler Haut davon; aber diesen Umstand verdankt er – wie er schreibt – nur »dem Retter Zeus«[21].

Seneca, der römische Philosoph, wird gut vierhundert Jahre später die Tragödie des Erziehers noch bitterer erfahren: Kaiser *Nero*, den er erzogen hat, wird ihn zum Selbstmord zwingen[22].

Platon kam nicht als Sophist nach Syrakus – die Kunst des Regierens im Rucksack und mit der Absicht, sie für gutes Geld zu verkaufen. Mit seiner Erziehung wollte er »die Änderung des ganzen Menschen und seines Lebens« bewirken[23]. In ihm und dem jungen Tyrannen begegnen sich – wie eigentlich in jedem echten erzieherischen Verhältnis – zwei Welten; aber der Jüngere war nicht bereit, sich der neuen Welt zu erschließen: was er von *Platon* erfährt, beeindruckt ihn zwar oberflächlich; und »gerissen«, wie er nun einmal ist, gibt er diese Lehren später sogar als die eigenen aus, ohne zu merken, wie vorsichtig und behutsam sein Lehrer mit dem wahren Wissen umgeht: »läßt es sich doch in keiner Weise, wie andere Kenntnisse, in Worte fassen«; vielmehr erzeugt es sich, »vermöge der langen Beschäftigung mit dem Gegenstande und dem Sichhineinleben, wie ein durch einen abspringenden Feuerfunken plötzlich entzündetes Licht in der Seele«[24]. – Jahrhunderte später wird *Thomas von Aquin* die Unsagbarkeit dessen, worauf es für den Menschen ankommt, erneut bestätigen, wenn er auf dem Sterbelager bekennt: »Alles, was ich geschrieben habe, erscheint mir wie Spreu, verglichen mit dem, was ich geschaut habe.«[25]

Dionysios kennt derlei Skrupel nicht. Der »abspringende Feuerfunken« zündet nicht an ihm. Er ist nicht bereit, die Last, die die Erziehung immer auch für beide Seiten bedeutet, mit zu tragen. Er greift vielmehr zur Gewalt: *Platon* wird interniert und darf erst nach einer Intervention seiner Freunde heimreisen. Die Verwirklichung seiner Absicht, *Dionysios* »durch Unterweisung und Heranbildung … zu einem der Herrschaft würdigen Könige zu gestalten«[26] – seine Mission war gescheitert und endete letztlich mit dem Tod des Freundes – *Dion* – in einer Katastrophe.

Eines hatte *Platon* dabei aber doch gelernt: sollte es einmal in einem vollkommenen Staatswesen möglich geworden sein, daß die zur Herrschaft Befähigten und Berufenen auch tatsächlich die Herrschaft ausüben würden, dann würde dieser glückliche Zustand nicht das Werk einer »Theorie« und *menschlicher* »Praxis« sein, sondern die Frucht *göttlicher* Fügung[27].

Antike Beispiele für die Grenzen der Erziehung und für das Scheitern des Erziehers gibt es neben *Dionysios II.*und *Nero* noch andere: da ist *Alkibiades*, ein junger Athener, der *Sokrates'* Schüler sein wollte, der aber – ebenso hochbegabt wie selbstsüchtig und leichtsinnig – nicht bereit war, jene moralischen Konsequenzen zu tragen, die ihm aus diesem Lehrer-Schüler-Verhältnis erwuchsen[28]. Auch er bietet – wie der junge Mann auf Syrakus – ein Beispiel dafür: wie unberechenbar die Neigungen junger Menschen sind und wie rasch sie »eine entgegengesetzte Richtung« nehmen können[29].

Platon zieht aus diesen für ihn recht schmerzlichen Erfahrungen zwar nicht den Schluß, daß der Mensch grundsätzlich schlecht sei; aber er hält ihn doch für höchst anfällig und äußerst labil. Freilich schließt dieses Anthropinon – die *Offenheit* – nicht aus, daß in einem, der als junger Mensch wichtigen Lehren gegenüber verschlossen blieb, später doch noch »die Liebe zu einem tugendhaften Leben« erwacht – ein anthropologischer Sachverhalt, den auch *Sophokles* bereits angesprochen hat. – Hoffnung und Realismus gehören durchaus zusammen.

Was die Beeinflußbarkeit des Menschen, seine »Veränderlichkeit« hin zur Festigkeit eines guten Charakters anlangt, so legt der alte *Platon* aber seine Zweifel nicht mehr ab. Zwar nennt er den Menschen ein »veränderliches Wesen«; aber diese Offenheit besagt pädagogisch nicht ausschließlich Verheißungsvolles. So findet sich im *Dreizehnten Brief* eine Stelle, in der der Philosoph den Menschen zwar »kein schlechtes, aber, wenige einzelne – und auch diese nur in gewissen Beziehungen – ausgenommen, ein leicht veränderliches Wesen« nennt[30]. – So spricht kein Optimist, sondern einer, der erfahren mußte, daß sich trotz größter Anstrengungen die eigenen hochfliegenden Pläne nicht erfüllen lassen, und der sich – nicht verbittert und total pessimistisch, aber doch resigniert – in sich selbst zurückzieht und sich darauf beschränkt, »die in ihm bestehende Verfassung« zu achten[31] – womit er die Verhältnisse in der Welt wenigstens an einer Stelle zu verbessern beginnt: *an sich selber*.

Anmerkungen

1 *Platon:* Sämtliche Werke. Band 3. In der Übersetzung von *F. Schleiermacher* mit der Stephanus-Numerierung herausgegeben von *W.F. Otto, E. Grassi, G. Plamböck*. Rowohlt, Hamburg 1964 (71.–75. Tausend), S. 239: *Politeia 533 cd* sowie S. 227: *518 cd* und S. 229: *521 c*

2 *Platon:* Sämtliche Werke. Band 2. In der Übersetzung von *F. Schleiermacher* mit der Stephanus-Numerierung herausgegeben von *W.F. Otto, E. Grassi, G. Plamböck*. Rowohlt, Hamburg 1962 (46.–50. Tausend), S. 246: *Symposion 219 a*

3 *Platon:* Sämtliche Werke. Band 4. Nach der Übersetzung von *F. Schleiermacher* mit der Stephanus-Numerierung herausgegeben von *W.F. Otto, E. Grassi, G. Plamböck*. Rowohlt, Hamburg 1962 (36.–40. Tausend), S. 227: *Sophistes 254 ab*; vgl. dazu auch: *B. Snell:* Nachwort in: *Platon:* Mit den Augen des Geistes. Protagoras – Eutyphron – Lysis – Menon – Der VII. Brief. Nachwort und Anmerkungen von *B. Snell*. Fischer, Frankfurt am Main/Hamburg 1956, (51.–75. Tausend), S. 214

4 *Platon:* Sämtliche Werke. Band 3, a.a.O., S. 227: *Politeia 518 c*

5 Ebenda, S. 57: *Phaidon 107 d*

6 Ebenda, S. 227: *Politeia 518 d*

7 *Platon:* Sämtliche Werke. Band 1. In der Übersetzung von *F. Schleiermacher* mit der Stephanus-Numerierung herausgegeben von *W.F. Otto, E. Grassi, G. Plamböck*. Rowohlt, Hamburg 1965 (86.–93. Tausend), S. 310: *Siebenter Brief 333 b*

8 Vgl. *J.v.d. Driesch* und *J. Esterhues:* Geschichte der Erziehung und Bildung. Band I: Von den Griechen bis zum Ausgang des Zeitalters der Aufklärung. Schöningh, Paderborn 1960 (5. Aufl.), S. 19

9 Vgl. *W. Jaeger:* Paideia. Die Formung des griechischen Menschen. Dritter Band. De Gruyter & Co., Berlin 1959 (3. Aufl.), S. 277

10 *Platon:* Sämtliche Werke. Band 3, a.a.O., S. 113 f.: *Politeia 377 b*

11 *W. Jaeger:* Paideia. Die Formung des griechischen Menschen. Erster Band. De Gruyter & Co., Berlin 1959 (4. Aufl.), S. 396

[12] Vgl. *Platon:* Sämtliche Werke. Band 1, a.a.O., S. 95 f.: *Protagoras 360 eff.*

[13] *W. Jaeger:* Paideia. Die Formung des griechischen Menschen. Zweiter Band. De Gruyter & Co., Berlin 1959 (3. Aufl.), S. 311

[14] *F.X. Eggersdorfer:* Jugenderziehung. Herausgegeben von *A. Fischer*. Kösel, München 1962, S. 102

[15] Vgl. *W. Jaeger:* Paideia. Die Formung des griechischen Menschen. Erster Band, a.a.O., S. 389

[16] Vgl. *W. Jaeger:* Paideia. Die Formung des griechischen Menschen. Zweiter Band, a.a.O., S. 243; vgl. auch S. 173 ff., S. 228 ff. und S. 241 ff.

[17] *Platon:* Sämtliche Werke. Band 1, a.a.O., S. 317: *Siebenter Brief 341 de*

[18] *Platon:* Sämtliche Werke. Band 3, a.a.O., S. 210 f.: *Politeia 496 cff.*

[19] *Platon:* Sämtliche Werke. Band 1, a.a.O., S. 305: *Siebenter Brief 328 b*

[20] Ebenda, S. 315: *Siebenter Brief 339 e*

[21] Ebenda, S. 315: *Siebenter Brief 340 a*

[22] Vgl. *L.A. Seneca:* Mächtiger als das Schicksal. Ein Brevier. Übertragen und herausgegeben von *W. Schumacher*. Sammlung Dieterich. Band 53. Schünemann, Bremen o. J., S. XIX ff.

[23] *W. Jaeger:* Paideia. Die Formung des griechischen Menschen. Dritter Band, a.a.O., S. 284

[24] *Platon:* Sämtliche Werke. Band 1, a.a.O., S. 317: *Siebenter Brief 341 cd*

[25] Vgl. *J. Pieper:* Über Thomas von Aquin. Kösel, München 1949 (2. Aufl.), S. 71

[26] *Platon:* Sämtliche Werke. Band 1, a.a.O., S. 310: *Siebenter Brief 333 b*

[27] Vgl. dazu *W. Jaeger:* Paideia. Die Formung des griechischen Menschen. Dritter Band, a.a.O., S. 278 und insgesamt S. 271 ff.

[28] Vgl. *Platon:* Sämtliche Werke. Band 2, a.a.O., S. 243 f.: *Symposion 215 aff*; vgl. auch *W. Jaeger:* Paideia. Die Formung des griechischen Menschen. Zweiter Band, a.a.O., S. 269 und S. 403, Anmerkung 109

[29] *Platon:* Sämtliche Werke. Band 1, a.a.O., S. 305: *Siebenter Brief 328 b*; vgl. dazu *W. Jaeger:* Paideia. Die Formung des griechischen Menschen. Dritter Band, a.a.O., S. 271 ff.

[30] *Platon:* Sämtliche Werke. Band 1, a.a.O., S. 334: *Dreizehnter Brief 360 d*

[31] *Platon:* Sämtliche Werke. Band 3, a.a.O., S. 287: *Politeia 591 e*; vgl. hierzu auch *H.-I. Marrou:*Geschichte der Erziehung im klassischen Altertum. Herausgegeben von *R. Harder*. Alber, Freiburg/München 1957, S. 117 ff.

Isokrates

Anders als *Platon* zieht sich sein Zeitgenosse und in gewisser Weise auch Kontrahent *Isokrates* nicht auf den »inneren Staat« zurück; sondern er – der Schüler bedeutender Sophisten – wendet sich der konkreten Politik zu. Zwar hält er sich aus physischen und psychischen Gründen nicht für berufen, auf die öffentlichen Angelegenheiten direkt Einfluß zu nehmen; aber als Lehrer bedeutender griechischer Staatsmänner, auf die er stolz ist und die auch ihrerseits ihrem Lehrer die Treue halten und auf seinen Rat hören, hat er zum politischen Geschehen seiner Zeit ein enges Verhältnis. Als Träger der sophistischen Bildung und als erfolgreichen Lehrer möchte man ihn eigentlich den pädagogischen Optimisten zuordnen. Aber auch *Isokrates* muß das Scheitern persönlich erfahren: nicht auf erzieherischem Gebiet – wie *Platon* –, aber insgesamt gesehen auf politischem[1]. Und man darf ihn gewiß jenen Griechen zurechnen, die sich über die Möglichkeiten der Erziehung sehr zurückhaltend artikulieren.

Es gibt Gründe genug, ihn unter die pädagogischen Pessimisten einzureihen – dafür spricht vor allem seine Auffassung: eine gute Anlage ohne Erziehung würde weitaus mehr erzielen als eine noch so sorgfältige erzieherische Förderung ohne ausreichende Begabung[2]. Aber bei allen pessimistischen Erwägungen hat sich *Isokrates* nicht abhalten lassen, seine ganze Kraft der Erziehung und Unterweisung seiner zahlreichen Schüler zu widmen[3].

Was seinen Einfluß auf die abendländische Bildungspraxis anlangt, so hat *Isokrates* das hellenische Dreigestirn *Sokrates*, *Platon* und *Aristoteles* weit hinter sich zurückgelassen; nicht nur die hellenistische und römische Erziehung trägt seinen Stempel, sondern auch jene des Humanismus lebt und kündet von seinem Geist.

Man hat ihn im zwanzigsten Jahrhundert »den eigentlichen Vollender der sophistischen Bildungsbewegung« genannt, den »unerreichten Meister der Rednerkultur« oder gar den »Vater des Humanismus«[4]. Aber schon einer seiner Lehrer, kein Geringerer als *Sokrates*, soll ihn – wenn man *Platon* glauben darf – als seinen »Liebling« bezeichnet haben, in dessen Seele »etwas Philosophisches« sei und auf den man große Hoffnungen setzen dürfe. Allerdings bleibt offen, ob *Platon* hier objektiv berichtet oder ob er seiner Ironie freien Lauf läßt: *Isokrates* war immerhin – von pädagogischer Warte aus gesehen – sein großer Gegenspieler[5].

436 vor *Christus* in Athen geboren – neun Jahre älter als *Platon* –, erhält *Isokrates* seine Ausbildung vorwiegend bei bedeutenden Sophisten wie *Prodikos* und *Gorgias*. Eigentlich will er Redner werden. Aber es fehlt ihm die dazu erforderliche Stimme und die nötige »Beherztheit«[6]. Und so gründet er in Athen eine Rhetorikschule und leitet sie mehr als fünfzig Jahre lang.

Während *Platon* als politischer Erzieher scheitert und sich resignierend zurückzieht, bildet *Isokrates* in seiner Schule – einer im Gegensatz zu *Platons* esoterischer Akademie *offenen* Institution – die politische Elite Griechenlands aus.

Sein Unterricht bringt ihm zwar nicht mehr das ein, was sich die ersten Sophisten für ihren bezahlen ließen; aber *Isokrates* zählt zu den wohlhabendsten Bürgern von Athen. Im Jahre 338 stirbt er, achtundneunzigjährig.

Was die anstehende pädagogische Frage anlangt, so teilt *Isokrates* – obgleich er ihr Schüler und der Erbe ihrer Bildung ist – keineswegs den Optimismus der Sophisten. Er relativiert den in seinen Tagen übersteigerten Glauben an die Wirkkraft der Erziehung, der aus den Versprechungen der Sophisten – besonders jenen des *Protagoras* – herrührt[7]. In der Beurteilung des Nutzens der Erziehung verhält er sich sehr vorsichtig[8], und der These von der Lehrbarkeit der Tugend steht er schroff ablehnend gegenüber.
Zwar weiß *Isokrates* sehr wohl um die Notwendigkeit der Erziehung: der Mensch ist den Tieren in vielem unterlegen, betont er in seiner Rede *Vom Vermögenstausch*, die er im neunten Lebensjahrzehnt und im Rückblick auf ein erfahrungsreiches Wirken verfaßt. »Da uns aber verliehen ist, einander zu überzeugen und uns über alles auszusprechen, was uns am Herzen liegt, haben wir uns nicht nur über das tierische Leben erhoben, sondern sind auch zusammengetreten, haben Städte gegründet, Gesetze gegeben, Künste erfunden, und die Sprache ist es, die nahezu alle unsere Erfindungen ermöglicht hat.«[9]
Diese und andere dem Menschen *verliehene* Fähigkeiten nun sind in seinen Augen die *entscheidenden* Faktoren; und was die Erziehungskunst – bei all ihrer Unerläßlichkeit – anlangt, so wird er noch deutlicher: »Eine Kunst, die imstande ist, Besonnenheit und Gerechtigkeit in Seelen zu erwecken, die von Natur nicht zur Tugend begabt sind, eine solche Kunst hat es weder früher gegeben, noch gibt es sie jetzt. Männer, die solche Behauptungen aufstellen, können ihre Versprechungen nie verwirklichen, werden es leid und mit ihrem Geschwätz eher am Ende sein, bevor sie einen solchen Bildungsgang gefunden haben.«[10]
Und dennoch hält *Isokrates* an der Erziehbarkeit des Menschen grundsätzlich fest. Dazu ist er zu sehr Schüler seiner Lehrer geblieben, als daß er sich deren Auffassung hätte gänzlich verschließen können. Ihnen – den Sophisten – schien der Mensch bei aller Mängelbehaftetheit zumindest im Blick auf seine Lernfähigkeit von der Natur nicht stiefmütterlich behandelt worden zu sein.
Und so meint *Werner Jaeger* die diesbezügliche Position des Atheners folgendermaßen zusammenfassen zu können: »Theoretisch ist er gegenüber der philosophischen Paradoxie von der ›Lehrbarkeit der Tugend‹ Pessimist, doch praktisch bleibt sein Wille zur Erziehung ungebrochen.«[11]
Bei *Isokrates* wird deutlich spürbar, daß die überschwänglichen Erwartungen, die die Sophisten in die *Erziehung* gesetzt haben, einer realistischeren Einstellung gewichen sind: zunächst muß einmal etwas vorhanden sein, »das zu bilden sich lohnt«; dann bedarf es der Lernwilligkeit des Edukanden, jener Bereitschaft, Erfahrungen machen zu wollen und die Anstrengungen der Übung auf sich zu nehmen; und schließlich müssen noch Lernhilfen hinzukommen: das, was man gemeinhin Erzie-

hung nennt. »Mit Hilfe der beiden anderen Faktoren: Genie und Erfahrung, vermag sie Großes zu erreichen. Sie macht die Menschen ihrer Kunst bewußter und erfinderischer und erspart ihnen viel unsicheres Tasten und Suchen. Selbst weniger begabte Naturen vermag sie zu fördern und geistig zu entwickeln, wenn sie aus ihnen auch niemals hervorragende Redner oder Schriftsteller machen kann.«[12]

Anmerkungen

1 Vgl. hierzu *H.-I. Marrou:* Geschichte der Erziehung im klassischen Altertum. Herausgegeben von *R. Harder*. Alber, Freiburg/München 1957, S. 131 f.

2 Vgl. *W. Jaeger:* Paideia. Die Formung des griechischen Menschen. Dritter Band. De Gruyter & Co., Berlin 1959 (3. Aufl.), S. 122

3 Vgl. ebenda, S. 158

4 Ebenda, S. 107; ferner *H.-I. Marrou:* Geschichte der Erziehung im klassischen Altertum, a.a.O., S. 121 f.

5 *Platon:* Sämtliche Werke. Band 4. Nach der Übersetzung von *F. Schleiermacher* mit der Stephanus-Numerierung herausgegeben von *W.F. Otto, E. Grassi, G. Plamböck*. Rowohlt, Hamburg 1962 (36.–40. Tausend), S. 59: *Phaidros 279 ab*; vgl. dazu auch *H.-I. Marrou:* Geschichte der Erziehung im klassischen Altertum, a.a.O., S. 533 f., Anmerkung 14

6 Vgl. *W. Jaeger:* Paideia. Die Formung des griechischen Menschen. Dritter Band, a.a.O., S. 110; ferner *Th. Ballauff:* Pädagogik. Eine Geschichte der Bildung und Erziehung. Band I: Von der Antike bis zum Humanismus. Unter Mitarbeit von *G. Plamböck*. Alber, Freiburg/München 1969, S. 125

7 Vgl. *W. Jaeger:* Paideia. Die Formung des griechischen Menschen. Dritter Band, a.a.O., S. 115

8 Ebenda, S. 122

9 *Isokrates* zitiert bei *W. Rüegg* (Hrsg.): Antike Geisteswelt. Auswahl und Einführungen von *W. Rüegg*. Artemis, Zürich/Stuttgart 1964 (2. Aufl.), S. 422 in der Übersetzung von *E. Glaser-Gerhard*

10 Ebenda, S. 426

11 *W. Jaeger:* Paideia. Die Formung des griechischen Menschen. Dritter Band, a.a.O., S. 158

12 Ebenda, S. 122 f.

Aufs erste Hinsehen könnte man ihn für einen pädagogischen Optimisten halten. Denn in seiner Psychologie gebraucht er ein Bild – wohl als erster –, das später immer wieder von jenen aufgegriffen werden wird, die die Position des pädagogischen Optimismus vertreten. *Aristoteles* vergleicht nämlich in seiner Schrift *Über die Seele* den Geist des Menschen mit »einer Schreibtafel, auf der nichts in Wirklichkeit geschrieben ist«[1]; auf die aber alles – so darf man wohl ergänzen – geschrieben werden kann. Dieser Vergleich läßt gewiß den Schluß zu, daß der Philosoph dem menschlichen Geist eine hohe Bildsamkeit zuspricht.
Andererseits gibt es in seinem umfangreichen Werk Aussagen über den Menschen und seine Erziehung genug, die von Zweifeln, ja letztlich von einer tief pessimistischen Haltung künden.

Aristoteles zählt mit *Platon* zu den genialsten griechischen Philosophen und darüber hinaus ist er der größte Systematiker des Altertums. Nachdem er bereits in der spätantiken, sodann in der frühchristlichen und auch in der arabisch-jüdischen Philosophie großen Einfluß gewann, erlebte sein Denken durch die hochscholastische, vor allem von *Albert dem Großen* und von *Thomas von Aquin* geleisteten Rezeption eine ungewöhnliche Renaissance und befruchtete die gesamte Philosophie und Theologie weit über das Mittelalter hinaus. Sein Einfluß reicht herein in Neuzeit und Gegenwart, wurde allerdings im pädagogischen Bereich weniger wirksam. Das mag daran gelegen haben, daß von seinen rund vierhundert Schriften keine einzige ausschließlich der pädagogischen Fragestellung gewidmet ist. Aber *Aristoteles* wäre kein Grieche gewesen, wenn sich der diesem Volk eigene Bildungswille nicht auch bei ihm geregt und in zahlreichen über sein ganzes Schrifttum verstreuten Äußerungen artikuliert hätte.
384 vor *Christus* in Stagira als Sohn eines königlich makedonischen Leibarztes geboren, tritt der Siebzehnjährige in die Akademie zu Athen ein und weilt dort lernend und lehrend zwanzig Jahre lang bis zum Tode *Platons*. Nach Lehr- und Studienaufenthalten in Assos und auf Lesbos folgt er 342 dem Ruf *Philipps II.* von Makedonien als Erzieher des jugendlichen *Alexander*. Als dieser 336 die Regierungsgewalt übernimmt, kehrt *Aristoteles* nach Athen zurück und gründet dort seine eigene Schule. Der plötzliche Tod *Alexanders* im Jahre 323 zwingt ihn nach zwölfjähriger intensiver Lehr- und Forschungstätigkeit, Athen zu verlassen, wo er als Vertrauter des Königs den Haß der antimakedonisch gestimmten Athener zu spüren bekommt. Sein letztes Lebensjahr verbringt er auf Euböa, wo er 322 stirbt.

Raffaels großartiges Fresko *Die Schule von Athen* zeigt *Platon* und seinen bedeutendsten Schüler im Gespräch: während der Meister den Zeigefinger nach oben richtet, auf das Reich der Ideen, wo die wahre Wirklichkeit zu finden sei, an der die Dinge in dieser Welt nur teilhätten, deutet *Aristoteles* auf die Erde, um so seine These zu akzentuieren, wonach die Ideen *in* den Dingen selbst als deren Wesen beheimatet seien.
Der große Maler der Hochrenaissance veranschaulichte hier ein zentrales Motiv im Denken der beiden antiken Philosophen: den Idealismus des Lehrers und den Rea-

lismus des Schülers. Freilich erscheint der lange Zeit betonte Widerspruch zwischen beiden Denkern heute weniger gravierend: so sehr *Aristoteles* sich auf empirisch ermittelte Fakten stützt, so überwiegt doch auch in seinem Werk der spekulative Anteil.

Was nun die hier erörterte Problematik anlangt, so entfernt sich der Mann aus Stagira noch weiter vom Intellektualismus der Sophisten als es *Sokrates* und *Platon* bereits getan haben. Gewiß weiß auch er um den Zusammenhang von Tugend und Einsicht; aber ganz ohne Zweifel bedeutet *sein* Tugend-Begriff etwas anderes und mehr als der sophistische Tüchtigkeits-Begriff.

Im *zweiten Buch* seiner *Nikomachischen Ethik* unterscheidet er die »verstandesmäßige Tugend«, die »zum größeren Teil durch Belehrung« entstehe und deshalb »der Erfahrung und der Zeit« bedürfe, von der »ethischen«, die sich »aus der Gewohnheit« ergebe[2]. Aus Wissen allein – gewonnen auf dem Wege der Belehrung – erwächst also noch keineswegs eine sittlich wertvolle Haltung, eben Tugend. Der Tüchtige ist noch lange nicht der Gute. – Ein pädagogischer Optimist im Sinne der Sophisten ist also auch *Aristoteles* nicht.

Wenn es zulässig ist, aus seinem Erziehungskonzept anthropologische Schlußfolgerungen und aus seiner Anthropologie pädagogische Konsequenzen zu ziehen, dann zeigt sich der Philosoph auch in seinen Vorstellungen vom Menschen und dessen Erziehung insgesamt gesehen als Realist.

Nimmt man die drei Hauptfaktoren, die seiner Ansicht nach das geistige Werden des Menschen bestimmen, in den Blick: *Anlage, Gewöhnung, Belehrung*, dann ist es höchst aufschlußreich, wie bescheiden sich die Bedeutung ausnimmt, die *Aristoteles* dem Unterricht beziehungsweise der Belehrung im Verhältnis zur Gewöhnung beimißt – aufschlußreich und vor allem bezeichnend für seine Vorstellung vom *homo educandus*, der sich in seinen Augen offenbar dem »eröffnenden Wort«[3] gegenüber nicht sehr aufnahmebereit verhält – ein Sachverhalt, der *Theodor Ballauff* veranlaßt, *Aristoteles* eine »sehr realistische Ansicht von der natürlichen Widerborstigkeit der menschlichen Natur« zuzusprechen[4].

In der *Nikomachischen Ethik* heißt es nämlich: »Rede und Belehrung … wird wohl nicht bei allen Menschen wirken, sondern zuvor muß die Seele des Hörers durch Gewöhnung bearbeitet werden, daß sie sich in rechter Weise freut und haßt, so wie man die Erde bearbeitet, die den Samen pflegen soll. Denn wer der Leidenschaft lebt, wird nicht auf warnende Worte hören, ja sie nicht einmal verstehen. Wie will man aber den umstimmen, der sich so verhält? Ganz allgemein scheint die Leidenschaft nicht dem Wort zu weichen, sondern nur der Gewalt. Es muß also der Charakter schon in gewisser Weise zuvor der Tugend verwandt sein, das Schöne lieben und das Schimpfliche verabscheuen. Aber von Jugend auf eine rechte Erziehung zur Tugend zu erhalten ist schwer, wenn man nicht unter entsprechenden Gesetzen aufwächst. Denn besonnen und abgehärtet zu leben ist für die meisten nicht angenehm, und erst recht nicht für junge Leute. Also müssen Erziehung und Beschäftigungen durch Gesetze geregelt werden. Denn das, woran man sich gewöhnt hat, ist nicht mehr schmerzlich. Aber es reicht vielleicht nicht, daß die Menschen, solange sie jung sind, die rechte Erziehung und Fürsorge erhalten, sondern da man auch als Männer diese Gewohnheiten weiter behalten soll, so bedürfen wir auch dazu der Gesetze und schließlich für das ganze Leben. Denn die meisten gehorchen eher dem Zwang als der Rede und Strafen eher als dem Edlen. So meinen einige, die Gesetzgeber müßten zur Tugend aufrufen und mahnen, um des Guten willen zu handeln, da jene, die durch Gewohnheit schon zum Guten geneigt seien, gewiß darauf hören würden; den Ungehorsamen und Unbegabten dagegen müßten sie Züchtigungen und Strafen auferlegen und die Unheilbaren völlig wegschaffen. Denn der Tugendhafte und der auf das Edle hin lebt, werde der Rede gehorchen, der Schlechte aber, der nach der Lust verlangt, würde durch Schmerzen gezüchtigt wie ein Zugtier. Darum sagt man auch, daß die Schmerzen den erstrebten Lüsten möglichst entgegengesetzt sein müßten. Wenn nun, wie gesagt, jener, der tugendhaft werden soll, gut erzogen und gewöhnt werden muß und dann in anständigen Beschäftigungen leben und weder freiwillig noch unfreiwillig das Schlechte tun soll, so wird das wohl geschehen, wenn man einem bestimmten Geist gemäß lebt und nach einer rechten und zugleich wirksamen Ordnung. Denn die väterliche Ermahnung besitzt weder solche Kraft noch Notwendigkeit und überhaupt nicht die Mahnung eines einzelnen Mannes, wenn er nicht ein König oder dergleichen ist. Das Gesetz dagegen hat zwingende Gewalt und ist eine Rede, die von einem bestimmten Erkennen und Geist ausgeht. Außerdem haßt man die Menschen, deren Streben dem unsern entgegengesetzt ist, auch wenn sie darin richtig handeln. Das Gesetz aber haßt man nicht, wenn es das Anständige befiehlt. Nur im Staate der Spartaner und in wenigen andern scheint der Gesetzgeber sich um die Erziehung und Beschäftigungen gekümmert zu haben. In den meisten Staaten vernachlässigt man dies, und jeder lebt, wie er will, und spricht Recht wie die Kyklopen über Weib und Kind.«[5] – Und in der *Politik* betont *Aristoteles:* »Denn wie der Mensch in seiner Vollendung das vornehmste Geschöpf ist, so ist er auch, des Gesetzes und Rechtes ledig, das schlechteste von allen... Deshalb ist er ohne Moralität das ruchloseste und roheste und in bezug auf Geschlechts- und Gaumenlust das allergemeinste Geschöpf.«[6] – Fürwahr: kein schmeichelhaftes Menschenbild! Doch bleibt zu fragen, ob es die Wirklichkeit verfehlt...

Gleichwohl, eines ist für *Aristoteles* unbestreitbar: der Mensch bedarf zu seiner *Mensch*werdung der Erziehung, und zwar *von Geburt an*. Denn wie die rechte, die *menschliche* Lebensweise, die Tugend, nicht »gegen die Natur« ist, liegt sie doch auch nicht »von Natur« im Menschen: »Wir sind vielmehr von Natur dazu gebildet, sie« – die Tugenden – »aufzunehmen, aber vollendet werden sie durch die Gewöhnung«, in einem lebenslangen Lernprozeß; und das heißt: in einem Prozeß, dessen Charakteristikum in der *Aktivität des Edukanden* gesehen werden muß: »was wir durch Lernen zu tun fähig werden sollen, das lernen wir eben, indem wir es tun: durch Bauen werden wir Baumeister und durch Kitharaspielen Kitharisten. Ebenso werden wir gerecht, indem wir gerecht handeln, besonnen durch besonnenes, tapfer durch tapferes Handeln«.

Dieser Lernprozeß kann mißlingen – und oft genug geschieht dies ja auch. Aber es besteht auch die Hoffnung, daß er einigermaßen gelingt. Zu seinem Gelingen bedarf der Edukand der Unterstützung – früh dargebotener Lernhilfen: »Es kommt also nicht wenig darauf an, ob man von Jugend auf an dies oder jenes gewöhnt ist; es kommt viel darauf an, ja sogar alles.«[7]

Anmerkungen

1 *Aristoteles:* Werke. In deutscher Übersetzung herausgegeben von *E. Grumach*. Band 13: Über die Seele. Übersetzt von *W. Theiler*. Wissenschaftliche Buchgesellschaft, Darmstadt 1959, S. 59: *430 a*

2 *Aristoteles.* Die Nikomachische Ethik. Eingeleitet und übertragen von *O. Gigon*. Artemis, Zürich 1951, S. 81: *1103 a*

3 Aristoteles und die Paideia. Besorgt und übersetzt von *E. Braun*. Schöningh, Paderborn 1974, S. 64: *Politik 1332 a*

4 *Th. Ballauff:* Pädagogik. Eine Geschichte der Bildung und Erziehung. Band I: Von der Antike bis zum Humanismus. Unter Mitarbeit von *G. Plamböck*. Alber, Freiburg/München 1969, S. 113

5 *Aristoteles:* Die Nikomachische Ethik, a.a.O., S. 299 f.: *1179 b – 1180 a*; vgl. auch *Th. Ballauff:* Pädagogik, a.a.O., S. 111 f.

6 *Aristoteles:* Politik. Übersetzt und mit erklärenden Anmerkungen und Registern versehen von *E. Rolfes*. Meiner, Hamburg 1965 (4. Aufl.), S. 5: *1253 a*

7 *Aristoteles:* Die Nikomachische Ethik, a.a.O., S. 81 f.: *1103 a – 1103 b*

Stoischer Realismus: Lucius Annaeus Seneca

Die Epoche zwischen der klassischen Philosophie Griechenlands und dem beginnenden christlichen Denken heißt *Stoa*. Mit diesem Wort ist nicht nur eine antike Philosophenschule bezeichnet, in der sich einzelne zu einer Denk- und Lebensgemeinschaft zusammengeschlossen haben – wie die Pythagoreer beispielsweise oder die Platoniker. Die Stoa – seit dem dritten vorchristlichen Jahrhundert existent und anfänglich auch eine Schule – geriet im Verlauf ihrer neunhundertjährigen Geschichte mehr und mehr zu einer umgreifenden geistigen Bewegung, die allmählich den ganzen griechischen Kulturkreis und das gesamte römische Weltreich erfaßte, die abendländische Kultur bis ins sechste nachchristliche Jahrhundert entscheidend prägte und darüber hinaus zahlreiche der folgenden geistigen Strömungen beeinflußte: das moralische Selbstverständnis des Renaissancemenschen, die Pädagogik der Naturgemäßheit eines *Comenius* und jene *Rousseaus*, die natürliche Religion und die Philanthropie der Aufklärer des achtzehnten Jahrhunderts, die Ethik *Kants* und die Humanitätsphilosophie der Neuhumanisten, die Kultur der Innerlichkeit eines *Wilhelm von Humboldt* und wohl auch noch den Existentialismus des zwanzigsten Jahrhunderts.

Es wäre falsch, wollte man die Stoiker angesichts einer Reihe ihrer Thesen über den Menschen grundsätzlich und rundweg den optimistischen Denkern zurechnen. Namhafte Vertreter dieser philosophischen Schule wie *Kleanthes* oder *Chrysippos*, *Poseidonios*, *Seneca* oder *Marc Aurel* beurteilen ihn sogar eher pessimistisch, und man spricht *nicht* zu Unrecht vom »stoischen Pessimismus«[1]. Dennoch schließt dieser Anthropopessimismus *erziehungsoptimistische* Ansichten keineswegs aus.

Wie schon bei *Aristoteles* findet sich auch bei ihnen das Bild von der Seele als einer *leeren Tafel*. Für *Zenon*[2] beispielsweise, den Gründer der stoischen Philosophenschule, gleicht bei der Geburt des Menschen »das Zentralorgan der Seele einer Schreibtafel, die unbeschrieben, aber zur Aufnahme von Schriftzeichen geeignet ist. Auf ihr werden die einzelnen sinnlichen Wahrnehmungen als Vorstellungen eingetragen. Aus einer Reihe gleichartiger Vorstellungen bildet sich, indem nur das Wesentliche festgehalten wird, die empirische Allgemeinvorstellung«[3].

Zenon begreift die Seele körperlich; und auch sein Nachfolger *Kleanthes*[4] versteht die Prägung der Seele »ganz materiell als Abdruck mit Erhöhung und Vertiefung wie bei dem Siegelabdruck im Wachs«[5]. Diese materialistische Interpretation führt allerdings zu erheblichen Schwierigkeiten, da die Seele bei gleichzeitig erfolgenden Vorstellungen eines Kreises und eines Dreiecks zur selben Zeit eine runde beziehungsweise eine dreieckige Gestalt annehmen müßte. *Chrysippos*[6] – ebenfalls der älteren Stoa zugehörig – löst diese Schwierigkeiten dadurch, daß er *Zenons* Theorie entmaterialisiert und die Vorstellung als »eine qualitative Wandlung der Seele« deutet[7].

Neben der *Tabula-rasa-Theorie* als untrüglichem Zeichen des pädagogischen Optimismus vertreten die älteren Stoiker zumeist auch ein intellektualistisches Tugendverständnis. Für *Zenon* ist die Tugend *lehrbar*[8], und die Philosophie bedeutet ihm daher »die Kunst, die Seele zu erleuchten und sie dadurch von allen ›Krankheiten‹ zu heilen und zu guten Taten zu bewegen«[9]. Ebenso ist *Chrysippos* von der Lehrbarkeit der Tugend überzeugt, von der Übertragbarkeit der »Theoretisches und Praktisches vereinigenden Lebensklugheit als dem Wissen um das, was man tun muß und was nicht«[10], auf unterrichtlichem Wege. Tugend begreift er als Kunst wie jede andere auch: »Sie will wie die Medizin gelernt sein, ist aber auch wirklich lehrbar und erlernbar. Beweis sind die Menschen, die aus schlechten gute werden.«[11]

Bei *Chrysipp* begegnet die – wiederum intellektualistisch begründete – optimistische Einschätzung der menschlichen Natur und die Überzeugung, *jeder Mensch sei naturhaft gut* und könne gut bleiben, am ausgeprägtesten. Energisch tritt er für seine These ein, wonach ein schlechter Mensch diese sittliche Qualität allein äußeren Umständen zu verdanken habe, die seine ursprünglich guten Anlagen verdorben hätten; und er verficht diese Ansicht so leidenschaftlich, daß andere Stoiker dadurch gar zum Widerspruch gereizt werden. Vor allem *Poseidonios*[12] hält es dann wieder mehr mit der Auffassung *Platons* und betont neben dem *Logos*-Teil der menschlichen Seele auch deren vernunftlose, irrationale Teile, so daß allen verderblichen Einflüssen *von außen* immer auch schon eine gewisse Bereitschaft zu ihrer Aufnahme *in* der menschlichen Seele entspreche. In diesem Sinne darf *Poseidonios'* Satz verstanden werden: »Wie für das Gute tragen wir auch für das Schlechte den Samen in uns selber.«[13]

Aber allem Anthropopessimismus zum Trotz ist für die meisten Stoiker der Mensch *von Natur aus gut*. Besonders die Vertreter der römischen Stoa – *Seneca* und *Marc Aurel*[14] – betonen dies ausdrücklich. Durch seine Vernunftausstattung ist der Mensch »den Tieren überlegen, der zweite nach den Göttern. Die vollendete Vernunft ist daher sein eigentümliches Gut; alles übrige ist ihm mit den Tieren und Pflanzen gemeinsam. Ist die Vernunft aufrecht und voll entwickelt, so macht sie die ganze Glückseligkeit des Menschen aus. Besitzt er sie in vollem Maße, so ist er lobenswert und hat die Bestimmung seiner Natur erreicht. Es kommt beim Menschen nicht darauf an, wieviel Acker er unter dem Pfluge hat, wieviel Geld er auf Zinsen ausleiht, wieviele ihm ihre Aufwartung machen, sondern wie gut er ist. Gut ist er aber, wenn seine Vernunft ausgebildet und aufrecht ist und den Tendenzen seiner Natur entspricht. Dann heißt sie Tugend, und die ist das Sittliche, das einzige Gut des Menschen. Denn da allein die Vernunft den Menschen zum Menschen macht, bringt ihm allein die vollkommene Vernunft die Glückseligkeit«[15].

Nun ignorieren diese Philosophen keineswegs, daß dem Menschen bei aller ursprünglichen Güte eine *starke Neigung zum Bösen* eigen ist, die sich – wofern ihr der Mensch erliegt – in »Sinneslust, Habsucht und Ehrgeiz« manifestiert[16]. Und mit dieser Einsicht stehen sie auf dem Boden einer realistischen Anthropologie. Der Mensch besitzt bei seiner Geburt zwar »*die Anlagen zur Tugend*«; aber die tatsächliche Tugend bringt er keinesfalls mit; er muß sie schon selbst *erwerben*. »Und das ist nicht leicht. Denn von der Geburt an machen sich schlechte Einflüsse geltend, die zu einer ›Verderbnis‹, ›Verkehrung‹ (Diastrophé) der Vernunftnatur führen. Das Vernunftwesen wird verderbt teils durch die verführerische Macht der Außendinge, teils durch die schlechte Unterweisung seitens der Mitmenschen. Denn die Natur gibt unverdorbene Anlagen.«[17]

Einer der bedeutendsten Repräsentanten der Stoa ist ohne Zweifel *Lucius Annaeus Seneca*. Um 4 vor *Christus* in Corduba geboren, prädestiniert ihn sein Bildungsgang in Rom zur Übernahme einflußreicher Staatsämter.
Nach schmerzlichen Jahren der Verbannung in Corsica durch Kaiser *Claudius* wird ihm die Erziehung des elfjährigen *Nero* übertragen. Fünf Jahre lang übt er als Berater des jugendlichen Kaisers zusammen mit einem anderen hohen römischen Beamten die Regierungsgewalt über das römische Imperium aus.
Nach der endgültigen Machtübernahme durch *Nero* schwindet sein Einfluß; und im Jahre 65 nach *Christus* zwingt der inzwischen an Größenwahn leidende Kaiser seinen fast siebzigjährigen ehemaligen Mentor zum Selbstmord.
Wie in *Sokrates* und *Christus* verschmelzen auch in *Seneca* Leben und Lehre zu einer Einheit, wobei Wort und Haltung des Stoikers sich mit dem Geist *Christi* zuweilen so eng berühren, daß sich die immer wieder einmal geäußerte Vermutung, zwischen dem Völkerapostel *Paulus* und *Seneca* habe es einen persönlichen Gedankenaustausch gegeben – Legende hin, Fälschung her – geradezu aufdrängt. Wie *Paulus* und im Gegensatz zu *Platon* und *Aristoteles* tritt *Seneca* für die Achtung der Menschenwürde, für den Respekt vor der Gleichwertigkeit *aller* Menschen und für die Abschaffung der Sklaverei ein[18]. Mögen wir auch ungleich geboren werden, »gleich sterben wir... Die Asche macht alle gleich«[19]. Und in diesem Zusammenhang warnt der Philosoph vor der Sklaverei und Abhängigkeit, die der Mensch über *sich selbst* verhängt[20]. Wahrhaft frei ist allein der, der »sein Geschick selbst in die Hand zu nehmen« und der letztendlich *sich selbst* zu besiegen weiß[21].

Es ist vor allem *Seneca*, der der Überzeugung Ausdruck verleiht, wonach »eine tapfere und glückliche geistige Anlage in einer jeden Haut stecken kann«[22]; wonach sich die Tugend keinem verschließt: »allen steht sie offen, alle läßt sie zu, alle lädt sie ein, Freigeborene, Freigelassene, Sklaven, Könige und Verbannte. Sie schaut nicht auf Familie, auf Vermögen; ihr genügt der Mensch als solcher«[23].
Tugend kommt also – was die Anlage und die Bestimmung des Menschen anlangt – *allen* Menschen zu; keinem aber fällt sie in den Schoß: »Die Natur schenkt uns die sittliche Vollkommenheit nicht. Es ist eine besondere Kunst, ein sittlich guter Mensch zu werden«[24]; und diese Kunst »beruht zum Teil auf Lehre, zum Teil auf Übung«[25] – jedenfalls also auf *pädagogischen* Anstrengungen, die es *ermöglichen*, den Menschen auf dem Weg von Unterricht und Erziehung seiner Vollkommenheit näherzubringen.
Diese unverbrüchliche Hoffnung auf die Möglichkeiten der Erziehung wirkt noch beeindruckender, wenn man sie zu der eben referierten Ansicht *Senecas* in Beziehung setzt, wonach Tugend *allen* Menschen – auch den schwächsten und unscheinbarsten – zukomme: »Aus einer ärmlichen Hütte kann ein großer Mann hervor-

gehen, und ebenso aus einem häßlichen und unansehnlichen Körper ein schöner und erhabener Geist. Ich glaube, die Natur hat manche Menschen nur deshalb so unansehnlich gemacht, um zu beweisen, daß die sittliche Vollkommenheit überall gedeihen könne. Wenn sie Geister ohne äußere Hülle hätte schaffen können, hätte sie es getan. Jetzt hat sie etwas Größeres vollbracht: Sie brachte Menschen hervor, die körperlich behindert sind, aber sich dennoch gegen alle Widerstände durchsetzen.«[26]

Aus alledem erhellt, welch hohe Bedeutung die Stoiker der Erziehung zusprechen und welch große Erwartungen sie mit ihr verbinden. Aber ebensosehr sind sie sich der *Ambivalenz* all der Einflüsse bewußt, denen der junge Mensch ausgesetzt ist und die nicht ausschließlich zum Guten führen. Eben darin erweisen sich viele unter ihnen als Realisten: daß sie um die Schwäche und die Verführbarkeit des Menschen wissen. Wer immer ein Kind beeinflußt – Vater oder Mutter, Ammen oder Lehrer, Dichter oder öffentliche Meinung, niemand und nichts von alledem verdirbt dabei in erster Linie seine Sinne, sondern: »der Seele werden alle Fallen gestellt, teils von den eben Aufgezählten, die uns als zarte und unschuldige Geschöpfe in Empfang nehmen, anstecken und nach ihrem Willen biegen, teils von der Macht, die tief mit jeder sinnlichen Wahrnehmung verflochten ist: der Lust, dieser Nachahmerin des Guten, aber Mutter alles Bösen. Wer von ihren Lockungen verderbt wird, der hat keinen Blick mehr für das von Natur Gute, weil es dieser Süßigkeit und dieses Kitzels entbehrt«[27].

Bei aller Veranlagung der Menschen zur sittlichen Vollkommenheit, *wächst diese nicht aus dem Inneren*. Gutes und Schlechtes kommen »von außen ... in die Seele«. Also: »nicht durch die Natur, sondern durch das Lernen wird man zur sittlichen Persönlichkeit, ebenso wie zum Arzt oder Steuermann«[28].

Seneca setzt große Hoffnungen in die Erziehung, aber er weiß längst, daß kein Erzieher imstande ist: *aus allen alles zu machen*; daß für eine erfolgreiche Erziehung Begabung und vor allem Erziehungswilligkeit des Edukanden eine ausschlaggebende Rolle spielen und daß Begabung und Bildsamkeit sich nur dort zeigen, wo sie eine Herausforderung erfahren.

In seiner seinem Freund *Lucilius* zugeeigneten Abhandlung *Über die Vorsehung* fragt er: »Woher aber soll ich Gewißheit darüber bekommen, wenn dir das Schicksal nicht Gelegenheit gibt, deine hohen moralischen Eigenschaften zu beweisen?... Um sich kennenzulernen, bedarf es der Probe. Was man kann, erfährt man nur bei einer Prüfung... Gott ist besonders auf das Wohl der Menschen bedacht, deren moralische Höherentwicklung er wünscht. Er schafft ihnen die Voraussetzungen für eine kühne und tapfere Tat. Um diese Situation zu schaffen, bedarf es immer gewisser äußerer Schwierigkeiten. Den guten Steuermann lernt man erst im Sturm kennen, den guten Soldaten erst in der Schlacht. Woher soll ich wissen, daß du Armut mit innerer Größe tragen würdest, wenn du im Reichtum erstickst?... Fürchtet also nicht die Schwierigkeiten – ich beschwöre euch –, die die unsterblichen Götter bei euch gleichsam als Ansporn verwenden! Das Unglück ist eine Gelegenheit, tapfere

Gesinnung zu zeigen... Die Götter wenden also den guten Menschen gegenüber dasselbe Prinzip an wie die Lehrer bei ihren Schülern. Sie verlangen höhere Leistungen von denen, auf die sie größere Hoffnungen setzen. Glaubst du etwa, die Spartaner hätten ihre Kinder gehaßt, wenn sie deren charakterliche Anlagen durch öffentliche Züchtigung auf die Probe stellten? Was ist also verwunderlich daran, wenn Gott edlen Geistern harte Prüfungen auferlegt? Eine Tapferkeitsprobe kann nie schonend sein. Das Schicksal schlägt uns tiefe Wunden. Ertragen wir diese Schläge!«[29]

Das gewichtigste Thema, das *Seneca* in seinen pädagogischen Überlegungen aufgreift und mit dessen Reflexion er seinen Realismus am augenfälligsten bezeugt, lautet: *sterben lernen*. »Leben ... muß man das ganze Leben lang lernen, und ... auch sterben muß man das ganze Leben lang lernen.«[30] Alle Selbstbildung, das gesamte Tugendstreben mündet in die Vorbereitung auf den letzten Tag – den »Geburtstag der Ewigkeit«[31]. – Im Gegensatz zum modernen Menschen ist für den römischen Philosophen der Gedanke an den Tod kein Tabu; und er wird nicht müde, sich und seinen Leser auf das Ereignis des *eigenen* Todes hinzuweisen: »Jeden Tag sehe ich an wie ein ganzes Leben.«[32]

Senecas eigener – von seinem Edukanden *Nero* erzwungene – Tod offenbart ganz gewiß das Scheitern des Erziehers; mehr noch indes die in seiner Person geglückte Einheit von Lehre und Existenz.

Anmerkungen

1 *P. Barth:* Die Stoa. Völlig neu bearbeitet von *A. Goedeckemeyer*. Frommann, Stuttgart 1946 (6. Aufl.), S. 194; vgl. auch S. 47 und S. 51: *Kleanthes*; S. 113 f.: *Chrysippos*; S. 157: *Poseidonios*; S. 194: *Seneca*; S. 244: *Marc Aurel*

2 *Zenon* lebt von ca. 336 bis 270 vor *Christus* und stammt aus Citium auf Cypern. Er geht 312 nach Athen und wird dort Schüler bekannter Philosophen wie *Krates, Stilpon, Xenokrates* und *Polemon*. Um 308 gründet er die stoische Philosophenschule – benannt nach ihrem Sitz, einer mit Gemälden von *Polygnot* geschmückten Säulenhalle *(stoá)* am Markt von Athen – und zählt neben *Chrysippos* zu den bedeutendsten Vertretern der älteren Stoa.

3 *M. Pohlenz:* Die Stoa. Geschichte einer geistigen Bewegung. Vandenhoeck & Ruprecht, Göttingen 1970 (4. Aufl.), S. 56; vgl. auch *M. Pohlenz* (Hrsg.): Stoa und Stoiker. Die Gründer. Panaitios. Poseidonios. Eingeleitet und übertragen von *M. Pohlenz*. Artemis, Zürich 1950, S. 34 ff.

4 *Kleanthes* lebt von ca. 331 bis ca. 232 vor *Christus* und stammt aus Assos in Kleinasien. Er war Schüler *Zenons* und übernahm – von diesem zum Nachfolger bestimmt – nach *Zenons* Tod die Leitung der stoischen Philosophenschule. Sein bekanntestes Werk ist der Hymnus auf Zeus, die einzig vollständig erhaltene Schrift aus der Zeit der älteren Stoa.

5 *M. Pohlenz* (Hrsg.): Stoa und Stoiker, a.a.O., S. 35

6 *Chrysippos* lebt von ca. 281 bis ca. 205 vor *Christus* und gilt neben *Zenon* als der bedeutendste Vertreter der älteren Stoa.

7 *M. Pohlenz* (Hrsg.): Stoa und Stoiker, a.a.O., S. 35

[8] Vgl. *P. Barth:* Die Stoa, a.a.O., S. 28
[9] Ebenda, S. 13
[10] Ebenda, S. 99
[11] *M. Pohlenz* (Hrsg.): Stoa und Stoiker, a.a.O., S. 123; vgl. auch *P. Barth:* Die Stoa, a.a.O., S. 99
[12] Der griechische Philosoph *Poseidonios* lebt von ca. 135 bis 51 vor *Christus*, gilt als bedeutendster Vertreter der mittleren Stoa und war Lehrer *Ciceros*. Unter den die Stoiker interessierenden Wissensbereichen nahm er sich vor allem der Geographie und der Geschichte an und hob in seiner ethischen Lehre als besondere Aufgabe des Menschen die Bemühung um die Einigung des *Logos* im Menschen mit dem *Logos* außer ihm: dem Weltgott hervor. Mit seiner Weiterbildung der stoischen Lehre und mit der Vorbereitung des Neuplatonismus übte er großen Einfluß auf die Philosophie des späten Altertums aus.
[13] Nach *M. Pohlenz:* Griechische Freiheit. Wesen und Werden eines Lebensideals. Quelle & Meyer, Heidelberg 1955, S. 176
[14] *Marc Aurel*, römischer Kaiser und Philosoph, lebt von 121 bis 180. Mit seinen *Selbstbetrachtungen*, in denen er über den Lauf der Welt, über die Liebe des Menschen und dessen ungesicherte Existenz reflektiert, gehört er – neben *Seneca* und *Epiktet* – zu den bedeutenden Vertretern der römischen Stoa.
[15] *M. Pohlenz* (Hrsg.): Stoa und Stoiker, a.a.O., S. 120; vgl. auch *P. Barth:* Die Stoa, a.a.O., S. 182: *Seneca* und S. 234: *Marc Aurel*
[16] *P. Barth:* Die Stoa, a.a.O., S. 182
[17] *M. Pohlenz* (Hrsg.): Stoa und Stoiker, a.a.O., S. 121
[18] *L.A. Seneca:* Mächtiger als das Schicksal. Ein Brevier. Übertragen und herausgegeben von *W. Schumacher*. Sammlung Dieterich. Band 53. Schünemann, Bremen o. J., S. 72 ff.
[19] *L.A. Seneca:* Antike Erziehungsweisheit. Ethische Unterweisungen aus Seneca. Ausgewählt und eingeleitet von *P.R. Löhrer*. Rex, Luzern 1951 (2. Aufl.), S. 67
[20] *L.A. Seneca:* Mächtiger als das Schicksal, a.a.O., S. 221
[21] Ebenda, S. 221 und S. 110
[22] Ebenda, S. 100
[23] *L.A. Seneca:* Antike Erziehungsweisheit, a.a.O., S. 66
[24] *L.A. Seneca:* Mächtiger als das Schicksal, a.a.O., S. 147
[25] *P. Barth:* Die Stoa, a.a.O., S. 200
[26] *L.A. Seneca:* Mächtiger als das Schicksal, S. 100 f.
[27] *M. Pohlenz* (Hrsg.): Stoa und Stoiker, a.a.O., S. 122
[28] Ebenda, S. 122; vgl. zum Ganzen auch *Th. Ballauff:* Pädagogik. Eine Geschichte der Bildung und Erziehung. Band I: Von der Antike bis zum Humanismus. Unter Mitarbeit von *G. Plamböck*. Alber, Freiburg/München 1969, S. 135 und besonders S. 149 ff.
[29] *L.A. Seneca:* Mächtiger als das Schicksal, a.a.O., S. 20 bis S. 22
[30] Ebenda, S. 6 f.
[31] *L.A. Seneca:* Antike Erziehungsweisheit, a.a.O., S. 72
[32] Ebenda, S. 71

Marcus Fabius Quintilianus

Der französische Optimist *Claude Adrien Helvétius* nennt ihn zusammen mit dem bedeutenden englischen Optimisten in einem Atemzug und beruft sich auf ihn: »Quintilian, Locke und ich sagen: Die geistige Ungleichheit ist die Wirkung einer bekannten Ursache, und diese Ursache ist die Verschiedenheit der Erziehung.«[1] – Tatsächlich weist manche seiner Thesen den römischen Redner als pädagogischen Optimisten aus. Eine vertiefte Reflexion seiner Anthropologie rechtfertigt es allerdings, ihn als pädagogischen Realisten zu würdigen.

Um 35 nach *Christus* in Calagurris in Spanien geboren, studiert *Marcus Fabius Quintilianus* in Rom Rhetorik, wirkt zunächst in seinem Geburtsland als Redner und Lehrer der Beredsamkeit und lebt ab 68 bis zu seinem Tod – gegen Ende des Jahrhunderts – wieder in Rom, wo er zwanzig Jahre lang als erster staatlich angestellter Professor für Rhetorik lehrt. In seinen letzten Lebensjahren widmet er sich ganz der Schriftstellerei und legt seinen reichen Erfahrungsschatz in seiner berühmten *Institutio oratoria* – in *zwölf Büchern über die Erziehung des Redners* – nieder.
Da sich *Quintilian* darin nicht nur auf die Didaktik und Methodik der Rhetorik beschränkt, sondern den Bildungsgang des Redners von Geburt an beschreibt, darüber hinaus das Begabungsproblem, die Aufgaben des Erziehers und Lehrers, den rechten Stil des Unterrichts und der Erziehung, Bedeutung und Vorrang der Charakterbildung und zahlreiche andere pädagogisch bedeutsame Fragen zur Sprache bringt und ausführlich erörtert, darf man in seinem Werk *das erste Lehrbuch der Pädagogik* sehen.
Mag sein Bildungsideal – *die vollkommene Beredsamkeit*[2] – heute nur noch von historischer Bedeutung sein, so galt sein Werk doch lange Zeit als hilfreich, um nicht zu sagen als modern. In der Epoche der Karolinger und bis weit herein in die Neuzeit wurde es als Textgrundlage des höheren Unterrichts verwendet. *Erasmus von Rotterdam* und *Luther* schätzten es, die Jesuiten gebrauchten es, und noch *Friedrich der Große* ordnete seine Benutzung in allen Schulen Preußens an.

Betrachtet man sein Werk insgesamt und im Zusammenhang, so erweist sich *Quintilian* als *Realist:* von Unterricht und Erziehung verspricht er sich viel, aber nicht alles; und er betont: *»daß Vorschriften und Lehrbücher nichts vermögen, wenn nicht die Natur mithilft«*[3]. – Gewiß neigt er mehr zu optimistischen als zu pessimistischen Ansichten, was die Möglichkeiten der Erziehung und ihren Spielraum angesichts anderer Gestaltungsfaktoren des Menschen wie Erbe und Umwelt anlangt; und er empfiehlt: »Zunächst soll ein Vater, sobald ihm ein Sohn geboren wird, die besten Hoffnungen betreffs seiner hegen; umsomehr wird er ihm von Anfang an Sorgfalt schenken. Denn es ist eine unbegründete Klage, daß nur sehr wenigen Menschen die Kraft verliehen sei, dasjenige zu fassen, was ihnen vorgetragen wird, die meisten vielmehr Mühe und Zeit durch Stumpfheit des Geistes vergeuden. Man dürfte im Gegentheil finden, *daß die Mehrheit der Menschen einen gewandten Geist und Geschick zum Lernen besitzt.* Das gehört doch zum Wesen des Menschen; und so wie den Vögeln das Fliegen, den Pferden das Laufen und den wilden Thieren eben ihre Wildheit angeboren ist, so ist auch uns die Thätigkeit und Rührigkeit des Geistes eigenthümlich, weshalb man dem Geiste einen himmlichen Ursprung zuschreibt... Die Geburt von stumpfsinnigen und ungelehrigen Menschen ist dagegen ebenso wenig in der Natur begründet, als die von abenteuerlichen und gezeichneten Leibern, nur daß letztere nicht in so großer Zahl zur Welt kommen. Als Beweis dafür mögen die vielfachen Hoffnungen gelten, die sich in dem Knaben hervordrängen; verschwinden diese mit den Jahren, so ist es klar, daß die Schuld nicht der Natur, sondern der Pflege zuzuschreiben ist.«[4]

Aus diesem Grund vertritt der Römer die Auffassung, daß im frühesten Alter die Erfüllung der beiden pädagogischen Grundaufgaben zu beginnen habe: die Vermittlung von *Wissen – »in den Wissenschaften unterrichten«* – und die Vermittlung von *Werthaltungen* – »Cultur der Sitten«.

Gewiß teilt auch er die Meinung, daß in den ersten Jahren nicht so viel erreicht werden kann, wie später dann in einem einzigen Jahr; aber wer sich grundsätzlich gegen die Früherziehung stelle, wolle zumeist »mehr den Lehrer als den Lehrling schonen«; denn die Erfüllung gerade dieser Aufgabe sei nicht einfach. Mag jedoch der Gewinn dieser Bemühungen auch nur gering scheinen, so handle es sich dennoch um eine wichtige Sache; und für die ersten Lebensjahre gelte ebenso wie für die folgenden: daß man *»nicht zu spät zu lernen anfange*. Es möge also die erste Zeit nicht gleich vergeudet werden, umsoweniger, *als die Anfangsgründe der Wissenschaften bloß Sache des Gedächtnisses sind, welches bei den kleinen Kindern nicht bloß vorhanden, sondern am treuesten ist«*[5]. Und was die *Bildungswilligkeit* anlangt, so finde sie sich – von den wenigen Fällen der von Geburt an »stumpfsinnigen und ungelehrigen Menschen« abgesehen – bei *allen* Kindern.

Was für den Erzieher ins Gewicht falle, sei vielmehr folgende durch Erfahrung erhärtete Tatsache: »ein Mensch, der durch Studium nichts erreicht hätte, findet sich nicht«! – Wer dies recht bedenke, der komme nicht umhin, alle Sorgfalt darauf zu verwenden, daß der Edukand das bestmögliche Lernangebot erhält – und zwar so früh wie möglich[6]. – Eben diese Überzeugung charakterisiert den pädagogischen Realisten.

Das *achte Kapitel* des *zweiten Buches* seiner *Rednerischen Unterweisungen* überschreibt *Quintilian* mit der Frage: *»Ist der Unterricht nach der natürlichen Anlage des Einzelnen einzurichten?«* – Er bejaht diese Frage und betont in diesem Zusammenhang die Aufgabe des Erziehers, »den Unterschied der natürlichen Anlagen« seiner Edukanden »zu beachten und zu wissen, wozu sie von Natur aus besonders hinneigen. Darin besteht ja eine unglaubliche Mannigfaltigkeit und es gibt wohl nicht weniger Seelen- als Körperbildungen«[7]. Dieses Wissen wiederum sei die Voraussetzung dafür, jeden einzelnen jungen Menschen *individuell* zu fördern: »seine Anlagen dahin auszubilden, wohin sie neigen« und nach einer sorgfältigen Begabungsprüfung jeden auf *dem* Gebiet besonders zu fördern, auf dem er bei dieser Prüfung schon »hervorragt«. Auf diese Weise »werde die natürliche Anlage noch mehr gekräftigt«; wohingegen sie abstumpfe und verkümmere, falls man sie vernachlässige. Es erweise sich also – zusammenfassend gesehen – *erstens* als »durchaus nothwendig«, die »Eigenthümlichkeiten der Naturen zu erforschen« und *zweitens* danach »eine Auswahl des Lehrstoffes zu treffen«[8].

Der Römer erkennt deutlich den Zusammenhang und das gegenseitige Bedingungsverhältnis zwischen Anlagen und Umwelteinflüssen: *»jeder Unterricht wäre überflüssig, würde die Natur ausreichen«*[9]; und was die richtige Begabungsförderung anlangt, so spricht er sich – je nach der Eigenart des einzelnen Edukanden – für ein ausgewogenes Bündel fördernder und hemmender Maßnahmen aus, für den »Zaum« gleichermaßen wie für den »Sporn«. Vor allem aber gelte es, das vorhandene Anlagenpotential *optimal* zu fördern und im Blick auf die eigenen pädagogischen Bemühungen zwei Mißgriffe zu vermeiden: »erstens strebe man nicht Unerreichbares an, zweitens verleite man niemanden von dem, was er gut versteht, zu etwas anderem, wozu er weniger geschickt ist«[10]. – Der erste Mißgriff übrigens würde den extremen pädagogischen Optimisten unterlaufen, würden sie ihre verstiegenen Ideen von der Machbarkeit des Menschen zu realisieren versuchen. Aber die meisten unter ihnen beschränken sich ohnehin nur auf die *Beschreibung* des ›neuen Menschen‹.

Im *neunzehnten Kapitel* des *zweiten Buches* setzt sich *Quintilian* auch mit der Frage auseinander, welchem Faktor die größere Wirkkraft zukomme: der Natur oder dem Unterricht. Seine Antwort lautet: erreicht wird etwas – zum Beispiel »ein vollendeter Redner« – »nur durch das vereinigte Zusammenwirken von Natur und Kunst«[11]. Der Römer verfügt im Blick auf diesen Komplex der Anlage-Umwelt-Verschränkung bereits über eine recht differenzierte Theorie, wobei er allerdings der Anlage auch ohne pädagogische Einflußnahme eine beträchtliche Wirksamkeit zuspricht: »Würde man nämlich beides trennen, so wird die natürliche Anlage auch ohne Unterricht viel vermögen, während der Unterricht nur auf Grund einer natürlichen Anlage bestehen kann. Wenn sich aber beide in gleichem Verhältnisse vereinigen, so wird, wie ich glaube, bei Köpfen von mittelmäßiger Naturanlage und künstlerischer Bildung doch der natürlichen Anlage ein größeres Gewicht beigelegt werden müssen: so wie ein gänzlich unfruchtbarer Boden selbst von dem geschicktesten Landmanne nicht nutzbar gemacht werden kann, während fruchtbares Land, auch wenn es von niemandem bebaut wird, doch so manches Nützliche hervorbringen wird, natürlich wird bei einem fruchtbaren Boden der Bebauer mehr thun, als die Güte des Bodens an und für sich… Hätte *Praxiteles* aus einem groben Mühlsteine eine Statue verfertigt, so würde ich einen parischen Marmor auch unbehauen vorziehen; wäre aber dieser von eben diesem Künstler bearbeitet, so hätte er durch die Künstlerhand einen größeren Wert erhalten, als durch sich selbst. Kurz die natürliche Anlage ist der Stoff des Unterrichts; dieser bildet, jener wird gebildet. Keine Kunst ohne Stoff: der Stoff aber hat auch ohne Kunst seinen Wert, die höchste Kunst aber ist dem vorzüglichsten Stoffe vorzuziehen.«[12]

Mit seiner These: wonach die Menschen zwar recht unterschiedliche Anlagen besitzen würden, *wonach es aber wohl keinen Menschen gebe, dessen Lerneifer ohne positives Ergebnis geblieben sei*, woraus sich wiederum ergebe, daß möglichst früh einsetzende erzieherische und unterrichtliche Bemühungen unerläßlich seien – mit dieser These hat *Quintilian* als einer der ersten pädagogischen Autoren die *wichtigste* Erkenntnis jeglicher Pädagogischen Anthropologie artikuliert. Im zwanzigsten Jahrhundert und bei *Heinrich Roth* liest sie sich so: »Wer erziehen will, darf wie der Arzt den Glauben nicht aufgeben, daß eine Wendung, wenn nicht zum Guten, so doch zum Besseren jederzeit noch möglich sein kann.«[13]

Anmerkungen

1 *C.A. Helvétius:* Vom Menschen, seinen geistigen Fähigkeiten und seiner Erziehung. Herausgegeben, übersetzt und mit einer Einleitung von *G. Mensching*. Suhrkamp, Frankfurt am Main 1972, S. 86
2 *M.F. Quintilianus:* Rednerische Unterweisungen. Bearbeitet von *G. Lindner*. Pichler, Wien 1881, S. 3: *Institutio oratoria – Vorrede*
3 Ebenda, S. 6: *Vorrede*
4 Ebenda, S. 7: *I, 1*
5 Ebenda, S. 9 f.: *I, 1*
6 Ebenda, S. 7: *I, 1*
7 Ebenda, S. 90: *II, 8*
8 Ebenda, S. 90: *II, 8*
9 Ebenda, S. 91: *II, 8*
10 Ebenda, S. 91 f.: *II, 8*
11 Ebenda, S. 120: *II, 19*
12 Ebenda, S. 120: *II, 19*
13 *H. Roth:* Pädagogische Anthropologie. Band I: Bildsamkeit und Bestimmung. Schroedel, Hannover/Berlin/Darmstadt/Dortmund 1966, S. 267

Plutarch

Auch bei diesem griechischen Philosophen und Historiker fällt die richtige Zuordnung nicht leicht; denn ganz gewiß könnte er in der Reihe jener stehen, die der Erziehung große Macht zusprechen. Gerade im Blick auf das Problem der Bildsamkeit hält *Werner Jaeger Plutarchs* Ausführungen, wie dieser sie in seiner *Abhandlung über die Erziehung der Kinder* dargelegt hat, für »sehr lehrreich«. Mit dieser Schrift hat der Grieche dann vor allem die Pädagogik des Renaissancehumanismus stark beeinflußt, und seine pädagogische Theorie ist von der neuzeitlichen Pädagogik »völlig aufgesogen« worden[1]. Zwar wird ihre Echtheit immer wieder einmal bezweifelt; aber einem so kompetenten Kenner der antiken Erziehungsliteratur wie *Henri-Irénée Marrou* scheint die Unechtheit dieser Abhandlung alles andere als bewiesen[2].

Plutarch kommt um 50 nach *Christus* in Chaironeia in Böotien zur Welt, wird in Athen im Geiste *Platons* erzogen, verbringt lange Jahre in Rom, gelangt dort als angesehener Lehrer und Schriftsteller zu Amt und Ehren, kehrt dann als Archon und Apollopriester wieder in seine Heimatstadt zurück und stirbt 125.
Berühmtheit erlangt der hellenistische Gelehrte vor allem durch seine *Vitae parallelae* – fünfzig brillant gestaltete vergleichende Lebensbeschreibungen bedeutender Griechen und Römer, so etwa von *Pyrrhos* und *Marius* oder *Alexander* und *Caesar*[3]. Mit diesem Werk hat *Plutarch* viel für die geistige Integration beider Kulturen geleistet und vor allem spätere Jahrhunderte stark beeinflußt: ihre Literatur und ihre Erziehung. So entdecken ihn die Humanisten, nachdem er lange Zeit vergessen war, aufs neue und übersetzen ihn ins Lateinische, Französische und Englische. Er regt *Shakespeare* an und befruchtet das französische Drama des siebzehnten Jahrhunderts. *Rousseau* findet bei ihm Anregungen; und den deutschen Stürmern, Drängern und Klassikern wird er in ihrer Sehnsucht nach dem Großen – nach begeisternden Taten, epochalen Schlachten, heroischen Opfern – und auf ihrer Suche nach dem Genie zur reichen Fundgrube. *Friedrich Schillers* Wort, das er Karl Moor in seinen *Räubern* ausrufen läßt, zeugt davon: »Mir ekelt vor diesem tintenklecksenden Säkulum, wenn ich in meinem Plutarch lese von großen Menschen.«[4] Was sich in der pädagogischen Terminologie später in Begriffen wie *Bildungsideal, Menschenbild, Leitbild* und ähnlich lautenden niedergeschlagen hat, bei *Plutarch* erfahren diese Begriffe ihre vielfältige Personalisierung und ›Konkretisierung‹.

Der Grieche beginnt seine Reflexionen über die Wirkkraft der Erziehung mit dem bereits von den Sophisten vorgetragenen Argument, wonach zur Vervollkommnung der Tugend folgendes gehöre: »Natur, Unterricht und Gewöhnung«[5]. *Protagoras* spricht diesbezüglich von »Begabung und Übung«[6]; doch sehr bald erfahren die bei ihm im Begriff »Übung« zusammengefaßten pädagogischen Bemühungen eine Differenzierung – entsprechend der Differenzierung der Tugend, wie man sie bei *Aristoteles* beispielsweise findet: der Vervollkommnung der »verstandesmäßigen Tugend« diene der *Unterricht*; zur Vervollkommnung der »ethischen Tugend« bedürfe es der *Gewöhnung*.

Plutarch hält sich also an die Dreiteilung und betont: neben einer guten *Anlage* müsse der Edukand das Gute und Richtige zunächst *kennenlernen*; sodann müsse er es *anwenden* und »durch die Übung zur Gewohnheit befestigen... Die Natur ohne das Lernen bleibt blind, das Lernen ohne Naturanlage mangelhaft, die Übung ohne beide launenhaft und unzureichend«; und um das, was er sagen will, zu veranschaulichen, vergleicht er die Naturanlage mit »gutem Land«, den Lehrer mit einem »Ackermann« und dessen Lehren und Ermahnungen mit dem »Samen«[7].

Wie beim Ackerbau die Qualität der Ernte von der Güte des Bodens, des Landwirts und des Saatgutes bestimmt werde, so hänge die Gestalt der Persönlichkeit von der Beschaffenheit der Naturanlage, der Fähigkeit des Erziehers und vom Wert seiner Lehren und Erziehungsmaßnahmen entscheidend ab. »Wem die Gottheit diese drei Stücke verleiht, der ist mit Recht ein Freund der Götter zu nennen und glückselig zu preisen.«[8]

Anders als *Quintilian*, der der Anlage den Vorzug gibt, betont *Plutarch* die Dominanz der Umwelt; denn auch bei einer mangelhaften Naturanlage hält er unterrichtliche und erzieherische Bemühungen keineswegs für »unnütz und verloren«. »Die beste natürliche Anlage verkümmert und verdirbt bei träger Vernachlässigung, wogegen der Fleiß den Mangel der Natur ersetzt. Wer vernachlässigt wird und sich vernachlässigt, lernt nicht das Leichteste vollbringen, der fortgesetzte Fleiß befähigt zu dem Schwersten.«[9]

Bemerkenswert erscheint in dieser These der Passus: »Wer ... *sich vernachlässigt*«; denn hier spricht *Plutarch* – wenn auch nur recht flüchtig – den *Selbsttätigkeitsfaktor* an und unterstreicht seine Bedeutung.

Zum Beweis dafür, »was Fleiß und Arbeit vermögen«[10], bringt er eine Reihe von Beispielen aus verschiedenen Bereichen der belebten und unbelebten Natur, aus denen klar ersichtlich wird, daß »häufig der durch die Arbeit hervorgebrachte Zustand schwerer zu verändern und insofern stärker als der natürliche« ist; was allerdings auch besagen könnte – auch wenn *Plutarch* selbst dies nicht ausdrücklich anspricht, daß ein bestimmter Zustand, der anlagebedingt erscheint, das Ergebnis von Umwelteinflüssen darstellt und sich nach dem Erwerb so verfestigt hat, daß er als ererbt gilt[11]. Der Philosoph jedenfalls glaubt an die »Macht der Erziehung«[12]: »Die Gewöhnung verändert und bestimmt die Natur... Der Charakter entsteht im Allgemeinen durch die Gewöhnung und das gilt also auch von den Eigenschaften, die wir sittliche oder Tugenden nennen.«[13]

Wie schon *Platon* und *Aristoteles* hebt auch *Plutarch* die Bedeutung der Sorgfalt hervor, mit der die Partnerwahl und die Zeugung der Nachkommenschaft erfolgen sollen. Wenn er in diesem Zusammenhang vor allem davor warnt, sich »mit gemeinen und schlechten Weibspersonen, mit Huren und Beischläferinnen einzulassen« und »unrechtmäßige Kinder zu erzeugen«, dann denkt er dabei zunächst nicht so sehr an eventuell zu befürchtendes minderwertiges Erbgut, sondern vielmehr an die ungünstigen Umwelteinflüsse, denen solche Kinder zumeist ausgesetzt sind: »Zur Schmach, die der unechten Geburt anhaftet, kommt der Einfluß, den sie auf den

Charakter ausübt; denn für unehrlich gelten und Schmähungen stets ausgesetzt zu sein, läßt den freien Muth nicht aufkommen und pflegt die Niederträchtigkeit zu entwickeln.« Allerdings stünde es jenen, die einer rechtmäßigen Zeugung ihre Existenz verdanken, keinesfalls zu, sich darauf etwas zugute zu halten. Neben diesem umweltbezogenen Argument betont *Plutarch* die Notwendigkeit einer sorgfältigen Partnerwahl aber auch im Blick auf das Anlagenpotential der Nachkommenschaft und erinnert diesbezüglich wieder an die einschlägigen Regelungen bei den Spartanern. Nachdrücklich warnt er vor einer Zeugung im Zustand der Trunkenheit[14].
Aufs ganze gesehen kommt in seinen Augen also unter allen Persönlichkeitsfaktoren den *Umwelteinflüssen* der höchste Wirksamkeitsgrad zu. Und aus dieser Einsicht ergibt sich dann eine Reihe von pädagogischen Erfordernissen: die Notwendigkeit einer intensiven körperlichen und seelischen Betreuung des Säuglings – nach Möglichkeit durch die eigene Mutter – sowie die Notwendigkeit einer früh beginnenden Erziehung; denn: »Die kindliche Seele ist weich und bildsam und wird durch die Eindrücke und Einwirkungen, die sie erleidet, geformt, das einmal Geformte und Erhärtete aber läßt sich schwer wieder erweichen und umformen. Auch das Gesagte und Verstandene prägt sich den kindlichen Seelen ein wie Siegelbilder dem Wachse.«[15] – All dies weist *Plutarch* als pädagogischen Optimisten aus. Und dennoch ist es gerechtfertigt, den Philosophen als *Realisten* zu würdigen. Mag seine Bildsamkeitstheorie die Überzeugung von der »Macht der Erziehung« stützen, so birgt seine Erziehungslehre insgesamt doch auch Passagen über die Anfälligkeit des Menschen und seine Schwächen – Stellen, die auf *Grenzen* hindeuten: *Grenzen der Bildsamkeit* und damit auch *Grenzen der Erziehung*, die für die Vorgehensweise des Erziehers Konsequenzen haben und die es in Akten verstehender und liebevoller Zuwendung zu respektieren gilt.
Mit zum Besten, was *Plutarch* in seiner pädagogischen Abhandlung geschrieben hat – heute so gültig wie zur Zeit ihrer Abfassung, gehört seine Mahnung an die Väter: »Ich behaupte..., daß die Väter nicht mit immer gleichmäßiger Strenge, die zur Härte wird, vorgehen dürfen, sondern hier und da eine Ausschreitung des Jünglings übersehen und hingehen lassen müssen, indem sie sich der eigenen Jugend erinnern... Sie sollen den Zügel anziehen und lockern und gegen verzeihliche Fehltritte nachsichtig sein, den Zorn aber, in den sie gerathen, immer verrauchen und sich nicht zum Grolle verdichten lassen. Der jähe Zorn steht nicht im Widerspruche zu der väterlichen Gesinnung, wohl aber der nachtragende Groll, und ein Vater, der sich nicht versöhnen läßt, beweist, daß er seine Kinder nicht liebt, sondern eigentlich haßt. Oft ist es angezeigt, sich zu stellen, als wenn man diese oder jene Ausschreitung gar nicht bemerkt habe, was sich mit den geschwächten Sinnen und mit dem Ruhebedürfnisse des Alters maskiren läßt. Wir übersehen absichtlich die Fehler unserer Freunde, und es wird uns nicht verargt, warum sollte es uns bei unsern Kindern verargt werden, wenn diese wie jene im Ganzen der Freundschaft nicht unwürdig sind? Wir lassen oft trunkene Sklaven ungestraft, warum sollten wir immer unsere Kinder strafen? Du beweist dich in der Regel gegen deinen Sohn

sparsam; so sei auch einmal freigebig. Du hast deinen Zorn ausgelassen, so verzeihe denn auch. Dein Sohn hat dich in etwas, worauf nicht viel ankommt, mit Hilfe eines Sklaven hintergangen: laß es auf sich beruhen. Er hat auf deinem Landgute ein Paar Ochsen verkauft: thue, als wenn du es nicht wüßtest; er kommt einmal berauscht nach Hause: bemerke es nicht; er duftet nach Salben: sprich nicht darüber. Wenn er sich im Ganzen gut hält, so laß ihn zuweilen seinen Jugendmuth kühlen. Ist die Neigung zur Wollust bei einem Jünglinge so stark, daß Einschränkungen und Ermahnungen dagegen nichts vermögen, so muß man ihn durch die Ehe zu fesseln suchen, die durch Befriedigung die Begierde in Schranken hält.«[16]

Am Ende seines Traktates kommt *Plutarch* auf die *Vorbildlichkeit* zu sprechen. Da ist nun überhaupt nicht – wie in seinen vergleichenden Lebensbeschreibungen großer Griechen und Römer – von berühmten Männern, von großen Kämpfen und heroischen Taten die Rede, sondern wiederum von den *Vätern* und davon, worauf es wirklich ankommt: »Die Väter müssen, wenn die Erziehung Erfolg haben soll, ihren Söhnen das Beispiel der Mäßigkeit und der treuen Pflichterfüllung geben, damit sich diese an ihnen spiegeln können. Wenn Väter Fehler, die sie selber haben und hegen, bei den Söhnen bestrafen, was sollen diese von ihnen halten und wie ihnen willig gehorchen? Diejenigen aber, welche geradezu lasterhaft leben, können mit dem Bewußtsein des Rechtes nicht einmal ihre Sklaven, geschweige ihre Söhne bestrafen, da sie diese durch ihr Beispiel zur Lasterhaftigkeit reizen; denn wenn sich das Alter keine Schranken setzt, wie läßt sich verlangen, daß es die Jugend thue?«[17]

Und schließlich: *Plutarch* weiß auch um das *Scheitern* des Erziehers – trotz aller Vorbildlichkeit, trotz aller Bemühungen, gut zu erziehen: »neben der Anstrengung« bedarf es wohl auch »glücklicher Umstände«[18].

Anmerkungen

1 *W. Jaeger:* Paideia. Die Formung des griechischen Menschen. Erster Band. De Gruyter & Co., Berlin 1959 (4. Aufl.), S. 394

2 *H.-I. Marrou:* Geschichte der Erziehung im klassischen Altertum. Herausgegeben von *R. Harder*. Alber, Freiburg/München 1957, S. 552

3 Vgl. *Plutarch:* Große Griechen und Römer. Sechs Bände. Eingeleitet und übersetzt von *K. Ziegler*. Artemis, Zürich/Stuttgart 1954–1965

4 *F. Schiller:* Sämtliche Werke. Auf Grund der Originaldrucke herausgegeben von *G. Fricke* und *H.G. Göpfert* in Verbindung mit *H. Stubenrauch*. Erster Band: Gedichte/Dramen I. Hanser, München 1965 (4. Aufl.), S. 502: *Die Räuber I,2*

5 *Plutarch:* Abhandlung über die Erziehung der Kinder. Uebersetzung, Einleitung und Kommentar von *H. Deinhardt*. Pichler, Wien 1879, S. 9

6 Vgl. *H. Diels:* Die Fragmente der Vorsokratiker. Nach der von *W. Kranz* herausgegebenen achten Auflage. Mit Einführungen und Bibliographien von *G. Plamböck*. Rowohlt, Hamburg 1957, S. 122: *Fragment 3*

7 *Plutarch:* Abhandlung über die Erziehung der Kinder, a.a.O., S. 9

[8] Ebenda, S. 9
[9] Ebenda, S. 9
[10] Ebenda, S. 10
[11] Vgl. *H. Roth:* Pädagogische Anthropologie. Band I: Bildsamkeit und Bestimmung. Schroedel, Hannover/Berlin/Darmstadt/Dortmund 1966, S. 167 und S. 264
[12] *Plutarch:* Abhandlung über die Erziehung der Kinder, a.a.O., S. 11
[13] Ebenda, S. 10
[14] Ebenda, S. 8 f.
[15] Ebenda, S. 11
[16] Ebenda, S. 25 f.
[17] Ebenda, S. 26
[18] Ebenda, S. 27

Schließt man vom rüden Erziehungsstil, der im Mittelalter vorherrschte – man braucht diesbezüglich nur an *Augustinus* zu denken, dem selbst das Alter die Leiden der Kindheit nicht verklärt hat und der, bereits über sechzig Jahre alt, in Erinnerung an die eigenen Kindertage zu bedenken gibt: »Wer würde denn nicht mit Entsetzen zurückweichen und lieber den Tod wählen, wenn man ihm die Wahl ließe zwischen Sterben und wieder Kind werden!«[1] – schließt man vom mittelalterlichen Erziehungsstil auf das Bewußtsein von der *Möglichkeit* der Erziehung, dann könnte man diese Epoche als *erziehungspessimistisch* einstufen. Aber abgesehen davon, daß derartige Pauschalurteile zumeist unzutreffend sind, vermögen Gestalten wie *Johannes Chrysostomos, Benedikt von Nursia, Karl der Große, Thomas von Aquin* und *Johannes Gerson*, um nur einige der für das frühchristliche und mittelalterliche Erziehungswesen bedeutsame Persönlichkeiten zu nennen, diese Annahme zu widerlegen. Ja, oft genug lassen sich diese Männer sogar der Gegenposition zurechnen, wie beispielsweise *Johannes Chrysostomos*[2], der den Erzieher gerne mit Malern, Bildhauern und formenden Perlenfischern vergleicht[3] und die kindliche Seele mit dem noch weichen Siegelwachs[4] beziehungsweise mit einer unmittelbar nach ihrem Fund noch plastischen Perle, die erst in den Händen des Perlenfischers – durch die »rotierenden Bewegungen« – ihre endgültige »vollkommene runde Form« erhält[5]. *Johannes Chrysostomos* betont: »So wie wir die Maler ihre Bilder und Statuen mit großer Sorgfalt ausarbeiten sehen, so wollen wir uns alle, Väter und Mütter, um diese unsere wunderbaren Statuen bemühen. Die Maler stellen ihre Holztafel auf die Staffelei und malen Tag für Tag darauf nach allen Regeln der Kunst. Entsprechend verfahren die Bildhauer: Das Überflüssige nehmen sie weg, das Fehlende ergänzen sie. Das gilt auch für euch; als wenn ihr Statuen ausarbeitet, so verwendet eure ganze Mühe darauf, eure wunderbaren Statuen für Gott zu formen. Entfernt, was überflüssig ist, ergänzt das Fehlende. Achtet Tag für Tag darauf, welche positiven Anlagen sie haben, um sie zu fördern, welche negativen, um sie zu unterdrücken.«[6]

Optimistische Ansichten artikuliert auch der bedeutende mittelalterliche französische Erzieher *Johannes Charlier Gerson*[7], der einmal schreibt: »Die Kinder eignen sich für die Anfangsgründe guter Lehren, weil sie falsche Ansichten noch nicht so tief eingesogen und Verderbliches in ihren Herzen noch nicht Wurzel geschlagen. Sie sind neue Schläuche für die besten Weine, junge Pflanzen, die sich leicht von der Hand des Gärtners richten lassen.«[8]

Andererseits darf aber keinesfalls das *Sündenbewußtsein* des mittelalterlichen Menschen unberücksichtigt bleiben: sein »Pessimismus gegenüber der menschlichen Natur mit ihrer Sündhaftigkeit«, der sich gewiß auch im Erziehungsdenken dieser Epoche bemerkbar macht[9]. In exemplarischer Absicht sei hier auf *Aurelius Augustinus* verwiesen.

354 in Thagaste in Ost-Algerien als Sohn eines heidnischen Vaters und einer christlichen Mutter geboren, wirkt *Augustinus* nach seiner Ausbildung zum Anwalt und Redner als Rhetorikprofessor in Thagaste, Karthago, Rom und Mailand. Er führt ein recht ›flottes‹ Leben, hat bereits mit achtzehn Jahren einen Sohn und nennt ihn, obgleich er ihn nicht gerade als Wunschkind betrachtet, *Adeodatus – Gottesgeschenk*. Vermutlich ist *Augustinus* der einzige Heilige mit einem ledigen Kind.
Weltanschaulich bekennt er sich zum Manichäismus und Skeptizismus, gerät unter neuplatonischen Einfluß und läßt sich nach der Begegnung mit *Ambrosius von Mailand* endgültig für das Christentum gewinnen und 387 zusammen mit seinem Sohn taufen. *Adeodatus* stirbt 389 – siebzehnjährig. *Augustinus* wird 391 zum Priester und 396 zum Bischof von Hippo-Regius geweiht.
Seit 380 und während seiner ganzen Wirksamkeit als Lehrer und Seelsorger verfaßt er eine Fülle von Schriften, von denen ihn vor allem drei berühmt gemacht haben: *Die Bekenntnisse*, sein Werk *Über die Dreieinigkeit* und die zweiundzwanzig Bücher *Vom Gottesstaat*.
430 – während der Belagerung seiner Stadt durch die Vandalen – stirbt er.
Augustinus zählt zu den herausragenden abendländischen Denkern und weist sich in seinen Werken als scharfsinniger Dialektiker und subtiler Psychologe aus. Unter den lateinischen Kirchenlehrern ist er fraglos der Bedeutendste und zweifelsohne auch der überragende Theologe und Philosoph an der Schwelle zwischen Altertum und Mittelalter. Sein Einfluß bleibt bis in die Neuzeit herein spürbar; und fortdauernde Gültigkeit behält sein Appell, in dem die ganze christliche Lebenslehre ihre prägnanteste Fassung gefunden hat: »Liebe; und im übrigen mach, was du willst!«[10]

Was nun das Sündenbewußtsein des mittelalterlichen Menschen anlangt, so ist es vor allem *Augustinus*, der in seiner Erbsündeinterpretation den alle Menschen betreffenden *Schuldcharakter* und dessen *Vererbung* durch die Generationen stark hervorhebt. In engem Zusammenhang damit muß *Augustins Gnadenlehre* und seine *Prädestinationstheorie* gesehen werden.
In dieser Frage vertritt er zunächst eine gemäßigte Position, in der er der menschlichen Entscheidungsfreiheit und ihrer Rolle für das Heil des Menschen durchaus Bedeutung zumißt. Nach der Übernahme des Bischofsamtes und vor allem in den Auseinandersetzungen mit der Gnaden- und Freiheitslehre des *Pelagius* – etwa ab 412 – verändert sich diese Position.
Nunmehr und bis zu seinem Tod setzt er sich mit den Häresien dieses britischen Mönchs auseinander, der seit 411 in Karthago auftritt, die Erbsünde leugnet und den von Natur aus guten Menschen verkündet, ausgestattet mit der absoluten Freiheit des Willens, die es ermöglicht, ohne göttliche Gnade und ganz aus eigener Kraft sündelos zu leben und sich des ewigen Heils zu vergewissern. Im Kampf gegen diesen pelagianischen Optimismus, der in immer neuen Inkarnationen bis herein in die Gegenwart virulent bleibt, sucht *Augustinus* unermüdlich nach Antworten auf die letztlich wohl unbeantwortbaren, das göttliche Mysterium selbst berührenden Fragen nach dem Verhältnis von Natur und Gnade, von Freiheit und Prädestination,

von menschlichem Schicksal und göttlicher Vorsehung. Es hätte nicht viel gefehlt, und der glänzende Lehrer der Kirche wäre dabei selbst zum Häretiker geworden – dort beispielsweise, wo sich der große und verständnisvolle Liebende, dem im eigenen Lebensgang nichts Menschliches fremd geblieben war, innerhalb seiner Gnadenlehre ein höchst düsteres und beängstigendes Gottesbild zurechtspekuliert, das sich die Kirche allerdings nie zu eigen gemacht hat.

Der pelagianischen Lehre tritt *Augustinus* also aufs schärfste entgegen, indem er der vermeintlichen Freiheit des Menschen die absolute Allmacht und die totale Ursächlichkeit Gottes gegenüberstellt, aus denen sich für den Menschen eine umfassende Abhängigkeit von der göttlichen Gnade ergebe. Ob einer gläubig oder ungläubig, gut oder böse sei, hänge nicht davon ab, was *er* wolle, sondern ausschließlich vom *göttlichen Heilswillen:* Gott *allein* bestimme, wer zum Heil berufen und wer zur Verdammnis verurteilt sei; und die guten Werke der Auserwählten seien nicht deren Verdienst, sondern allein das Wirken und Werk der unwiderstehlichen Gnade Gottes.

Kein Zweifel, daß sich *Augustinus* in dieser Sache zur *Heiligen Schrift* in Widerspruch gesetzt hat und diesen Widerspruch – speziell im Blick auf Gottes Barmherzigkeit und Gerechtigkeit – auch nicht durch dialektische Kniffe aufzuheben vermocht hat. Er war gebildet genug, um zu wissen, daß *»Evangelium«* ja eigentlich »Frohbotschaft« und nicht »Drohbotschaft« bedeutet. Und der Patrologe *Berthold Altaner* hat gewiß recht, wenn er feststellt: »Augustins Gnadenlehre, die von einem schauererregenden Gottesbegriff getragen ist, hat von Anfang an innerhalb der Kirche Widerspruch gefunden und später schwere Irrungen hervorgerufen.«[11]

Gleichwohl: bei aller Schärfe, mit der *Augustinus* der Lehre des *Pelagius* von der grundsätzlichen Freiheit des Menschen sein Dogma von der totalen Sündhaftigkeit und göttlichen Gnadengelenktheit des Menschen entgegensetzt und damit eine lange Tradition christlichen Bewußtseins von der Armseligkeit und Ohnmacht des Menschen einleitet, an die *totale Ohnmacht der Erziehung* denkt er dabei gewiß auch wieder nicht, wie seine pädagogischen Schriften – besonders sein Buch *De catechizandis rudibus*[12] – überzeugend beweisen, wenngleich er die *Grenzen* der erzieherischen und unterrichtlichen Wirksamkeit menschlicher Erzieher und Lehrer angesichts der göttlichen Pädagogie in seinem Buch *De magistro*[13] sehr eng zieht und damit doch an der inneren Zusammengehörigkeit seiner Pädagogik mit seiner Theologischen Anthropologie festhält[14]. Immerhin mahnt er »im Ernst« in seiner Schrift *De doctrina christiana:* »ein jeder lerne ohne Selbstüberschätzung, was nun einmal von Menschen erlernt werden muß; und wer andere lehrt, der gebe ohne Selbstüberhebung und ohne Neid wieder weiter, was er selbst empfangen hat… Wenn sodann die Menschen nichts voneinander lernten, dann würde selbst der Liebe, welche die Menschen gegenseitig verbindet, keine Gelegenheit geboten, die Geister sozusagen in gegenseitigen Fluß zu bringen und miteinander zu verschmelzen«[15].

Zweifelsohne steht diese Aussage *Augustins* zu seiner Gnadenlehre in Widerspruch. Dieser Widerspruch findet seine Erklärung wohl in der Unterscheidung zwischen dem »natürlichen« Menschen und dem Menschen in der Gnade Gottes – oder im Blick auf den vorstehenden Problembereich: in der Unterscheidung zwischen dem philosophischen und dem theologischen Determinismus; in einer Unterscheidung, die dann der *Augustiner*-Mönch *Martin Luther* erneut treffen wird.

Ob *Franz Xaver Eggersdorfers* harmonisierende Äußerung diese Diskrepanz bei *Augustinus* und in der mittelalterlichen Lehre vom Menschen insgesamt vielleicht nicht doch verkennt und verwischt, mag hier unentschieden bleiben. *Eggersdorfer* meint nämlich bezogen auf das voranstehende *Augustinus*-Wort: »Diese gemäßigte Stellung zwischen pädagogischem Optimismus und Pessimismus, die im mittelalterlichen Denken herrschend blieb, rettete dem Abendland die Kontinuität der Bildung und den immer neu belebten Erziehungseifer, der auf der Höhe des Mittelalters zu neuer Forschung und zu produktivem Denken führte.«[16]

Es bleibt ernsthaft zu fragen, ob es unbedingt nötig ist, die Glaubwürdigkeit und Seriosität eines Denkers dadurch zu bekräftigen, daß man die Widersprüche und Ungereimtheiten in seinem Werk ›auflöst‹. Tatsache scheint doch zu sein: es gibt im Mittelalter stark *pessimistische* Tendenzen, die sich auch im pädagogischen Denken und in der Erziehungspraxis dieses Zeitalters niederschlagen; es gibt daneben immer wieder einen ungebrochenen und *optimistischen* Bildungswillen; und es gibt Erzieher, die sich zu einer gemäßigten Stellung, zu einer *realistischen* Haltung zwischen beiden Extrempositionen durchringen.

Eben dieses Ringen der frühchristlichen und mittelalterlichen Denker um ein der Wirklichkeit entsprechendes Verständnis vom Menschen und um eine realistische pädagogische Einstellung artikuliert sich nirgendwo deutlicher als in den anthropologisch einschlägigen Schriften *Augustins*.

Es gibt Stellen in seinem Werk, aus denen klar hervorgeht, daß er der *Entscheidungsfreiheit* als einer wesentlichen Komponente des menschlichen Heils einen hohen Stellenwert zuspricht. In seiner Auseinandersetzung mit der Freiheits- und Gnadenlehre des *Pelagius* tritt diese Position allerdings in den Hintergrund, indem *Augustinus* das Schicksal des mit der *Erbsünde* beladenen Menschen ganz von der absoluten Allmacht Gottes und der Allursächlichkeit der göttlichen Gnade her interpretiert. In seiner um 426 verfaßten Schrift *Über die Gnade und den freien Willen* bemüht er sich dann um eine Vermittlung zwischen beiden Standpunkten[17].

Paulus' Erfahrung, daß dem Wollen des Guten das *Böse* im Menschen ständig im Wege stehe: »Dem inneren Menschen nach habe ich zwar Freude am Gesetze Gottes. Aber ich nehme in meinen Gliedern ein anderes Gesetz wahr, das im Streite liegt mit dem Gesetze meines Geistes. Es macht mich zum Gefangenen unter dem Gesetze der Sünde, das in meinen Gliedern herrscht«[18] – diese Erfahrung des Apostels hat *Augustinus* in seinem eigenen Leben zur Genüge gemacht. Sie ist für ihn – wie für *Paulus* – durch die Urschuld des Menschen verursacht: »durch den Ungehorsam des einen Menschen«, durch den »die vielen zu Sündern geworden sind«. Die Macht dieser Urschuld über den Menschen konnte erst und *nur* »durch den Gehorsam des einen« gebrochen werden, der dadurch »die vielen zu Gerechten gemacht« hat[19].

Bedingt durch seine Jugenderfahrungen und – nach seiner Bekehrung – durch seinen Kampf gegen die stoisch-aufklärerisch durchsetzte Lehre des *Pelagius* erhält das Dogma von der Erbsündebehaftetheit des Menschen bei *Augustinus* eine überstarke Betonung, der in logischer Konsequenz eine *erziehungspessimistische* Einstellung entspringen muß. – Daß *Augustinus* diese Konsequenz *nicht* zog, dies bezeugen sowohl seine zahlreichen pädagogischen Schriften als auch sein seelsorgerisches Wirken. Und eine Analyse seines pädagogischen Werkes rechtfertigt es, in ihm einen *pädagogischen Realisten* zu sehen – ohne daß damit jene Teile seines Gesamtwerkes ignoriert werden sollen, die ihn eher als Erziehungspessimisten ausweisen. Er entsagt dieser seiner Gnadenlehre sehr wohl entsprechenden pädagogischen Extremposition; aber er bleibt sich dessen zeitlebens bewußt, daß das Streben des Menschen – seine Selbstbildungs- und Selbstverwirklichungsbemühungen beispielsweise – und alle Anstrengungen derer, die ihn dabei erzieherisch unterstützen, rasch auf *Grenzen* stoßen. Denn wer sich der Wirklichkeit nicht verschließe, der stehe immer wieder vor der Frage: »warum … sich nicht die ganze Menschheit oder wenigstens der größte Teil derselben durch ihr natürliches Streben zum Eifer im Wissen und zum Starkmut des Charakters« erhebe und warum es wohl »dem von der Natur so trefflich geschaffenen Menschen« so unendlich schwerfalle, »das natürlich Vorteilhafte und Heilbringende zu lernen«[20].
Augustinus, der mit seiner strengen Gnadenlehre zwar den Anstoß zu manchen anthropologischen und theologischen Verirrungen gegeben hat, sich damit aber in der Kirche – weder anfangs noch später – durchgesetzt hat und diese Lehre zudem mit seinen eigenen pädagogischen Schriften wieder entschärft hat – *Augustinus* und die übrigen Lehrer der noch ungeteilten christlichen Kirche im Abendland haben die dem Menschen anhaftende Erbsünde als Faktum akzeptiert, das sowohl von der göttlichen Offenbarung als auch von der Lebenserfahrung bezeugt wird.
Die *pädagogische* Interpretation dieses Dogmas besagt, daß der Mensch aus eigenem Antrieb und Wollen nicht gut zu sein vermag; was freilich noch lange nicht heißt: er sei schlecht, von Grund auf verderbt. Infolge der durch die Schrift bezeugten Urschuld haben alle Menschen und die ganze Schöpfung ihre ursprüngliche Güte verloren, sind alle Menschen seither für das Böse anfällig und bedürfen bei all ihren Bemühungen um das Gute der göttlichen Gnade.
Diese Einschätzung des Menschen und die ihr entsprechende Erziehungslehre heben sich von den idealistischen, optimistischen und utopischen pädagogischen Theorien ebenso ab wie von den pessimistischen. Wer diese Sicht vom Menschen teilt, der nimmt »die Realität des Bösen und die innere mit der Erbschuld gegebene Korruption« zur Kenntnis[21]. Er interpretiert dieses anthropologische Phänomen weder soziologisch und aus einer kulturpessimistischen Stimmung heraus – wie *Rousseau:* wonach das Böse gesellschaftsbedingt sei; noch deutet er es theologisch-fatalistisch – wie die Reformatoren: wonach der Mensch gleichsam naturhaft und gänzlich verdorben sei.

Wie sehr die frühchristlichen Lehrer bei aller Berücksichtigung der durch die Erbsünde bedingten Grenzen der Erziehung gleichwohl die Erziehbarkeit des Menschen und seine Fähigkeit, sein Leben durch *eigene* Entscheidungen zu bestimmen, unterstreichen, dafür liefert der griechische Kirchenvater und fünf Jahre ältere Zeitgenosse *Augustins Johannes Chrysostomos* in seiner Abhandlung *Über Kindererziehung* den Beleg. Dort schreibt er: »Steckte ... von Natur aus die Schlechtigkeit in den Menschen, so könnte man zu Recht seine Zuflucht zur Entschuldigung nehmen. Da wir aber vorsätzlich schlecht oder gut werden, welchen plausiblen Grund könnte da wohl jemand vorbringen, der es zuläßt, daß derjenige, den er am innigsten liebt« – sein Sohn –, »verdorben wird und auf die schiefe Bahn kommt?«[22]
Diese Auffassung vom Menschen und von der Möglichkeit der Erziehung durchzieht seit den Patristikern die gesamte christliche Anthropologie und Erziehungslehre. Gewiß finden sich daneben Vorstellungen vom Menschen und über seine Erziehung, in denen kaum noch von der Erbsünde die Rede ist, oder in denen diese gar geleugnet wird; ebenso Vorstellungen vom Menschen, in denen das Dogma von der Erbsünde eine übergroße und alle erzieherischen Bemühungen lähmende Betonung erfährt. Aber die meisten christlichen Denker nehmen dieses in der Schrift bezeugte und aus der menschlichen Wirklichkeit erfahrbare, dennoch rational unerschließbare Phänomen ernst und begründen auf ihm oft genug die Erziehung: ihre Notwendigkeit gleichermaßen wie ihre Möglichkeit. Denn für sie besagt die Lehre von der Erbsünde, »daß sich die Erziehung im Hinblick auf das Wesen des Menschen selbst weder *erübrigt* (wie im Idealismus in der Weise der Mäeutik bei Sokrates oder der ›negativen Erziehung‹ bei Rousseau), noch daß sie *unmöglich* ist (wie im Naturalismus oder auch Pietismus, wo weltliche oder unterweltliche Mächte den Menschen völlig beherrschen)«[23].
Was damit gemeint ist, verdeutlicht *Wilhelm von Tournai*[24] – ein in der zweiten Hälfte des dreizehnten Jahrhunderts lebender französischer Erzieher – in seiner Schrift *Über die Unterweisung der Kinder*, wo er diese Unterweisung mit den Argumenten begründet: »daß die Neigung zum Bösen aufgehoben wird, die bei jungen Leuten am meisten anzutreffen ist« und daß Kinder »leichter zum Guten gelenkt und ausgerichtet werden können, solange sie noch jung sind, bevor die Fehler und Untugenden sich in ihnen verhärtet haben. Wenn es schon schwierig ist, die Verdorbenen zu bessern, so ist es bei den in der Verderbnis Verhärteten am schwierigsten... Hinzu kommt, daß die Kinder durch die Unterweisung im Guten verwurzelt und gesichert werden, weil sie das in der Kindheit Empfangene und Angeeignete unverlierbar bis an ihr Lebensende behalten«[25].
Augustinus weiß um die *Notwendigkeit* der Erziehung, und er bezweifelt auch nicht grundsätzlich und gänzlich ihre *Möglichkeit*. Aber er sieht ebenso klar ihre *Grenzen*, wobei er *ein* pädagogisches Grenzphänomen, auf das bereits *Sokrates* aufmerksam gemacht hat, besonders hervorhebt.
Unter seinen pädagogischen Schriften befindet sich auch eine, die man zu Recht ein »Buch der Revolte«[26] genannt hat – ein Buch, das eine alte pädagogische Illusion

gründlich zerstört: die Einbildung, ein Mensch könne *von einem anderen Menschen etwas lernen*. Der Titel des Buches lautet: *Der Lehrer. Augustinus* verfaßt es – gut platonisch – im Stil eines Dialoges, den er mit seinem geliebten Sohn *Adeodatus* führt. Und in diesem Zwiegespräch entwickelt und vertritt er seine Überzeugung, daß wie aller menschlichen Bedürftigkeit so auch der Lernbedürftigkeit letztlich *nur Gott allein* abhelfen kann.

Der alten pädagogischen Berufskrankheit – der Selbsttäuschung – tritt *Augustinus* mit der einigermaßen provozierenden Frage entgegen: »Wer freilich wäre schon so naiv und wollte sein Kind deshalb zur Schule schicken, damit es ausgerechnet das lernt, was der Lehrer sich denkt?« – Wo doch offen bleibt, ob dieser das, was er lehrt, überhaupt selbst begriffen hat und weiß[27]. – *Augustinus* bekennt immerhin für sich selbst ganz freimütig: »Da bekanntlich die Mehrzahl der Dinge derart ist, daß ich sie nicht mit dem Wissen erfassen kann, weiß ich, mit welch großem Nutzen sie trotzdem geglaubt werden.«[28]

Was nun das *Lehren* anlangt, so ist es seiner Ansicht nach Aufgabe der ›*Lehrer*‹, mit ihren Worten darzustellen, anzuregen, zu erwecken; und Aufgabe der *Schüler*, »bei sich selbst zu prüfen, ob das, was man ihnen gesagt hat, wahr ist, das heißt, sie müssen, soweit ihre Kräfte reichen, jene innere Wahrheit betrachten. So erst werden sie lernen«. Die innere Wahrheit freilich, die jeder befragt, »ist der, von dem es heißt, daß er im inneren Menschen wohnt…, ist Christus, das ist die unwandelbare Kraft Gottes und die ewige Weisheit«. Und deshalb ist es auch unzutreffend und sinnlos, »irgend jemand auf Erden unsern Lehrer zu nennen, da es nur einen einzigen Lehrer von allen gibt, der im Himmel ist«; »der ist es selbst, der lehren wird, er, der uns durch die Menschen die Unterweisung mit Hilfe der äußeren Zeichen zuteil werden läßt, damit wir, nach innen zu ihm zurückgekehrt, uns seine Lehren erwerben. Ihn zu lieben und zu erkennen begründet das glückliche Leben«[29].

Dreierlei will *Augustinus* damit wohl sagen. *Erstens:* alle Menschen haben das Bedürfnis nach einem heilen und glücklichen Leben, das darin besteht, Gott zu lieben und ihn und seine Schöpfung zu erkennen. *Zweitens:* dieses Bedürfnis zu stillen, vermag nur einer: *Gott allein*. Das wirklich Wichtige und Entscheidende bleibt immer *Gnade*. Aber – *drittens:* Gott bedient sich bei seinem Erziehungswerk *des Menschen*. Ohne menschlichen Anstoß »mit Hilfe der äußeren Zeichen« bliebe dem Edukanden der Weg »nach innen«, wo er die Wahrheit in gnadenhafter Illumination und in der kontemplativen Aktivität seiner Seele vernimmt, verschüttet – ohne die Erweckung *durch einen Menschen* gäbe es kein wirkliches *Lernen*[30].

Diese Anregung bedeutet zwar kein Lehren im strengen Sinn; aber sie ist gleichwohl unverzichtbar. Und wenn sie nicht in Mißstimmung und Niedergeschlagenheit, sondern »mit der größtmöglichen Freudigkeit« und aus der »Heiterkeit unserer Seele« erfolgt[31], dann allerdings gibt es gute Gründe zu hoffen, daß der Lernprozeß, das Ereignis der Wahrheitsfindung im Innern, beginnt und einen glücklichen Verlauf nehmen wird. – Solchermaßen artikuliert sich der Realismus eines christlichen Lehrers und Erziehers.

Anmerkungen

[1] *Aurelius Augustinus* zitiert bei *H.-I. Marrou:* Geschichte der Erziehung im klassischen Altertum. Herausgegeben von *R. Harder.* Alber, Freiburg/München 1957, S. 398 *De civitate Dei XXI, 14*

[2] Um 350 in Antiochia, der Hauptstadt Syriens, als Sohn eines Offiziers geboren, wendet sich *Johannes* dem Christentum zu, empfängt um 370 die Taufe, lebt mehrere Jahre in strenger Zurückgezogenheit und Askese und läßt sich 386 zum Priester weihen. Zwölf Jahre wirkt er in seiner Vaterstadt als Prediger und engagierter Seelsorger. Seine Beredsamkeit bringt ihm den Beinamen »Goldmund« ein – auf griechisch: *Chrysostomos.* 398 erhält er auf Wunsch des Kaisers *Arkadius* die Weihe zum Bischof und wird zum Patriarchen von Konstantinopel bestimmt. Auch in diesem Amt – das er nur widerstrebend übernimmt – bleibt er Seelsorger. Seine asketische Lebensweise und seine Hilfsbereitschaft, vor allem aber sein offenes Bekennerwort gegen die Mißstände im Klerus und bei Hofe machen ihn beim Volk rasch beliebt, verstärken aber die Abneigung seiner Gegner. Diese setzen 403 auf der Synode bei Chalcedon seine Verbannung durch. Aufgrund eines Unfalls bei Hof wird er bereits einen Tag später wieder zurückgerufen und vom Volk triumphal begrüßt. Er bleibt sich und seinem Auftrag treu und kritisiert in seinen Predigten weiterhin unerschrocken den Lebenswandel seiner Feinde. Nach einem mißglückten Mordanschlag auf ihn erwirken seine geistlichen Kontrahenten beim Kaiser die erneute, endgültige Verbannung. Man bringt ihn zunächst nach Armenien und drei Jahre später an das Ostufer des Schwarzen Meeres. Dort stirbt er 407.

[3] *J. Chrysostomos:* Über Hoffart und Kindererziehung. Besorgt und ins Deutsche übertragen von *J. Glagla.* Schöningh, Paderborn 1968, S. 11, S. 12 f., S. 14, S. 19, S. 20, S. 22, S. 31, S. 33, S. 37 und S. 51

[4] Ebenda, S. 12

[5] Ebenda, S. 12 f.

[6] Ebenda, S. 13

[7] Als *Jean Charlier* in Gerson, einem Dorf bei Reims 1363 geboren, beginnt er bereits als Vierzehnjähriger an der Universität in Paris sein Studium, wird im zweiten Studienjahr als *Johannes de Gersono* in die Universitätsmatrikel eingetragen und führt von nun an diesen Namen. 1392 erwirbt er den theologischen Doktorgrad und wird 1395 – als Zweiunddreißigjähriger – Professor und Kanzler der Sorbonne. Als solchem obliegt ihm die Sorge für alle Schüler, Studenten und Lehrer in Paris; und er nimmt diese Verpflichtung, vor allem ihre *erzieherische* Dimension, sehr ernst. Nach Jahren engagierter öffentlicher Tätigkeit in Paris und auf dem Konzil von Konstanz zieht er sich nach Lyon zurück, wo er in einem Kloster in mystischer Kontemplation und literarischer Aktivität seine letzten Lebensjahre verbringt. Sein *Traktat über die Führung der Kleinen zu Christus* ist fraglos die bedeutendste pädagogische Schrift des ausgehenden Mittelalters. In ihr artikuliert er – lange vor *Rousseau* – den Eigenwert der Kindheit und des Jugendalters, das Recht: jung und anders zu sein. Bei all seinem Glauben an das Gute im jungen Menschen und an seine schier grenzenlose Bildsamkeit weiß *Johannes Gerson* auch um die leichte Verführbarkeit der Jugend. Aber gerade darin erweist er sich als Realist, daß er die kindliche und jugendliche Korruptibilität nicht überbewertet, sondern vielmehr jene Erzieher scharf kritisiert, die »Kinder sofort jeder fehlerhaften Neigung entkleiden und sie plötzlich gleichsam zu einem geistigen Greisenalter führen wollen, wenn sie in unerleuchtetem Eifer ohne Plan und

Ordnung und ohne Rücksicht auf die Zeit mit ungestümem Eifer oder vielmehr mit Wut jede Leidenschaft verfolgen«, anstatt einige Fehler zu dulden – »nicht weil sie gefallen oder schön sind, sondern damit nicht schlimmere Leidenschaften herauskommen«. – 1429 stirbt *Johannes Gerson.*

[8] *J. Gerson* zitiert bei *E. Schoelen:* Erziehung und Unterricht im Mittelalter. Ausgewählte pädagogische Quellentexte. Schöningh, Paderborn 1965 (2. Aufl.), S. 114. Das Zitat in Anmerkung 7 findet sich bei *Th. Ballauff:* Pädagogik. Eine Geschichte der Bildung und Erziehung. Band I: Von der Antike bis zum Humanismus. Unter Mitarbeit von *G. Plamböck*. Alber, Freiburg/München 1969, S. 432

[9] *R. Kynast:* Problemgeschichte der Pädagogik. Junker und Dünnhaupt, Berlin 1932, S. 55 f.

[10] *A. Augustinus:* Opera omnia. Patrologia Latina. Tomus XXXV. S. Aurelii Augustini tomus tertius. Migne, Parisiis 1845, pag. 2033: *In epistolam Joannis ad Parthos VII, 4,8: Dilige, et quod vis fac.*

[11] *B. Altaner:* Patrologie. Leben, Schriften und Lehre der Kirchenväter. Herder, Freiburg 1958 (5. Aufl.), S. 406; vgl. auch S. 403 ff. und ebenso *M. Landmann:* De homine. Der Mensch im Spiegel seines Gedankens. Unter Mitarbeit von *G. Diem, N. Hinske, P.L. Lehmann, P.Chr. Ludz, M. Theunissen* und *E. Tielsch*. Alber, Freiburg/München 1962, S. 140

[12] Vgl. *A. Augustinus:* De Catechizandis Rudibus. Besorgt und eingeleitet von *H. Rohde.* Quelle & Meyer, Heidelberg 1965

[13] Vgl. *A. Augustinus:* Der Lehrer. De Magistro Liber unus. Besorgt und ins Deutsche übertragen von *C.J. Perl.* Schöningh, Paderborn 1964 (2. Aufl.)

[14] Vgl. auch *F. März:* Von der inneren Belehrung. Gedanken über Augustins De Magistro – Kapitel XIV. In: Pädagogische Welt. 20. Jg., S. 354–359. Auer, Donauwörth 1966.

[15] *A. Augustinus:* Ausgewählte Schriften. Band VIII: Ausgewählte praktische Schriften homiletischen und katechetischen Inhalts. Aus dem Lateinischen übersetzt und mit Einleitungen versehen von *S. Mitterer*. Bibliothek der Kirchenväter. Eine Auswahl patristischer Werke in deutscher Übersetzung. Herausgegeben von *O. Bardenhewer, K. Weyman* und *J. Zellinger.* Kösel & Pustet, München 1925, S. 9 und S. 10: *De doctrina christiana – Vorwort*

[16] *F.X. Eggersdorfer:* Jugenderziehung. Herausgegeben von *A. Fischer*. Kösel, München 1962, S. 104

[17] Vgl. dazu *B. Altaner:* Patrologie, a.a.O., S. 391

[18] *Rö 7,22 f.*

[19] *Rö 5,19*

[20] Nach *J. Mausbach:* Die Ethik des heiligen Augustinus. Zweiter (Schluß-)Band: Die sittliche Befähigung des Menschen und ihre Verwirklichung. Herder, Freiburg im Breisgau 1909, S. 154

[21] *J. Sellmair:* Erbsünde. In: Lexikon der Pädagogik. I. Band. Herder, Freiburg 1952, Sp. 964

[22] *J. Chrysostomos*: Über Hoffart und Kindererziehung, a.a.O., S. 38

[23] *J. Sellmair:* Erbsünde, a.a.O., Sp. 964; vgl. auch *J. Schuster:* Das Böse. In: Lexikon der Pädagogik. I. Band. Herder, Freiburg 1952, Sp. 545 f.

[24] *Wilhelm von Tournai* – französischer Erzieher, Angehöriger des Dominikanerordens und Doktor der Theologie – lebt in der zweiten Hälfte des dreizehnten Jahrhunderts. Auf Anregung seiner Ordensbrüder verfaßt er eine Schrift *Über die Unterweisung der Kinder*, die das zu seiner Zeit im Dominikanerorden gültige pädagogische Gedankengut geordnet wiedergibt und deren Studium auf dem Generalkapitel des Ordens im Jahre 1264 allen Mitbrüdern nahegelegt wurde.

[25] Nach *E. Schoelen:* Erziehung und Unterricht im Mittelalter, a.a.O., S. 107 f.; vgl. zum Ganzen auch *F.X. Eggersdorfer:* Jugenderziehung, a.a.O., S. 103 f.

[26] *C.J. Perl:* Einordnung des »Lehrers« in das Leben und Werk Augustins. In: *A. Augustinus:* Der Lehrer, a.a.O., S. 64

[27] *A. Augustinus:* Der Lehrer, a.a.O., S. 52; das Zitat weicht von der Übersetzung *Perls* ab.

[28] Ebenda, S. 46

[29] Ebenda, S. 52, S. 46 und S. 52 f.

[30] Vgl. *C.J. Perl:* Einordnung des »Lehrers« in das Leben und Werk Augustins, a.a.O., S. 76

[31] *A. Augustinus:* De Catechizandis Rudibus, a.a.O., S. 8 und S. 25; vgl. zum Ganzen auch: *F. März:* Aurelius Augustinus. In: Lexikon der Pädagogik. Neue Ausgabe. Erster Band. Herder, Freiburg/Basel/Wien 1970, S. 97; *ders.:* Studien zur personorientierten Pädagogik. Henn, Wuppertal/Ratingen/Kastellaun 1971, S. 40 ff.: Dritte Studie: Von der Bedingtheit des Lehrens. Eine Interpretation des vierzehnten Kapitels von Augustins DE MAGISTRO; *ders.:* Einer ist Lehrer. Texte und kritische Anmerkungen zum Selbstverständnis des Erziehers – nicht nur des christlichen. Klinkhardt, Bad Heilbrunn/Obb. 1991, S. 57 ff.

Erasmus von Rotterdam

Nähern sich viele christliche Erziehungstheoretiker – *Augustinus* beispielsweise – der pädagogisch-realistischen Position von einer zunächst pessimistischen Einstellung her, so zeigen sich die pädagogisch interessierten und engagierten Humanisten oft genug als Optimisten, was aber ebenfalls nicht bedeuten muß, daß sie sich Argumenten verschließen, die der realistischen Position entsprechen. Das Beispiel für diese realistische Tendenz eines grundsätzlich optimistisch gestimmten Erziehungstheoretikers gibt *Desiderius Erasmus von Rotterdam*.

Pico della Mirandola hat die Weltoffenheit des Menschen besungen; *Erasmus* hat sie praktiziert und – durchlitten. Geboren wurde er als Niederländer; gelebt hat er in vielen Ländern; zu Hause war er, der sich einen »Bürger der ganzen Welt« nannte, nirgendwo – es sei denn, man löst den Heimatbegriff von geographischen Vorstellungen und verbindet ihn mit der Welt des Geistes. Darin allerdings fühlte sich dieser Mann geborgen; und diese Heimat, davon war er fest überzeugt, nimmt jeden auf: »Keiner kann sich seine Eltern oder sein Vaterland aussuchen, um so mehr kann jeder selbst seinen Geist bilden und sein Benehmen formen.«[1]

Der Zeitpunkt seiner Geburt ist unbekannt. Zwischen 1465 und 1469 kommt *Desiderius Erasmus* vermutlich in Rotterdam zur Welt, als Sohn eines Priesters mit dem Schandmal der unehelichen Geburt behaftet und aufgrund der mangelnden gesellschaftlichen Legitimität für das Leben im Kloster bestimmt.

Seine Einführung in den Geist des christlich geprägten Humanismus verdankt er den Brüdern vom gemeinsamen Leben. Er wird Mönch und Priester. Die Berufung zum Sekretär des Bischofs von Cambrai befreit den Vierundzwanzigjährigen aus der Enge klösterlicher Lebensweise; aber es vergehen weitere vierundzwanzig Jahre, bis der Papst ihn von der Bindung an den Orden löst und zugleich den gesellschaftlichen Makel tilgt.

Erasmus studiert in Frankreich, erweitert seinen geistigen Horizont in England, wo er *Thomas Morus* zum Freund gewinnt, erwirbt in Italien den theologischen Doktorgrad, macht sich durch sein literarisches Schaffen unter den Gebildeten Europas einen glänzenden Namen und wird zum meistgelesenen Autor seiner Zeit und zum bedeutendsten Humanisten nördlich der Alpen, dessen Rat und Urteil von den Vertretern der gegensätzlichsten Strömungen erbeten und bedacht wird.

Er nimmt zu dringlichen Tagesfragen engagiert Stellung; aber er schätzt seine Unabhängigkeit so sehr, daß er die verlockenden Angebote ehrenvoller und sicherer Positionen – selbst der Kardinalswürde – ablehnt und der hochdotierten Abhängigkeit von einem Dienstherrn oder einer Partei ein unbehaustes und entbehrungsreiches Los vorzieht. 1536 endet sein Leben in Basel.

Erasmus war bereits in seinen Tagen umstritten, und er ist es bis heute geblieben. Zu seinen größten Leistungen gehört die Erneuerung der Theologie durch ihre Rückführung zum *Neuen Testament*; aber die zeitgenössischen Theologen ließen sich nur ungern von ihren scholastischen Haarspaltereien abbringen. Der Princeps des Humanismus war zugleich dessen gewichtigster Kritiker: ihm, dem Meister der lateinischen Sprache, ging es nicht um Eloquenz

und Eleganz, sondern um *Bildung*, deren soziale Dimension zu betonen er nicht müde wurde. Die Nationalisten irritierte der überzeugte Europäer und die Konfessionalisten und religiösen Eiferer ein Mann, der nur *ein* ›Prinzip‹ vertrat: kein Prinzip zu kanonisieren – der sehr früh begriffen hat, daß die Absolutsetzung jeglicher Idee, daß Prinzipienreiterei und Fanatismus, Fundamentalismus, unerbittliche ›Konsequenz‹ und Kompromißlosigkeit die größten Gefahren für die Würde und Freiheit der Menschen und deren friedliches Zusammenleben bedeuten. Er wagte es, öffentlich zu bedauern, daß die Kirche so viele Märtyrer, aber so wenige Männer des Geistes vorzuweisen habe; kein Wunder, daß man ihn bald nach seinem Tod zum Häretiker erklärte und sein Werk verbrannte.
Man hat *Erasmus* Selbstsucht, Zweideutigkeit, Furchtsamkeit und Lieblosigkeit vorgeworfen; fehlende Einsatzbereitschaft und Entscheidungsfähigkeit, mangelnden Mut zum ›bedingungslosen‹ Ja oder Nein. Man hat ihn damit verkannt, indem man seine Intentionen – unbedacht oder gar böswillig – negativ deutete. Wofür er sich unerbittlich engagierte und was er konsequent vorlebte waren: Toleranz und Liberalität, Vernünftigkeit und Distanz, Verständigungsbereitschaft und Gewaltlosigkeit, eine Pädagogik der Verinnerlichung statt einer des Holzhammers und der Prügel. – Wer diesem Mann Lieblosigkeit vorwirft, hat ihn entweder nicht gelesen oder nicht begriffen: »Gern aber lernen wir von denen, die wir lieben«[2], schreibt er einmal.

Es gibt genug Stellen in seiner Schrift von 1529 *Über die Notwendigkeit einer frühzeitigen allgemeinen Charakter- und Geistesbildung der Kinder*, die *Erasmus* eindeutig als pädagogischen Optimisten ausweisen.
Zur Position des pädagogischen Optimismus gehören der Glaube an die grenzenlosen *Selbstbildungskräfte* im Menschen, wie man ihn bei *Pico della Mirandola* findet, ebenso wie jener an die unbegrenzte *Bildsamkeit* des Menschen – im Sinne von *Formbarkeit*. Letzteren artikuliert *Erasmus*. In der genannten Schrift betont er: »Wenn dir die Natur einen Sohn gibt, so übergibt sie dir nichts weiter als eine rohe Masse. Deine Aufgabe ist es, die nachgiebige und zu allem bildsame Materie in die beste Verfassung zu bringen. Unterlässest du es, so hast du eine Bestie; bist du sorgsam, dann hast du sozusagen ein göttliches Wesen. Sobald das Kind geboren wird, ist es empfänglich für das, was den Menschen kennzeichnet. Daher wende ihm nach dem Ausspruch Vergils schon in den frühesten Jahren eine besondere Sorgfalt zu. Bilde bald das Wachs, solange es noch ganz weich ist; forme den Ton, wenn er noch feucht ist; fülle mit dem besten Naß den Krug, solange er neu ist; färbe die Wolle, wenn sie schneeweiß vom Walker kommt, noch von keinem Flecken verunstaltet ist. Darauf hat in recht witziger Weise Antisthenes hingedeutet, der, als er jemandes Sohn in Unterricht nahm, auf die Frage seiner Eltern, was er mitbringen müsse, antwortete: ›Ein neues Buch, einen neuen Griffel, eine neue Tafel.‹ Ohne Zweifel verlangte der Philosoph einen noch ungeformten und unbefangenen Geist.«[3]
Und gegen Ende seiner Abhandlung hebt *Erasmus* nochmals ausdrücklich hervor: »welch herrliche Sache die Bildung ist; eine wie große Empfänglichkeit der kindli-

che Geist für jegliche Unterweisung mitbringt; was am wichtigsten ist und der natürlichen Neigung entspricht, zumal wenn es von tüchtigen und freundlichen Lehrern spielend beigebracht wird; ferner, wie fest das haften bleibt, was man dem noch freien und unbefangenen Geiste frühzeitig einprägt«[4].

Erasmus' Warnung: den »wunderlichen Klagen der Leute, wie sehr die Natur der Knaben zum Bösen neige« und »wie schwer sie dahin zu bringen seien, das Edle zu lieben« allzu leichtgläubig zuzustimmen, entspricht ganz dieser optimistischen Einstellung; ebenso die Fortführung dieses Gedankens: »Unverdienterweise klagt man die Natur an. Dieses Übel wird zum größten Teile durch unsere Schuld herbeigeführt, indem wir ihren Geist durch Fehler verderben, ehe wir denselben zur Tugend anleiten. Kein Wunder, wenn wir sie wenig gelehrig für das Edle finden, nachdem sie bereits in Schlechtigkeiten unterrichtet worden sind. Wer aber wüßte nicht, daß hier das Abgewöhnen die nächste, jedoch auch eine ungleich schwierigere Aufgabe ist als das Angewöhnen?«[5]

Aber bei aller Gewißheit darüber, daß Fehlentwicklungen »zum größten Teil von schlechter Gesellschaft und verkehrter Erziehung, zumal in den zarten und für alles empfänglichen Jugendjahren« herrühren, versäumt es *Erasmus* dennoch nicht, eine der Ursachen dafür, daß die Jugend erfahrungsgemäß »mit gleicher oder vielleicht noch größerer Leichtigkeit das Schlechte in sich aufnimmt als das gute«, darin zu sehen, »daß nämlich diese Neigung zum Bösen uns von dem Stammvater des Menschengeschlechtes Adam her angeerbt sei«. Auch den heidnischen Denkern sei es nicht verborgen geblieben, daß das Gute viel rascher in Vergessenheit geriete als man das Schlechte verlernte; doch: »sie konnten eben die Ursache nicht finden, die uns die christliche Weisheit aufgedeckt hat«[6].

Jedes seiner Werke, nicht nur die genuin pädagogischen, berücksichtigt die erzieherische Dimension. *Erasmus' humanistischen* Geist und seine *realistische* Haltung offenbart aber vielleicht keines so deutlich wie sein Opusculum *Über die Umgangserziehung der Kinder*. Hier schreibt er über die kleinen und gewöhnlichen Dinge und Probleme des Lebens und Zusammenlebens: über Schneuzen und Niesen, Gähnen und Spucken, Zähneputzen und Waschen; und hier findet sich auch folgender Hinweis: »Manche Leute zwingen Kinder, ihre Blähungen mit zusammengepreßten Schenkeln zurückzuhalten. Es ist aber nicht angebracht, aus falscher Höflichkeit eine Krankheit zu riskieren. Kann man sich nicht entfernen, soll man es unauffällig erledigen. Geht das nicht, soll man es eben gemäß dem uralten Sprichwort tun und sich stellen, als müsse man husten...«[7]

Der echte und redliche *Humanist* zeigt sich wohl weniger dort, wo er den Menschen als *»zweiten Gott«* rühmt, als vielmehr darin, welche Lösungen er für die alltäglichen und drängenden Probleme anbietet, die den Menschen unmittelbar betreffen und durch deren Beherrschung sich der kultivierte Mensch von jenem der Steinzeit abhebt – für Lebensfragen also, auf die jeder junge Mensch jeweils immer wieder von neuem vorbereitet werden muß, um *menschlich* leben zu können[8].

Neben *Erasmus von Rotterdam* verdienen in diesem Zusammenhang noch drei andere Humanisten Erwähnung.

Der wohl bedeutendste Pädagoge unter den italienischen Humanisten, *Mapheus Vegius*[9], beweist in seiner Schrift *Über die Erziehung der Kinder* eine ausgesprochen realistische Einstellung, wenn er im *ersten Buch* dieses Werkes davon ausgeht, daß der Mensch zwar weder grundsätzlich gut noch von Grund auf böse, wohl aber »von Natur zum Bösen geneigt« sei; daß er ebenso erziehungsbedürftig wie erziehbar sei; und daß es Aufgabe der Eltern sei, durch ihr gutes Vorbild dem Guten in ihren Kindern zum Durchbruch zu verhelfen[10].

Vegius' Werk gründet klar auf der christlichen Ethik – allerdings auf der christlichen Ethik »in humanem Gewande«; und es läßt bereits etwas von dem Geist »der allgemeinen Menschlichkeit« ahnen, wie er uns dann aus den pädagogisch bedeutsamen Werken *Lockes* und *Rousseaus* entgegenweht[11].

Nicht anders verhält es sich mit den pädagogischen Überlegungen des italienischen Humanisten *Baldassare Castiglione*[12], wie er sie in seinem *Libro del Cortegiano*, seinem *Buch vom Hofmann* darlegt. Auch er sieht im Menschen und in der Welt Gutes und Böses gleichermaßen gegeben. Als vernünftiges Wesen vermag der Mensch zwischen beidem zu wählen; und *Castiglione* hält die Möglichkeit sehr wohl für gegeben, daß der Mensch auf dem Wege der *Erziehung* zu einem verantwortbaren Lebenswandel geführt werden kann. Wie die meisten Humanisten neigt auch er eher dem pädagogischen Optimismus zu; er verabscheut jegliche deterministische Einstellung und gründet seine Erziehungslehre ganz bewußt auf seine Überzeugung von der Lernfähigkeit und Erziehbarkeit des Menschen[13].

Eine pädagogisch realistische Haltung nimmt auch der bedeutende deutsche Humanist und engste Mitarbeiter *Martin Luthers, Philipp Melanchthon*[14] ein, der, als Reformator nicht weniger einflußreich denn als Humanist, in anthropologisch-pädagogischen Grundsatzfragen ebenso einen Ausgleich der Gegensätze anstrebte wie in theologischen und der daher mit seinen Bemühungen um den Aufbau eines evangelischen Schulwesens die den meisten Reformatoren eigenen Zweifel an den Möglichkeiten menschlicher Erziehung angesichts der Allursächlichkeit Gottes und der Wirksamkeit der göttlichen Pädagogie zu überwinden oder mindestens zu mildern bestrebt war. Humanistischer Optimismus und reformatorischer Pessimismus versöhnen sich gewissermaßen in diesem Mann, der in seiner Anthropologie zwischen dem natürlichen Menschen und dem Menschen in der Gnade Gottes zu vermitteln suchte und die menschliche Willensfreiheit ausdrücklich bejahte[15]; wenngleich doch auch festzuhalten bleibt, daß er in der Frage des unmittelbaren, persönlichen Verhältnisses des Menschen zu Gott die reformatorische Lehre unverfälscht vertrat: »die radikale Verhaftung des Menschen an Sünde und Schuld und damit seine völlige Ohnmacht gegenüber der Forderung des Guten; die Alleinwirksamkeit der göttlichen Gnade … und das ›sola fide‹ auf seiten des Menschen«[16].

Anmerkungen

[1] *Erasmus von Rotterdam:* Ausgewählte pädagogische Schriften. Besorgt von *A.J. Gail*. Schöningh, Paderborn 1963, S. 106

[2] Ebenda, S. 136

[3] Ebenda, S. 116 f.

[4] Ebenda, S. 159; vgl. auch *F.X. Eggersdorfer:* Jugenderziehung. Herausgegeben von *A. Fischer*. Kösel, München 1962, S. 104 f.

[5] *Erasmus von Rotterdam:* Ausgewählte pädagogische Schriften, a.a.O., S. 124

[6] Ebenda, S. 133

[7] Ebenda, S. 94

[8] Vgl. zum Ganzen auch: *A.J. Gail:* Leben und Werk des Erasmus von Rotterdam. In: *Erasmus von Rotterdam:* Ausgewählte pädagogische Schriften, a.a.O., S. 168 ff.; *H. Rumpf:* Erasmus von Rotterdam. In: Klassiker der Pädagogik. Herausgegeben von *H. Scheuerl.* Erster Band: Von Erasmus von Rotterdam bis Herbert Spencer. Beck, München 1979, S. 15 ff.

[9] Der italienische Humanist *Mapheus Vegius* lebt von 1406 bis 1458, gehört dem Augustinerorden an und wirkt als Päpstlicher Sekretär in Rom. In seiner Schrift *Über die Erziehung der Kinder* empfiehlt er eine an der Individualität des Kindes orientierte naturgemäße Erziehung.

[10] *M. Vegius:* Erziehungslehre. Einleitung, Übersetzung und Erläuterungen von *K.A. Kopp*. Band II der Bibliothek der katholischen Pädagogik. Herausgegeben von *F.X. Kunz*. Herder, Freiburg im Breisgau 1889, S. 31

[11] *R. Kynast:* Problemgeschichte der Pädagogik. Junker und Dünnhaupt, Berlin 1932, S. 52

[12] Der italienische Graf, Schriftsteller, Diplomat und Humanist *Baldassare Castiglione* lebt von 1478 bis 1529. 1528 veröffentlicht er sein Werk *Libro del Cortegiano* und entwirft hierin in Form geistreicher Dialoge das Bildungsideal des Hofmanns. Auf die Erziehung des europäischen Adels gewinnt er damit großen Einfluß.

[13] *B. Castiglione:* Das Buch vom Hofmann. Übersetzt, eingeleitet und erläutert von *F. Baumgart*. Schünemann, Bremen 1960, S. 345 f.: *Buch IV, Kapitel 13* und *Kapitel 14*; vgl. auch *E. Loos:* Baldassare Castigliones »Libro del Cortegiano«. Studien zur Tugendauffassung des Cinquecento. Analecta Romanica. Beihefte zu den Romanischen Forschungen. Herausgegeben von *F. Schalk*. Heft 2. Klostermann, Frankfurt am Main 1955, S. 82

[14] *Philipp Melanchthon*, deutscher Humanist, Reformator und bedeutendster Mitarbeiter *Martin Luthers*, lebt von 1497 bis 1560. Seit 1518 Professor in Wittenberg und seit 1521 Mitstreiter *Luthers* im Kampf um die Reform der Kirche bemüht er sich – einer der herausragenden humanistischen Gelehrten und bereits zu Lebzeiten mit dem Titel *Praeceptor Germaniae* geehrt – um einen Ausgleich zwischen dem Geist des Humanismus und jenem der Reformation, vor allem aber um die Organisation des evangelischen Latein- und Hochschulwesens.

[15] Vgl. *H. Bornkamm:* Das Jahrhundert der Reformation. Gestalten und Kräfte. Vandenhoeck & Ruprecht, Göttingen 1966 (2. Aufl.), S. 86

[16] *W. Maurer:* Philipp Melanchthon. In: Die Religion in Geschichte und Gegenwart. Handwörterbuch für Theologie und Religionswissenschaft. Herausgegeben von *K. Galling*. Vierter Band. Mohr, Tübingen 1960 (3. Aufl.), Sp. 839

Michel de Montaigne

Aus dem Kreis der französischen Humanisten, die sich neben der Frage nach dem Menschen auch eingehender mit jener nach den Möglichkeiten und Grenzen seiner Erziehung befaßt haben, ragt besonders der Späthumanist *Michel de Montaigne* heraus.

Man hat ihn einen Lebemann und Skeptiker genannt und ihm Oberflächlichkeit, Leichtsinn und Frivolität unterstellt[1]. Aber wer solchermaßen über *Montaigne* urteilt, beweist damit nur, daß er ihn allenfalls angelesen, jedoch keineswegs verstanden hat. Was diesen Mann von den Denkern der Renaissance unterscheidet – beispielsweise von *Giovanni Pico della Mirandola* und dessen Lobpreis auf die Größe des Menschen – ist sehr wohl Skepsis; aber keine frivole, zerstörerische; sondern eine befreiende und konstruktive Skepsis[2]. Wenn *Montaigne* vom Menschen redet, dann bleibt seine Sprache von jeglichem anthropozentrischen Pathos frei; und dort, wo *er* von der Würde des Menschen spricht, geschieht dies zumeist in Verbindung mit einer realistischen – zuweilen auch ironischen, ja sarkastischen – Beschreibung und Bewertung des Menschen – immer mit dem unverhüllten Blick auf seine Nöte, Schwächen und Grenzen, seine Hinfälligkeit und sein Elend.

1533 auf Schloß Montaigne bei Bordeaux geboren, wird *Michel* einem deutschen, des Französischen unkundigen Humanisten zur Erziehung übergeben, der ihm als erste Sprache Latein beizubringen hat. Erst als Sechsjähriger erlernt *Montaigne* seine ›Muttersprache‹.

Er studiert Rechtswissenschaften, wirkt einige Jahre als Parlamentsrat und nach ausgedehnten Reisen durch die Schweiz, durch Deutschland und Italien, von 1581 bis 1585 als Bürgermeister von Bordeaux. Den Rest seines Lebens verbringt er als Schriftsteller auf seinem Schloß, wo er 1592 stirbt. Von seinen sechs Töchtern überlebt ihn nur die zweite.

Mit zahlreichen seiner Gedanken über Erziehung zählt *Montaigne* zu den Begründern der *neuzeitlichen Pädagogik*, obgleich ihm nach eigenem Zeugnis Kinder dann am liebsten waren, wenn sie ihn mit ihrer Gegenwart verschonten[3].

Er polemisiert gegen die »Schulen der Geschwätzigkeit« und fordert: »Diese große Welt« sei »das Buch meines Schülers«[4]. Er klagt: »Wir arbeiten nur, um das Gedächtnis zu füllen und lassen Verstand und Gewissen leer.«[5] Es geht ihm um die Stärkung der »eigenen Urteilskraft«; und dort, wo ein eigenes Urteil nicht möglich ist, gibt er dem »Zweifel« den Vorzug: »Nur die Verrückten sind ihrer Sache stets gewiß und können in jedem Fall entscheiden.«[6] Von Gewöhnung hält er nicht viel: sie »schläfert die Sehkraft unseres Verstandes ein«[7]. Er wünscht sich den *flexiblen, offenen* Menschen – offen für die *Wahrheit*; denn: »Das erste Anzeichen der Sittenverderbnis ist die Verbannung der Wahrheit.«[8] Er kritisiert heftig den brutalen Erziehungsstil seiner Zeit und verlangt »strenge Sanftmut«[9]; und eines vor allem sollten Erzieher und Schulmeister nie vergessen: »Es gibt nichts Besseres, als Lust und Liebe zum Lernen zu wecken, andernfalls züchtet man nur mit Büchern beladene Esel.«[10]

Diese Ansichten und Grundsätze *Montaignes* entspringen ganz bestimmten Vorstellungen vom Menschen; und mit ihnen rückt der Franzose in die vorderste Reihe der Begründer einer *realistischen Anthropologie*.
In seinen *Essays* und hier speziell in der *Apologie des Raimund Sebundus* sieht der Franzose den Menschen als das »unglückseligste und gebrechlichste aller Geschöpfe ... und allzumal« als »das hoffärtigste... Die Anmaßung ist unsere natürliche Erbkrankheit«. Der Mensch brauche nur die Augen zu öffnen, dann sehe er sich »hienieden im Kot und Auswurf der Erde hausen, in den übelsten, abgestorbensten und vermodertsten Winkel des Alls ausgesetzt und angeschmiedet«; und dennoch fühle er sich in seinem unüberbietbaren Hochmut gottgleich, auserlesen und herausgehoben aus dem »großen Haufen der übrigen Geschöpfe« und berechtigt, den Tieren – »seinen Brüdern und Genossen« – seinen Willen aufzuzwingen, über ihre innersten Empfindungen zu urteilen und ihnen die Vernunft abzusprechen: »Wenn ich mit meiner Katze spiele, wer weiß, ob sie sich nicht mehr noch die Zeit mit mir vertreibt, als ich mir mit ihr?«[11]
Montaigne will es sich nicht leicht machen und den Menschen nur »in seiner gemeinen Erscheinung und in Bausch und Bogen betrachten« und beurteilen, sondern er sieht bewußt auf den kleinen Kreis »ausgezeichneter und auserlesener Männer« mit ihrer außergewöhnlichen Begabung und ihren hervorragenden Geisteskräften, ihrer mit Lerneifer und großem Fleiß erworbenen Bildung, ihrer »nach allen Seiten und Winkeln« bearbeiteten Seele und ihrer höchsten menschlichen Erhabenheit. Ihre Leistung bestehe in den Verfassungen und in den Gesetzen, mit denen sie den Lauf der Welt geordnet hätten, ferner in den Werken der Wissenschaft und Kunst und schließlich in ihrem Lebenswandel, mit dem sie ihren Mitmenschen zu einem bewunderungswürdigen Vorbild geworden seien. »Sehen wir zu, bis wohin sie gelangt sind und woran sie sich gehalten haben. Die Gebrechen und Mängel, die wir in dieser Genossenschaft finden, die kann die Menschheit kühnlich als die ihren bekennen.«[12]
Und jenen, die wie die Stoiker – besonders *Seneca* – den Menschen zwar als ein »elendes und verächtliches Ding« bewerten und dies gewiß zu Recht, gleichwohl aber diese Bewertung nur für *den* Fall gelten lassen wollen, daß der Mensch »sich nicht über die Menschheit erhebt«, entgegnet *Montaigne:* »Das ist mir ein schönes Wort und ein nützlicher Wunsch, aber nicht minder widersinnig. Denn die Handbreite breiter machen als die Hand, die Armeslänge länger als den Arm, und den Schritt weiter ausholen wollen, als die Beine reichen, das ist unmöglich und wider die Natur. Und ebenso, daß der Mensch über sich selbst und über die Menschheit hinaufsteige: denn er kann nur mit seinen Augen sehen und mit seinem Griffe ergreifen.«
Für *Montaigne* selbst gibt es nur eine Antwort aus dem *Glauben:* Der Mensch »wird sich erheben, wenn Gott ihm dazu außerordentlicherweise die Hand reicht; er wird sich erheben, wenn er seine eigenen Kräfte verwirft und abdankt und sich allein von den himmlischen Gnadenmitteln erheben und tragen läßt. Nur unserem christlichen Glauben, nicht seiner stoischen Tugend kommt es zu, auf diese göttliche und wunderbare Verwandlung zu hoffen«[13].

In diesen Reflexionen *Montaignes* werden genau jene Vorzüge in Frage gestellt, die den Menschen angeblich vom Tier unterscheiden; und ohne es direkt auszusprechen, steht der Humanist auch den *kompensatorischen Möglichkeiten der Erziehung und der Selbstbildung* skeptisch gegenüber – dort, wo er von jenen herausragenden und begabten Männern spricht und ihrer »großen und besonderen natürlichen Geisteskraft«, die »sie noch durch Fleiß, durch Lernbegier und Bildung gestrafft und geschärft und auf den höchsten Stand der Erkenntnis gebracht haben, zu dem sie zu gelangen vermag«[14]. Viel sei aber letztlich dabei doch nicht herausgekommen! Bei aller Notwendigkeit der Erziehung und Selbstbildung des Menschen: seine wirklichen Mängel lassen sich auch damit nicht kompensieren.
Was *Montaigne* im sechzehnten Jahrhundert ausspricht, wird im zwanzigsten ebenfalls ein Franzose – *Georges Bernanos* in seinem *Tagebuch eines Landpfarrers* – wiederholen: *»Alles ist Gnade.«*[15]
So sehr sich *Montaigne* mit dieser Wendung dem reformatorischen Erziehungspessimismus nähert, so wenig wäre seine Abstempelung als pädagogischer Pessimist gerechtfertigt. Wäre er ein solcher gewesen, so hätte er sich nicht in dem Maße mit Erziehungsfragen befaßt, wie er es tatsächlich getan hat[16]. Aber sein Umgang mit dieser Materie und seine gesamten anthropologischen Reflexionen sind geprägt von dem Bemühen, sich ja nichts vorzumachen und dabei die Wirklichkeit aus den Augen zu verlieren. *Montaigne* ist sich längst dessen bewußt, wie unüberbrückbar oft genug die Kluft zwischen dem Wünschbaren und »Gesollten« auf der einen und dem Gegebenen und tatsächlich Machbaren auf der anderen Seite ist. Dieses Wissen läßt ihn betonen: »Andere bilden den Menschen; ich schildere ihn… Die angeborenen Neigungen werden durch die Erziehung weitergebildet und gefestigt; aber schwerlich werden sie geändert und überwunden. Tausend Naturen haben sich zu meiner Zeit durch eine ganz entgegengesetzte Erziehung hindurch zur Tugend oder zum Laster durchgeschlagen… Man tilgt diese ursprünglichen Anlagen nicht aus, man bedeckt und verbirgt sie.«[17] Und dieses Wissen um den *wirklichen* Menschen läßt ihn auf *»die Mangelhaftigkeit unserer Erziehungsmethoden«* aufmerksam machen[18].
Sucht man nach den Grundlagen dieses – noch christlichen – anthropologischen und pädagogischen Realismus, dann wird man eines seiner Fundamente nicht zuletzt auch in *Montaignes offener* Anthropologie finden, in der kein Merkmal und kein Wesenszug des Menschen ohne Bedeutung bleibt: »Es ist nichts, was unserer Pflege unwürdig wäre, in diesem Geschenk, das uns Gott gemacht hat; wir schulden Rechenschaft dafür bis aufs kleinste Haar. Und es ist kein unverbindlicher Auftrag, der dem Menschen gegeben ist, den Menschen nach seiner Bestimmung zu führen: es ist ein eindringlicher, eingeborener und höchst vordringlicher Auftrag, und Gott hat ihn uns mit Ernst und Strenge gegeben.«[19]

Das Prinzip einer umfassenden und vorurteilsfreien Erforschung und Betrachtung des Menschen, das ein besonderes Kennzeichen der modernen Philosophischen

Anthropologie darstellt, wird nach *Montaigne* auch von einem englischen Denker des frühen achtzehnten Jahrhunderts, von *Bernard de Mandeville*[20] in seiner Bedeutung für eine realistische Lehre vom Menschen unterstrichen. Erst bei Berücksichtigung dieses Prinzips zeigt sich die unerschöpfliche Vielfalt menschlicher Wesenszüge und Lebensformen; und erst aus der Kenntnis möglichst vieler Anthropina läßt sich Einsicht darüber gewinnen, *wie* die Menschen leben *sollen*.

So erblickt *Mandeville* einen »der Hauptgründe, warum so wenige Menschen über sich selbst im klaren sind«, darin, »daß die meisten Schriftsteller ihnen immer nur auseinandersetzen, wie sie sein *sollen*, und kaum jemals sich darum kümmern, ihnen zu sagen, wie sie in Wirklichkeit *sind*«[21].

Diese für die Gewinnung einer anthropologisch-realistischen Haltung fundamentale Erkenntnis ist im Bereich der Pädagogik erst spät beherzigt worden; und *Mandevilles* Kritik an den »meisten Schriftstellern« müssen sich nicht wenige Verfasser pädagogischer Werke – durch alle Jahrhunderte, über die die Geschichte der Pädagogik berichtet, bis herein ins zwanzigste Jahrhundert – gefallen lassen.

Anmerkungen

1 Vgl. *J. v. d. Driesch* und *J. Esterhues:* Geschichte der Erziehung und Bildung. Band I: Von den Griechen bis zum Ausgang des Zeitalters der Aufklärung. Schöningh, Paderborn 1960 (5. Aufl.), S. 262

2 Vgl. *Th. Ballauff* und *K. Schaller:* Pädagogik. Eine Geschichte der Bildung und Erziehung. Band II: Vom 16. bis zum 19. Jahrhundert. Alber, Freiburg/München 1970, S. 118

3 *M. d. Montaigne:* Essays über Erziehung. Drei vollständige Essays, nebst ausgesuchten Beigaben zur Einführung und Abrundung. Übersetzt und herausgegeben von *U. Bühler.* Klinkhardt, Bad Heilbrunn/Obb. 1964, S. 48: »Die Vernunft soll allein unsere Neigungen lenken. Ich meinerseits habe außerordentlich wenig Geschmack an diesen Neigungen, die in uns ohne Ordnung und Vermittlung des Verstandes entstanden sind. So kann ich nach allem, was gesagt ist, die Leidenschaft, mit der man die kaum geborenen Kinder umgibt, nicht verstehen, zeigen sie doch weder seelische Regungen noch eine bemerkenswerte Körperform, durch die sie sich liebenswert machen könnten. Und ich habe es nicht gerne gelitten, daß sie in meiner Nähe aufgezogen wurden.«

4 Ebenda, S. 64 und S. 21

5 Ebenda, S. 40

6 Ebenda, S. 15 f.

7 Ebenda, S. 67

8 Ebenda, S. 68

9 Ebenda, S. 27

10 Ebenda, S. 37

11 *M. d. Montaigne:* Essais. Auswahl und Übersetzung von *H. Lüthy.* Manesse, Zürich 1953, S. 432 f.

12 Ebenda, S. 445 f.

13 Ebenda, S. 484

[14] Ebenda, S. 446

[15] *G. Bernanos:* Tagebuch eines Landpfarrers. Ein Roman. Hegner, Köln/Olten 1966 (11. Aufl.), S. 305

[16] Vgl. *M. d. Montaigne:* Essays über Erziehung – siehe Anmerkung 3

[17] *M. d. Montaigne:* Essais, a.a.O., S. 622 und S. 631 f.; vgl. auch *M. d. Montaigne:* Essays über Erziehung, a.a.O., S. 71

[18] *U. Bühler* in: *M. d. Montaigne:* Essays über Erziehung, a.a.O., S. 63 f.

[19] *M. d. Montaigne:* Essais, a.a.O., S. 882

[20] *Bernard de Mandeville:* englischer Arzt, Philosoph und Schriftsteller niederländisch-französischer Abstammung, lebt von 1670 bis 1733. 1714 erscheint sein Hauptwerk: *Die Bienenfabel oder Private Laster, öffentliche Vorteile*, in dem er in sozialkritischer Absicht und in satirischer Weise den Egoismus als Ursache und Motor allen zivilisatorischen Fortschritts deklariert und – im Widerspruch zu allen idealistischen Tugendlehren – die Bedeutung des Lasters und rücksichtslosen Einzelinteresses für das Gesamtwohl unterstreicht. Seine Absicht ist es: den Menschen darzustellen, wie er *ist*, nicht wie er *sein soll*.

[21] *B. Mandeville:* Die Bienenfabel oder Private Laster, öffentliche Vorteile. Einleitung von *W. Euchner*. Suhrkamp, Frankfurt am Main 1968, S. 93; vgl. auch *M. Landmann:* De homine. Der Mensch im Spiegel seines Gedankens. Unter Mitarbeit von *G. Diem, N. Hinske, P.L. Lehmann, P.Chr. Ludz, M. Theunissen* und *E. Tielsch*. Alber, Freiburg/München 1962, S. 192 ff.

Es kommt nicht von ungefähr, daß man in *Pascals* Lehre vom Menschen »reformatorische Züge« zu erkennen glaubte[1]. So sehr er als Denker seine Eigenständigkeit zwischen den verschiedenen Richtungen und Parteien zu wahren wußte, so stand er doch in der Auseinandersetzung zwischen dem *Jansenismus* – jener innerkatholischen Bewegung im siebzehnten und achtzehnten Jahrhundert, in der *Augustins* Lehre von der Wirksamkeit der göttlichen Gnade im Gegensatz zur offiziellen Lehre der Kirche eine Überspitzung erfuhr – so stand *Pascal* in der Auseinandersetzung zwischen dem Jansenismus und den Jesuiten, in der der alte, bereits von *Augustinus* gegen *Pelagius* geführte Kampf erneut aufflammte, auf der Seite der Jansenisten, denen die Jesuiten *»versteckten Kalvinismus«* unterstellten[2].
Pascal selbst fühlte sich nicht nur in seiner Philosophie des Herzens *Augustinus* verbunden, sondern nicht weniger in seinem um die Problematik von Erbsünde, Prädestination und göttlichem Gnadenwirken kreisenden Denken, in dem er den Menschen *»in die gewaltige Spannung zwischen Adam und Jesus Christus gestellt«* wußte[3].

Bereits als Sechzehnjähriger macht sich *Blaise Pascal* mit einer Studie über die Kegelschnitte einen Namen. Er konstruiert eine Rechenmaschine, entdeckt das Gesetz der kommunizierenden Röhren sowie den Luftdruck und zählt zu den Erfindern der Wahrscheinlichkeitsrechnung.
Die entscheidende Wendung im Leben des 1623 in Clermont-Ferrand Geborenen erfolgt 1654 – ausgelöst durch ein visionäres Erlebnis. Der berühmte Mathematiker und Physiker richtet von nun an sein ganzes Interesse auf die Religion. Für längere Zeit zieht sich *Pascal* ins Kloster Port-Royal aux Champs zurück und beginnt, abgeschieden von der Welt und ihrem nichtigen Getriebe, mit der Arbeit an einer Apologie des Christentums. Sein früher Tod im Jahre 1662 in Paris hindert ihn an der Vollendung dieses Werkes. Was bleibt, sind Fragmente, die 1670 unter dem Titel *Pensées sur la religion* publiziert werden.

Als renommierter Naturwissenschaftler hat *Pascal* allen Grund, den Stolz seiner Zeit auf die Größe des Menschen zu teilen; und dennoch ist es ihm nicht mehr möglich, diesen naturwissenschaftlichen und humanistischen Optimismus nachzuvollziehen. Je weiter der Mensch forschend in die Welt eindringt und sich die Gesetze und den Zusammenhang des Kosmos erschließt, um so mehr gewahrt er die eigene Verlorenheit und erschrickt über sich selbst: über seine Ungewißheit und Verlassenheit.
Diese Erfahrung zwingt *Pascal*, sich auf ganz andere Fragestellungen zu konzentrieren als er sie bislang zu lösen versucht hat; und die Radikalität, mit der er jene Fragen stellt, die die meisten Menschen – wofern sie überhaupt fragen – verdrängen, mit der er die jenen Verdrängungsprozeß begünstigende Betriebsamkeit entlarvt, mit der er die Existentiale: Lebensöde und Langeweile, Angst und Verzweiflung herausarbeitet, weist ihn lange vor *Kierkegaard* und lange vor *Heidegger* und *Sartre*

als Existenzphilosophen aus – als Denker freilich, der sich im Bedenken des *menschlichen Daseins* mehr auf das *Herz* denn auf Verstand und wissenschaftliche Methode verläßt, hierin ganz *Augustinus* und dessen Philosophie des Herzens folgend.

Pascal ist bestürzt über die Ungewißheit in allen entscheidenden Lebensfragen, über das Woher, das Wozu und das Wohin des Menschen: »Alles, was ich weiß, ist, daß ich bald sterben werde, aber was der Tod selbst ist, den zu vermeiden ich nicht wissen werde, das weiß ich am wenigsten… Wie ich nicht weiß, woher ich komme, weiß ich auch nicht, wohin ich gehe…«[4]

Für den Philosophen von Port-Royal, für den der Mensch »im Stande der Verderbtheit und der Sünde … den Tieren ähnlich geworden ist«[5], vermag dieses ursprünglich als Ebenbild Gottes erschaffene Wesen aus sich allein nichts und bleibt ohne die Gnade Gottes – nur auf seine eigene Vernunft und sein eigenes Wollen gestützt – verloren. Zwischen der doppelten Erkenntnis: »Daß unsere Natur verderbt ist«, fühlbar »an Hand der Natur selbst« und: »Daß es einen Heiland gibt«, erfahrbar »an Hand der Schrift«[6], besteht keine Möglichkeit *menschlicher* Vermittlung. Es gibt nichts, was der Mensch zur Läuterung seines Zustandes und zur Sicherung seines Heils tun könnte. Versuchte er sich selbst zu erfahren, dann würde er erkennen müssen, »wie unfähig er ist, über sich selbst hinauszugelangen«[7]. Er ist ein Geschöpf, »das von Hause aus ohne die Gnade unauslöschlich voller Irrtum ist«[8] und dies für sich allein auch bleibt; denn »etwas, das schwach war, kann niemals wirklich stark sein. Man hat gut reden, er ist größer geworden, er hat sich geändert; er ist zugleich derselbe geblieben«[9]; und als solcher ist er »nichts als Verstellung, Lüge und Scheinheiligkeit, und zwar sowohl vor sich selbst, als gegenüber den andern«[10].

Freilich ist dies nicht alles, was *Pascal* über den Menschen weiß und sagt. Zwar bleibt sein ganzes anthropologisches Denken von einem tief ernsten und schwermütigen Zug geprägt, und vom Optimismus vieler Humanisten ist er unendlich weit entfernt; aber die immer wieder anzutreffenden pessimistischen Feststellungen über den Menschen sind nicht die einzige und letzte Wahrheit: neben dem *Elend* des Menschen besteht seine *Größe*; ja, das eine ist eng mit dem anderen verwoben: »So offenbar ist die Größe des Menschen, daß er sie selbst aus seinem Elend gewinnt… Das Elend des Menschen folgt aus der Größe, und die Größe aus dem Elend.«[11]

Allerdings gewahrt der Mensch die Erkenntnis seiner »Seinslage« nicht aus *sich*, aus *seiner* Vernunft, aus *seinem* Denken; sondern es ist die *christliche Religion*, der er sie verdankt: sie »erniedrigt« ihn »unendlich viel tiefer, als die Vernunft allein es vermöchte, ohne dabei zur Verzweiflung zu führen, und sie erhebt unendlich viel höher, ohne den Menschen in Stolz zu blähen, als dem Dünkel der Natur möglich ist. Und darin macht sie deutlich, daß es ihr, da sie als einziges frei von Laster und Irrtum ist, zukomme, die Menschen sowohl zu lehren als zu leiten«[12].

Der Mensch ist für *Pascal* also durchaus erziehbar – aber nicht aus sich allein, abseits des göttlichen Gnadenwirkens. Er kann sehr wohl erzogen werden; aber nicht von jedermann, sondern nur von dem, der seine wahre Natur erkannt hat: »die Größe und die Kleinheit und den Grund von beiden... Wer hat ihn außer der christlichen (Religion) gekannt?«[13]

Daß *Pascal* sich Skeptizismus und Pessimismus nicht gänzlich verschrieben hat, erhellt auch daraus, daß ihn *Claude Adrien Helvétius*, für den mit Ausnahme der Selbstliebe alles am Menschen »Erwerbung« ist und für den der Mensch als sittliche Existenz »ganz und gar Erziehung und Nachahmung« ist[14], hinsichtlich seiner Aussagen über Natur und Gewohnheit zitiert: »Der ursprüngliche Charakter jedes Menschen ist – wie Pascal bemerkt – nur das Produkt seiner ersten Gewohnheiten.«[15] Aber im Gegensatz zu seinem knapp hundert Jahre jüngeren Landsmann billigt *Pascal* nur der christlichen Religion die entscheidende erzieherische Potenz zu, wenn es gilt, den Menschen von seiner Blindheit zu heilen, die ihn »Dünkel, Ehrgeiz, Begierden, Schwäche, Elend und Ungerechtigkeit« als die sein Wesen bestimmenden Merkmale nicht wahrnehmen lassen. »Kann man anderes als Verehrung für eine Religion empfinden, die die Fehler des Menschen so genau kennt, und kann man anderes wünschen, als daß eine Religion Wahrheit sei, die so wünschenswerte Heilmittel verspricht?«[16] Sie weiß darum, daß der Mensch »weder Engel noch Tier« ist; und sie weiß auch um das »Unglück«, das so oft die Folge optimistischer Fehleinschätzung des Menschen ist: »daß, wer den Engel will, das Tier macht«[17].

Auf dem Hintergrund seines Verständnisses der christlichen Religion ist es aber auch für *Pascal* »Gott selbst« und *allein*, der »das Herz derer zum Glauben an die christliche Religion beugt, die er liebt«[18].

Ganz untätig braucht der Mensch freilich dem göttlichen Gnadenwirken nicht gegenüberzustehen; er kann es, wenn auch nicht provozieren, so doch gewissermaßen vorbereiten, indem er sich seines Ehrgeizes und seiner Selbstliebe, seines Dünkels und seiner Begierden bewußt wird und sie überwindet: »Zu Boden mit dem Dünkelhaften.«[19]

Diese Vorbereitung auf den Einbruch der Transzendenz durch Vernunftkritik, durch Verzicht auf Eigenliebe und durch Entbindung der Kräfte des Herzens – denn: »Das Herz hat seine Gründe, die die Vernunft nicht kennt«[20] – diese Vorbereitung auf den Einbruch der Transzendenz wird zur zentralen Aufgabe aller Erziehung[21].

Eine unmittelbare Umsetzung jansenistischen Gedankengutes in die Erziehung leistete *Pascals* Schwester *Jacqueline*[22], die seit 1652 im Kloster Port-Royal als Nonne und Mädchenerzieherin lebte und wirkte. Auf der Grundlage der düsteren Lehre vom natürlichen Menschen als einer von Gott abgefallenen, gänzlich verderbten und im Herrschaftsbereich Satans befindlichen Kreatur entwarf sie ihre streng weltabgewandte und rigoristische, aber gleichwohl vom Geist christlicher Liebe getragene Erziehungslehre.

Auch bei ihr führt ein insgesamt pessimistisches Menschenbild nicht zum absoluten pädagogischen Pessimismus. Sondern über eine strenge Zucht, in der Abgeschlossenheit von der Welt, über permanente Kontrolle durch vorbildliche Erzieher, fortwährende Beschäftigung und einen nicht zu harten, aber keinesfalls verweichlichenden Erziehungsstil, der Strafen nicht ausschloß, sollte der Boden für die göttliche Pädagogie vorbereitet werden[23].

Anmerkungen

[1] Vgl. *M. Landmann:* De homine. Der Mensch im Spiegel seines Gedankens. Unter Mitarbeit von *G. Diem, N. Hinske, P.L. Lehmann, P.Chr. Ludz, M. Theunissen* und *E. Tielsch*. Alber, Freiburg/München 1962, S. 234

[2] Vgl. *E. Wasmuth* in: *B. Pascal:* Über die Religion und über einige andere Gegenstände. Pensées. Übertragen und herausgegeben von *E. Wasmuth*. Schneider, Heidelberg 1963 (6. Aufl.), S. 495

[3] *E. Wasmuth*, ebenda, S. 531

[4] *B. Pascal:* Über die Religion und über einige andere Gegenstände, a.a.O., S. 102 f.: *Fragment 194*

[5] Ebenda, S. 204: *Fragment 434*

[6] Ebenda, S. 38: *Fragment 60*

[7] Ebenda, S. 47 f.: *Fragment 72*

[8] Ebenda, S. 60: *Fragment 83*

[9] Ebenda, S. 61: *Fragment 88*

[10] Ebenda, S. 68: *Fragment 100*

[11] Ebenda, S. 184: *Fragment 409* und S. 186: *Fragment 416*

[12] Ebenda, S. 205 f.: *Fragment 435*

[13] Ebenda, S. 199: *Fragment 433*

[14] *C.A. Helvétius:* Vom Menschen, seinen geistigen Fähigkeiten und seiner Erziehung. Herausgegeben, übersetzt und mit einer Einleitung von *G. Mensching*. Suhrkamp, Frankfurt am Main 1972, S. 247

[15] Ebenda, S. 191 und S. 198

[16] *B. Pascal:* Über die Religion und über einige andere Gegenstände, a.a.O., S. 211: *Fragment 450*

[17] Ebenda, S. 170: *Fragment 358*

[18] Ebenda, S. 144 f.: *Fragment 287*

[19] Ebenda, S. 264: *Fragment 581*; vgl. auch *E. Wasmuth* in: *B. Pascal:* Über die Religion und über einige andere Gegenstände, a.a.O., S. 550 f. sowie *R. Friedenthal:* Entdecker des Ich. Montaigne – Pascal – Diderot. Piper & Co, München 1969, S. 139 ff.

[20] *B. Pascal:* Über die Religion und über einige andere Gegenstände, a.a.O., S. 141: *Fragment 277*

[21] Vgl. hierzu *H. Rombach:* Blaise Pascal. In: Lexikon der Pädagogik. Neue Ausgabe. Dritter Band. Herder, Freiburg/Basel/Wien 1971, S. 276 f.: »Abgesehen von den speziell auf pädagogische Fragen eingehenden Fragmenten (z.B. ›Die Kunst zu überzeugen‹), ist Pascal für die Pädagogik vor allem dadurch bedeutsam, daß er eine Anthropologie entwickelte, der der pädagogische Aspekt immanent ist. Das menschliche Dasein ist hier eine Struktur von Antrieben und Kräften, die einer ständigen Verfallstendenz unterliegt und sich darum nur durch unablässige Rekonstruktion halten kann. In dieser Rekonstruktion ist die Wurzel

aller Erziehungsaufgaben zu sehen. Sie bedeutet Vernunftkritik, Befreiung von Wahn, von Selbsterniedrigung und Fremdunterdrückung, von Selbstliebe und Borniertheit.« Vgl. ferner *J. Bernhart:* Pascal – In den Ruinen von Port-Royal. In: *J. Bernhart:* Gestalten und Gewalten. Aufsätze – Vorträge. Herausgegeben von *M. Rößler*. Echter, Würzburg 1962, S. 93 ff.

22 *Jacqueline Pascal – Blaise Pascals* Schwester – lebt von 1625 bis 1661. Als Anhängerin der jansenistischen Lehre wurde sie Nonne im Kloster Port-Royal, dem Zentrum des Jansenismus, und wirkte dort als Erzieherin von Mädchen, wobei sie die um die Problematik von Prädestination, totaler Verderbtheit des Menschen und von Unwiderstehlichkeit der göttlichen Gnade gegenüber kreisende jansenistische Theologie und Anthropologie konsequent in die Erziehung, die sie als Maßnahme zur Vorbereitung der göttlichen Gnadenwirksamkeit und als deren Werkzeug verstand, umsetzte.

23 Vgl. dazu *J. Sellmair:* Die Pädagogik des Jansenismus. Auer, Donauwörth 1932; ferner *Th. Ballauff* und *K. Schaller:* Pädagogik. Eine Geschichte der Bildung und Erziehung. Band II: Vom 16. bis zum 19. Jahrhundert. Alber, Freiburg/München 1970, S. 283 ff.

Johann Amos Comenius

Ähnlich wie die meisten der pädagogisch aufgeschlossenen Humanisten ist auch *Comenius* vom Glauben an die Wirkkraft der Erziehung beseelt, und eigentlich müßte er den pädagogischen Optimisten zugerechnet werden.

Was in vielen Erziehungstheorien gar nicht, bestenfalls nur am Rande oder als *ein* Aspekt unter mehreren Erwähnung findet, nimmt in seinem Werk eine zentrale Stellung ein. Es gibt wohl kaum einen pädagogischen Autor nach *Martin Luther*, der die Erziehungsbedürftigkeit, die Erziehbarkeit und die Erziehung des Menschen so betont *theologisch* begründet, wie dies *Comenius* getan hat – nicht zuletzt wohl unter dem Eindruck des drei Jahrzehnte währenden europäischen Krieges und des namenlosen Leides, das dabei Menschen über Menschen gebracht haben und von dem er selbst im Übermaß betroffen worden ist.
1592 im südmährischen Dorf Nivnice geboren, verliert *Jan Amos Komenský* früh seine Eltern. Geprägt vom Bekenntnis der Böhmisch-mährischen Brüderunität, deren Mitglieder ein Leben im Geiste der *Bergpredigt* zu führen trachten, studiert er Theologie in Herborn und Heidelberg und übernimmt 1618 – im Jahr, in dem der Krieg ausbricht – in seiner mährischen Heimat eine Pfarrstelle.
Der Verlauf der Kämpfe zwingt ihn zum ständigen Wechsel seines Aufenthaltsortes, und 1622 verliert er infolge einer Seuche Frau und Kinder. In diesen dunklen Tagen verfaßt er ein Trostbuch *Das Labyrinth der Welt und das Paradies des Herzens*.
Er vermählt sich ein zweites Mal und geht, durch die Ereignisse des Krieges dazu genötigt, mit den Brüdern nach Lissa ins polnische Exil. Hier wirkt er als Lehrer und Verfasser wichtiger pädagogischer Werke. So entstehen die Erstfassung seiner *Didaktik* und die *Janua linguarum reserata* – ein Sprach- und Realienbuch, das ihn rasch und weltweit bekannt macht.
1632 wählt ihn die Brüdergemeinde zum Bischof. *Comenius* übernimmt zu seinen geistlichen Ämtern auch die Leitung des Gymnasiums in Lissa und widmet sich neben einer ausgedehnten Tätigkeit als Berater und Vermittler, die ihn auch nach London, Leiden und – für längere Zeit - nach Stockholm führt und mit bedeutenden Persönlichkeiten verschiedener europäischer Länder in Verbindung treten läßt, seiner schriftstellerischen Tätigkeit. Es erscheinen weitere Unterrichtswerke, und *Comenius* arbeitet an den ersten Entwürfen seiner *Pansophia* – einer Lehre, in die er die wesentlichen Erkenntnisse aller Wissenschaften einzubringen beabsichtigt. Mit diesem Versuch einer *Allweisheit* will er seinen Zeitgenossen den Weg in eine friedliche und erleuchtete Zukunft weisen.
1648 kehrt er nach Lissa zurück; dort stirbt seine zweite Frau, und der im gleichen Jahr ausgehandelte Westfälische Friede bereitet ihm zusätzlichen Kummer: die Anerkennung, die die Kirchen *Luthers* und *Calvins* erfahren, bleibt den Böhmischen Brüdern versagt, und dies bedeutet nicht zuletzt den endgültigen Verlust der angestammten Heimat.
Comenius heiratet ein drittes Mal, reformiert auf Bitten des Fürsten *Sigismund Rákószi* das Schulwesen in Siebenbürgen, verfaßt neue Schulbücher, darunter den *Orbis sensualium pictus*, ein bebildertes Realienbuch – sein fraglos berühmtestes Werk, das *Goethe* noch zu seinen Lieblingsbüchern zählt. Als es zu Mißverständnissen und zu einem gespannten Ver-

hältnis zwischen ihm und dem Hause *Rákószi* kommt, begibt sich *Comenius* erneut nach Lissa.
1655 geraten sich Polen und Schweden in die Haare, und ein Jahr später fällt Lissa, das sich von den Schweden Schutz und Festigung des Protestantismus erhofft, während einer Attacke polnischer Freischärler in Schutt und Asche. *Comenius* verliert seine gesamte Habe; seine Gemeinde löst sich auf, und er selbst kann nur mit Mühe nach Amsterdam entkommen.
In Holland widmet er sich nun mit ganzer Kraft der Herausgabe seiner didaktischen Schriften und der Fertigstellung seines pansophischen Hauptwerkes *Allgemeine Beratung zur Verbesserung der menschlichen Dinge*, dessen Manuskript erst im zwanzigsten Jahrhundert wiederentdeckt und veröffentlicht werden konnte.
Zwei Jahre vor seinem Tod – 1670 in Amsterdam – verfaßt er seine letzte Schrift. Sie trägt den Titel *Unum necessarium*; und hierin verweist er im Rückblick auf seinen leidvollen Lebensweg auf das, was für einen Christen als *einziges notwendig* und von Belang bleibt.
Bereits in seinen Frühschriften verleiht der Tscheche seiner Betroffenheit und Sorge über die Verkehrtheit, Verwirrtheit und Zerstreutheit der Menschen seiner Tage beredt Ausdruck. In äußerster Konzentration spricht er in seiner *Böhmischen Didaktik* die negativen Erscheinungen seiner Zeit an: Falschheit und Unaufrichtigkeit, Neid und Haß, Verleumdung und Bosheit, Kämpfe und Kriege, Unterdrückung und Unrecht[1].
Diese realistische Analyse verursacht bei ihm aber nicht lähmenden Pessimismus. *Comenius* glaubt vielmehr an einen Ausweg aus diesem korrupten Zustand der Menschheit; und diesen Ausweg sieht er einzig und allein in der Erziehung: »Wenn der menschlichen Verkehrtheit eine Grenze gesetzt werden soll, dann kann dies nur durch eine verständige und umsichtige Erziehung der Jugend geschehen.«[2]
An keiner Stelle seines pädagogischen Werkes läßt dieser Mann Zweifel darüber aufkommen, daß Erziehung – auch dort, wo es ›lediglich‹ um weltliche Dinge geht – unter einem *letzten Ziel* steht, das *»außerhalb dieses Lebens«*[3] liegt: »Wir sind nicht hier, um hierzubleiben, sondern nur für die Zeit, die nötig ist, um unseren Auftrag hienieden zu erledigen. Dann werden wir uns dorthin begeben, wo uns ewige Wohnstätten bereitet sind.«[4]
Diese eschatologische Bestimmung des Menschen belegt die entscheidende Dimension seiner Erziehungsbedürftigkeit und läßt auch die übrigen Aspekte dieses menschlichen Wesensmerkmals in neuem Licht erscheinen: als anthropologische Bedingungen, die ihre Entsprechung nicht dadurch erfahren, daß das Menschenkind durch Erziehung angemessen in sein *irdisches* Leben eingeführt wird, sondern die ihren Sinn nur von jener letzten Dimension menschlicher Erziehungsbedürftigkeit erhalten, die den Menschen als Wesen offenbart, *das über sein irdisches Leben hinausweist*.

Bei allem Wissen um die Mattstellen des konkreten Menschen und bei allen Leiden, die er durch Menschen an sich selbst erfahren mußte, glaubt *Comenius* an die *Macht der Erziehung* und an die *Selbstbildungskräfte* im Menschen. Verhaltener und bescheidener zwar als der pädagogische Marktschreier *Wolfgang Ratke*, aber nicht weniger nachdrücklich artikuliert er diesen Glauben. Er sieht den Menschen keinesfalls mehr als total verderbt und unfähig, sich aus Unwissenheit, Übel und Bosheit zu erheben. Wer sich an die Natur hält, an die Vernunft und an Gottes Wort, vermag große Fortschritte zu erzielen.

Jeweils im *fünften Kapitel* seiner beiden *Didaktiken* legt er seine diesbezügliche Überzeugung dar und begründet sie. Ausgehend von der These: *»Der Mensch besitzt von Natur aus die Anlage zu diesen drei Dingen: zu gelehrter Bildung, zur Sittlichkeit und zur Religiosität«*[5], erläutert er zunächst seinen *Naturbegriff*. In Übereinstimmung mit dem Stoiker *Seneca* und dem spanischen Humanisten *Ludwig Vives*, die er zitiert, versteht *Comenius* unter *Natur* nicht den gegenwärtigen verderbten Zustand der gesamten Schöpfung und insbesondere des Menschen, sondern »unsre erste und grundlegende Beschaffenheit, zu der wir als zum Ursprung zurückgeführt werden müssen«[6].

Comenius geht also von der *ursprünglichen Güte des Menschen* aus. Diese eine Dimension der Natur – der ursprünglich gute Mensch und die anfänglich integre Schöpfung – erfährt ihre Ergänzung durch eine zweite Dimension: durch »die alles durchdringende Vorsehung Gottes, den unerschöpflichen Strom göttlicher Güte, die alles in allen wirkt und die ein jegliches Geschöpf zu seiner Bestimmung führt«[7]. Beides zusammen – die ursprünglich gute Schöpfung und die in ihr wirkende göttliche Vorsehung und Güte bedeuten für *Comenius Natur*; und was diese zweite Dimension anlangt, so besagt sie für den Menschen, daß er »von Geburt her auch *befähigt* ist (daß er dazu *bestimmt* ist, haben wir schon gesehen) zur Erkenntnis der Dinge, zur Harmonie der Sitten und dazu, Gott über alles zu lieben. Die Wurzeln dieser drei Bestimmungen sitzen so fest in ihm, wie Baumwurzeln in ihrem Erdreich«[8]. – Was freilich so fest im Menschen wurzelt, wird, läßt man ihm nur die entsprechende Pflege angedeihen, auch *aus eigener Kraft* zur Entfaltung und vorgesehenen Vollkommenheit finden[9].

Diese hohe *Bestimmung* und *Befähigung* eignet nun nicht nur einzelnen Menschen – wie dies die Elite-Anthropologen der verschiedenen Jahrhunderte immer wieder behaupten, sondern: »Offensichtlich ist jeder Mensch von Geburt aus fähig, das Wissen von den Dingen zu erwerben«; und *Comenius* begründet diese These darauf, daß *jeder* Mensch »Abbild (imago) Gottes« ist[10].

Im weiteren Verlauf seiner Darlegungen zeigt sich dieser Mann dann ganz eindeutig als ein Pädagoge, der der Position des pädagogischen Optimismus zugerechnet werden muß; aber der Fortgang dieser Darlegungen offenbart, daß sich ihr Verfasser bei der Begründung seiner Position in Widersprüche verwickelt.

Unter Berufung auf Philosophen, die den Menschen einen »Mikrokosmos«, ein Abbild der gesamten Welt, genannt haben, vergleicht er diesen einerseits mit einem Samenkorn, in dem alles Wesentliche der späteren Gestalt schon angelegt ist, und kommt dann zu dem pädagogischen Ergebnis: »Es ist also nicht nötig, in den Menschen etwas von außen hineinzutragen. Man muß nur das, was in ihm beschlossen liegt, herausschälen, entfalten und im einzelnen aufzeigen.«[11]

Dieser These wegen meint *Hans Netzer* ihren Verfasser dem *Nativismus* und damit der Position des pädagogischen Pessimismus zuordnen zu dürfen. Es ist jedoch höchst unwahrscheinlich, daß *Comenius* in diesem Zusammenhang an eine Bestimmung der »inneren Gestalt des Menschen durch seine Ahnenmitgift« und an »Temperamentseigentümlichkeiten« denkt[12]. Sondern er markiert mit dieser These eine anthropologische Position, die eine lange Tradition hat und von vielen Denkern nach ihm immer wieder bezogen und bekräftigt wird. Im Kreise ihrer Verfechter finden wir *Pythagoras* – auf den sich *Comenius* hier beruft – und *Platon* ebenso, wie die Stoiker mit ihrer Theorie von den *ideae innatae* und vor allem *Rousseau*; und viele dieser Verfechter sind, sieht man von ihrem unterschiedlichen Erziehungsverständnis ab, ausgesprochene Erziehungsoptimisten. Denn zur Position des pädagogischen Optimismus darf der Glaube an die Selbstbildungskräfte *im* Menschen ebenso gerechnet werden wie der Glaube an den Wirkungserfolg erzieherischer Bemühungen *am* Menschen.

Gleichwohl vermag die Klärung des Mißverständnisses: *Comenius* sei Nativist, ihn nicht auch von der angedeuteten Widersprüchlichkeit zu reinigen. Einerseits braucht man im Sinne *Pythagoras'* und der Stoiker nichts in den Menschen hineinzutragen, sondern muß das, was ursprünglich schon in ihm liegt, lediglich entfalten; andererseits vergleicht *Comenius* den menschlichen Geist unter Berufung auf *Aristoteles* wieder mit einer *»leeren Tafel* ..., auf welcher noch nichts geschrieben steht, auf die aber alles geschrieben werden kann«[13]; vergleicht er das Gehirn des Menschen mit *»Wachs«*, in das jedes Bild »gedrückt«, aus dem jede Figur »geknetet« werden kann, so nachhaltig, daß die Bilder bleiben, auch wenn die ihnen zugrunde liegenden Gegenstände den Sinnen längst wieder entschwunden sind.

Comenius' Optimismus geht so weit, daß er die Schuld für ein Fehlschlagen der »Bildung« im Sinne von *Prägung* allein in der »Unfähigkeit des Schreibers oder Malers« erblickt; und der Unterschied zwischen einer Tafel und dem menschlichen Geist besteht für ihn lediglich darin, »daß man auf der Tafel die Striche nur bis zum Rande führen kann. Im menschlichen Geiste kann man weiter und weiter schreiben und modellieren und wird an kein Ende kommen, da er, wie schon gesagt, ohne Grenzen ist«[14].

Ebenso grenzenlos ist *Comenius'* anthropologischer und pädagogischer Optimismus: für ihn bleibt der Mensch »im Innern wie im Äußern nichts als Harmonie«; und darin sieht er erneut einen Beweis dafür, daß »wirklich Samen der Tugenden von Geburt an im Menschen liegen«[15]. Diese ursprüngliche Gutheit und Harmonie, die mit dem Sündenfall verlorenging, kann mit Gottes Hilfe und menschlichen Bemühungen wiederhergestellt werden[16]; und *Comenius* widerspricht jenen, die immer nur die Schlechtigkeit des Menschen hervorheben: »Schimpflich und gottlos ist es und ein offenbares Zeichen unserer Undankbarkeit, daß wir beständig von der Verderbnis schwätzen, von der Wiedereinsetzung (restitutio) jedoch schweigen; daß wir immer das, was der alte Adam in uns vermag, hervorkehren, was aber der wahrhaftige neue Adam Christus vermag, nicht erproben. Der Apostel sagt in seinem eigenen und in aller Wiedergeborenen Namen: Alles vermag ich durch den, der mich stark macht (Phil. 4,13).«[17]

Comenius hat den mittelalterlichen und frühreformatorischen Anthropopessimismus und die ihm entsprechende Pädagogische Anthropologie und Pädagogik endgültig überwunden. Sein Optimismus hat die Pädagogik der Aufklärungsepoche nachhaltig beeinflußt, »über die etwas von dem jugendfrischen Hauch der erstmaligen Entdeckung einer neuen Provinz des Menschentums hinweht«[18]. So sehr sich auch einzelne Argumente zur Begründung seines Erziehungsoptimismus widersprechen mögen, so sehr sich nativistische Thesen mit empiristischen beziehungsweise sensualistischen bei *Comenius* zu vermengen scheinen, so sehr ihm also erkenntnistheoretische Ungereimtheiten unterlaufen mögen – Ungereimtheiten, zu deren Korrektur ihm wohl auch die philosophischen Mittel noch nicht zur Verfügung stehen[19], so wenig vermag all dies seinen Beitrag zu einer neuen und positiven Bewertung der Erziehung des Menschen zu schmälern, zu einer Einschätzung der Erziehung, die in der Überzeugung wurzelt, daß der Mensch *lernfähig* und *erziehbar* ist und daß diese Anthropina *allen* Menschen eignen.
Comenius kennt den alten pessimistischen Einwand: »nicht aus jedem Holze läßt sich ein Merkur machen«. Er widersetzt sich jedoch einer Übertragung dieses Einwandes auf den Menschen und antwortet: »aber aus jedem Menschen ein Mensch, wenn Verderbnis fernbleibt«[20], und selbstredend aus einem Mädchen ebenso wie aus einem Jungen[21].
Es war bereits davon die Rede, daß *Comenius* in erster Linie *theologisch* argumentiert; indem er auf die Gottebenbildlichkeit *jedes* Menschen verweist[22]. Sein Optimismus ist ausdrücklich *christlich* begründet[23], wobei er diesbezüglich den christlichen Humanisten – *Ludwig Vives* und *Erasmus von Rotterdam* beispielsweise – viel näher steht als *Martin Luther* und den übrigen Reformatoren[24].
Dieser Optimismus verliert im nun folgenden Zeitalter der Aufklärung in dem Maße seinen christlichen Charakter, in dem er sich steigert. Wenn davon die Rede war, daß *Comenius* im Verhältnis zu *Ratke* verhaltener und bescheidener auftritt, so bezog sich das auf die schulmeisterliche Sicherheit und Anmaßung, mit der *Ratke* seiner Zeit eine Verbesserung der gesellschaftlichen Verhältnisse durch eine Reform des Erziehungswesens versprach. Diese Arroganz ist *Comenius* fremd. Gleichwohl steigert sich sein pädagogischer Optimismus zuweilen doch auch »ins Bizarre und Komische«, etwa dort, wo sich sein Glaube an die Erziehung zum »Aberglauben an die Zauberkraft der ›Mechanisierung‹ des Verfahrens«[25] verfälscht und ihn zur Formulierung folgender These verführt: »Ich behaupte, es ist nicht nur möglich, daß *ein* Lehrer (magister) eine Gruppe von etwa hundert Schülern leitet, sondern sogar nötig, weil dies für den Lehrenden wie die Lernenden weitaus am angenehmsten ist.«[26]
Und doch gibt es – neben derartigen idealistischen ›Ausrutschern‹, die die dem pädagogischen Optimismus immanente Komik nicht mehr verbergen können und ebenso wenig auch die mangelnde Erfahrung im Umgang mit großen Schulklassen, die man *Comenius* selbstverständlich nicht zum Vorwurf machen darf – und doch gibt es im umfangreichen Werk dieses Mannes genug Passagen, in denen er eine *realistische Haltung* beweist.

Nicht von ungefähr wird denn auch jene Epoche, in der Männer wie *Comenius* die Bedeutung sowie die Aufgaben der Erziehung beschrieben und die Erziehungswirklichkeit zu beeinflussen versuchten, in zahlreichen Darstellungen der Geschichte der Pädagogik unter der Überschrift *»Realismus«* behandelt[27].
Comenius' Optimismus muß in engem Zusammenhang mit der geschichtlich-gesellschaftlichen Situation, in der er lebte, gesehen werden. Aus den Glaubensstreitigkeiten der Reformationszeit war der lange Krieg entbrannt, in dessen Verlauf jene, die den Menschen für grundsätzlich verwildert und verderbt hielten, dieses ihr tristes Menschenbild tausendfach bestätigt fanden. *Comenius*, der in seinem eigenen Leben mehrfach die Kriegsleiden zu spüren bekam, konnte und wollte sich damit nicht abfinden, daß diese Erfahrung das einzige und letzte Zeugnis über den Menschen bedeuten sollte; und mit der Artikulation seines Glaubens an das Gute im Menschen und an die Macht der Erziehung wollte er wohl ein Gegengewicht gegen die erziehungspessimistischen Ansichten einer Reihe seiner Glaubensbrüder setzen. Gewiß wußte auch er um das *Böse* in der Welt und im Menschen; wußte auch er um die Notwendigkeit von »Furcht und Schüchternheit« in jungen Menschen, »wenn sie auf dem Wege der Tugend bewahrt werden sollen; auch Zucht ist in der Erziehung der Jugend unerläßlich«[28].
Aber dieses Faktum darf keinesfalls – wie so oft geschehen – metaphysisch und theologisch solchermaßen begründet werden, daß es zu einer pädagogisch-pessimistischen und damit *hoffnungslosen* Einstellung führt. Daher nannte er es *»schändlich ..., nur von der Verdorbenheit zu sprechen und die Rechtfertigung nicht zu beachten«*[29]. Der Mensch ist nicht nur erziehungs*bedürftig*[30]; er ist in seinen Augen auch grundsätzlich erzieh*bar*[31]. Sind mit dem Sündenfall die »inneren Kräfte« des Menschen auch »geschwächt« worden, so wurden sie damit doch nicht »zerstört«[32]; und läßt sich aus jedem Holz auch nicht alles machen, so eben doch »aus jedem Menschen ein Mensch«[33] – oder anders formuliert: »man findet keine so unglückliche Geistesanlage, daß sie durch Pflege nicht verbessert werden könnte«[34].
Mit dieser These nähert sich *Comenius* fraglos der realistischen Position, aus der heraus einer weder *alles* noch *nichts* erwartet, sondern aus der heraus er daran festhält, daß, wenn schon nicht das Beste oder auch nicht das Gute erreichbar ist, so doch die Wendung zum Besseren möglich bleibt[35], und aus der heraus er alles Verantwortbare und Notwendige unternimmt, um diese Wendung zu erreichen[36].

Anmerkungen

1 *J.A. Comenius (J.A. Komenský):* Böhmische Didaktik. Zur dreihundertsten Wiederkehr seines Todestages ins Deutsche übersetzt und besorgt von *K. Schaller*. Schöningh, Paderborn 1970, S. 8: *Dem böhmischen Volke*

2 Ebenda, S. 11: *Dem böhmischen Volke*

[3] *J.A. Comenius:* Große Didaktik. Übersetzt und herausgegeben von *A. Flitner*. Küpper, Düsseldorf/München 1970 (4. Aufl.), S. 28: *II*
[4] *J.A. Comenius:* Böhmische Didaktik, a.a.O., S. 28: *II/4*
[5] *J.A. Comenius:* Große Didaktik, a.a.O., S. 36: *V*
[6] Ebenda, S. 36: *V/1*
[7] Ebenda, S. 36 f.: *V/2*
[8] Ebenda, S. 37: *V/2*
[9] Vgl. dazu auch *F. Blättner:* Geschichte der Pädagogik. Quelle & Meyer, Heidelberg 1961 (10. Aufl.), S. 52 und *R. Kynast:* Problemgeschichte der Pädagogik. Junker und Dünnhaupt, Berlin 1932, S. 79 f.
[10] *J.A. Comenius:* Große Didaktik, a.a.O., S. 37: *V/4*
[11] Ebenda, S. 38: *V/5*
[12] *H. Netzer:* Erziehungslehre. Klinkhardt, Bad Heilbrunn/Obb. 1972 (10. Aufl.), S. 27
[13] *J.A. Comenius:* Große Didaktik, a.a.O., S. 39: *V/9*
[14] Ebenda, S. 39: *V/9*; vgl. auch S. 40: *V/10*
[15] Ebenda, S. 41: *V/13*
[16] Ebenda, S. 42: *V/17*
[17] Ebenda, S. 44: *V/23*
[18] *R. Kynast:* Problemgeschichte der Pädagogik, a.a.O., S. 80
[19] Vgl. *F. Blättner:* Geschichte der Pädagogik, a.a.O., S. 53 und *R. Kynast:* Problemgeschichte der Pädagogik, a.a.O., S. 80
[20] *J.A. Comenius:* Große Didaktik, a.a.O., S. 69: *XII/13*
[21] Ebenda, S. 57: *IX/5*
[22] Ebenda, S. 37: *V/4* und S. 56: *IX/2*
[23] Vgl. auch *J. v. d. Driesch* und *J. Esterhues:* Geschichte der Erziehung und Bildung. Band I: Von den Griechen bis zum Ausgang des Zeitalters der Aufklärung. Schöningh, Paderborn 1960 (5. Aufl.), S. 283
[24] *J.A. Comenius:* Große Didaktik, a.a.O., S. 44: *V/23*
[25] *H.J. Rechtmann:* Geschichte der Pädagogik. Wandlungen der deutschen Bildung. Unter Mitwirkung von *H.-J. Ipfling*. Ehrenwirth, München 1969 (3. Aufl.), S. 126
[26] *J.A. Comenius:* Große Didaktik, a.a.O., S. 122: *XIX/16*; vgl. zum Ganzen auch die entsprechenden Kapitel in der *Böhmischen Didaktik*
[27] Vgl. beispielsweise *F. Blättner:* Geschichte der Pädagogik, a.a.O., S. 56 f.; *J. v. d. Driesch* und *J. Esterhues:* Geschichte der Erziehung und Bildung, a.a.O., S. 272 ff.; *J. Göttler:* Geschichte der Pädagogik in Grundlinien. Herder, Freiburg im Breisgau 1935 (3. Aufl.), S. 118 ff. und *H.J. Rechtmann:* Geschichte der Pädagogik, a.a.O., S. 107 ff. und S. 119 ff.
[28] *J.A. Comenius:* Böhmische Didaktik, a.a.O., S. 167: *XXIII/6*
[29] Ebenda, S. 43: *V*; vgl. auch *J.A. Comenius:* Große Didaktik, a.a.O., S. 44: *V/23*
[30] *J.A. Comenius:* Große Didaktik, a.a.O., S. 45 ff.: *VI; J.A. Comenius:* Böhmische Didaktik, a.a.O., S. 44 ff.: *VI*
[31] *J.A. Comenius:* Böhmische Didaktik, a.a.O., S. 165 ff.: *XXIII*
[32] Ebenda, S. 75: *XII; J.A. Comenius:* Große Didaktik, a.a.O., S. 69: *XII*
[33] *J.A. Comenius:* Große Didaktik, a.a.O., S. 69: *XII*; *J.A. Comenius:* Böhmische Didaktik, a.a.O., S. 75: *XII*
[34] *J.A. Comenius:* Große Didaktik, a.a.O., S. 56: *IX/4; J.A. Comenius:* Böhmische Didaktik, a.a.O., S. 59 f.: *IX/3*

[35] Vgl. *H. Roth:* Pädagogische Anthropologie. Band I: Bildsamkeit und Bestimmung. Schroedel, Hannover/Berlin/Darmstadt/Dortmund 1966, S. 267

[36] Vgl. ebenda, S. 140; vgl. auch *M.J. Langeveld:* Einführung in die theoretische Pädagogik. Klett, Stuttgart 1965 (5. Aufl.), S. 92 f.

Immanuel Kant

Kants Vorlesungen *Über Pädagogik*, die er zwischen 1776 und 1787 insgesamt viermal gehalten hat, sind noch ganz dem Geist der Aufklärung verhaftet und den Schriften der vorkritischen Phase in seinem Schaffen zuzurechnen. In ihnen vertritt der Philosoph von Königsberg eine ausgesprochen erziehungsoptimistische Position, wenn er betont, der Mensch könne nur »durch Erziehung« Mensch werden; er sei nichts, »als was die Erziehung aus ihm macht«[1].

Sein Studium finanziert er sich als Billardspieler und Hauslehrer, wobei er die erstgenannte Tätigkeit mit größter Begeisterung und so erfolgreich ausübt, daß er vom Spielgewinn seinen Französischlehrer bezahlen kann. Hingegen ist über seine Leidenschaft und seinen Erfolg als Erzieher nichts bekannt. Allenfalls lassen sich Rückschlüsse aus der Bemerkung eines seiner Biographen ziehen: der Philosoph habe es »für eine große Kunst« gehalten, »sich zweckmäßig mit Kindern zu beschäftigen und sich zu ihren Begriffen herabzustimmen«, habe aber auch freimütig bekannt, »daß es ihm nie möglich gewesen wäre, sich diese Kunst zu eigen zu machen«[2]. – Da er nicht verheiratet war und keine eigenen Kinder hatte, wurde ihm dieser Mangel, sieht man von den Jahren als Privatlehrer ab, zu keinem nennenswerten Problem.
1724 in Königsberg als viertes von elf Kindern eines Sattlers geboren und im Geiste des Pietismus erzogen, studiert *Kant* in seiner Heimatstadt, deren Mauern er nie für längere Zeit verläßt, Philosophie und Theologie. Neun Jahre lang wirkt er als Hauslehrer, weitere fünfzehn als Universitätsbibliothekar und Privatdozent.
Sechsundvierzigjährig – nach mehreren glücklosen Anläufen – erhält er endlich den Ruf auf einen Lehrstuhl für Logik und Metaphysik.
1804, achtzigjährig, stirbt er – weltweit bekannt als »Alleszermalmer«: als Überwinder der alten dogmatischen Philosophie ebenso wie der Aufklärung und als Begründer einer neuen, »kritischen« Philosophie.
Zu den Lehraufgaben des wohl bedeutendsten Philosophen der neueren Zeit gehören auch Vorlesungen über Pädagogik, die uns in einer Niederschrift seines Schülers *Friedrich Theodor Rink* erhalten geblieben sind.

Vielleicht wird man seinen Optimismus einen »realistischen« nennen dürfen; denn *Kant* verschließt vor dem Phänomen des *Bösen* keineswegs seine Augen, und er weiß, daß die Hervorbringung der Moralität wohl »sehr schwer« ist. Insofern sei Erziehung auch »das größeste Problem, und das schwerste«, das zu bewältigen dem Menschen aufgetragen sei[3].
Aber trotz aller Schwierigkeiten, die das Geschäft der Erziehung begleiten mögen; trotz aller »Vielleichts«, mit denen man die Erwartungen an sie wird versehen müssen; bei aller Länge der Zeit, die verstreichen wird, bis der Fortschritt der Erziehung offenkundig wird: aus diesen Vorlesungen, die ganz aus dem Bewußtsein konzipiert wurden, daß ein neues Zeitalter – eben das der Aufklärung – begonnen hat, spricht der ungebrochene Optimismus ihres Verfassers: »Vielleicht, daß die Erziehung immer besser werden, und daß jede folgende Generation einen Schritt näher tun

wird zur Vervollkommnung der Menschheit; denn hinter der Edukation steckt das große Geheimnis der Vollkommenheit der menschlichen Natur. Von jetzt an kann dieses geschehen. Denn nun erst fängt man an, richtig zu urteilen, und deutlich einzusehen, was eigentlich zu einer guten Erziehung gehöre. Es ist entzückend, sich vorzustellen, daß die menschliche Natur immer besser durch Erziehung werde entwickelt werden, und daß man diese in eine Form bringen kann, die der Menschheit angemessen ist. Dies eröffnet uns den Prospekt zu einem künftigen glücklichern Menschengeschlechte.«[4]

Kant, der der Aufklärungsepoche ebenso angehört, wie er sie mit den Schriften aus seiner kritischen Periode überwindet, bemüht sich in allen seinen anthropologisch bedeutsamen Werken um eine *realistische Darstellung* des Menschen; und selbst dort, wo er – wie etwa in seinen Vorlesungen *Über Pädagogik* – eine optimistische Einstellung zeigt, gerät ihm diese Haltung zu einem *realistischen* Optimismus. So weicht er beispielsweise weder in diesen Vorlesungen noch in seinen kritischen Werken dem *Bösen* als anthropologischem Phänomen aus.

Angesichts dieses Phänomens, angesichts der Tatsache, daß »viele Keime in der Menschheit« liegen und daß es Sache des Menschen ist, »die Naturanlagen proportionierlich zu entwicklen«, um so »seine Bestimmung« zu erreichen, angesichts der Aufgabe also, daß der Mensch »seine Anlagen zum Guten erst entwickeln« soll, erweist sich die Erziehung als schwierigstes Problem, das dem Menschen zu lösen aufgegeben ist; und in der Tatsache, daß *Einsicht* und *Erziehung* sich gegenseitig bedingen, liegt es begründet, daß sich der Fortschritt der Erziehung auch nur langsam vollzieht[5].

Gewiß ist auch für *Kant* der Mensch »von Natur« weder gut noch böse; »denn er ist von Natur gar kein moralisches Wesen«; er *wird* erst ein solches vermittels seiner *Vernunft*. Aber es existieren in ihm ursprünglich Anreize zu allen Lastern: »Neigungen und Instinkte«, die sich dem Spruch seiner Vernunft widersetzen. Und so vermag er nur durch Überwindung dieser Neigungen – »aus Selbstzwang« – gut zu werden: gut im *moralischen* Verständnis[6].

1793 veröffentlicht *Kant* seine Abhandlung über *Die Religion innerhalb der Grenzen der bloßen Vernunft*, und hier spricht er sowohl *»von der ursprünglichen Anlage zum Guten«* als auch *»von dem Hange zum Bösen in der menschlichen Natur«*; nicht nur vom *»guten«*, sondern auch vom *»bösen Herzen«*, von der »Schwäche des menschlichen Herzens«, der »*Gebrechlichkeit* der menschlichen Natur«, der *»Unlauterkeit«* und *»Bösartigkeit«*, von *»Verderbtheit«* und *»Verkehrtheit«*[7]. Angesichts »der Menge schreiender Beispiele, welche uns die Erfahrung *an den Thaten* der Menschen vor Augen stellt«, könne man sich den »förmlichen Beweis« dafür, daß der Mensch einen derartigen Hang zum Bösen in sich trage, ersparen[8].

Was nun die pädagogische *Grenzproblematik* anlangt, so wäre es falsch, die gewichtigste Grenze der Erziehung in diesem Hang zum Bösen selbst zu erblicken; die hartnäckigste Grenze erwächst der Erziehung aus der *Entscheidungsfähigkeit* des Menschen: »Was der Mensch im moralischen Sinne ist oder werden soll, gut oder böse, dazu muß er *sich selbst* machen oder gemacht haben. Beides muß eine Wirkung seiner freien Willkür sein; denn sonst könnte es ihm nicht zugerechnet werden, folglich er weder *moralisch* gut noch böse sein.«[9] – Das Entscheidende im Erziehungsprozeß geschieht also durch denjenigen und in demjenigen, der erzogen werden soll. In »seiner freien Willkür« gründen die Chance und die Grenzen der Erziehung, ihr Gelingen und ihr Scheitern.

In seiner *Anthropologie in pragmatischer Hinsicht* von 1798 bringt *Kant* neben der technischen und pragmatischen Anlage des Menschen auch die *moralische* zur Sprache und setzt sich in diesem Zusammenhang erneut mit der Frage auseinander: »ob der Mensch von Natur *gut*, oder von Natur *böse*, oder von Natur gleich für eines oder das andere empfänglich sei«[10]. Und hier vertritt er die Ansicht, daß der Mensch »ein mit praktischem Vernunftvermögen und Bewußtsein der Freiheit seiner Willkür ausgestattetes Wesen (eine Person) ... seiner angebornen Anlage nach (von Natur) *gut*« sei, daß aber andererseits die Erfahrung klar erweise, wie sehr im Menschen auch »ein Hang ... zum *Bösen*« existiert, »der sich so unausbleiblich und so früh regt, als der Mensch nur von seiner Freiheit Gebrauch zu machen anhebt, und darum als angeboren betrachtet werden kann«, so daß der Mensch »auch als (von Natur) böse« beurteilt werden muß.

Angesichts der Bestimmung des Menschen bleibt als »Summe der pragmatischen Anthropologie« und im Blick auf die daraus zu ziehenden pädagogischen Konsequenzen folgendes zu bedenken, wobei *Kant* auch deutlich die pädagogische Grenzproblematik anklingen läßt: »Der Mensch ist durch seine Vernunft bestimmt, in einer Gesellschaft mit Menschen zu sein und in ihr sich durch Kunst und Wissenschaften zu *cultiviren*, zu *civilisiren* und zu *moralisiren*, wie groß auch sein thierischer Hang sein mag, sich den Anreizen der Gemächlichkeit und des Wohllebens, die er Glückseligkeit nennt, *passiv* zu überlassen, sondern vielmehr *thätig*, im Kampf mit den Hindernissen, die ihm von der Rohigkeit seiner Natur anhängen, sich der Menschheit würdig zu machen. Der Mensch muß also zum Guten *erzogen* werden; der aber, welcher ihn erziehen soll, ist wieder ein Mensch, der noch in der Rohigkeit der Natur liegt und nun doch dasjenige bewirken soll, was er selbst bedarf. Daher die beständige Abweichung von seiner Bestimmung mit immer wiederholten Einlenkungen zu derselben.«[11]

Kant geht im weiteren Verlauf seiner Abhandlung auf »die Schwierigkeiten der Auflösung dieses Problems und die Hindernisse derselben« ein und setzt sich dabei auch mit der Anthropologie und Gesellschaftstheorie *Rousseaus* auseinander. Dieser »nahm an: der Mensch sei von *Natur* (wie sie sich vererben läßt) gut, aber auf negative Art, nämlich von selbst und absichtlich nicht böse zu sein, sondern nur in Gefahr, von bösen oder ungeschickten Führern und Beispielen angesteckt und verdorben zu werden. Da nun aber hiezu wiederum *gute* Menschen erforderlich sind, die dazu selbst haben erzogen werden müssen und deren es wohl keinen geben wird, der nicht (angeborne oder zugezogene) Verdorbenheit in sich hätte: so bleibt das Problem der moralischen Erziehung für unsere *Gattung* selbst der Qualität des

Princips, nicht blos dem Grade nach unaufgelöst, weil ein ihr angeborner böser Hang wohl durch die allgemeine Menschenvernunft getadelt, allenfalls auch gebändigt, dadurch aber doch nicht vertilgt wird«[12].

Gutes und Böses sind für *Kant* menschliche Fakten; und er jedenfalls rechnet in seinen anthropologischen und pädagogischen Reflexionen mit diesen Fakten. Er vermag sich sehr wohl vorzustellen, »daß die menschliche Natur immer besser durch Erziehung werde entwickelt werden«, und er findet diese Vorstellung »entzückend«[13]; aber er weiß auch: »aus so krummem Holze, als woraus der Mensch gemacht ist, kann nichts ganz Gerades gezimmert werden«[14]. –

Nur durch Erziehung vermag der Mensch *Mensch* zu werden; mit ihr steht und fällt das Fortschreiten der Menschheit aus dem Bösen hin zum Guten, steht und fällt der Fortschrittsprozeß, in dem sich das Menschengeschlecht *Kants* Auffassung entsprechend befindet. Jeder, der sich dieser wichtigen Aufgabe der Erziehung zuwendet, darf allerdings eines nie aus den Augen verlieren: *»Die Natur hat gewollt: daß der Mensch alles, was über die mechanische Anordnung seines thierischen Daseins geht, gänzlich aus sich selbst herausbringe und keiner anderen Glückseligkeit oder Vollkommenheit theilhaftig werde, als die er sich selbst frei von Instinct, durch eigene Vernunft, verschafft hat«*; daß alles, »selbst seine Einsicht und Klugheit und sogar die Gutartigkeit seines Willens ... gänzlich sein eigen Werk sein« sollten[15].

Der Erzieher bietet dabei Hilfestellung; mehr zu tun oder gar etwas sicher zu bewirken vermag er allerdings nicht.

Die deutschen Aufklärungspädagogen – für gewöhnlich Philanthropen genannt – dürfen grundsätzlich dem Kreis der pädagogischen Optimisten zugerechnet werden. Gleichwohl bietet ihr Denken auch genügend Ansatzpunkte zu einer realistischen pädagogischen Position. Zwei Beispiele mögen an dieser Stelle genügen.

So spricht *Christian Gotthilf Salzmann*[16] etwa recht deutlich die Grenzen der Erziehung *im Erzieher* an, wenn er gleich zu Beginn seines *Ameisenbüchleins oder Anweisung zu einer vernünftigen Erziehung der Erzieher* von 1806 schreibt: *»Von allen Fehlern und Untugenden seiner Zöglinge muß der Erzieher den Grund in sich selbst suchen.«* Und – vom Pessimismus gleichermaßen entfernt wie vom Optimismus – verdeutlicht er, was er mit dieser »harten Rede« eigentlich sagen will: »Meine Meinung ist gar nicht, daß der Grund von allen Fehlern und Untugenden seiner Zöglinge in dem Erzieher wirklich läge, sondern ich will nur, daß er ihn in sich suchen soll.«[17]

Im Blick auf die Grenzen der Erziehung, wie sie sich aus der Person des *Edukanden* ergeben, bekundet der Philanthrop *Peter Villaume*[18] eine realistische Einstellung, wenn er in seiner Abhandlung über die Frage: *Ob und in wiefern bei der Erziehung die Vollkommenheit des einzelnen Menschen seiner Brauchbarkeit aufzuopfern sey?* aus dem Jahr 1785 bei der Abwägung der Rechte des Einzelmenschen »auf innere Vortreflichkeit und Veredlung« einerseits und des Rechts der Gesellschaft »auf Brauchbarkeit« dieses Menschen für ihre Zwecke andererseits zur Feststellung gelangt: »Zum großen Gluecke hat uns die Natur einen großen Theil der Verlegenheit erspart, in welche wir gerathen wuerden, wenn alle Menschen vermoege ihrer angebornen Kraefte, auf hoehere Veredlung Anspruch machen koennten Sie hat wirklich eine betraechtliche Anzahl derselben auf Mittelmaeßigkeit angewiesen und eingeschraenkt.«[19]

Villaume will diese These allerdings nicht mißverstanden wissen. Sie besagt keineswegs, daß erzieherische und unterrichtliche Förderung nur einigen wenigen Hochbegabten zukommen sollte: *jeder* hat Anspruch auf die bestmögliche Förderung der in ihm angelegten Fähigkeiten; und der Philanthrop zeigt sich davon überzeugt, »daß jedes Individuum des Menschengeschlechts einer groeßeren Vollkommenheit faehig ist, als wozu die Mehresten gelangen. Dies muß man nie aus den Augen lassen«[20]; und dies besagt letztlich doch auch, daß die Grenzen der Erziehung nicht leichtfertig, nicht zu rasch und nicht zu eng gezogen werden dürfen.

Anmerkungen

1 *I. Kant:* Ausgewählte Schriften zur Pädagogik und ihrer Begründung. Besorgt von *H.-H. Groothoff* unter Mitwirkung von *E. Reimers.* Schöningh, Paderborn 1963, S. 11

2 Zitiert bei *W. Weischedel:* Die philosophische Hintertreppe. 34 große Philosophen in Alltag und Denken. Deutscher Taschenbuch Verlag, München 1977 (3. Aufl.), S. 181

3 *I. Kant:* Ausgewählte Schriften zur Pädagogik und ihrer Begründung, a.a.O., S. 13

4 Ebenda, S. 11 f.

5 Ebenda, S. 12 f.

6 Ebenda, S. 53; vgl. auch S. 15

7 *I. Kant:* Gesammelte Schriften. Herausgegeben von der Königlich Preußischen Akademie der Wissenschaften. Band VI: Die Religion innerhalb der Grenzen der bloßen Vernunft. Die Metaphysik der Sitten. Reimer, Berlin 1914, S. 26 ff.; vgl. auch *I. Kant:* Ausgewählte Schriften zur Pädagogik und ihrer Begründung, a.a.O., S. 95 ff.

8 *I. Kant:* Gesammelte Schriften. Band VI, a.a.O., S. 32 f. sowie *I. Kant:* Ausgewählte Schriften zur Pädagogik und ihrer Begründung, a.a.O., S. 100

9 *I. Kant:* Gesammelte Schriften. Band VI, a.a.O., S. 44 sowie *I. Kant:* Ausgewählte Schriften zur Pädagogik und ihrer Begründung, a.a.O., S. 105

10 *I. Kant:* Gesammelte Schriften. Herausgegeben von der Königlich Preußischen Akademie der Wissenschaften. Band VII: Der Streit der Fakultäten. Anthropologie in pragmatischer Hinsicht. Reimer, Berlin 1917, S. 324; vgl. auch *I. Kant:* Ausgewählte Schriften zur Pädagogik und ihrer Begründung, a.a.O., S. 77

11 *I. Kant:* Gesammelte Schriften. Band VII, a.a.O., S. 324 f. sowie *I. Kant:* Ausgewählte Schriften zur Pädagogik und ihrer Begründung, a.a.O., S. 77 f.

12 *I. Kant:* Gesammelte Schriften. Band VII, a.a.O., S. 325 ff. sowie *I. Kant:* Ausgewählte Schriften zur Pädagogik und ihrer Begründung, a.a.O., S. 78 ff.

13 *I. Kant:* Ausgewählte Schriften zur Pädagogik und ihrer Begründung, a.a.O., S. 12: *Über Pädagogik*

14 *I. Kant:* Gesammelte Schriften. Herausgegeben von der Königlich Preußischen Akademie der Wissenschaften. Band VIII: Abhandlungen nach 1781 (darunter: Idee zu einer allgemei-

nen Geschichte in weltbürgerlicher Absicht – 1784. Beantwortung der Frage: Was ist Aufklärung? – 1784). De Gruyter & Co., Berlin/Leipzig 1923, S. 23: *Idee zu einer allgemeinen Geschichte in weltbürgerlicher Absicht* – 1784

[15] Ebenda, S. 19; vgl. auch *M. Landmann:* De homine. Der Mensch im Spiegel seines Gedankens. Unter Mitarbeit von *G. Diem, N. Hinske, P.L. Lehmann, P.Chr. Ludz, M. Theunissen* und *E. Tielsch*. Alber, Freiburg/München 1962, S. 277 ff.; vgl. – was *Kants* Vorlesungen *Über Pädagogik* anlangt – auch folgende Ausgabe: *I. Kant:* Über Pädagogik. Herausgegeben von *Th. Dietrich*. Klinkhardt, Bad Heilbrunn/Obb. 1960

[16] Im thüringischen Sömmerda 1744 geboren, wirkt *Christian Gotthilf Salzmann* – der liebenswürdigste Repräsentant des Philanthropismus und zugleich der bedeutendste und erfolgreichste Praktiker dieser pädagogischen Bewegung im achtzehnten Jahrhundert – nach dem theologischen Studium als Prediger in Erfurt und lernt hier das soziale Elend der Bevölkerung in seiner ganzen Härte kennen. In dieser Situation reift in ihm der Plan, durch Aufklärung und Erziehung den Armen Wege aus der Not zu weisen und in einer familienähnlich strukturierten Anstalt das Beispiel einer »vernünftigen Erziehung« aufzuzeigen. Er sammelt zunächst bei *Johann Bernhard Basedow* am Dessauer Philanthropin Erfahrungen als Erzieher, kehrt diesem Institut und seinem unausstehlichen Leiter aber bald den Rücken und gründet 1784 in Schnepfenthal, nahe Gotha, sein Philanthropin, das er bis zu seinem Tod im Jahre 1811 leitet und das über einhundertsechzig Jahre lang – bis 1945 – Bestand hatte.

Angesichts seines sozialpädagogischen Engagements kann sich *Salzmann* durchaus mit *Johann Heinrich Pestalozzi* messen; und nicht zu Unrecht hat man ihn – neben dem großen Schweizer – *den* Klassiker der Familienpädagogik genannt (vgl. *U. Herrmann:* Die Pädagogik der Philanthropen. In: Klassiker der Pädagogik. Herausgegeben von *H. Scheuerl*. Erster Band: Von Erasmus von Rotterdam bis Herbert Spencer. Beck, München 1979, S. 156).

[17] *Chr.G. Salzmann:* Ameisenbüchlein oder Anweisung zu einer vernünftigen Erziehung der Erzieher. Herausgegeben von *Th. Dietrich*. Klinkhardt, Bad Heilbrunn/Obb. 1964 (2. Aufl.), S. 13

[18] *Peter Villaume* lebt von 1746 bis 1825. Er arbeitet als Erzieher und Schriftsteller aus dem Geist des Philanthropismus, wirkt als Prediger der französisch-reformierten Gemeinden in Schwerdt und Halberstadt und lehrt ab 1787 als Philosophieprofessor am Joachimsthaler Gymnasium in Berlin. 1793 emigriert er nach Dänemark und arbeitet dort im Bereich der Lehrerausbildung. In seiner Pädagogik – dargelegt in mehreren Abhandlungen in *Joachim Heinrich Campes Allgemeinem Revisionswerk* und konzipiert aus dem Geist der Französischen Revolution – bemüht er sich um eine Reform der körperlichen, moralischen und politischen Erziehung.

[19] *P. Villaume* in *J.H. Campe* (Hrsg.): Allgemeine Revision des gesamten Schul- und Erziehungswesens von einer Gesellschaft praktischer Erzieher. Dritter Teil. Bohn, Hamburg 1785, S. 567 f.

[20] Ebenda, S. 569; vgl. auch *P. Villaume* in *H. Blankertz* (Hrsg.): Bildung und Brauchbarkeit. Texte von J.H. Campe und P. Villaume zur Theorie utilitärer Erziehung. Westermann, Braunschweig 1965, S. 125 und S. 126

Johann Heinrich Pestalozzi

Es bleibt allemal fragwürdig, einen Menschen – mag er in seinem Wirkfeld auch noch so überragend erscheinen – als den Größten zu würdigen. Im Blick auf *Pestalozzi* beschleicht einen allerdings die Versuchung, dies zu tun. *Eduard Spranger* jedenfalls ist ihr erlegen: er nennt den Schweizer den »größten Erzieher der Neuzeit«[1]. – *Pestalozzi* hätte vermutlich bescheiden abgewunken oder auch dieses resignierend ertragen, denn wie zu seinen Lebzeiten, so mußte er auch nach seinem Tod so manches über sich ergehen lassen.

1746 in Zürich als Sohn eines Chirurgen geboren, lernt *Johann Heinrich Pestalozzi* während der Zeit, die er beim Großvater, einem Dorfpfarrer in der Nähe Zürichs, verlebt, früh die Not des Landvolkes kennen.
Nach dem Besuch des Gymnasiums, wo ihn Lehrer wie *Johann Jakob Bodmer* und *Johann Jakob Breitinger* in den Geist der Aufklärung einführen und mit *Jean-Jacques Rousseaus* Denken vertraut machen, entschließt er sich, Landwirt zu werden.
1769 heiratet er *Anna Schultheß*, eine Züricher Kaufmannstochter, deren Eltern gegen diese Verbindung sind, kauft Land auf dem Birrfeld bei Brugg und erbaut dort den »Neuhof«. 1770 schenkt ihm *Anna* einen Sohn. *Hans-Jakob* heißt er – wie *Rousseau*, in dessen Geist er erzogen wird. Dieser Sohn, das einzige Kind *Pestalozzis*, ist krank, und 1801 stirbt er – einunddreißigjährig – an Epilepsie.
Pestalozzi hat wenig Glück im Landbau; aber es ist nicht so sehr seine dürftige ökonomische Begabung als vielmehr eine Fülle äußerer Umstände, die ihn zum ersten Mal scheitern lassen. Er gestaltet den Neuhof nunmehr zu einer Erziehungsanstalt um, nimmt fünfzig arme Kinder auf und versucht neue Wege der Armenerziehung zu beschreiten. Aber auch mit diesem Unternehmen scheitert er an der ökonomischen Realität.
Selber verarmt, gerade noch ein Dach über dem Kopf, beginnt er sich eine Existenz als Schriftsteller aufzubauen. In der *Abendstunde eines Einsiedlers* – 1779/1780 verfaßt – zeigt er Wege zu einer Erneuerung der Gesellschaft und verleiht den wichtigsten Gedanken seiner Erziehungslehre erstmals Ausdruck.
1781 erscheint der erste Band seines vierteiligen Volksromans *Lienhard und Gertrud*, der ihn über Nacht in ganz Europa berühmt macht. In achtzehn Jahren entsteht ein umfangreiches literarisches Werk.
Da erreichen 1798 die Nachwirkungen der Französischen Revolution auch die Schweiz. Aufstände werden niedergeschlagen, Menschen getötet, und *Pestalozzi* erhält von der neuen Regierung den Auftrag, achtzig verwaiste und von Verwahrlosung bedrohte Kinder zu betreuen. Mit ganzem Herzen und bis zur physischen Erschöpfung widmet er sich diesen Kindern, pflegt sie, erzieht und unterrichtet sie und – scheitert doch abermals: das Kloster, in dem er mit seinen Kindern lebt, wird als Lazarett benötigt.
Er zieht sich in die Berge zurück und reflektiert über die Ereignisse des vergangenen halben Jahres. In seinem berühmten *Brief an einen Freund über seinen Aufenthalt in Stanz* hat er seine Erfahrungen und Einsichten aufgezeichnet; und wer – resignierend vor dem Umfang sei-

ner Schriften – nur diesen vergleichsweise kurzen Bericht lesen wollte, hätte doch viel über *Pestalozzi*, sein Wollen und seinen Geist erfahren.
Es folgen Jahre, in denen er sich verstärkt der Schule und der Unterrichtsproblematik zuwendet. Die Stationen heißen Burgdorf, Münchenbuchsee und Iferten, wo er den Höhepunkt seiner Laufbahn und zugleich sein schmerzlichstes Scheitern erlebt. In ihrer Glanzzeit beherbergt die Heimschule zu Iferten etwa einhundertfünfzig junge Menschen aus ganz Europa. Aus vielen Ländern kommen Besucher: Abgesandte von Regierungen und Privaterzieher mit ihren Schützlingen – *Friedrich Fröbel* beispielsweise, um den Geist *Pestalozzis* und seine Methode kennenzulernen und damit das eigene erzieherische Handeln zu Hause zu befruchten. Neben seinem Wirken als Hausvater arbeitet *Pestalozzi* unermüdlich an seinem literarischen Werk.
Ein Teil seiner Mitarbeiter in Iferten ist weder dem Ruhm des Hauses, in dem sie lehren und erziehen, noch dem grenzenlosen Vertrauen, das *Pestalozzi* ihnen entgegenbringt, gewachsen: Eifersucht und Streit vergiften mehr und mehr die Atmosphäre im Heim. Das Mißtrauen der erstarkenden Reaktion gegen *Pestalozzis* Vorstellungen über Volkserziehung beschleunigt nur noch den Verfall des Instituts.
1825 erfolgt seine Schließung, und *Pestalozzi* – inzwischen im achtzigsten Lebensjahr und seit zehn Jahren ohne den stützenden Arm seiner Frau; *Anna* war 1815 verstorben – zieht sich verbittert auf den Neuhof zurück, um dort doch noch den Plan, den er sein Lebtag lang mit sich getragen hat: die Gründung einer Armenanstalt zu realisieren. Aber der unselige Lehrerstreit in Iferten, Haß und übelste Unterstellungen verfolgen ihn bis in seine letzte Zuflucht.
Im Februar 1827 endet seine Wanderschaft. Auf dem Dorffriedhof zu Birr liegt er begraben.

Sein langes, an Erfahrungen mit dem Menschen überreiches Leben hindurch, in dem *Pestalozzi* Anerkennung und Erfolg ebenso zuteil wurden wie Mißgunst und Anfeindungen, in dem er neben Situationen der Beglückung mehrmals solche bitterster Enttäuschung, tiefster Verzweiflung und gänzlichen Scheiterns durchzustehen hatte – sein langes Leben hindurch beschäftigt ihn die Frage nach dem Menschen. Mehrfach stellt er sie; und in immer neuen Ansätzen bemüht er sich um eine Antwort.
Diese Frage findet sich bereits zu Beginn der Frühschrift des Dreiunddreißigjährigen *Die Abendstunde eines Einsiedlers:* »Der Mensch, so wie er auf dem Throne und im Schatten des Laubdaches sich gleich ist; der Mensch in seinem Wesen, was ist er?«[2] Der Einundfünfzigjährige stellt sie am Anfang seines philosophischen Hauptwerkes *Meine Nachforschungen über den Gang der Natur in der Entwiklung des Menschengeschlechts* erneut: *»Was bin ich, und was ist das Menschengeschlecht?«*[3] Und den Achtzigjährigen bewegt sie in seiner letzten großen Schrift, im *Schwanengesang* immer noch: *»Was ist die Menschennatur?* Was ist das eigentliche Wesen, was sind die unterscheidenden Merkmale der menschlichen Natur, *als solcher?«*[4] – Die Frage zielt immer auf den gleichen Gegenstand; aber die Antwort darauf erfährt einen Wandel.
Zunächst steht der junge Schweizer ganz unter dem Einfluß des verehrten Franzosen: in der *Abendstunde* sieht *Pestalozzi* den Menschen mit *Rousseau* als ursprüng-

lich unverdorben, *naturhaft gut*. Richtet sich der Mensch »nach den Bedürfnissen seiner Natur«, hält er sich an die »Wahrheit im Innersten seiner Natur«, an die Wahrheit, »die rein aus dem Innersten unsers Wesens geschöpft ist«, folgt er »dieser Bahn der Natur« – dann befindet er sich auf dem einzig wahren, dem richtigen Weg; denn »alle Menschenweisheit« gründet »auf der Kraft eines guten der Wahrheit folgsamen Herzens, und aller Menschensegen auf diesem Sinn der Einfalt und Unschuld«. Wer in sein eigenes Herz hineinschaut, der findet dort auch die Spuren Gottes, und wer in sein Herz hineinhorcht, der vernimmt den Willen Gottes: »Glauben an Gott, du bist der Menschheit in ihrem Wesen eingegraben, wie der Sinn vom Guten und Bösen, wie das unauslöschliche Gefühl von Recht und Unrecht.«[5]

Nichts anderes sagt eigentlich auch *Rousseau:* was Gott dem Menschen mitteilen wollte und welche Lebensführung Gott vom Menschen erwartet, das hat er ihm ins Herz geschrieben[6]. Und wie bei *Rousseau* so hat auch beim jungen *Pestalozzi* alle Erziehung in diesem ursprünglich reinen und guten Menschenherzen ihr Fundament und ihren Ausgangspunkt. Den »Sinn der Einfalt und Unschuld« gilt es zu bewahren: »Bildung der Menschheit zu diesem reinen Sinn der Einfalt und der Unschuld, du bist Vatersorge der Menschheit, daß die unverdorbene Grundlagen des Herzens den Gang seiner Geistesentwicklung schüzen und richtig leiten.«[7]

Wohl ist hier neben »schützen« auch von »richtig leiten« die Rede; und bereits in dieser Schrift geht *Pestalozzi* über *Rousseau* hinaus. Er widerspricht ihm gar, wenn er den Wert der Familienerziehung als der *ersten* Erziehung mehrfach unterstreicht, indem er die Bedeutung von Mutter und Vater für das Menschenkind hervorhebt und im »Vaterhaus« die »Grundlage aller reinen Naturbildung der Menschheit« und die »Schule der Sitten und des Staats« erblickt[8]. Und – im Unterschied zu *Rousseau* – bemüht er sich bereits hier um die Nähe zur *Wirklichkeit* und um ihre Erkenntnis, wenn er immer wieder von den »nähesten Angelegenheiten«, den »nähesten Verhältnissen«, den »Realverbindungen«, der »Realkentniß«, den »Realgegenständen« und ihrer Bedeutung für die Gewinnung von »Wahrheit und Weisheit«, und von der »Individualbestimmung des Menschen« redet[9].

Gewiß widerspricht *Pestalozzi* bereits in dieser Frühschrift dem Franzosen; aber eines steht fest, und hier herrscht Übereinstimmung zwischen beiden: der Mensch braucht nicht erst zum Guten bewegt zu werden – er ist von Anfang an gut. Und wenn es durch Erziehung gelingt, ihn so zu bewahren, dann eröffnen sich der Menschheit Perspektiven, die recht optimistisch stimmen.

Die Begeisterung *Pestalozzis* für *Rousseau* wandelt sich allerdings mehr und mehr zu einer kritisch-distanzierten Haltung. Ganz deutlich gibt dies der Achtzigjährige in seinem *Schwanengesang* zu erkennen: »So wie sein Emil erschien, war mein im höchsten Grad unpraktischer Traumsinn von diesem ebenso im höchsten Grad unpraktischen Traumbuch enthusiastisch ergriffen. Ich verglich die Erziehung, die ich im Winkel meiner mütterlichen Wohnstube und auch in der Schulstube, die ich besuchte, genoß, mit dem, was Rousseau für die Erziehung seines Emils ansprach

und forderte. Die Hauserziehung, so wie die öffentliche Erziehung aller Welt und aller Stände erschien mir unbedingt als eine verkrüppelte Gestalt, die in Rousseau's hohen Ideen ein allgemeines Heilmittel gegen die Erbärmlichkeit ihres wirklichen Zustandes finden könne und zu suchen habe. Auch das durch Rousseau neu belebte, idealisch begründete Freiheitssystem erhöhte das träumerische Streben nach einem größern, segensreichen Wirkungskreise für das Volk in mir.«[10]
Pestalozzi macht neue Erfahrungen, lernt hinzu, und zwischen 1781 und 1787 verfaßt er einen vierteiligen Roman: *Lienhard und Gertrud*, in dem er zwar seinen Glauben an das Gute im Menschen abermals bekräftigt, in dem aber auch Zweifel an dieser Güte spürbar werden und in dessen *viertem Teil* er dann doch ein ganz anderes Bild des ursprünglichen Menschen zeichnet, indem er ihn »von Natur, wenn er sich selbst überlassen wild aufwächst, träg, unwissend, unvorsichtig, unbedachtsam, leichtsinnig, leichtgläubig, furchtsam, und ohne Gränzen gierig, ... krumm, verschlagen, heimtückisch, mißtrauisch, gewaltsam, verwegen, rachgierig, und grausam« nennt. »Das ist der Mensch, wie er von Natur, wenn er sich selbst überlassen, wild aufwächst, werden muß; er raubet wie er ißt, und mordet wie er schläft. – Das Recht seiner Natur ist sein Bedürfniß, der Grund seines Rechts ist sein Gelust, die Gränzen seiner Ansprüche ist seine Trägheit, und die Unmöglichkeit weiters zu gelangen. In diesem Grad ist es wahr, daß der Mensch, so wie er von Natur ist, und wie er, wenn er sich selbst überlassen, wild aufwächst, und seiner Natur nach nothwendig werden muß, der Gesellschaft nicht nur nichts nütz, sondern ihr im höchsten Grad gefährlich und unerträglich ist. Desnahen muß sie, wenn er für sie einigen Werth haben, oder ihr auch nur erträglich seyn soll, aus ihm etwas ganz anders machen, als er von Natur ist, und als er, wenn er sich selbst überlassen wild aufwächst, werden könnte.«[11]
Nunmehr weiß *Pestalozzi* um die Ambivalenz der menschlichen Natur, um die Existenz antinomischer Elemente im Menschen und ihren ständigen Kampf miteinander; und sein weiteres literarisches Werk gibt Zeugnis von seinem lebenslangen Ringen um eine Antwort auf die Frage nach dem Menschen, auf das Warum dieses tiefen Zwiespalts in dessen Natur und auf das Wie einer Lösung der aus diesem Zwiespalt entstehenden Probleme – einer Lösung vor allem mit Hilfe der *Erziehung*.
In einer Stelle seiner Schrift *Wie Gertrud ihre Kinder lehrt* bricht wieder der alte Glaube durch: »der Mensch ist gut und will das Gute; er will nur dabey auch wohl seyn, wenn er es thut; und wenn er böse ist, so hat man ihm sicher den Weg verrammelt, *auf dem er gut seyn wollte*. O es ist ein schrekliches Ding um dieses Wegverrammeln! – und es ist so allgemein, und der Mensch ist deshalb auch so selten gut! Aber dennoch glaube ich ewig und allgemein an das Menschenherz, und gehe jezt in diesem Glauben meine bodenlose Straße, wie wenn sie ein römisch gepflasterter Weg wäre«[12]. – Ist es doch die Gesellschaft, die den Menschen schlecht werden läßt? Oder ist es der Mensch, der der Gesellschaft zur Gefahr gereicht? Heißt *Erziehung* nur: den ursprünglich guten Menschen *schützen* und *bewahren* – *negative* Erzie-

hung; oder bedarf es wegen der zwiespältigen Natur des Menschen auch und vor allem der *positiven* Erziehung: der *richtigen Leitung* und *Zucht*?
1797 veröffentlicht *Pestalozzi* sein philosophisch-anthropologisches Hauptwerk – seine *Nachforschungen*. Darin beschreibt er die Aufeinanderfolge und das Ineinanderverwobensein der drei Zustände der Menschheit und des Menschen: den *»Naturstand«*, den *»gesellschaftlichen Zustand«* und den *»sittlichen Zustand«* – oder anders formuliert: den Menschen als *»Werk der Natur«*, als *»Werk meines Geschlechts, als Werk der Welt«* und als *»Werk meiner selbst«*. Und hier spricht er nicht nur vom »unverdorbenen Naturmenschen« – von einem Zustand, in dem sich der Mensch nur einen Augenblick befinde, sondern ebenso vom »verdorbenen«: »der Mensch, wie er aus der Hand der Natur kommt, ist er ganz Unschuld, und es scheint unstreitig, die innere Reinheit seiner Natur, und die wirkliche Unverdorbenheit derselben, geht von dem Punkt dieser Unschuld aus, den wir freilich an ihm nur ahnden, aber nicht kennen. Sie waren bei ihm, wie beim Kinde, in dem Augenblick da, da es ganz ohne Kunde des Uebels lebte, so wie sie da war, gieng sie vorüber, mit der Erkenntniß des ersten Irrthums, der ersten Täuschung, war der Punkt schon überschritten, von dem die Unverdorbenheit seiner Natur eigentlich ausgeht. Von diesem Augenblick an entfernt sich der Mensch, wie das Kind, mit iedem Irrthum, mit ieder Täuschung, immer weiter von diesem Punkt bis ins Unendliche«[13].
Nunmehr weiß *Pestalozzi*, daß der Mensch *beides* sein kann: gut *und* böse; jetzt weiß er, daß der Mensch nicht aus sich allein existieren kann, daß er aber – neben den Hilfen, deren er ohne allen Zweifel bedarf – doch auch *selbst* entscheidenden Einfluß auf sein Leben und auf die gesellschaftlichen Verhältnisse zu nehmen vermag: »Soviel sahe ich bald, die Umstände machen den Menschen, aber ich sahe eben sobald, der Mensch macht die Umstände, er hat eine Kraft in sich selbst, selbige vielfältig nach seinem Willen zu lenken.«[14]
Es ist nur eine logische Konsequenz aus dieser realistischen Position, wenn *Pestalozzi* jegliche idealistische Ethik ablehnt: »Reine Sittlichkeit streitet gegen die Wahrheit meiner Natur, in welcher die thierischen, die gesellschaftlichen und die sittlichen Kräfte nicht getrennt, sondern innigst mit einander verwoben, erscheinen.«[15]
Bereits in seiner zehn Jahre früher verfaßten Schrift *Über die Entstehung der sittlichen Begriffe in der Entwicklung der Menschheit* vertritt er diese am wirklichen Menschen orientierte Sittlichkeitslehre, indem er deutlich den Zusammenhang zwischen menschlichen »Thathandlungen und Gemüthsstimmungen« einerseits und den »Begriffen von Gut und Bos, von Dank und Undank« andererseits herausarbeitet und es als »die große Wahrheit« bezeichnet, daß der Mensch »weder der Sittlichkeit noch der Wahrheit unabhangend von *seinem* Intresse fehig« sei[16].
Wann immer *Pestalozzi* vom Menschen redet, wird deutlich, wie sehr er sich um die Erkenntnis und Wiedergabe der *Wirklichkeit* bemüht. Ein frühes Zeugnis dafür liefert – neben der *Abendstunde* – die Wochenschrift *Ein Schweizer-Blatt*, in der der Sechsunddreißigjährige betont: »das Bild des Menschen in seiner tiefsten Entstel-

lung, ist auch gut so würdig dem Menschenforscher vorgestellt zu werden; als das Bild der Menschheit in seinen seltenen Höhen, und ich liebe überhaupt die Menschheit ohne Flügel und ohne Hörner kennen zu lernen, und der krankne und schwache hat gemeiniglich beydes dieses am wenigsten. Der elende im Tollhaus ist Mensch wie ich, und mir immer mehr Spiegel meiner selbst, als der Priester, dessen Rauchfaß ihn mit Nebel umhüllet«[17].

Und der bald Siebzigjährige unterstreicht in *An die Unschuld, den Ernst und den Edelmuth meines Zeitalters und meines Vaterlandes* abermals die Zwiespältigkeit der menschlichen Natur und berührt dabei auch die damit verbundene pädagogische Problematik: »Es ist wichtig, daß die Zeitwelt es tief fühle, daß die Bildung des Menschen zu allem, was er ist, von gedoppelten Fundamenten ausgehe; *erstlich*, von einem Sinnlichen, das er mit allen Thieren des Feldes gemein hat; *zweytens*, von dem höhern, allein menschlichen Wesen unsrer innern Natur, das ihn von allen Wesen der Erde unterscheidet.«[18]

Wer dem Menschen bei seiner Selbstverwirklichung behilflich sein will, der muß ihn erst kennen, so wie er *wirklich ist*. – In seiner *Rede am zweiundsiebenzigsten Geburtstage* bekräftigt *Pestalozzi* diese seine Überzeugung: »die Erziehungskunst müsse wesentlich und *in allen ihren Theilen* zu einer Wissenschaft erhoben werden, die aus der tiefsten Kenntnis der Menschennatur hervorgehen und auf sie gebaut werden muß. Ich bin freylich ferne von der Erkenntnis dieser Wissenschaft. Sie liegt kaum als vollendete Ahndung in meiner Seele«[19].

Man hat *Pestalozzi* wegen seines Glaubens an das Gute im Menschen, wegen seiner grenzenlosen Liebe zum konkreten Menschen mit all seinen Schwächen und Bedürfnissen und wegen seines Vertrauens in die Möglichkeiten der Erziehung zuweilen der idealistisch-optimistischen Position zuordnen wollen. 1815 schrieb der Schweizer in *An die Unschuld, den Ernst und den Edelmuth meines Zeitalters und meines Vaterlandes: »Es ist für den sittlich, geistig und bürgerlich gesunkenen Welttheil keine Rettung möglich, als durch die Erziehung, als durch die Bildung zur Menschlichkeit, als durch Menschenbildung!* Es ist für die Erhebung des Welttheils und auch für deine Wiederherstellung, theures, gesunkenes Vaterland! kein Rettungsmittel wahrhaft wirksam, als eine psychologisch tief erforschte Ausbildung der sittlichen, geistigen und Kunstanlagen unsers Geschlechts.«[20]

Siegfried Bernfeld nennt diese Stelle einen »prächtigen Satz des Pestalutz« und bewertet sie »als feige Selbstberuhigung ... angesichts der sozialen Grenzen der Erziehung«[21]. Aber *Bernfeld* vermag mit diesem Urteil *Pestalozzi* nicht zu treffen. Dieser hatte in seinem langen Leben Zeit und Gelegenheit genug, sich von allen Illusionen, die ihn in seinen jüngeren Jahren beflügelten, zu lösen. Er erfuhr recht früh schon, was Not und Bedürftigkeit bedeuten und wie sehr das Menschenkind auf Erziehung als Lebenshilfe angewiesen ist.

Ausdrücklich widerspricht er dem *rationalistischen Optimismus*, wie ihn beispielsweise *Leibniz* vertrat: was helfen schon »die Lehrsäze von überwiegendem Guten«, fragt er in der *Abendstunde*. »Tröstet oder beruhigt dich das, daß das Glück das

Unglück im Ganzen überwiege. Wenn Flammen des Jammers über deinem Scheitel brennen und dich zerstören – tröstet dich dieses Gerede der Weisen.«[22]
Bei aller anfänglichen Begeisterung für *Rousseau:* von dessen *Entwicklungsoptimismus* und seiner Theorie der negativen Erziehung rückt *Pestalozzi* gleichfalls ab. Und so unterscheidet sich *sein* Bild vom Menschen deutlich von den rationalistisch-aufklärerischen und von allen idealistischen anthropologischen Vorstellungen.
Ebenso distanziert er sich von allen *pessimistischen* Thesen über den Menschen und verteidigt ihn ausdrücklich gegenüber jenen, die ihn als gänzlich korrumpiert und als total unbeeinflußbar denunzieren.
Er weiß um die *Erziehungsbedürftigkeit* des Menschenkindes, um die *Notwendigkeit* der Erziehung. Aber oft genug stößt er auch auf die *Grenzen*, die ihr gesetzt sind: auf dem Neuhof und in Stans, in Münchenbuchsee und in Iferten – Grenzen in seinen Schützlingen; Grenzen durch äußere Verhältnisse: durch das Scheitern wirtschaftlicher Projekte; durch Streitigkeiten mit seinen Mitarbeitern und durch deren Zwistigkeiten untereinander; Grenzen schließlich in seiner eigenen Person. Diese Erfahrungen lehren ihn, Erziehung als *Angebot* und als *Hilfe* zu begreifen, als »Handbiethung«[23] zur Lösung einer Aufgabe, die jedem Menschenkind gestellt ist, die jeder Mensch aber – als *Werk seiner selbst* – zuvörderst auch selbst zu lösen hat.
Überblickt man *Pestalozzis* Bemühungen um eine Antwort auf die Frage nach dem Menschen, dann wird man *Heinrich Roth* zustimmen müssen, wenn er die Gesamtheit dieser Anstrengungen als *»pädagogische Realanthropologie«* bewertet und zu dem Ergebnis gelangt, daß *Pestalozzi* – von optimistischer Verstiegenheit und pessimistischer Gelähmtheit gleichermaßen entfernt – »die Möglichkeit des Menschen, zum sittlich guten Leben durchzubrechen, ... zwischen dem Entschluß zur sittlichen Selbstbestimmung und der Kraft zur Liebe, zwischen der Gnade, die dem Menschen zuteil wird, und der Anstrengung der Erziehung« ausgespannt sieht[24].

Anmerkungen

Zitiert wird nach folgender Ausgabe: *Johann Heinrich Pestalozzi:* Sämtliche Werke und Briefe. Kritische Ausgabe. Begründet von *A. Buchenau, E. Spranger* und *H. Stettbacher*. Redaktion: 1923–1938: *W. Feilchenfeld Fales*; seither: *E.M. Dejung*. Zuerst erschienen Werke im Verlag Walter de Gruyter & Co., Berlin (seit 1927); Briefe im Orell Füssli Verlag, Zürich (seit 1946). Seit 1956 erscheinen Werke und Briefe im Orell Füssli Verlag, Zürich. Es wird nur aus den Werken – nicht aus den Briefen – zitiert. Die Zahl vor dem Schrägstrich bezeichnet die Bandzahl, die Zahl nach dem Schrägstrich die Seitenzahl(en).

1 *E. Spranger* zitiert bei *Th. Dietrich:* Geschichte der Pädagogik in Beispielen. 18.–20. Jahrhundert. Klinkhardt, Bad Heilbrunn/Obb. 1970, S. 140

2 1/265: *Die Abendstunde eines Einsiedlers* – 1779/1780

3 12/6: *Meine Nachforschungen über den Gang der Natur in der Entwiklung des Menschengeschlechts* – 1797

4 28/57: *Pestalozzi's Schwanengesang* – 1826

[5] 1/265–273: *Die Abendstunde eines Einsiedlers* – 1779/1780

[6] *J.-J. Rousseau:* Emil oder Über die Erziehung. Vollständige Ausgabe. In neuer deutscher Fassung besorgt von *L. Schmidts.* Schöningh, Paderborn 1975 (3. Aufl.), S. 211: »Und was Gott will, daß der Mensch tun soll, das läßt er ihm nicht durch einen anderen Menschen sagen: er sagt es ihm selber; er schreibt es ihm ins Herz.«

[7] 1/270: *Die Abendstunde eines Einsiedlers* – 1779/1780

[8] 1/266 und 271: *Die Abendstunde eines Einsiedlers* – 1779/1780

[9] 1/266 f.: *Die Abendstunde eines Einsiedlers* – 1779/1780

[10] 28/224: *Pestalozzi's Schwanengesang* – 1826

[11] 3/330 f.: *Lienhard und Gertrud. Ein Buch für's Volk. Vierter und lezter Theil* – 1787

[12] 13/244: *Wie Gertrud ihre Kinder lehrt, ein Versuch den Müttern Anleitung zu geben, ihre Kinder selbst zu unterrichten, in Briefen* – 1801

[13] 12/70 ff.: *Meine Nachforschungen über den Gang der Natur in der Entwiklung des Menschengeschlechts* – 1797

[14] 12/57: *Meine Nachforschungen über den Gang der Natur in der Entwiklung des Menschengeschlechts* – 1797

[15] 12/109 f.: *Meine Nachforschungen über den Gang der Natur in der Entwiklung des Menschengeschlechts* – 1797

[16] 9/440 und 446: *Über die Entstehung der sittlichen Begriffe in der Entwicklung der Menschheit* – 1786/1787

[17] 8/120: *Ein Schweizer-Blatt* – 1782

[18] 24 A/16: *An die Unschuld, den Ernst und den Edelmuth meines Zeitalters und meines Vaterlandes. Ein Wort der Zeit* – 1815

[19] 25/284: *Rede von Pestalozzi an sein Haus an seinem zweiundsiebenzigsten Geburtstage, den 12. Jänner 1818*

[20] 24 A/165: *An die Unschuld, den Ernst und den Edelmuth meines Zeitalters und meines Vaterlandes. Ein Wort der Zeit* – 1815

[21] *S. Bernfeld:* Sisyphos oder die Grenzen der Erziehung. Suhrkamp, Frankfurt am Main 1973 (10.-13. Tausend), S. 125

[22] 1/274: *Die Abendstunde eines Einsiedlers* – 1779/1780

[23] 13/197: *Wie Gertrud ihre Kinder lehrt, ein Versuch den Müttern Anleitung zu geben, ihre Kinder selbst zu unterrichten, in Briefen* – 1801

[24] *H. Roth:* Pädagogische Anthropologie. Band I: Bildsamkeit und Bestimmung. Schroedel, Hannover/Berlin/Darmstadt/Dortmund 1966, S. 295 und S. 306; vgl. auch *F. Blättner:* Geschichte der Pädagogik. Quelle & Meyer, Heidelberg 1961 (10. Aufl.), S. 104 ff., besonders S. 107 bis S. 110; *Th. Dietrich:* Geschichte der Pädagogik in Beispielen. 18.–20. Jahrhundert. Klinkhardt, Bad Heilbrunn/Obb. 1970, S. 118 ff., besonders S. 120 bis S. 134; *M. Landmann:* De homine. Der Mensch im Spiegel seines Gedankens. Unter Mitarbeit von *G. Diem, N. Hinske, P.L. Lehmann, P.Chr. Ludz, M. Theunissen* und *E. Tielsch.* Alber, Freiburg/München 1962, S. 342 bis S. 354

Pädagogische Realisten in der klassischen und romantischen Epoche

Die meisten Pädagogen der *Goethezeit* teilen keineswegs mehr den flachen rationalistischen Erziehungsoptimismus, wie er in der Aufklärungsepoche lebendig war. Viele von ihnen neigen aber doch zu einer recht erwartungsvollen Einstellung, wenn sie über die Möglichkeiten der Erziehung nachdenken, wobei wiederum ein beachtlicher Teil unter ihnen diese hoffnungsfrohe Haltung sehr wohl mit einem klaren Blick für die Wirklichkeit und für die Grenzen erzieherischen Handelns zu verbinden weiß und jene realistische Einstellung bezeugt, die *Johann Wolfgang von Goethe*[1] in folgenden Versen artikuliert hat:

> »Denn wir können die Kinder nach unserem Sinne nicht formen;
> So wie Gott sie uns gab, so muß man sie haben und lieben,
> Sie erziehen aufs beste und jeglichen lassen gewähren.
> Denn der eine hat die, die anderen andere Gaben;
> Jeder braucht sie, und jeder ist doch nur auf eigene Weise
> Gut und glücklich.«[2]

In diesen Worten klingt *Goethes* zentrales pädagogisches Thema an: *das Kennenlernen der je eigenen Möglichkeiten, deren Förderung und die Beschränkung darauf.* »Keiner sei gleich dem andern; doch gleich sei jeder dem Höchsten. Wie das zu machen? Es sei jeder vollendet in sich.«[3]

Gelingt es dem einzelnen, sich zu *bescheiden* und sich so zu akzeptieren, wie er nun einmal ist – für *Goethe* sind die »meisten Menschen, selbst die vorzüglichen, ... nur beschränkt« – gelingt es dem Menschen, die *ihm* eigenen Anlagen zu verwirklichen, dann leistet er mehr für seine und der Menschheit Vollendung, als wenn er sich alle erdenklichen Fähigkeiten anbilden und zueignen wollte: »Nur alle Menschen machen die Menschheit aus, nur alle Kräfte zusammengenommen die Welt... alles das ... muß ausgebildet werden; aber nicht in einem, sondern in vielen. Jede Anlage ist wichtig, und sie muß entwickelt werden.«[4]

Die dem einzelnen Menschen erreichbare Vollendung, seine ihn von allen anderen unterscheidende, in einem langen Entfaltungsprozeß transparent gewordene leiblich-geistige, gesamtmenschliche Eigenart bezeichnet der Dichter mit dem Wort *Persönlichkeit* und wertet sie als »höchstes Glück der Erdenkinder«[5]. Sie bedeutet für ihn die konkret nicht analysierbare, innig verschmolzene Einheit menschlicher Bedingtheit und Freiheit; und der einzelne Mensch kann sie nur erreichen, indem er dem Reiz der Vielfalt entsagt, sich auf *seine* Möglichkeiten beschränkt und so der Gemeinschaft, in der er lebt und die ihn trägt, von seinem Platz aus dient: »Der geringste Mensch kann komplett sein, wenn er sich innerhalb der Grenzen seiner Fähigkeiten und Fertigkeiten bewegt...«[6] – »Ja es ist jetzo die Zeit der Einseitigkeiten; wohl dem, der es begreift, für sich und andere in diesem Sinne wirkt... Mach' ein Organ aus dir und erwarte, was für eine Stelle dir die Menschheit im allgemeinen Leben wohlmeinend zugestehen werde... Sich auf ein Handwerk zu beschrän-

ken ist das beste. Für den geringsten Kopf wird es immer ein Handwerk, für den besseren eine Kunst sein, und der beste, wenn er eins tut, tut er alles, oder, um weniger paradox zu sein, in dem einen, was er recht tut, sieht er das Gleichnis von allem, was recht getan wird.«[7]
Der Realist *Goethe* weiß, daß jeder erzieherische Formungswille und alle Selbstbildungsbemühungen auf Grenzen stoßen. Aber dieses Faktum bedeutet für den einzelnen und für die Gesellschaft keineswegs ein Unglück.

Goethes zwei Jahre jüngerer Zeitgenosse *Johann Michael Sailer*[8] artikuliert in seiner Schrift *Über Erziehung für Erzieher* – obgleich er mehrmals im Blick auf das kindliche Vorstellungsvermögen das Bild von der *»tabula rasa«* gebraucht[9] – im Kapitel über die *»Sittliche Erziehung«* entgegen *Rousseaus* naturalistisch-optimistischer Anthropologie und Erziehungstheorie die »Anlagen zum Bösen im Zögling«, »ein angebornes Verderbnis« als »Abfall der ursprünglichen Menschheit von Gott«.
Wird diesen Anlagen, die es verursachen, daß Kinder nicht nur zum Bösen verführbar sind, sondern »gar leicht ihre Selbstverführer« werden, nicht in einem *»Defensiv- und Offensivkrieg wider alles Böse und für alles Gute«* entgegengearbeitet, dann ist mit einer »Ernte des Lasters« zu rechnen, die »nicht nur Schwäche, Gebrechlichkeit, Unmündigkeit, sondern auch Neid, Schadenfreude, Tücke, Lügenhaftigkeit, Kränkung anderer und Kränkungslust, Herrschsucht usw.« sichtbar werden läßt.
»Das Verderben darf nicht erst in die Menschennatur hineingetragen werden, es ist schon darin, und die ganze moralische Erziehungskraft hat keine andere *Pflicht* als *der Entwicklung des Bösen entgegen- wie dem Guten in die Hände zu arbeiten.*«[10]
Diese anthropologische Ausgangslage erfordert in den Augen *Sailers* ganz klar den Einsatz *positiver*, also unterstützender *und* gegenwirkender Erziehungsmaßnahmen, von denen allerdings keine Wunder erwartet werden dürfen: sie können »den Menschen nicht gut machen«; aber sie können »doch nicht nur die Unarten entfernen, sondern auch das Übergewicht der Sinnlichkeit, das dem Guten im Wege steht, schwächen helfen und werden in dieser Hinsicht nicht selten unentbehrlich«[11].

1796 veröffentlicht *August Hermann Niemeyer*[12] seine *Grundsätze der Erziehung und des Unterrichts für Eltern, Hauslehrer und Erzieher*. Dort findet sich ein Kapitel *»Von der Bildung des Begehrungsvermögens oder moralische Erziehung«*, in dem der Verfasser der *»ursprünglichen moralischen Beschaffenheit der Kinder«* und den *»unleugbaren Erfahrungen über den moralischen Zustand der Kinder«* gesonderte Abschnitte widmet[13].
Darin distanziert er sich klar von den Verfechtern der beiden Extrempositionen, die entweder »in Kindern nichts als *lauter Gutes*« sehen und »ein Gemählde von einer *Unschuldswelt*« entwerfen oder – entsprechend »der kirchlichen Dogmatik über die menschliche Natur« – »eine *gänzliche Verdorbenheit* aller Triebe und Neigungen, daher auch eine *gänzliche Unfähigkeit zu allem wahren Guten*« zugrunde legen

beziehungsweise – einigen Stimmen »in der neuesten Philosophie« entsprechend – die Existenz »eines *radikalen Bösen*«, den *»Hang zum Bösen«* behaupten.
Für *Niemeyer* zählt zu den gesicherten Erfahrungen über den moralischen Zustand der Kinder, daß diese »unleugbar *Anlagen* zu moralisch guten Neigungen, Gesinnungen und Handlungen« besitzen, daß sie aber auch leicht verführbar sind und »einen Hang zu so manchem haben, was man in reifern Jahren *Unrecht* oder *Böse* nennt«.
Wie es im Einzelfall zur Ausformung des einen oder des anderen kommt – eine Frage, die für den Erzieher im Blick auf »den Erfolg seiner Arbeit« von einiger Bedeutung ist; wo die »Ursachen« für bestimmte Entwicklungen zu suchen sind: diese Fragen bleiben oft genug unbeantwortet; und es gibt bei Kindern Charakterzüge, die sich »nicht erklären lassen«[14].
Was aber die Ausgangslage des Menschenkindes anlangt, so betont *Niemeyer:* »Da übrigens *sittliche Güte* und eigentliche *Tugend* nur ein Product der *Freyheit* ist, folglich ehe der Mensch zum Gebrauch einer freyen Vernunftthätigkeit gelangt ist, ihm gar nicht zugeschrieben werden kann, so kann man auf keinen Fall von Kindern sagen, dass sie *positiv gut* oder *positiv böse* sind, aber wohl, dass die Keime zum Guten und zum Bösen, wenn gleich in verschiedenen Verhältnissen und Würkungen in ihnen liegen.«[15]
Was aus diesen Keimen entstehen wird, darüber bestimmt der Erzieher keineswegs alleine; wobei *Niemeyer* deutlich auch die Möglichkeit des *Scheiterns in der Erziehung* anspricht und eine Reihe von Gründen dafür nennt, warum auch die *»beste Erziehung misslingen«* kann: oft genug sei nämlich die beste Erziehung nicht die *weiseste*, und so bewirke beispielsweise eine bestimmte Art religiöser Erziehung Irreligiosität. Manche Eltern beachteten zu wenig die Individualität ihrer Kinder. Gegenüber dem Einfluß anderer Menschen und der den Edukanden »umgebenden Umstände« erwiesen sich die Anstrengungen des Erziehers nicht selten als zu schwach. Dann werde oft auch die *»innere Kraft«* des Edukanden übersehen, mit der er sich allen erzieherischen Einflüssen entgegenzusetzen oder diese zu ersetzen vermag[16].
Es nützt weder dem Edukanden noch dem Erzieher selbst, wenn letzterer sich über den Erfolg seiner Anstrengungen etwas vormacht. Kein Menschenkind ist im Blick auf sein Anlagenpotential und sein Verhalten total analysierbar und voll erfahrbar; und dieser Umstand »macht es so schwer, zu bestimmen, was eigentlich an einem Menschen ist, und was kuenftig aus ihm werden wird, wenn sich seiner Entwickelung nichts entgegensetzt. Der praktische Erzieher wird also, gleich dem praktischen Arzte, sehr oft nur im Dunkeln arbeiten; wo er unentschieden ist, wird er vorsichtig versuchen, was am besten anschlaegt; auch wohl einmal ein Wagestueck machen, eine heroische Cur, wo schleunige Huelfe noethig ist. Wie dem Arzte das Krankenhaus, so ist das Leben unter der Jugend seine Schule, wo er in der Regel mehr lernt, als aus allen Systemen; vorausgesetzt, daß er, unbefangen von Systemphilosophie, aber mit freyem philosophischem Geiste Beobachtungen anstellt, und

seine Methode durch jeden gelingenden oder mißlingenden Versuch fester und vollstaendiger macht«[17].

Ähnlich wie *Niemeyer* setzt sich auch *Friedrich Heinrich Christian Schwarz*[18] in seinem *Lehrbuch der Erziehungs- und Unterrichtslehre* von 1805 von allen *»einseitigen Erziehungsweisen«* ab: von der *»sklavischen«*, die nur die »thierische Seite« des Menschen im Auge habe und diesen »als ein unfreies Wesen« betrachte, das der *Dressur* bedürfe; von der *»philanthropistischen«*, die zwar berücksichtige, daß der Mensch »ein freies, ein vernünftiges Wesen« sei, die damit gegebene Möglichkeit der Entscheidung zum Bösen aber nicht wahr haben wolle und den Menschen als nur *gut* ansehe, so daß man das Menschenkind getrost seinem natürlichen Wachstum überlassen dürfe; und ebenso von der *»methodistischen«*, die auf der Anschauung beruhe, daß »jedes Kind ursprünglich bös sey, und hiernach behandelt werden müsse«[19].
Schwarz bekennt sich zu derjenigen »Maxime ..., welche Gutes und Böses neben einander in jedem Kinde annimmt, und hiernach die menschliche Natur in der Erziehung behandelt«[20]. Er nennt sie die *»pädeutische«* oder »therapeutische«[21]. Vernunft und Erfahrung legen sie nahe, »und sie entspricht durchaus den Lehren so wie dem Geiste des Christenthums, denn sie weiset auf die Bestimmung des Kindes als eines Gotteskindes hin, wozu die Erziehung, und zwar indem sie das Gute in demselben zum Siege über das Böse in ihm hervorzieht, wirken kann und soll«[22].
Wie verdorben und verwildert aber auch ein junger Mensch sein mag und wie eng die Grenzen der Erziehung in bestimmten Fällen immer auch sein mögen; diese Grenzen dürfen nie *zu früh* und *zu eng* gezogen werden: »Man darf keinen verwilderten Zögling oder Züchtling aufgeben, denn die Jugend behält noch immer Empfänglichkeit, auch für das Gute, wenn es nur auf die rechte Weise an sie gebracht wird.«[23]

Im 1813 veröffentlichten *zweiten Teil* seines *Lehrbuches der allgemeinen Erziehungskunde zum Gebrauche der oeffentlichen Vorlesungen*, das über Jahrzehnte dem Pädagogikunterricht in Österreich zugrunde lag, setzt *Vincenz Eduard Milde*[24] die *»Möglichkeit der Bildung zur Sittlichkeit«* als unleugbar erwiesen voraus. Zwar dürfe man die Sittlichkeit nicht als *»physisch notwendige* Folge der Erziehung« betrachten: »auch die zweckmäßigste und eifrigste äußere Kultur reichet nicht hin, den Zögling ohne sein freies Wollen zum moralisch guten Menschen zu machen«[25]; und *Milde* weiß sich weit davon entfernt, den Maßnahmen, die der Erzieher einzusetzen vermag, »einen *unbedingten* und *sichern* Erfolg beizulegen«.
Aber wenn auch viele Erziehungsversuche *»fruchtlose Versuche«* bleiben, so darf daraus nicht der Schluß gezogen werden, jede erzieherische Anstrengung müsse »notwendig *fruchtlos*« sein. »Oft schreibet man der allgemeinen oder individuellen Natur zu, was in der Zweckwidrigkeit der Mittel oder der Methode zu suchen gewesen wäre. Die Wahrheit liegt in der Mitte zwischen den beiden Extremen:

Erziehung kann *alles*, Erziehung kann *nichts* wirken. Eine zweckmäßige Erziehung kann Sittlichkeit nicht notwendig herbeiführen, aber das moralische Wollen *möglich machen* und *erleichtern.*«[26]

Um sich über die Wirksamkeit der Erziehung nichts vorzumachen, gilt es sich darüber klar zu werden, was Erziehung vermag und was zu leisten sie nicht in der Lage ist. Dreierlei vermag sie: *erstens* Anlagen zu *erregen*, so daß diese aktiv werden; und *Milde* nennt die Erziehungskunde eine *»Reiz-Theorie«*[27]; *zweitens* Anlagen so zu *leiten*, daß diese *»auf eine ihrer Natur und Bestimmung gemäße Art* tätig werden«[28]; und *drittens* den Edukanden, dessen Bildungsfähigkeit sich ja in den jungen Jahren und auf dem Weg der Fremd-Erziehung keinesfalls erschöpft, *zur Selbstbildung zu befähigen*, so daß dieser *»sich selbst* Lehrer und Erzieher« werde[29].

Eines vermag Erziehung allerdings *nicht:* Anlagen *hervorzubringen.* »Die Erziehung kann nur *das* aus dem Menschen *machen*, was zu werden er *von Natur fähig* ist. Sie kann die schlummernden Kräfte wecken, die Hindernisse entfernen, die Tätigkeit reizen und nähren, aber keine neuen Kräfte hervorbringen, keine Fähigkeiten mitteilen... Die *Kunst kann nicht erschaffen*, sondern *nur benützen*, was die Natur gegeben hat.«[30]

Faßt man die grundlegenden anthropologischen Einsichten *Mildes* zusammen, so ergeben sich daraus im Blick auf den freien Raum der Erziehung innerhalb der verschiedenen die Persönlichkeit eines Menschen formenden Faktoren folgende Thesen:

- Der Erfolg der Erziehung wird von den *Anlagen des Edukanden*, also keinesfalls vom Erzieher allein bestimmt. »Der Erzieher *kann nicht allezeit leisten*, was er selbst wünschet, was andere von ihm fordern, obwohl sehr oft der Schwäche der Anlagen zur Last geleget wird, was doch nur eine Folge des *Mangels an Einsicht* oder an *Eifer* von Seite des Erziehers ist. Man spricht den Kindern die Anlage ab, weil man dieselbe nicht zu erregen und zu bilden weiß; man erklärt Gebrechen als unheilbar, weil man dieselben zu heilen nicht versteht.«[31]
- Der Erfolg der Erziehung hängt in starkem Maß von den *äußeren Umständen* ab, in denen der Edukand lebt, und: »Es ist nicht in der Gewalt des Erziehers, *alle* Umstände zu regeln, herbeizuführen oder hintanzuhalten. Es wäre auch wahrlich nicht zu wünschen, daß die Kunst alles, die Natur oder der Zufall nichts tun sollten... Wieviele Menschen verdanken ihre Bildung, ihre Besserung den äußeren Verhältnissen und Schicksalen, wie wenige der Absicht anderer!« – Aber auch dort, wo es sich um schädliche Umwelteinflüsse handelt, bleibt zu bedenken: »Ältern und Erzieher können mit aller Sorgfalt diesen Einfluß äußerer Umstände oft nicht verhindern.«[32]
- Der Erfolg der Erziehung wird in stärkstem Maß von der *Selbsttätigkeit des Edukanden* bestimmt. »Ich kann den Zögling *lehren*, was er *soll*, ihn *ermuntern* zu dem, was er *kann*, aber *zwingen* kann ich ihn nicht, daß er wollen *muß*, was er kann und soll. Der Erfolg wird allezeit *von seiner freien Selbsttätigkeit* abhängen. Wohl dem Erzieher, wenn er die Beruhigung hat: Ich habe nichts versäumt, ich habe den

Samen des Guten ausgesäet, das Unkraut zu vernichten gesucht, ich habe sorgfältig gepflanzet und gepfleget; der Erfolg ist meine Sache nicht.«[33]

Mag *Jean Paul*[34] in pädagogischen Detailfragen *Rousseau* auch widersprechen; was den anthropologischen Ansatz betrifft, gehen beide einig, und man fühlt sich an den ersten Satz im *Emil* erinnert, wenn man in *Jean Pauls* Werk *Levana oder Erziehlehre* aus dem Jahr 1807 liest: »Der innere Mensch wird, wie der Neger, weiß geboren, und vom Leben zum schwarzen gefärbt.«[35] – Der Mensch an seinem Ursprung ist *gut:* »Alles Heilige ist früher als das Unheilige; Schuld setzt Unschuld voraus, nicht umgekehrt; es werden Engel, aber nicht gefallne, geschaffen.«[36]
Auch bei *Jean Paul* entspricht diesem Bild vom Menschen ein Erziehungsverständnis, das man von *Rosseau* und *Arndt* her bereits kennt, auch wenn es zunächst den Anschein hat, *Jean Paul* würde hier einen anderen Weg gehen und eine »rein-negative Erziehung, wie die Rousseau'sche«[37] ablehnen, weil sie ganz einfach der erzieherischen Wirklichkeit widerspreche. Aber mit dieser Kritik wird der deutsche Romantiker dem Franzosen doch nicht ganz gerecht; ja, er mißversteht ihn, indem er *Rousseaus* Begriff der *negativen Erziehung* so interpretiert, als würde sich die menschliche Selbstentfaltung ganz ohne Auseinandersetzung mit der Welt vollziehen[38].
Zutreffend bleibt, daß bei *Rousseau* diese Beziehung zwischen Mensch und Welt oft recht gekünstelte Formen annimmt; gleichwohl weiß auch *Rousseau*, daß »ein organisches Leben voll Wachstum ohne Reizmittel« ein Widerspruch bleibt[39].
So wenig also *Jean Paul* dem, was *er* unter Erziehung versteht, die Bezeichnung »negative Erziehung« beilegen will – er spricht lieber von *»entfaltender«* Erziehung und nennt sie »die rechte Erziehung...; durch welche die lange zweite, die *heilende*, oder die Gegenerziehung zu ersparen wäre«[40], so stimmt *seine* Auffassung von der Erziehung mit jener *Rousseaus* und der anderer Romantiker doch im grundsätzlichen überein. Und aus dieser Auffassung spricht die Überzeugung von der ursprünglichen Güte des Menschen und das Vertrauen in die glückende – weil von der richtigen, der entfaltenden Erziehung getragene – Selbstverwirklichung des Menschenkindes: nur die Kinder sind »die Reinen«, die in einer »fallenden Welt« imstande sind, »in einem höhern Sinn ... in dem Zuckerkristall die Zukunft und Wahrheit schauen und noch mit verbundenen Augen aus dem Glücksrade das reichere Schicksal ziehen« zu können[41].
Und dennoch beweist das pädagogische Werk des romantischen Dichters, daß er sich – bei aller naturalistischen Interpretation der anthropologischen und der erzieherischen Wirklichkeit – einen klaren Blick für die unverfälschte Realität und die entsprechenden pädagogischen Konsequenzen zu bewahren wußte.
So bejaht er beispielsweise neben der *»entfaltenden«* Erziehung, die er zwar »die rechte Erziehung« nennt und der er ohne allen Zweifel den Vorzug gibt, sehr wohl auch »die *heilende*, oder die Gegenerziehung«[42]. Auch sie erweist sich als notwendig und berechtigt.

Jean Paul ist ein scharfer Beobachter und ausgezeichneter Kenner der kindlichen Seele, und seine Erfahrung sagt ihm: »Das Kind fängt mit Selbstsucht an...«[43] Er verbindet mit dieser Erfahrung keineswegs die Wertung, der Mensch sei ursprünglich verderbt und böse: diese Selbstsucht beleidigt »uns so wenig ... als die tierische, weil das noch vom Bedürfnis überhüllte verfinsterte Ich bis zu keinem zweiten sich durchfühlen kann, sondern die Ich-Welten als eine eigne sich ankörpert«. Und doch bedarf es hier neben der »entfaltenden« Erziehung auch der »abwehrenden«: »Folglich habt ihr nicht sowohl die Blütenknospe der Liebe einzuimpfen als das Moos und Gestrüppe des Ich wegzunehmen, das ihr die Sonne verdeckt. Jeder will gern lieben, falls er nur dazu könnte und dürfte. Wo eine Ader schlägt, ruht ein Herz im Hintergrunde; wo irgendein Liebetrieb, dahinter die ganze Liebe.«[44]
Was nun den Erfolg der Erziehung anlangt, so beweist *Jean Paul* auch in dieser Frage seine realistische Einstellung. Erziehungsmaßnahmen mögen so sorgfältig geplant und durchgeführt sein wie nur möglich – erzieherischer Erfolg läßt sich damit nicht erzwingen. Überaus ängstlichen Müttern rät er: »Der Himmel bewahre aber jede vor jener bangen Übersorge, welche der Natur mißtraut und jeden Zahn eines Kindes von Arzt und Apotheker heben läßt. Wagt man nichts an Kindern, so wagt man sie selber, den Leib wahrscheinlich, den Geist gewiß. Man halte doch die blühenden Kinder auf einsamen Dörfchen, wo die ganze Brownische Apotheke in ihren Gläsern nichts zu geben hat als Branntwein, oder gar die stämmigen der Wilden gegen die welke Flora vornehmer Häuser, welche täglich aus allen möglichen Gläsern begossen wird.«[45]
Bei *Jean Pauls* dreizehn Jahre jüngerem Zeitgenossen *Johann Friedrich Herbart* wird man dem gleichen Appell an den Mut zum Wagnis in der Erziehung begegnen[46].

Die optimistische Einschätzung des Menschen, wie sie bei *Rousseau* und den meisten Romantikern anzutreffen ist, findet sich wiederum bei *Friedrich Fröbel*[47], den selbst persönlich leidvolle Erfahrungen nicht von dieser Anschauung und von seiner Absicht, die ganze Wirklichkeit zu harmonisieren, abhalten konnten[48].
Leidenschaftlich tritt dieser Mann für seine positive Sicht des Menschen ein. »Denn wohl ist das *Wesen des Menschen an sich gut* und wohl gibt es in dem Menschen an sich gute Eigenschaften und Bestrebungen, aber keineswegs ist der Mensch an und durch sich schlecht, eben so wenig als es durch sich selbst schlechte, noch weniger böse Eigenschaften des Menschen gibt«[49]; und *Fröbel* nennt es »Verrat an der Menschheit und am Menschen, wenn gesagt wird, er sei seinem Wesen nach, er sei an sich weder gut noch schlecht oder bös; wie vielmehr ist es noch Verrat, wenn sogar auszusprechen gewagt wird, der Mensch sei an sich und seinem Wesen nach schlecht, bös. Der Mensch vernichtet dadurch für den Menschen Gott; denn er vernichtet dessen Werk und so Mittel und Weg, Gott wahrhaft zu erkennen, und bringt so die *Lüge*, die einzige Quelle alles Bösen, in die Welt«[50].

Fröbels Überzeugung entsprechend, daß »das Wirken des Göttlichen... in seiner Ungestörtheit notwendig gut« sei[51], fällt auch seine Vorstellung von *Erziehung* aus: was bei *Rousseau* und bei *Arndt* beispielsweise »negative« Erziehung heißt und bei *Jean Paul* »entfaltende«, dies bezeichnet *Fröbel* als »nachgehende« Erziehung[52]; die sogenannte »positive« beziehungsweise »heilende« Erziehung jener heißt bei ihm »vorschreibende« Erziehung[53]. Und was den Einsatz dieser unterschiedlichen Erziehungsweisen anlangt, so »sollen Erziehung, Unterricht und Lehre ursprünglich und in ihren ersten Grundzügen notwendig leidend, nachgehend (nur behütend, schützend), nicht vorschreibend, bestimmend, eingreifend sein«[54].
Entschieden verwirft *Fröbel* die Vorstellung, wonach der Erzieher das Menschenkind mit einem »Wachsstück« oder einem »Tonklumpen« gleichsetzt, »aus dem er kneten kann, was er will«[55]. Auch er denkt wie *Rousseau*, der vom »Herzen« spricht, und wie *Arndt*, der den Begriff »Instinkt« gebraucht, an eine innerste Instanz im Kind, aus der es seine Lebensrichtung erfährt: »jungen Pflanzen und jungen Tieren geben wir Raum und Zeit, wissend, daß sie sich dann den in ihnen, in jedem Einzelnen wirkenden Gesetzen gemäß schön entfalten und gut wachsen; jungen Tieren und jungen Pflanzen läßt man Ruhe und sucht gewaltsam eingreifende Einwirkungen auf sie zu vermeiden, wissend, daß das Gegenteil ihre reine Entfaltung und gesunde Entwickelung störe«[56].
Fröbel läßt also keinen Zweifel darüber aufkommen, daß er den Menschen für naturhaft gut hält; und mit ähnlichen Argumenten, wie sie schon *Leibniz* gebraucht hat, weist er die Lehre vom ursprünglich und grundsätzlich verderbten Menschen als *»Lüge«* und Gotteslästerung zurück: wer den Menschen als schlecht denunziere, eben der bringe »die *Lüge*, die einzige Quelle alles Bösen, in die Welt«.
Aber wie sehr *Fröbel* auch von der Güte des Menschen überzeugt ist, so weiß er doch um die Existenz und Bedeutung des *Bösen* in der Welt des Kindes und um seinen Einfluß auf das Kind: »blicken wir nun von diesem reinen Kinder- und Knabenleben auf und in das Kinder- und Knabenleben, wie es uns leider in der Wirklichkeit, in der Mehrzahl, wenn auch nur teilweise sich zeigt...: so müssen wir unumwunden aussprechen, daß da vieles ganz anders entgegen tritt, daß Eigensinn, Trotz, Bequemlichkeit, Geistes- und Körperträg- und Faulheit, Sinnen- und Gaumendienst, Eitelkeit und Eigendünkel, Rechthaberei und Herrschsucht, Unbrüderlich- und Unkindlichkeit, Leerheit und Oberflächlichkeit, Arbeits-, ja sogar Spielscheu, Ungehorsam und Gottesvergessenheit usw. begegnet«[57].
Auf die Frage, wie es zu all diesen Unarten kommen kann, wenn das Böse nicht schon naturhaft im Menschen wurzelt, gibt *Fröbel* eine zweifache Antwort: diese Unarten entstehen entweder dadurch, daß die Entwicklung der im Menschen befindlichen guten Anlagen mangels ausreichender Förderung nicht erfolgen kann; oder sie entstehen dadurch, daß die bereits begonnene Entwicklung durch äußere störende Einflüsse in eine »frühe fehlerhafte Richtung« abgeleitet wird, wobei es zu »Verdrehungen der ursprünglich guten menschlichen Kräfte, Anlagen und Bestrebungen« kommt[58].

Seine Hauptaufgabe muß der Erzieher darin sehen: alles zu tun, daß es erst gar nicht zu derartigen fehlerhaften Entwicklungen kommt. Deshalb muß Erziehung »ursprünglich und in ihren ersten Grundzügen notwendig leidend, nachgehend (nur behütend, schützend), nicht vorschreibend, bestimmend, eingreifend sein«. Neben dieser Form der Erziehung bejaht *Fröbel* aber auch eine zweite: die nachgehende Erziehung bedarf der Ergänzung durch die »bestimmende, fordernde und vorschreibende Erziehungsweise«, durch eine Weise der Erziehung, die er auch die »eingreifende Erziehung« nennt[59].

Was freilich die angesprochenen Erziehungsfehler betrifft, so lassen sie sich nach *Fröbel* am besten dadurch vermeiden, daß man ihre Entstehungsursachen ausschaltet. Eine dieser Ursachen – und mit die gewichtigste – stellt *der Erzieher selbst* dar: der *mißtrauische* Erzieher beispielsweise, der »den Menschen, das Kind und den Knaben erst schlecht macht«, indem er »alle dem, was von seiten des Kindes oder des Knaben entweder aus Unkunde, Unüberlegtheit oder auch wohl als Folge eines sehr scharfen Blickes für das Rechte oder Unrechte außer ihm und so aus einem sehr tüchtigen und lobenswerten Rechtsgefühle geschiehet, immer eine böse, schlechte, wenigstens schiefe Absicht zum Grunde legt«, und damit »den, wenn auch nicht ganz unschuldigen, doch schuldlosen Menschen und ein solches Kind erst schuldvoll« macht. Erzieher, die so verfahren, »setzen Gesinnungen, Handlungen in ihn, die ihm noch fremd sind; sie machen ihn, wenn auch zunächst nicht willens-, doch tatschlecht; sie schlagen ihn geistig tot«. Daneben gibt es auch den *humorlosen* Erzieher, der jeden »zu weit getriebenen Scherz« und jede Regung »einer zu sehr freigelassenen Lebenslust« eines Kindes als Folge grundsätzlicher Verderbtheit und Bosheit auslegt[60].

Weitaus deutlicher als *Jean Paul* und *Fröbel*, bei denen Optimismus und Realismus in der Schwebe bleiben, bemüht sich *Friedrich Daniel Ernst Schleiermacher*[61] um eine realistische Anthropologie – um eine Lehre vom Menschen, die darauf zurückgeht, »was uns wirklich gegeben ist«[62].

Im Rahmen seiner pädagogischen Reflexionen befaßt er sich ausführlich mit der Problematik der Erziehungswirkungen und mit den damit zusammenhängenden ethischen und anthropologischen Fragen; so beispielsweise mit der Frage: *»Darf die Pädagogik lehren, alles aus dem Menschen zu machen was man etwa will«*; oder mit jener: *»ob die Pädagogik aus dem Menschen machen kann was sie will«* – Fragen, die eine sehr kontroverse Beantwortung erfahren hätten bis hin »zu den Extremen der Allmacht und der Beschränktheit der Erziehung«[63].

Schleiermacher weist die Unbegründetheit und Unmöglichkeit dieser Extremantworten nach und ebenso das Mißlingen einer Klärung jener »anthropologischen« Frage: »ob beim Lebensanfang alle Menschen in Beziehung auf ihre Entwicklung völlig gleich seien, oder ob der einzelne immer eine Bestimmtheit mitbringe«[64]. Wer sich im Blick auf den Menschen darauf konzentriere, »was uns wirklich gegeben ist«, der findet nach Ansicht *Schleiermachers* nur eines: »dies ist aber nichts anderes als die Unentschiedenheit der anthropologischen Voraussetzungen«[65].

Diese grundsätzliche *Offenheit* des Menschen läßt keine *endgültige* Beantwortung der Frage nach den Möglichkeiten und den Grenzen der Erziehung zu. Denn bei der Untersuchung dessen, was nun wirklich gegeben ist, lassen sich keinerlei Erkenntnisse gewinnen, aus denen wiederum die Breite erzieherischer Einflußmöglichkeiten und der Umfang ihrer Wirksamkeit genau errechnet werden könnte. Die mit der menschlichen »Selbsttätigkeit« gegebene Offenheit macht die Wirkung allen erzieherischen Geschehens – ihren Anteil im Verhältnis zu jenem der Selbsttätigkeit des Edukanden – ungewiß; denn: »Der Mensch ist durchaus ein Selbsttätiges, auch in demjenigen, was überwiegend durch die Einwirkung anderer hervorgerufen wird; und man kann nur zugeben, daß diese Selbsttätigkeit graduell verschieden ist, und daß der Mensch derselben entweder sich bewußt oder unbewußt sein kann.«[66]

Im Zusammenhang mit der Frage nach den Möglichkeiten und den Grenzen der Erziehung spricht *Schleiermacher* auch das Phänomen des *Bösen* an: »Wir finden doch das Böse an dem Menschen, und werden es ebenfalls ansehen müssen als entstanden aus seinem eigenen Inneren, obwohl wir nicht leugnen können, daß die Einwirkung von außen dazu ihren Teil beiträgt. Wir würden uns deshalb die Aufgabe zugleich so zu stellen haben daß, wenn das Böse zum Vorschein käme, dies nicht befördert würde, sondern unsere Einwirkungen von außen Gegenwirkungen wären.«[67]

Diese Aufgabe haben auch *Jean Paul* und *Fröbel* schon erkannt; aber um einiges vertiefter und differenzierter als sie hat sie *Schleiermacher* beschrieben und begründet: dort, wo er neben der Bedeutung der *behütenden* und *unterstützenden* Erziehungsmaßnahmen auch Berechtigung und Notwendigkeit der *gegenwirkenden* zur Sprache bringt und »das Wesen der Erziehung ... in dem Ineinander beider Fähigkeiten« erblickt: *»Unterstützen und Gegenwirken müssen zusammensein*; jedes für sich allein erkennen wir als unzulänglich.«[68]

Und schließlich sei noch auf den Spätromantiker *Adalbert Stifter*[69] verwiesen. Auch er ist grundsätzlich optimistisch gestimmt und sieht »die Bestimmung der Menschheit auf dieser Erde nicht in einen ewigen blinden Kreislauf von Tugend und Laster, von Recht und Gewalt, von Emporsteigen und Niedersinken« gesetzt, sondern er sieht die Menschheit »sich nach und nach zur höchsten Blüthe entwickeln«; und aus dieser Sicht des Menschen gewinnt auch er die Überzeugung, »daß eines der heiligsten Dinge, die Volkserziehung, seine Vollendung finden werde« – wenngleich »wir auf dem Wege zur Vernünftigkeit noch lange nicht die Kinderschuhe ausgetreten haben«[70].

Mit einer bestimmten zeitlichen Voraussage, wie man sie von anderen pädagogischen Optimisten kennt, wartet *Stifter* allerdings nicht auf; ja, er sieht noch viele Hindernisse auf dem Weg zur Vollendung, darunter »die größte Schande für Wesen, die sich vernünftig nennen, den Krieg«[71]. Aber des menschlichen Fortschritts *durch Erziehung* ist er sich gewiß. Was immer an Gutem und Bösem den Menschen widerfuhr, sie haben es selbst verursacht. Gott hat sie mit Vernunft und Willensfreiheit begabt und läßt sie ihr Geschick selbst bestimmen. »Kein Weltgeist, kein Dämon regirt die Welt: *Was je Gutes oder Böses über die Menschen gekommen ist, haben die Menschen gemacht.* Gott hat ihnen den freien Willen und die Vernunft gegeben und hat ihr Schicksal in ihre Hand gelegt. Dieß ist unser Rang, Dieß ist unsere Größe. Daher müssen wir Vernunft und freien Willen, die uns nur als Keime gegeben werden, ausbilden; *es gibt keinen andern Weg zum Glücke der Menschheit*, weil Vernunft und freier Wille dem Menschen allein als seine höchsten Eigenschaften gegeben sind, und weil sie immer fort bis zu einer Grenze, die wir jetzt noch gar nicht zu ahnen vermögen, ausgebildet werden können. Wer andere Wege zum Glücke vorschlägt, wer die Bildung und Entwickelung unsers Geistes für verwerflich hält, der lästert Gott in seinem Werke. Freilich kann die Afterbildung, die einseitige Entwickelung viel Uebel bringen, aber die volle, allgemeine Heranbildung aller Kräfte ist eben das Heil des Menschen, und dazu *haben* wir ja die Kräfte. Wenn die Menschheit einmal auf dem Punkte der aufrichtigsten Religiosität, der schönsten Empfänglichkeit für die Kunst, der größten Redlichkeit im Handel und Wandel und der klarsten Einsicht in alle Dinge stände: dann wäre der Himmel auf Erden, das Glück Aller wäre gegründet, und das Traurigste der Dinge, die Schande für vernünftige Wesen, *der Krieg*, wäre verschwunden. Ob es je dahin kommen wird, ob noch Millionen Jahre verfließen, bis es dahin kommt – wer kann Das wissen: *aber streben müssen wir darnach, als Ziel muß es immerfort und leuchtend vor unseren Augen schweben, sich Dem nähern, ist Ehre, sich davon entfernen, ist Schande.* – – Nun die Frage, wer muß uns leiten und unterstützen, daß wir uns diesem Ziele immer mehr nähern? Die Antwort ist leicht: Derjenige, der überhaupt dem Menschen alles Gute und Gedeihliche hervorbringen kann, *nämlich wir selber.*«[72]

Stifter, gläubiger Christ und zugleich aufgeschlossen für den wissenschaftlichen Fortschritt und moderne anthropologische Erkenntnisse, erinnert in seiner Lehre vom Menschen stark an *Herder:* »Kein Wesen auf der Welt wird so hülflos geboren, als der Mensch.« Das Tier verfügt durch »seinen Instinkt« über alles, was es in seinem Leben können muß. »Der Mensch muß es lernen… So arm, so dürftig, so unausgestattet ist der Mensch: *und dennoch ist er das erste und herrlichste der sichtbaren Geschöpfe Gottes.* Eben darin, daß er sich Alles erwerben muß und kann, liegt sein Vorzug… Der Mensch hat die Vernunft und das Erkennen, dasselbe hat eine weite Bahn vor sich.«[73]

Das klingt recht verheißungsvoll. Der Realist *Stifter* weiß jedoch sehr wohl um die Zwiespältigkeit des Menschen: der angesprochene Vorzug kann dem einzelnen und der Menschheit insgesamt auch zum Verhängnis geraten: »wir *Alle* haben die tigerartige Anlage, so wie wir eine himmlische haben… Der größte Mann – ich meine den Tugendhaften darunter, widersteht nur dem geweckten Tiger und läßt ihn nicht reißen, während der Schwache unterliegt und rasend wird. Wir Alle können nicht wissen, wie wir in den gegebenen Fällen handeln würden, weil wir nicht wissen, welche unbekannten Tiere durch die schreckliche Gestalt der Tatsachen in uns empor gerufen werden können«[74].

Den Ausweg aus diesem Dilemma sieht der Dichter allein in der *Erziehung*. Sie freilich ist im Verlauf der Menschheitsgeschichte – ganz im Gegensatz zum technischen Fortschritt, der menschliches Leben vielfach erleichtert hat – nicht einfacher und erfolgversprechender geworden. *Stifter* empfindet sich deutlich in eine »Übergangszeit« hineingeboren und spürt in der dem Dichter oft genug eigenen visionären Potenz »andere Zeiten und andere Fassungen des Lebens«[75] heraufziehen.

Diese Schau stimmt ihn keineswegs pessimistisch, aber doch sehr nachdenklich; um so mehr als er *»die Abnahme und das Versinken der Religion«* als *»eines der traurigsten Zeichen«* seiner Zeit zu erkennen meint[76]. Seine Zukunftsvision bestärkt ihn in der Überzeugung, daß von seiten der Einsichtigen alles getan werden muß, um der Notwendigkeit der Erziehung und der Selbstbildung zu genügen und deren Möglichkeiten auszuschöpfen.

Anmerkungen

1 *Johann Wolfgang von Goethe* – vielfach als bedeutendster deutscher Dichter gewürdigt – lebt von 1749 bis 1832. Er hat in seinem umfangreichen Werk häufig auch pädagogische Fragen angesprochen und das Bildungsdenken seiner Zeit nachhaltig beeinflußt. In seinem Entwicklungs- und Bildungsroman *Wilhelm Meister* hat er seinen diesbezüglichen Ideen und Ansichten am klarsten Ausdruck verliehen.
Zitiert wird nach folgender Ausgabe: *J.W. Goethe:* Gedenkausgabe der Werke, Briefe und Gespräche (28. August 1949). Herausgegeben von *E. Beutler.* Artemis, Zürich/Stuttgart. Die Zahl vor dem Schrägstrich zeigt die Bandzahl, die Zahl nach dem Schrägstrich die Seitenzahl an.

2 3/186 (1959 – 2. Aufl.): *Hermann und Dorothea III/47 ff.*

3 1/261 (1961 – 2. Aufl.): *Vier Jahreszeiten 53*

4 7/592 (1962 – 2. Aufl.): *Wilhelm Meisters Lehrjahre VIII/5*

5 3/353 (1959 – 2. Aufl.): *West-östlicher Divan – Buch Suleika*

6 9/559 (1962 – 2. Aufl.): *Maximen und Reflexionen 474*

7 8/43 (1961 – 2. Aufl.): *Wilhelm Meisters Wanderjahre I/4*

8 Als Sohn eines armen Schuhmachers 1751 im oberbayerischen Aresing geboren, tritt *Johann Michael Sailer* als Neunzehnjähriger in den Jesuitenorden ein. Der Orden wird aufgelöst und der junge Mann vollendet sein Theologiestudium in Ingolstadt und wird 1775 zum Priester geweiht.
Er schlägt die Hochschullehrerlaufbahn ein, lehrt als Theologieprofessor in Ingolstadt, Dillingen und Landshut, macht sich als theologischer Schriftsteller und Verfasser eines Gebetbuches rasch einen guten Namen und erfreut sich bei seinen Studenten als Lehrer und Seelsorger großer Beliebtheit.
Dies schürt die Mißgunst seiner Kollegen. *Sailer* hat sich nach mehreren Seiten hin zu wehren: aufgeklärte Kreise denunzieren ihn als Exjesuiten; und Vertreter der Kirche werfen ihm

aufklärerisches Gedankengut vor. Dieser Verdächtigungen wegen versagt Rom 1818 *Sailers* Erhebung zum Erzbischof von Köln und 1819 zum Bischof von Augsburg die Zustimmung.

Erst dem bayerischen Kronprinzen und späteren König *Ludwig I.*, der seinen ehemaligen Erzieher und Lehrer sehr schätzt, gelingt es, den Papst von *Sailers* Integrität zu überzeugen. Und so kann dieser 1822 zum Weihbischof von Regensburg und nach dem Tod seines Vorgängers 1829 zum Bischof dieser Diözese ernannt werden. Dort stirbt er 1832 – im gleichen Jahr wie *Goethe*.

[9] *J.M. Sailer:* Über Erziehung für Erzieher. Besorgt von *E. Schoelen*. Schöningh, Paderborn 1962, S. 34 und S. 50

[10] Ebenda, S.114 f.

[11] Ebenda, S. 124; vgl. auch *H.J. Rechtmann:* Geschichte der Pädagogik. Wandlungen der deutschen Bildung. Unter Mitwirkung von *H.-J. Ipfling*. Ehrenwirth, München 1969 (3. Aufl.), S. 198 f.

[12] *August Hermann Niemeyer*, evangelischer Theologe und Pädagoge sowie Leiter der von seinem Urgroßvater *August Hermann Francke* gegründeten pädagogischen Stiftungen in Halle, lebt von 1754 bis 1828. Einen Namen machte er sich vor allem als theologischer und pädagogischer Schriftsteller, wobei seinen *Grundsätzen der Erziehung und des Unterrichts für Eltern, Hauslehrer und Erzieher* von 1796 besondere Bedeutung zukommt.

[13] *A.H. Niemeyer:* Grundsätze der Erziehung und des Unterrichts für Eltern, Hauslehrer und Erzieher. Unveränderter Nachdruck der ersten Auflage. Halle 1796. Herausgegeben von *H.-H. Groothoff* und *U. Herrmann*. Schöningh, Paderborn 1970, S. 146 ff.

[14] Ebenda, S. 147 f.

[15] Ebenda, S. 148

[16] Ebenda, S. 81 f.

[17] *A.H. Niemeyer:* Grundsaetze der Erziehung und des Unterrichts fuer Eltern, Hauslehrer und Schulmaenner. Ensslin, Reutlingen 1832 (9. Aufl.), S. 537: *Sechste Beylage. Ueber die Pruefung urspruenglicher Anlagen und Faehigkeiten ueberhaupt, und mit besonderer Ruecksicht auf einige neuere Hypothese*

[18] *Friedrich Heinrich Christian Schwarz*, deutscher Theologe und Pädagoge, lebte von 1766 bis 1837. Seit 1804 lehrte er als Professor für Theologie und Pädagogik in Heidelberg, betreute über viele Jahre eine selbstgegründete Erziehungsanstalt, verfaßte eine Fülle pädagogischer Schriften, darunter eine vierbändige *Erziehungslehre* (1802–1813) und machte sich besonders wegen seiner die Quellen berücksichtigenden Forschungen zur Geschichte der Pädagogik verdient.

[19] *F.H.Chr. Schwarz:* Lehrbuch der Erziehungs- und Unterrichtslehre. Besorgt von *H.-H. Groothoff* unter Mitwirkung von *U. Herrmann*. Schöningh, Paderborn 1968, S. 20 ff.

[20] Ebenda, S. 26

[21] Ebenda, S. 20 und S. 26 f.

[22] Ebenda, S. 26; vgl. auch S. 127 ff.: *Pädagogische Heilkunde*

[23] Ebenda, S. 134

[24] *Vincenz Eduard Milde*, österreichischer Pädagoge, lebte von 1777 bis 1853. 1800 wurde er zum katholischen Priester geweiht, wirkte von 1806 bis 1810 als erster Inhaber des Lehrstuhls für Erziehungskunde an der Universität Wien und wurde 1823 – nach längerer Tätigkeit als Seelsorger – zum Bischof von Leitmeritz berufen. Ab 1831 war er Erzbischof von Wien.

Sein *Lehrbuch der allgemeinen Erziehungskunde* – zwischen 1811 und 1813 verfaßt – bezeugt *Mildes* Glaubensverbundenheit ebenso wie seine Aufgeschlossenheit für die Aufklärung und für moderne Lösungen pädagogischer Probleme. Mit seinen Bemühungen um eine seelsorgerische und pädagogische Betreuung Strafgefangener zählt er zu den Begründern der Sozialpädagogik, speziell der Kriminalpädagogik.

[25] *V.E. Milde:* Lehrbuch der allgemeinen Erziehungskunde. I. und II. Teil in einem Band. Besorgt von *K.G. Fischer*. Schöningh, Paderborn 1965, S. 467 f.

[26] Ebenda, S. 468

[27] Ebenda, S. 17

[28] Ebenda, S. 18

[29] Ebenda, S. 18 f.

[30] Ebenda, S. 19

[31] Ebenda, S. 41 f.

[32] Ebenda, S. 42 f.

[33] Ebenda, S. 43

[34] In Wunsiedel 1763 geboren und unter dürftigsten Verhältnissen in einem Lehrer- und Organistenhaushalt aufgewachsen, studiert *Johann Paul Friedrich Richter*, wie er mit vollem Namen heißt, zunächst in Leipzig Theologie.

Armut und Schulden zwingen ihn bald zum Abbruch des Studiums und zur Flucht vor seinen Gläubigern. Recht und schlecht schlägt er sich als Schriftsteller und Privatlehrer durch, geht 1796 nach Weimar, wo er die Gunst einflußreicher adeliger Damen und die Förderung durch *Herder* und *Wieland* erfährt, und wird dort zum vielgelesenen und gefeierten Dichter.

Nunmehr frei von wirtschaftlichen Sorgen, zieht er 1804 nach Bayreuth. Dort stirbt er 1825.

Seine 1806 veröffentlichte *Levana oder Erziehlehre* ist überreich an bedenkenswerten und gültigen Ratschlägen.

[35] *Jean Paul:* Levana oder Erziehlehre. Besorgt von *K.G. Fischer.* Schöningh, Paderborn 1963, S. 33

[36] Ebenda, S. 57; vgl. hierzu auch *K.G. Fischer:* Jean Paul als Pädagoge. In: *Jean Paul:* Levana oder Erziehlehre, a.a.O., S. 311 ff.

[37] *Jean Paul:* Levana oder Erziehlehre, a.a.O., S. 39 f.

[38] Vgl. dazu auch *O.F. Bollnow:* Die Pädagogik der deutschen Romantik. Von Arndt bis Fröbel. Kohlhammer, Stuttgart 1952, S. 58

[39] *Jean Paul:* Levana oder Erziehlehre, a.a.O., S. 40

[40] Ebenda, S. 17

[41] Ebenda, S. 17 f.; vgl. auch *O.F. Bollnow:* Die Pädagogik der deutschen Romantik, a.a.O., S. 58 ff. und *Th. Ballauff* und *K. Schaller:* Pädagogik. Eine Geschichte der Bildung und Erziehung. Band III: 19./20. Jahrhundert. Alber, Freiburg/München 1973, S. 131 f.

[42] *Jean Paul:* Levana oder Erziehlehre, a.a.O., S. 17

[43] Ebenda, S. 227

[44] Ebenda, S. 227 f.

[45] Ebenda, S. 105

[46] Vgl. *O.F. Bollnow:* Die Pädagogik der deutschen Romantik, a.a.O., S. 58 ff.; vgl. auch folgende Ausgabe von *Jean Pauls* pädagogischer Schrift: *Jean Paul:* Levana oder Erziehlehre. Herausgegeben von *Th. Dietrich*. Klinkhardt, Bad Heilbrunn/Obb. 1963

[47] In Oberweißbach im Thüringer Wald 1782 als sechstes Kind eines Pfarrers geboren, verliert *Friedrich Wilhelm August Fröbel* als knapp Einjähriger seine Mutter und verbringt eine recht freud- und glücklose Kindheit.
Nach dem Besuch der Volksschule geht er zu einem Förster in die Lehre. In dieser Zeit wird er sich seiner Liebe zur Natur bewußt. 1799 ermöglicht ihm der Vater das Studium der Naturwissenschaften in Jena. *Fröbel* bricht es nach zwei Jahren ab; und als sein Vater stirbt, verdingt er sich als Forstgehilfe und Gutssekretär.
1805 entschließt er sich, in Frankfurt am Main Architektur zu studieren, trifft dort den Pestalozzianer *Gottlieb Anton Gruner*, der in dieser Stadt eine Musterschule leitet, und folgt dessen Einladung, an dieser Schule als Erzieher zu arbeiten. Hier entdeckt *Fröbel* seine wahre Berufung. Nach einer Reise zu *Pestalozzi* nach Iferten, die ihm *Caroline von Holzhausen* finanziert, tritt er als Hauslehrer in den Dienst der Familie *von Holzhausen* und verbringt mit den drei Kindern zwei Jahre bei *Pestalozzi*.
1810 kommt es zum Zerwürfnis zwischen ihm und dem großen Schweizer, dem er vorwirft, er – *Pestalozzi* – orientiere sich am Menschen, wie er *ist*, anstatt seine Erziehungskonzeption an dem Bild auszurichten, das den Menschen zeigt, wie er *sein soll*.
Ein Jahr später verläßt er auch die Familie *von Holzhausen*, setzt sein Studium in Göttingen fort, wechselt 1812 an die Universität Berlin, studiert dort Kristallographie, beteiligt sich 1813/1814 als Lützower am Feldzug gegen *Napoleon* und übernimmt anschließend eine Assistentenstelle am mineralogischen Institut in Berlin.
1816 eröffnet er mit den drei Kindern seines früh verstorbenen Bruders *Christoph* in Griesheim die *Allgemeine deutsche Erziehungsanstalt* und verlegt diese ein Jahr später nach Keilhau bei Rudolstadt.
1818 vermählt er sich mit *Wilhelmine Hoffmeister*, und um 1820 beginnt er seine pädagogischen Gedanken in einer Reihe von Schriften niederzulegen. 1826 erscheint sein Hauptwerk *Die Menschenerziehung*.
Mit dem Erstarken der preußischen Reaktion sieht sich *Fröbel*, dessen Keilhauer Anstalt unter dem Reformkurs des *Freiherrn vom Stein* zu hohem Ansehen gelangt war, mancherlei Verdächtigungen und Angriffen ausgesetzt. Er übersiedelt in die Schweiz, gründet in Wartensee eine Erziehungsanstalt und leitet ab 1833 das Erziehungsinstitut in Willisau sowie ab 1835 das Waisenhaus in Burgdorf.
Ein Jahr später kehrt er wieder nach Thüringen zurück und eröffnet 1837 in Blankenburg die *Anstalt zur Pflege des Beschäftigungstriebes für Kindheit und Jugend*, wo er seine *Spielgaben* entwickelt. Im Mai 1840 ruft er zur Gründung des *Allgemeinen deutschen Kindergartens* auf und setzt sich in Schriften und in Vorträgen unermüdlich für die Verbreitung seines pädagogischen Konzeptes ein. 1848 gelingt es ihm, auch das Interesse der deutschen Lehrerschaft an seinen Ideen zu gewinnen.
Mit dem erneuten Erstarken der Reaktion nach der gescheiterten Revolution von 1848 beginnt für *Fröbel* die Zeit der Rückschläge. Man verdächtigt ihn der Verbreitung staatsgefährdender Ideen und atheistischen Gedankengutes, löst 1851 in Preußen sämtliche Kindergärten auf und annulliert dieses ungerechte, ja unsinnige Verbot erst 1860. *Fröbel* überlebt diesen Schlag nicht lange. Er stirbt im Juni 1852 in Marienthal, wo ihm der *Herzog von Meiningen* Unterkunft und die Möglichkeit zur Weiterarbeit bot.

[48] Vgl. *J. Göttler:* Geschichte der Pädagogik in Grundlinien. Herder, Freiburg im Breisgau 1935 (3. Aufl.), S. 242; ferner *Th. Ballauff* und *K. Schaller:* Pädagogik, a.a.O., S. 114 und S. 123

[49] *F. Fröbel:* Ausgewählte Schriften. Herausgegeben von *E. Hoffmann*. Zweiter Band: Die Menschenerziehung. Küpper, Düsseldorf/München 1968 (3. Aufl.), S. 72

[50] Ebenda, S. 72

[51] Ebenda, S. 11

[52] Ebenda, S. 10

[53] Ebenda, S. 10

[54] Ebenda, S. 10

[55] Ebenda, S. 11

[56] Ebenda, S. 11; vgl. auch *O.F. Bollnow:* Die Pädagogik der deutschen Romantik, a.a.O., S. 131 ff. und S. 138 ff.

[57] *F. Fröbel:* Ausgewählte Schriften, a.a.O., S. 71

[58] Ebenda, S. 71 f.

[59] Ebenda, S. 13

[60] Ebenda, S. 75

[61] In Breslau 1768 als Sohn eines reformierten Militärpfarrers geboren und im pietistischen Geist der herrnhutischen Brüdergemeinde erzogen, studiert *Friedrich Daniel Ernst Schleiermacher* Theologie in Halle, wirkt vorübergehend als Hauslehrer und übernimmt 1794 ein Predigeramt in Landsberg an der Warthe.
1796 wird er zum Prediger an der Berliner Charité berufen und tritt in der preußischen Metropole mit dem romantischen Kreis um die Gebrüder *Schlegel* und *Henriette Herz* in enge Verbindung. Diese Beziehung sowie sein Religionsverständnis und nicht zuletzt die unglückliche Liebe zur Frau eines Berliner Amtsbruders bringen ihn mit seinen kirchlichen Vorgesetzten in Konflikt. In dieser Situation kommt ihm ein Ruf als Prediger nach Stolp in Pommern gelegen. Hier wirkt er zwei Jahre und findet ausreichend Muße, seine *Platon*-Übersetzung, mit der er die deutsche *Platon*-Forschung anregt und ihr die Richtung für ein Jahrhundert weist, voranzutreiben.
1804 folgt er einem Ruf als Theologieprofessor nach Halle; und ab 1810 bis zu seinem Tod im Jahr 1834 lehrt er an der Universität Berlin, deren Gestalt er zusammen mit *Wilhelm von Humboldt* nachhaltig bestimmt. Umfangreich ist sein Aufgabenfeld in Berlin: er hält Vorlesungen über beinahe alle Gebiete der Theologie, über Pädagogik und Philosophie – dabei zuweilen mit einem Zulauf an Hörern, der den des Philosophiepapstes *Hegel* übertrifft; und er wirkt als Prediger, als Bildungsreformer und als Mitglied der Akademie der Wissenschaften.
Schleiermacher gilt neben *Johann Friedrich Herbart* als Begründer der wissenschaftlichen Pädagogik; und vergleicht man *sein* Konzept: sein Bemühen um die dialektische Vermittlung der großen Polaritäten – Individuum und Gemeinschaft, kindliche Gegenwart und Zukunft, Gleichheit und Ungleichheit, private und öffentliche Erziehung, Unterstützung und Gegenwirkung, gesellschaftliche Bewahrung und Reform; seine dynamische und offene Systematik; seine Interpretation des Erziehungsphänomens aus der Tatsache seines Eingebundenseins in die kulturelle und geschichtliche, gesellschaftliche und politische Wirklichkeit; sein elastisch strukturiertes Schulmodell – vergleicht man dieses pädagogische Konzept mit jenem *Herbarts*, so wird man es bedauern, daß *Schleiermachers* Einfluß auf die Entwicklung des Selbstverständnisses der Pädagogik lange Zeit gebremst war – nicht zuletzt wohl deswegen, weil dieser Mann aufgrund seiner starken Arbeitsbelastung seinen pädagogischen Gedanken nicht den letzten Schliff geben und sie nicht mehr selbst publizieren konnte, so daß man größtenteils auf Vorlesungsnachschriften seiner Schüler verwiesen ist.

Erst *Wilhelm Dilthey* und *Friedrich Paulsen* und in ihrem Gefolge *Eduard Spranger, Erich Weniger* und *Wilhelm Flitner* haben dem Gedankenreichtum dieser Pädagogik zu neuem Leben verholfen.

[62] *F.E.D. Schleiermacher:* Ausgewählte pädagogische Schriften. Besorgt von *E. Lichtenstein.* Schöningh, Paderborn 1964 (2. Aufl.), S. 50

[63] Ebenda, S. 46 f.

[64] Ebenda, S. 48

[65] Ebenda, S. 50

[66] Ebenda, S. 60

[67] Ebenda, S. 47

[68] Ebenda, S. 91; vgl. auch folgende Ausgabe: *F. Schleiermacher:* Pädagogische Schriften. Unter Mitwirkung von *Th. Schulze* herausgegeben von *E. Weniger.* Erster Band: Die Vorlesungen aus dem Jahre 1826. Küpper, Düsseldorf/München 1966 (2. Aufl.); ferner *O.F. Bollnow:* Die Pädagogik der deutschen Romantik, a.a.O., S. 138 sowie *Th. Dietrich:* Geschichte der Pädagogik in Beispielen. 18.–20. Jahrhundert. Klinkhardt, Bad Heilbrunn/Obb. 1970, S. 158 f.

[69] *Adalbert Stifter*, von dem nur wenige wissen, daß er auch ein ausgezeichneter Maler war, und der kaum als Pädagoge im Bewußtsein der Nachwelt weiterlebt, kommt 1805 als Sohn eines Leinwebers in Oberplan im Böhmerwald zur Welt, besucht das Gymnasium der Benediktiner zu Kremsmünster, wo er seine poetische und malerische Begabung entdeckt und die ersten Versuche in beiden Künsten anstellt, studiert in Wien Rechts- und Naturwissenschaften und wirkt anschließend dort als Hauslehrer in Aristokratenkreisen – beispielsweise in der Familie des Staatskanzlers *Metternich.*

Um 1848 zieht er nach Linz und übernimmt dort zwei Jahre später das Amt des Schulrates und Inspektors der Volksschulen Oberösterreichs, das er fünfzehn Jahre lang ausübt. Von 1852 bis 1864 bekleidet er auch den Posten eines Konservators der Kunstschätze Oberösterreichs.

Seit etwa 1840 arbeitet er an seinem erzählerischen Werk, dessen pädagogische Bedeutung früh erkannt wird. 1857 erscheint sein großer Bildungsroman *Nachsommer*, zehn Jahre später sein historischer Roman *Witiko*, gleichfalls reich an Erziehungsweisheit.

Daneben lassen seine Visitationsberichte und Eingaben, seine pädagogischen Abhandlungen und Schulpläne, seine Reden und Briefe den engagierten und *realistischen* Schulmann erkennen, der die Erziehungswirklichkeit weder in romantischer Manier beschönigt noch sozial- und bildungspolitischen Utopien nachjagt, sondern der die pädagogische Situation seiner Tage klar einschätzt und auf dem Boden der gegebenen Verhältnisse um eine Verbesserung der erzieherischen und unterrichtlichen Möglichkeiten der Volks- und Realschulen, um die Befriedigung der *»Bildungsbedürfnisse des unteren Volkes«*, um die Reform der Lehrerausbildung und um die Hebung der Lebensbedingungen des Lehrerstandes bemüht ist.

Stifters letzte Lebensjahre sind von schweren Schicksalsschlägen getrübt: zwei jugendliche Verwandte, die er und seine Frau – selber kinderlos – als Ziehtöchter in ihr Haus aufgenommen hatten, sterben. Krankheiten quälen den Dichter und führen 1865 zu seiner vorzeitigen Pensionierung. Im Januar 1868 treibt ihn ein schmerzhaftes Leberleiden zu einem Selbstmordversuch, den er nur wenige Tage überlebt.

[70] *A. Stifter:* Pädagogische Schriften. Besorgt von *Th. Rutt.* Schöningh, Paderborn 1960, S. 216 f.; das Zitat in Anmerkung 69 befindet sich ebenda, S. 86

[71] Ebenda, S. 217

[72] Ebenda, S. 89 f.
[73] Ebenda, S. 65 f.
[74] *A. Stifter* zitiert bei *Th. Ballauff* und *K. Schaller:* Pädagogik, a.a.O., S. 150 f.
[75] *A. Stifter:* Werke in zwei Bänden. Herausgegeben von *J.E. Walter*. Band II. Stuttgarter Hausbücherei 1955, S. 515 f.
[76] *A. Stifter:* Pädagogische Schriften, a.a.O., S. 54

Johann Friedrich Herbart

Der Gruppe der eben angesprochenen Pädagogen kann *Herbart* zugerechnet werden. Wegen der Fülle und dem Gewicht seiner Argumente zur Begründung des pädagogischen Realismus und nicht zuletzt auch wegen seiner kritischen Haltung gegenüber dem Idealismus ist es gerechtfertigt, seine diesbezüglichen Ansichten in einem eigenen Kapitel darzustellen.
Herbart steht sämtlichen Extrempositionen kritisch-ablehnend gegenüber: den idealistisch-autonomistischen mit ihren Vorstellungen über die absolute Selbstverwirklichungspotenz des Menschen nicht weniger wie den fatalistischen oder der irrational-romantischen Ideologie von der natürlichen Entfaltung innerer Anlagen und Kräfte[1]. Auf der Grundlage einer der Natur des Menschen angemessenen Ethik und einer erfahrungswissenschaftlich gewonnenen Psychologie baut er seine Erziehungslehre auf.

Johann Friedrich Herbart kommt 1776 in Oldenburg zur Welt. Das Zerwürfnis und die spätere Trennung der Eltern trüben seine Kindheit und Jugendzeit.
Nach dem Studium der Philosophie bei *Fichte* in Jena wirkt er zunächst als Hauslehrer in Bern, habilitiert sich 1802 in Göttingen und lehrt dort als außerordentlicher Professor für Philosophie und Pädagogik.
1809 erhält er den Ruf auf *Kants* Lehrstuhl in Königsberg und weilt dort vierundzwanzig Jahre lang. Er gründet ein pädagogisches Seminar und eine Versuchsschule und gewinnt als Mitglied des Provinzialschulkollegiums und der Wissenschaftlichen Deputation nachhaltigen Einfluß auf die Gestaltung des Schulwesens in Ostpreußen.
Seine Verdienste berechtigen ihn zur Hoffnung, als Nachfolger *Hegels* den angesehensten philosophischen Lehrstuhl Preußens an der Universität Berlin zu übernehmen. Als sich diese Hoffnungen zerschlagen, folgt er 1833 dem Ruf zurück nach Göttingen.
1837 weigert er sich, den Protest von sieben Göttinger Professoren gegen die Annullierung der Verfassung durch den König von Hannover mit zu unterzeichnen, und attackiert diese demokratisch gesinnten Kollegen – ein Schritt, den man ihm bis zum heutigen Tag verübelt. 1841 stirbt er in Göttingen.

Zu den meistgelesenen pädagogischen Autoren zählt *Herbart* ganz bestimmt nicht. In dieser Hinsicht vermögen weder er noch andere *Rousseau* einzuholen. Aber neben dem vielen Beachtenswerten, das er geschrieben hat, verdient folgender Satz doch besondere Aufmerksamkeit und hat sie wohl auch gefunden: »ein *Knabe*, der stärker wäre als ein solider Unterricht, eine konsequente Regierung und eine verständige Zucht, ein solcher Knabe ist ein Unding«[2].
Dieser Satz muß wie Musik in den Ohren derer klingen, die in Staat und Gesellschaft Macht ausüben und aus diesem Grunde an einem Erziehungswesen interessiert sind, das ihnen gegenüber nicht nur loyal, sondern in seinen ›Produkten‹ ebenso berechenbar wie effektiv ist. Und vielleicht war es eben dieser Satz *Herbarts*, der seine Schüler beflügelte und ihm in ihrer Interpretation und mit ihrer Hilfe gleich-

falls zu einem Rekord verhalf, der jenem *Rousseaus* in nichts nachsteht. Mag der Franzose der meistgelesene pädagogische Autor sein, mögen seine Ideen immer und immer wieder die pädagogische Diskussion entzünden und pädagogische Modeströmungen kreieren, realisiert wurde sein Konzept – Gott sei Dank darf man sagen – nicht allzu oft; nicht zuletzt wohl deswegen, weil es in der Praxis nicht hält, was es in der Theorie vorgaukelt.

Herbart hingegen hat – dank der Rührigkeit seiner Schüler – über ein halbes Jahrhundert Geist und Richtung einer staatlichen Bildungsinstitution: *der deutschen Volksschule* zu bestimmen vermocht. Daß dies möglicherweise gar nicht seine Absicht war und daß er über die Auswirkungen ›seines‹ Einflusses, hätte er sie erlebt, wohl kaum glücklich gewesen wäre, macht seine Tragik aus. Die volle Schuld an den Entwicklungen und Folgen, die seine philosophischen, psychologischen und pädagogischen Gedanken auslösten und gegen die sich die heftigen Angriffe der Reformpädagogen zu Beginn des zwanzigsten Jahrhunderts richteten, trifft ihn gewiß nicht; ein gerüttelt Maß daran allerdings schon, wenn man den eben zitierten Satz bedenkt und etwa auch noch den folgenden: »Der Mensch ..., der, wie man will, zum wilden Tier oder zur personifizierten Vernunft werden kann, der unaufhörlich geformt wird von den Umständen: – dieser bedarf der Kunst, welche *ihn erbaue, ihn konstruiere*, damit er die *rechte Form bekomme*.«[3] –

Dieses Vertrauen auf die *bauende, konstruierende, formende* Kraft und auf die *transformierende, gesinnungsbildende* Wirkung pädagogischer Maßnahmen, die sich, entsprechend der Psychologie *Herbarts*, primär an den *Intellekt* richten: »die Bildung des Gedankenkreises ist der wesentlichste Teil der Erziehung«[4] – dieser *rationalistische* Grundzug des Meisters wandelt sich bei einer Reihe seiner Jünger, die seine psychologischen und pädagogischen Ansätze übernehmen, mißverstehen und verkürzt weiterführen, in die optimistische Überschätzung der *moralischen* Wirksamkeit eines ›guten‹ Unterrichts; in das Vertrauen auf eine »objektiv gültige Unterrichtsmethode«, wie es vor allem *Wilhelm Rein*, der letzte bedeutende Herbartianer, bekundet – auf eine Methode, die unfehlbar zum Erfolg führt, weil sie »sich genau an die Gesetze hält, die das geistige Leben bestimmen und regeln«[5].

Herbarts subtile Theorie von der *Bildung des Gedankenkreises* und der Auswirkung dieser Bildung bis hinein in die Handlungsweisen des Menschen gleitet dabei – wie gesagt: nicht ganz ohne seine Schuld – zur *Seelenphysik* ab, mit deren Hilfe die *Gesinnung* eines Menschen beliebig nach *den* Zielen ausgerichtet zu werden vermag, die dem Erzieher beziehungsweise den durch ihn vertretenen Mächtigen als die ›richtigen‹ erscheinen.

Herbarts Vorstellungspsychologie, mit der er die lange Zeit geltende *Vermögenspsychologie* ablöst und die die Basis seiner Theorie des *erziehenden Unterrichts* bildet, interessiert heute allenfalls noch den Historiker der Psychologie.

Seine *Formalstufentheorie*, mit der er *eine* Möglichkeit aufzeigt, den *Unterricht* – nicht freilich jede einzelne Unterrichtsstunde, etwa gar noch jedweden Inhalts – *zu artikulieren*, behält, nimmt man sie unverkürzt und in ihrer Differenziertheit in den

Blick, auch für die Methodik der Gegenwart ihre Bedeutung. In der verfälschten Fassung, die ihr die Herbartianer gegeben haben und in der sie die Unterrichtswirklichkeit der deutschen Volksschule über fünfzig Jahre lang bestimmt hat, mag ihr nur jener Lehrer nachtrauern, dem es angesichts seiner unterrichtlichen Aufgaben an Selbständigkeit gebricht: mit dem Stundenschema der Herbartianer, gleichsam mit einem didaktisch-methodischen Korsett gestützt, konnte jeder Esel Schule halten.

Zu den unbestreitbaren Verdiensten *Herbarts* zählen sein Beitrag zu einem *realistischen Humanismus*, seine lebenslange *Kritik am Idealismus* und an dessen verhängnisvollem Einfluß auf die Pädagogik, sein erfolgreiches Bemühen um den *Ausbau der Pädagogik zur anerkannten Wissenschaft*, die über eine *eigene Fachsprache* verfügt, und sein *wissenschaftstheoretischer Ansatz*, mit dem er *Spekulation* und *Empirie* zu einer fruchtbaren Synthese verbindet.

Viel mehr freilich als diese Verdienste und seine schulpädagogischen Leistungen kennzeichnen den *Pädagogen Herbart* Gedanken, die die meisten seiner Epigonen wohl gar nicht bemerkt haben – oder vielleicht auch gar nicht bemerken durften, wollten sie nicht ihre psychokratische Interpretation der Lehre des Meisters relativieren und um die erwartete Wirkung bringen. *Herbart* selbst argumentiert und agiert weitaus behutsamer, als es die aus dem Zusammenhang gerissenen Passagen seines Werkes vermuten lassen.

Unbestritten bleibt, daß er die pädagogischen Möglichkeiten seines psychologischen Konzeptes überschätzt, indem er dessen Exaktheitsgrad jenem der Physik für nahezu ebenbürtig hält. Unbezweifelbar bleibt auch sein Zutrauen in die Wirkkraft pädagogischer Maßnahmen innerhalb der »Werkstätte der Gesinnungen«[6] – in die *erzieherische* Wirksamkeit des *Unterrichts*, mit dem er sich dem Intellektualismus der Aufklärungsepoche nähert.

Und dennoch wäre es ungerecht, *Herbart* gegenüber den Vorwurf aufrechtzuerhalten, sein Bildungskonzept sei intellektualistisch. Immerhin hat er den folgenden Satz geschrieben: »Der Wert des Menschen liegt ... nicht im Wissen, sondern im Wollen.«[7] Und wer sein umfangreiches Werk sorgfältig studiert, wird kaum umhin können, *Herbart* – trotz aller optimistischen Anwandlungen und intellektualistischen Akzente – den großen pädagogischen *Realisten* zuzurechnen.

Bereits der Zweiundzwanzigjährige legt in seinen 1797/1798 verfaßten *Berichten an Herrn Karl Friedrich Steiger*, dessen Söhne er über zwei Jahre lang als Hauslehrer betreut, Zeugnis für sein Bemühen um eine realistische Haltung bei der Beurteilung des Menschen und seiner Erziehung ab. So betont er zwar seine Auffassung, wonach die »natürlichen Neigungen des Menschen ... nicht von selbst sittlich« seien und »es ... nicht umsonst, nicht ohne tiefe Bedeutung« sei, »wenn unsre Religion von Erbsünde redet. Die Moral rückt also mit einem Machtgriff den Menschen aus seiner anfänglichen Natur in die Geisterwelt«[8]. Aber abgesehen davon, daß er diese Anstrengungen »des moralischen Unterrichts« für unerläßlich hält, will er sie doch auch wiederum nicht übertrieben wissen und »die Periode, wo der Knabe noch seine Naturkraft übt und stärkt, ohne viel darauf zu merken, ob er gut oder böse handelt ..., nicht voreilig und gewaltsam endigen«; denn: »ein kräftiger Geist fordert eine kräftige Natur«; und dies bedeutet pädagogisch gesehen: »Moral, aber eine mehr umherblickende, die anfangs den Zöglingen weniger unmittelbare Vorschriften gibt, eine mehr einleuchtende, Verstand und Einbildungskraft angenehm beschäftigende, rührende als ernste und strafende, mehr Gedanken erzeugende als das Gewissen drückende«[9].

In seiner 1804 veröffentlichten Abhandlung *Über die ästhetische Darstellung der Welt als das Hauptgeschäft der Erziehung*, die er als Anhang der zweiten Auflage seiner Schrift von 1802 *Pestalozzis Idee eines ABC der Anschauung untersucht und wissenschaftlich ausgeführt* beifügt, setzt er sich kritisch von einem idealistisch übersteigerten Freiheitsbegriff, wie er sich in »unsern neuern Systemen« – denen der »Transzendentalphilosophen« – finde, und von dem Gerede über »das radikale Gute« und »das radikale Böse« ab – von Vorstellungen, mit denen der Erzieher wohl kaum etwas anfangen könne. Angesichts der Frage nach der Möglichkeit der Erziehung spricht sich *Herbart* entschieden für »die realistische Ansicht« aus, die »nun auch nicht die mindeste Einmengung der idealistischen« leide: »Kein leisester Wind von *transzendentaler* Freiheit darf in das Gebiet des Erziehers durch irgendein Ritzchen hineinblasen«; dieser halte sich – »eben wie der Astronom« – viel lieber an den Versuch, »durch richtiges Fragen der Natur und durch genaue und lange genug fortgeführte Schlußreihen endlich dem Gange der vor ihm liegenden Erscheinungen seine Gesetzmäßigkeit abzuforschen und somit auch zu entdecken, wie sich derselbe nach Absicht und Plan modifizieren lasse«[10]. Nicht die *»transzendentale* Freiheit« der Philosophen, sondern *»diejenige* Freiheit der Wahl, die *wir alle* in uns finden, welche wir als die schönste *Erscheinung* unsrer selbst ehren«, ist es, die den Erzieher betrifft und die ihm zur Aufgabe wird: *»Machen, daß der Zögling sich selbst finde als wählend das Gute, als verwerfend das Böse:* dies oder nichts ist Charakterbildung! Diese Erhebung zur selbstbewußten Persönlichkeit soll ohne Zweifel im Gemüt des Zöglings selbst vorgehn und durch dessen eigne Tätigkeit vollzogen werden; es wäre Unsinn, wenn der Erzieher das eigentliche Wesen der Kraft dazu erschaffen und in die Seele eines andern hineinflößen wollte. Aber die schon vorhandene und *ihrer Natur notwendig getreue* Kraft in eine solche Lage zu setzen, daß sie jene Erhebung unfehlbar und zuverlässig gewiß vollziehn müsse: das ist es, was sich der Erzieher als möglich denken, was er zu erreichen, zu treffen, zu ergründen, herbeizuführen, fortzuleiten als die große Aufgabe seiner Versuche ansehn muß.«[11]

Im gleichen Jahr hält *Herbart* in Bremen eine Gastvorlesung *Über den Standpunkt der Beurteilung der Pestalozzischen Unterrichtsmethode*, in der er sich erneut von dem »Haufen von Meinungen« distanziert: wonach der Mensch für die einen ganz Produkt der Natur, für andere »alles durch Erziehung« und für die Vertreter der »neuesten Systeme« alles durch sich selbst sei; wonach er ferner »von Natur gut« oder »durch die Erbsünde ... böse geboren« sei[12]. *Herbart* hält sich lieber »an die

Erfahrung«[13]; und diese zeige das Menschenkind – aufgrund seiner Instinktreduktion – in einem Zustand, der Erziehung nötig, aber auch möglich macht – eine Erziehung, die freilich mehr erfordere als bloßes Wachsenlassen: es ist »recht eigentlich ein Geben und Entziehen, was die Erziehung als ihr Amt ansehn muß. Es ist keineswegs bloße Aufsicht und Wartung wie unsre Gärtnerei, die nur Pflanzen besorgt«[14].

Zwei Jahre später veröffentlicht *Herbart* seine *Allgemeine Pädagogik aus dem Zweck der Erziehung abgeleitet*. In der *Einleitung* befindet sich der wichtige Hinweis auf die häufig anzutreffende Diskrepanz zwischen »Absicht und Erfolg der Erziehung«: »Charakter ist innere Festigkeit; aber wie kann der Mensch in sich selbst wurzeln, wenn Ihr ihm nicht erlaubt, auf etwas zu zählen, ihm nicht einmal gestattet, seinem eignen Willen Entschiedenheit zuzutrauen! Meistens geschieht es, daß die jugendliche Seele in ihrer Tiefe einen Winkel bewahrt, in den Ihr nicht dringt und in welchem sie trotz Eures Stürmens still für sich lebt, ahndet, hofft, Pläne entwirft, die bei der ersten Gelegenheit versucht werden und, wenn sie gelingen, nun gerade an *der* Stelle einen Charakter gründen, den Ihr nicht kanntet. Ebendeswegen pflegen Absicht und Erfolg der Erziehung so wenig Zusammenhang zu haben. Manchmal freilich entsprechen sie auch einander, so daß der Erzogene sich im spätern Leben an die Stelle seines Erziehers setzt und seine Unterwürfigen genau ebendas leiden läßt, was er erleiden mußte. Der Gedankenkreis ist hier derselbe, den in der Jugend die tägliche Erfahrung gab; nur der unbequeme Platz ist mit dem bequemern vertauscht. Man lernt herrschen, indem man gehorcht, und schon kleine Kinder behandeln ihre Puppen, gerade wie man sie behandelt.«[15]

1831 hält *Herbart* in der *Königlichen Deutschen Gesellschaft* in Königsberg einen Vortrag *Über Fichtes pädagogische Ansichten*, in dem er erneut *»über das Verhältnis des Idealismus zur Pädagogik«* reflektiert. Und hier rät er von »der völlig undankbaren Mühe« ab, ihn »zum Idealismus zurückzubekehren«; vielmehr bezeichnet er sich als »entschiedensten Realisten ..., den es geben mag«[16].

Im gleichen Jahr veröffentlicht er seine *Kurze Enzyklopädie der Philosophie*; das *zwölfte Kapitel* des *ersten Teils* trägt die Überschrift: *»Von der Erziehungskunst«*. Hier warnt er vor »übermäßigen Ansprüchen an die Erziehung« von seiten des Staates und der Familien und verweist auf die »schwankenden Vorstellungen«, auf die man treffe, sobald zu klären sei, »was man der Natur und was der Erziehung zuschreiben solle« und was man überhaupt unter Erziehungs*erfolg* zu verstehen habe. Vielleicht mögen diese schwankenden Meinungen dort noch am ehesten der Realität entsprechen, wo sie sich auf die eigene Kindheit und Jugendzeit beziehen – »sofern die Erinnerung treu blieb«. Letztlich würden aber alle »Selbsttäuschungen«, alle »falschen Ansichten der Erzieher«, die »falsche Freiheitslehre und falsche Psychologie«, die die Flut pädagogischer Meinungen immer mehr anschwellen ließen, nur »die unvermeidliche Unsicherheit der Erziehung« beweisen. Angesichts dieses Faktums gelte es die Erwartungen, die viele an das Wirken des Erziehers knüpfen, erheblich zu beschneiden: »Die einfache Grundforderung an den gegenwärtigen

Augenblick nun heißt so: *Man erhalte dem Zöglinge die Kräfte, die er hat.* Einen Menschen schaffen oder umschaffen kann der Erzieher nicht; aber manche Gefahren abwenden und sich eigner Mißhandlung enthalten, das kann er, und das ist von ihm zu verlangen.«[17]

1835 erscheint *Herbarts* profunder *Umriß pädagogischer Vorlesungen*, in dem er »die *Bildsamkeit* des Zöglings« zum »Grundbegriff der Pädagogik« deklariert und sich zum wiederholten Mal von allen »philosophischen Systemen« distanziert, die – entweder wegen ihrer fatalistischen oder wegen ihrer transzendental-freiheitlichen Prämissen – »den Begriff der Bildsamkeit, welcher ein Übergehen von der Unbestimmtheit zur Festigkeit anzeigt, nicht ohne Inkonsequenz in sich aufnehmen« können oder die eine »unbegrenzte Bildsamkeit« annehmen: »Die Unbestimmtheit des Kindes ist beschränkt durch dessen *Individualität*. Die Bestimmbarkeit durch Erziehung wird überdies beschränkt durch Umstände der Lage und der Zeit. Die Festigkeit der Erwachsenen bildet sich innerlich fort und wird dem Erzieher unerreichbar.« Deshalb gehört es zum Wichtigsten im Selbstverständnis des Erziehers, daß er sich der »Grenzen« bewußt bleibt, die ihm zunächst »die Natur« und später der »eigene Entschluß des Zöglings« setzen, sich zugleich aber auf die Fülle der Möglichkeiten der Erziehung innerhalb dieser Grenzen besinnt: »Das Vermögen der Erziehung darf nicht für größer, aber auch nicht für kleiner gehalten werden, als es ist. Der Erzieher soll versuchen, wieviel er zu erreichen imstande sei; aber stets darauf sich gefaßt halten, durch Beobachtungen des Erfolgs auf die Grenzen vernünftiger Versuche zurückgewiesen zu werden. Damit er nichts versäume, muß er das Ganze der praktischen Ideenlehre vor Augen haben. Damit er die Beobachtungen verstehe und richtig auslege, muß ihm die Psychologie stets gegenwärtig sein.«[18]

Ähnlich wie *Pestalozzi* weiß auch *Herbart* sich und seine Zeit erst am Beginn des Aufgabenkomplexes, den die pädagogische Forschung zu bewältigen hat. Aus diesem Bewußtsein heraus kann er 1832 in einer Besprechung der *Erziehungslehre* von *Schwarz* feststellen: »Das, worauf die Erziehung beruht, nämlich die Bildsamkeit der Zöglinge, ist nicht genau untersucht worden. Es erscheint den Pädagogen bald zu groß, bald zu klein; es ist nicht einmal erfahrungsgemäß nach seinen Gesetzen, Grenzen, Bedingungen, Verschiedenheiten gehörig beschrieben. Darum ist das Verhältnis zwischen dem *Höheren*, was dem Zögling *gegeben* werden muß, und zwischen der *Empfänglichkeit*, die man in ihm voraussetzen dürfe, im Dunkeln geblieben.«[19]

Ein wenig hat sich dieses Dunkel in den eineinhalb Jahrhunderten, die seit *Herbarts* Tod verstrichen sind, gelichtet; vieles bleibt zu seiner Erhellung freilich noch zu tun, sofern es den Menschen als *lösbares Problem* betrifft. Darüber sollte allerdings nicht vergessen werden, daß der Mensch im Blick auf seine gesamte Existenz die Problemebene transzendiert und sich – als *Person* – dem erfahrungswissenschaftlichen Zugriff entzieht. Und eben dies mag mit ein Grund, vielleicht *der* Grund für »die unvermeidliche Unsicherheit der Erziehung« sein.

Anmerkungen

[1] Vgl. dazu *Th. Ballauff* und *K. Schaller:* Pädagogik. Eine Geschichte der Bildung und Erziehung. Band III: 19./20. Jahrhundert. Alber, Freiburg/München 1973, S. 72 f.

[2] *J.F. Herbart:* Pädagogische Schriften. Herausgegeben von *W. Asmus*. Zweiter Band: Pädagogische Grundschriften. Küpper, Düsseldorf/München 1965, S. 116: *Allgemeine Pädagogik aus dem Zweck der Erziehung abgeleitet* (1806)

[3] *J.F. Herbart:* Pädagogische Schriften. Herausgegeben von *W. Asmus*. Erster Band: Kleinere pädagogische Schriften. Küpper, Düsseldorf/München 1964, S. 137: *Über den Standpunkt der Beurteilung der Pestalozzischen Unterrichtsmethode* (1804)

[4] *J.F. Herbart:* Pädagogische Schriften. Zweiter Band, a.a.O., S. 114: *Allgemeine Pädagogik aus dem Zweck der Erziehung abgeleitet* (1806)

[5] *W. Rein* zitiert bei *Th. Dietrich:* Geschichte der Pädagogik in Beispielen. 18.–20. Jahrhundert. Klinkhardt, Bad Heilbrunn/Obb. 1970, S. 174

[6] *J.F. Herbart:* Pädagogische Schriften. Zweiter Band, a.a.O., S. 63: *Allgemeine Pädagogik aus dem Zweck der Erziehung abgeleitet* (1806)

[7] *J.F. Herbart:* Pädagogische Schriften. Herausgegeben von *W. Asmus*. Dritter Band: Pädagogisch-didaktische Schriften. Küpper, Düsseldorf/München 1965, S. 180: *Umriß pädagogischer Vorlesungen* (1835)

[8] *J.F. Herbart:* Pädagogische Schriften. Erster Band, a.a.O., S. 42: *Dritter Bericht*

[9] Ebenda, S. 42

[10] Ebenda, S. 106 f.

[11] Ebenda, S. 107 f.

[12] Ebenda, S. 134 f.

[13] Ebenda, S. 135

[14] Ebenda, S. 137

[15] *J.F. Herbart:* Pädagogische Schriften. Zweiter Band, a.a.O., S. 23 f.

[16] *J.F. Herbart:* Kleine pädagogische Schriften. Besorgt von *A. Brückmann*. Schöningh, Paderborn 1968, S. 82 und S. 136 f.

[17] *J.F. Herbart:* Pädagogische Schriften. Erster Band, a.a.O., S. 165 ff.

[18] *J.F. Herbart:* Umriß pädagogischer Vorlesungen. 1835. Besorgt von *J. Esterhues*. Schöningh, Paderborn 1964 (2. Aufl.), S. 5 f.; vgl. auch *J.F. Herbart:* Pädagogische Schriften. Dritter Band, a.a.O., S. 165 f.

[19] *J.F. Herbart:* Pädagogische Schriften. Zweiter Band, a.a.O., S. 283

Die Bemühungen um eine realistische Position im zwanzigsten Jahrhundert finden ihren Ausdruck zum einen in der Begründung und im Ausbau der Pädagogik zu einer *empirischen Sozialwissenschaft*; und diesbezüglich sei stellvertretend für die inzwischen kaum noch überschaubare Fülle von Publikationen nur auf jene von *Wolfgang Brenzinka* und *Heinrich Roth* verwiesen. Zum andern artikulieren sich diese Anstrengungen im Aufweis der Erziehungsgrenzen, wie er vor allem von der *Dialektischen Theologie*, der *Psychoanalyse* und der *Existenzphilosophie* geleistet worden ist.

In ihrer Auseinandersetzung mit einer zu Optimismus und Idealismus neigenden humanistischen Pädagogik haben die Vertreter der *Dialektischen Theologie* erneut auf das pädagogische Grenzphänomen, auf die Unverfügbarkeit des Menschen und auf die Unvorhersehbarkeit erzieherischer Wirkungen verwiesen. Sie haben sich keineswegs auf diesen Hinweis beschränkt, der – isoliert und in radikaler Formulierung – leicht dazu führen könnte, *alle* erzieherischen Bemühungen aufzugeben. Resignation würde freilich ganz eindeutig dem biblischen Menschenbild zuwiderlaufen, aus dem sich ja doch »ein wahrhafter, nicht positivistischer oder skeptischer, sondern mutiger und kritischer Realismus der Erziehung« ergibt[1].
Dieser kritische Realismus schließt aber neben den aus dem christlichen Menschenverständnis erwachsenden erzieherischen Anstrengungen auch das klare Bewußtsein um die *Grenzen* ein, die diesen Anstrengungen gesetzt sind. Aus diesem Bewußtsein heraus betont *Martin Stallmann:* »Die ... Relevanz der theologischen Aussage für die pädagogische Praxis widerspricht der Meinung, daß sich das erzieherische Handeln durch theoretische Bemühungen vor einer Verfehlung der Aufgabe sichern lasse. Für die Einsicht in das Notwendige bleibt die Theorie zwar unentbehrlich, aber der Mensch kann sich nicht mit Hilfe des Erkenntnisvermögens seiner selbst im voraus vergewissern, und noch weniger kann er sich auf die Weise in der Erziehung des ihm anvertrauten Zöglings versichern. Die Theorie kann weder die Liebe einpflanzen noch das Vertrauen wecken, noch kann sie das Ich überwinden, das sich zur Geltung bringen möchte und den anderen zum Objekt der eigenen Machenschaften erniedrigt. Das alles vermag natürlich auch die Theologie nicht, sofern auch sie sich theoretisch verhält. Auf dem Wege der Theorie läßt pädagogische Praxis sich weder begründen noch garantieren... Nach protestantischem Verständnis ... würde jeder Versuch, durch die Theorie das erzieherische Handeln so zu sichern, daß es sich nicht versündigen kann, Gott und den Glauben überflüssig machen. Vom Glauben im Verhältnis zum Erziehen zu reden, bedeutet also nicht, ein besseres Rezept oder eine größere Erfolgsgarantie zu besitzen, sondern vielmehr daran zu erinnern, daß Erziehen ein abenteuerliches Unternehmen bleibt, dessen Erfolg überhaupt nicht vorherzusehen ist, das aber dennoch auch gegen das Gefühl eigener Unzulänglichkeit und trotz enttäuschender Vergeblichkeit getan werden

soll, im Gehorsam gegen den Schöpfer, aus Liebe zu seinen Geschöpfen und mit der verzweifelten Bitte um seinen Segen.«[2]

Die Zerstörung der harmonisch-idealistischen Deutung menschlicher Natur, wie sie *Sigmund Freud* und in seinem Gefolge die *Psychoanalytiker* vornahmen, vermochte das Bewußtsein von den Grenzen der Erziehung ebenso zu schärfen. Aber auch diese Kritik muß nicht unbedingt eine erziehungspessimistische Einstellung erzeugen, sondern sie kann zu jener realistischen Haltung führen, aus der heraus der Mensch als *Person* begriffen wird, als Wesen, das *mehr* bedeutet als seine gebündelten Triebe, die stur, unbeeinflußbar und gewalttätig nach ihrer Befriedigung verlangen.
Freud und die Psychoanalytiker vermochten aufzuzeigen und zu belegen, wie unrealistisch, schädlich – ja gefährlich es ist, die Triebnatur des Menschen zu ignorieren und ihre Kultivierbarkeit über eine bestimmte Grenze hinaus zu projizieren. Gerade in diesem Punkt haben sich bestimmte geistige Strömungen in der abendländischen Geschichte – und nicht zuletzt das Christentum – jahrhundertelang am Menschen versündigt. *Alexander Mitscherlich* nennt einen Menschen *gebildet*, wenn er »in affekterregenden Lebenslagen über eine einigermaßen beständige Selbstsicherheit im Umgang mit den eigenen Triebregungen verfügt«; aber – so setzt er hinzu: »Die Mühsal der Anpassung, des Erwerbs einer Bildung, die hungrigen Trieben ein Stück ihrer Bewältigung läßt und sie doch mitmenschlich erträglich macht – das alles ist ein Unterfangen auf schwankendem Grund.«[3]
Dies gilt für viele Bereiche der Erziehung. Ob sie nun die menschliche Eigenliebe, das Verlangen nach Besitz oder den Sexualtrieb zu kultivieren trachtet: überall zeigt sich nach den Erkenntnissen der Psychoanalytiker, »daß es eine Toleranzgrenze der Überformung gibt. Wird sie überschritten, so nimmt der Mensch in seiner psychosomatischen Gesamtstruktur Schaden, oder aber der Trieb bricht mit umso größerer Gewalt ungeordnet durch«[4].
Wie wenig aber aus dieser realanthropologischen Einsicht die Überflüssigkeit und eine gänzliche Erfolglosigkeit erzieherischer Anstrengungen abgeleitet werden dürfen, bezeugen die Psychoanalytiker durch ihre eigenen Bemühungen: bei aller Rücksicht auf das Recht und den Drang der Triebe, ist nirgendwo davon die Rede, diese seien total unkultivierbar. Sie sind kultivierbar; und dort, wo sie sich als fehlgeleitet und krank zeigen, gelten sie – in Grenzen – auch als heilbar. Mit ihrem Suchen nach einer Lösung komplexer Erziehungsschwierigkeiten widerlegen die Psychoanalytiker jeglichen pädagogischen Pessimismus.

Und schließlich hat das optimistische Erziehungsverständnis derer, die den Menschen nach ihren idealistischen Vorstellungen »auszuformen« gedachten, und ebenso jener, die ihn sich nach seinen ihm innewohnenden idealen Entwicklungsgesetzen »auswachsen« lassen wollten, durch den *Existentialismus* eine empfindliche Erschütterung erfahren.

Dennoch: auch aus dem Hinweis auf jenen »letzten, innersten, ... existentiellen Kern« im Menschen, der sich jeglicher Formung von außen und überhaupt jeglicher bleibenden Gestaltung entzieht[5], läßt sich keinesfalls insgesamt die totale Ohnmacht der Erziehung ableiten[6]; sondern es läßt sich damit nur die Allmacht »der stetigen Erziehungsvorgänge«, wie sie die ›klassische‹ Pädagogik kennt und propagiert, widerlegen.
Die an der Existenzphilosophie orientierte Pädagogik verweist *in Ergänzung* der stetigen Erziehungsmaßnahmen auf eine Reihe *»unstetiger Formen«*[7] – wie Krise, Erweckung, Ermahnung, Beratung, Begegnung, die bei allem *»Wagnis und Scheitern in der Erziehung«*[8] doch auch zum *Gelingen* der Erziehung beitragen können[9].

Anmerkungen

1 *O. Weber:* Das biblisch-theologische Menschenbild und seine Bedeutung für die Erziehung. In: *O.F. Bollnow, E. Lichtenstein* und *O. Weber:* Der Mensch in Theologie und Pädagogik. Mit einem Diskussionsbericht von *I. Röbbelen*. Quelle & Meyer, Heidelberg 1962 (2. Aufl.), S. 19

2 *M. Stallmann:* Theologie und Pädagogik. In: Pädagogisches Lexikon. Herausgegeben von *H.-H. Groothoff* und *M. Stallmann*. Kreuz, Stuttgart 1961, Sp. 945 f.

3 *A. Mitscherlich:* Auf dem Weg zur vaterlosen Gesellschaft. Ideen zur Sozialpsychologie. Piper & Co., München 1963, S. 58

4 *H. Scarbath:* Geschlechtserziehung. Motive, Aufgaben und Wege. Quelle & Meyer, Heidelberg 1969 (2. Aufl.), S. 24

5 *O.F. Bollnow:* Existenzphilosophie und Pädagogik. Versuch über unstetige Formen der Erziehung. Kohlhammer, Stuttgart 1962 (2. Aufl.), S. 15 und S. 16

6 Vgl. ebenda, S. 20

7 Ebenda, S. 18 ff.

8 Ebenda, S. 132 ff.

9 Vgl. auch *D. Kamper:* Existenzphilosophie und Pädagogik. In: Lexikon der Pädagogik. Neue Ausgabe. Erster Band. Herder, Freiburg/Basel/Wien 1970, S. 429 ff. sowie *H. Roth:* Pädagogische Anthropologie. Band I: Bildsamkeit und Bestimmung. Schroedel, Hannover/Berlin/Darmstadt/Dortmund 1966, S. 46 ff. und S. 311 bis S. 325

Macht oder Ohnmacht des Erziehers?

Das Nachdenken über die Grundprobleme der Pädagogik: über ihre wichtigsten Begriffe, über die Ziele und Aufgaben der Erziehung und Unterweisung sowie über die angemessenen Methoden und Maßnahmen – diese Reflexion hat nur dann einen Sinn, wenn zuvor die Frage hinreichend beantwortet ist, ob Unterricht und Erziehung überhaupt möglich sind, das heißt: ob das entsprechende Handeln auch den gewünschten Erfolg garantiert.
Die vorausgehenden Teile dieser Studie zeigen, welch breiten Raum die Suche nach Antworten auf die genannte Frage im Werk namhafter Pädagogen beansprucht und wie vielfältig und widersprüchlich diese Antworten ausgefallen sind.
Am Ende dieses dreifachen Streifzuges durch die Erziehungsgeschichte mag es angebracht sein, die wichtigsten Thesen und Argumente der unterschiedlichen Positionen zusammenzufassen und einer abschließenden kritischen Beurteilung zu unterziehen.

I

Menschen, die es verstehen, im eigenen Leben und an der Wirklichkeit insgesamt nur die Sonnenseite wahrzunehmen, die Mattstellen und Schattenzonen hingegen zu ignorieren und bei allen Vorgängen, Entwicklungen und Ereignissen auf ein gutes Ende zu vertrauen – solchen Menschen wird man eine gewisse Bewunderung nicht versagen können, wenigstens so lange nicht, solange sie ihre Überzeugung nicht zu einer neuen Religion stilisieren und mit ihrer frohen Botschaft von der besten aller möglichen Welten und den damit verbundenen Versprechungen andere zu beglücken und – zu belügen versuchen.
Eben dies beabsichtigen allerdings nicht wenige jener Optimisten, die den Weg zum Menschheitsglück in pädagogischen Maßnahmen gefunden zu haben glauben.
Ihre Zahl – angefangen bei *Protagoras* bis herauf zu *Watson* – ist beachtlich; und versucht man diese Kommunität von dubiosen Propheten und selbsternannten Heilsbringern etwas zu ordnen, dann läßt sie sich in drei Gruppen gliedern: neben die *Selbstbildungsoptimisten* treten die *Entwicklungsoptimisten* und – als weitaus größte Abteilung – die *Erziehungsoptimisten*.

Repräsentativ für die *Selbstbildungsoptimisten* bleibt *Giovanni Pico della Mirandola* mit seiner These von der grenzenlosen Selbstbildungspotenz des Menschen als eines gänzlich frei gestaltenden Bildhauers, der die Form, in der er zu leben wünscht, ganz alleine bestimmt und sich durch eigenen Entschluß und eigene Kraft sogar in die Welt des Göttlichen zu erheben vermag.
Hier wird die von vielen Pädagogen immer wieder reflektierte und anthropologisch fundierte Selbstbildungskraft des Menschen verabsolutiert und der Mensch ausschließlich als *Werk seiner selbst* begriffen.

Diesen maßlosen Selbstbildungsoptimismus artikuliert auch *François Rabelais* mit seinem Appell: »Tu, was du willst!« Zugleich verkörpert der Franzose die Brücke zur zweiten Gruppe, zu den *Entwicklungsoptimisten*.

Die von ihm propagierte Autonomie des Menschen könnte ja leicht zu Anarchie und Chaos führen. Aber in *Rabelais'* Augen funktioniert sie deshalb, weil das Menschenkind *von Natur aus gut* ist und – bleibt es von außen ungestört – sich weiter gut entwickeln wird.

Hauptvertreter dieses bereits von den Stoikern vertretenen Entwicklungsoptimismus, dessen Thesen bis herein in die Gegenwart lebendig geblieben sind, ist fraglos *Jean-Jacques Rousseau*.

Seine Empfehlungen: immer das Gegenteil vom Herkömmlichen zu tun und so das Richtige zu treffen; allein auf das ›Gewissen‹ zu achten und nicht auf die Vernunft; alles das zu unternehmen, was man als gut empfindet, weil es dann auch gut ist; und: das von Natur aus makellose Menschenkind während der ersten Lebensjahre einfach wachsen und sich frei betätigen zu lassen, Erziehung also *negativ* zu begreifen und so durch Nichtstun »Erziehungswunder« zu provozieren – diese Empfehlungen und Appelle behalten ihren bestechenden Reiz.

Sie begegnen in *Ernst Moritz Arndts* Reflexionen über Menschenbildung als Selbstentfaltung, in *Ludwig Gurlitts* verrückten Ansichten: Sprache und Verstand würden wie Haare und Zähne wachsen, und in *Ellen Keys* pathetischem Sermon über »einen höheren Typus Mensch« als Frucht einer neuen Erziehung. Man brauche sich lediglich auf die ›innere Stimme‹, den eigenen ›Instinkt‹, das eingeborene innere Führungsprinzip zu verlassen, dürfe den Entwicklungsprozeß nicht stören, sondern müsse die Natur sich selbst helfen lassen, und alles werde einen guten Verlauf nehmen und ein glückliches Ende finden.

Für *Ellen Key* werden diese ›Einsichten‹ gar zu Dogmen einer »Religion der Entwickelung«, die das ihr so verhaßte Christentum überwinden werde. Und *Alexander Sutherland Neill*, für den so etwas wie Erbsünde nicht existiert und nie bestanden hat, erkennt in dieser neuen Erziehung die Basis von Freiheit und Humanität.

Derartige ›Einsichten‹ und die aus ihnen abgeleiteten pädagogischen Appelle sind freilich unschwer als Wunschdenken zu entlarven. Aus dem Harmoniebedürfnis, das dem Menschen ebenso eignet wie seine Aggressionslust und ihn vor der häufig nur schwer zu ertragenden Realität und seiner eigenen Unzulänglichkeit die Augen schließen läßt, sind sie gewiß zu begreifen. Aber auf dem Hintergrund anthropologischer Erkenntnisse entbehren sie jeglicher stichhaltigen Begründung.

Rousseaus Fundamentalthese, gleich zu Beginn seines *Emil* artikuliert: *alles ist gut, wie es aus den Händen des Schöpfers hervorgeht* – offenkundig also auch der Mensch; *alles entartet unter den Händen des Menschen* – diese These bleibt ein einzigartiger Widerspruch und steckt voller Fragen, die der Philosoph nirgendwo beantwortet. Und seine weitere These: alles, was man als gut empfinde, sei auch gut, nimmt sich im Blick auf Millionen wehrloser Menschen, die auf Veranlassung

Hitlers und *Stalins* in grausamer Weise ermordet worden sind, makaber und zynisch aus. Es darf wohl angenommen werden, daß beide Tyrannen ihre Taten als ›gut‹ empfunden haben – Verbrechen, die *Rousseau* freilich nicht vorhersehen konnte, so wenig wie die Greuel der Französischen Revolution.
Sigmund Freud, dem man Menschenkenntnis nicht abstreiten kann und der gewiß nicht jenen zuzurechnen ist, die theologisch argumentieren und die von Menschen absichtlich verursachten Leiden und Katastrophen mit der Erbsünde begründen, *Freud* steht der Wahrheit über den Menschen gewiß näher als *Rousseau* und alle Künder des natürlich guten Menschenkindes, wenn er die aus langer Menschheitserfahrung gewonnene These zitiert: der Mensch verhalte sich seinesgleichen gegenüber wie ein Wolf.
Übrigens läßt sich der Aussagegehalt dieser These bereits auf jedem Kinderspielplatz verifizieren. Und zudem mag daran erinnert sein, daß auch Menschen wie *Hitler* und *Stalin* zunächst als »süße« kleine Babys ihren Lebensweg begonnen haben, als Kinder, von denen die christliche Romantikerin *Maria Montessori* einmal schwärmt: jedes von ihnen sei »der ewige Messias, der immer wieder unter die gefallenen Menschen zurückkehrt, um sie ins Himmelreich zu führen«[1].
Was die von den Entwicklungsoptimisten vertretene Theorie der *negativen* Erziehung anlangt, so hat – bei aller Anfechtbarkeit seiner eigenen hohen Erwartungen an die *positive* Erziehung – *Anton Semenovič Makarenko* gewiß nicht ganz unrecht, wenn er erklärt: wo man wachsen lasse, da gedeihe in der Regel lediglich Unkraut.
Eines freilich spielt – wenn man die Titelfrage dieser abschließenden Überlegungen kurz ins Auge faßt – bei den konsequenten Entwicklungsoptimisten keine Rolle: der *Machtgedanke*. Erziehungsmaßnahmen als Machtinstrumente sind für sie auch gänzlich unnötig, da sie ja davon überzeugt sind, daß sich das ursprünglich gute Menschenkind in einer wachstumsfreundlichen Umgebung auch weiterhin gut entwickeln wird und daß sich durch bewußtes Nichtstun beglückende »Erziehungswunder« ereignen werden. Insofern spielt auch der Gedanke an die Machtlosigkeit des Erziehers hier überhaupt keine Rolle: wo Macht nicht angestrebt und ausgeübt wird, dringt wohl kaum schmerzlich empfundene Ohnmacht ins Bewußtsein.

Von »Erziehungswundern« ist allerdings nicht nur bei den Entwicklungsoptimisten vom Schlage *Rousseaus* die Rede, sondern ebenso bei den Vertretern der *erziehungsoptimistischen* Position. Man braucht diesbezüglich nur an *Julien Offray de Lamettrie* zu erinnern.
Die Erziehungsoptimisten, die im Vergleich mit den Selbstbildungs- und Entwicklungsoptimisten in der Überzahl sind, erwarten den neuen, den glücklichen Menschen sowie die neue Gesellschaft nicht über einen langsamen, weitgehend harmonisch verlaufenden Wachstumsprozeß, sondern sie – teils naive Aufklärer, teils verbissene Macher und fanatische Manipulierer, nicht selten auch beides in einer Person – vertrauen auf die Macht *positiver* Erziehung; wie denn auch der Begriff »Macht« in ihren pädagogischen Reflexionen häufig auftaucht.

Vergleicht sich im Kreise der *Entwicklungs*optimisten der Erzieher gerne mit einem *Gärtner*, so begreifen sich die *Erziehungs*optimisten selbstbewußt als *Künstler*, die in der Lage zu sein vorgeben, die rohe Materie Mensch wie Ton oder Wachs in jede gewünschte Persönlichkeitsform umzugestalten.
Sie verstehen es und versprechen – wie *Protagoras* beispielsweise oder auch *Wolfgang Ratke* – die Menschen gleich vom ersten Tage an, auf angenehme Weise und in gar kurzer Zeit aufzuklären, gescheiter und damit auch moralisch besser und friedfertiger zu *machen*. Seit *Aristoteles* gebrauchen sie gerne die Bilder von der leeren Tafel, vom unbeschriebenen Blatt Papier und vom glatten Wachstäfelchen. Und ob sie nun *Schupp* oder *Locke, Leibniz* oder *Lamettrie, Helvétius* oder *d'Holbach, Basedow* oder *Lessing, Herder* oder *Fichte, Fourier, Saint-Simon, Blanc* oder *Owen, Heß, Marx* oder *Makarenko, Kalinin* oder *Watson* heißen – keiner von ihnen wird von Zweifeln an der Macht beunruhigt, die dem Erzieher gegeben ist, den Edukanden sicher und unfehlbar zu bilden, ihm jeden gewünschten Charakter aufzuprägen und ihn für jeden denkbaren Beruf tauglich zu machen.
Einige unter ihnen wissen diese Macht gar zur *Allmacht* zu stilisieren: die Willensfreiheit des Zöglings gänzlich auszulöschen, an ihre Stelle strenge Notwendigkeit zu setzen und den jungen Menschen so zu »machen«, daß er nur noch zu wollen vermag, was der Erzieher von ihm erwartet.
Sollten sich hinter dieser Überzeugung beim einen oder andern der Genannten – menschlich durchaus begreifliche – Machtgelüste verbergen, so werden diese nie offen eingestanden; allenfalls könnte man sie bei *John Broadus Watson* zwischen den Zeilen herauslesen. Das ganze präpotente und arrogante Vorgehen und Auftreten dient selbstredend ›höheren‹ und ›höchsten‹ Zwecken: es gilt durch Erziehung den neuen, humanen und glücklichen Menschen zu schaffen, die neue Gesellschaft, eine neue Volksrepublik, ein verwandeltes Europa, eine von aller Armut und jeglichem Verbrechen befreite, friedliche Welt, die Gleichheit aller Menschen – insgesamt und letztendlich das Glück der Völker und die Vollkommenheit des ganzen Menschengeschlechts.
Die Berufung zum Dienst als Erzieher und die zur Realisierung dieser hehren Ideale erforderliche Betriebsamkeit paart sich nicht selten mit Selbstüberschätzung und Aufgeblasenheit, mit Enthusiasmus und Führerpathos, die in Erziehungssucht und Pädagogismus münden, den Erzieher zur Illusion motivieren, er sei Retter und Heiland, und die Bereitschaft zu Zurückhaltung, Distanz, Diskretion und Bescheidenheit ersticken und damit auch das Bewußtsein der eigenen Mittelmäßigkeit sowie die Einsicht in die historisch evidente Tatsache: wonach die Menschheit von jeher meilenweit hinter den hohen Zielsetzungen zurückgeblieben ist, die pädagogistische Weltverbesserer erdacht und proklamiert haben.

Man kann den Optimismus in all seinen Formen als Konglomerat aus Realitätsblindheit und mangelnder Menschenkenntnis, aus Denkfaulheit und Harmoniebedürfnis interpretieren, als Gemisch aus Einstellungen und Verhaltensweisen,

denen eine bedenkliche ethische und nicht zuletzt auch eine komische Dimension eignet.
Was seine *ethische* Seite anlangt, so besagt Optimismus letztlich nichts anderes als: sich selbst und anderen etwas vorzumachen – sich selbst und andere zu belügen. Und man kann den Zorn *Schopenhauers* und *Pestalozzis* begreifen, der beide überkommt, wenn sie an *Leibniz'* These denken: diese konkrete Welt sei »die beste aller möglichen Welten«. Der pessimistische Philosoph und Misanthrop nennt den Optimismus eine »ruchlose Denkungsart«, und der friedfertige Schweizer Erzieher – alles andere als ein Pessimist – spricht ärgerlich vom »Gerede der Weisen« – Optimismus als vornehmste Form von Betrug und Selbstbetrug mündet nicht selten in Resignation; und diese wiederum lähmt jegliche Aktivität: wer *alles* will und immer das *Optimum*, der gibt sich kaum mehr mit dem Wenigen und sich zumeist recht bescheiden Ausnehmenden zufrieden, das unter Anstrengungen doch noch zu erreichen wäre.
Nimmt man die *komische* Dimension des Optimismus in den Blick, dann darf an *Siegfried Bernfelds* Spott erinnert werden, mit dem er jenem »edlen jungen Mann, der gerade durch Erziehung wesentliche Weltveränderungen vornehmen will«, begegnet. Recht aufschlußreich und ›belustigend‹ wäre gewiß auch ein Bericht über die »Erziehungswunder« der namhaften pädagogischen Optimisten von *Protagoras* bis *Watson*, die sie an ihren eigenen Kindern – soweit überhaupt vorhanden – gewirkt haben. *Rousseau* immerhin hat nicht weniger als fünf Kinder in die Welt gesetzt und – gleich nach ihrer Geburt im Findelhaus abgeliefert. Ungeachtet der sonstigen Motive, die ihn – den ersten pädagogischen Bestsellerautor! – zu diesem schändlichen Verhalten, über das er im Alter dann Krokodilstränen vergießt, bewogen haben mögen, er hat sich damit auch geschickt der Überprüfung des Wahrheitsgehalts seiner bestechend klingenden pädagogischen Thesen entzogen. Und denkt man schließlich angesichts des Zerfalls der Sowjetunion und der gescheiterten sozialistischen Experimente an den Optimismus eines *Makarenko*, an seine Vision vom neuen kommunistischen Menschen - geschaffen in Laboratorien für kommunistische Erziehung, besinnt man sich auf seinen Glauben an die »absolut unbegrenzte Macht der pädagogischen Einwirkung«, dann gewinnt der pädagogische Optimismus gar eine tragikomische Dimension. *Theodor W. Adorno* hat sie in seinem berühmten Vortrag *Tabus über dem Lehrberuf* aus dem Jahre 1965 artikuliert – nicht bezogen auf *Makarenko*, sondern im Blick auf die ›Macht‹ des Lehrers ganz allgemein, der hier stellvertretend für alle pädagogischen Berufe stehen mag: »Die Macht des Lehrers wird verübelt, weil sie die wirkliche Macht nur parodiert, die bewundert wird. Ausdrücke wie Schultyrann erinnern daran, daß der Typus von Lehrer, den sie festnageln, sowohl irrational despotisch sei wie nur das Zerrbild von Despotie, weil er ja nicht mehr anrichten kann, als irgendwelche armen Kinder, seine Opfer, einen Nachmittag lang einsperren.«[2]
Adorno spricht hier von der Erziehermacht: Macht im Sinne von Gewaltanwendung, Zwang, Quälerei… Diese Macht hat es immer gegeben – gerade auch in tota-

litären Staaten; und es gibt sie noch. Erziehungswunder hat sie allerdings nie gewirkt. Jene von *Makarenko* und einer Reihe anderer pädagogischer Optimisten apostrophierte positive und repressionsfreie Erziehermacht hingegen existiert lediglich auf dem bedruckten Papier. Und so konnte und kann über ihre Wunder auch nichts bekannt werden[3].

II

Von Erziehungswundern berichten lediglich die Dichter. *Homer* beispielsweise rühmt den wackeren Telemachos – Odysseus' Sohn, seine große Bereitschaft, sich beeinflussen zu lassen und seine geglückte Erziehung. Hinter Mentes freilich, dem Erzieher Telemachs, stand mit Athene schließlich auch eine philanthropische Gottheit.

In der alltäglichen, von Menschen bestimmten Erziehungswirklichkeit ist von derartigen beglückenden Ereignissen wenig zu erfahren. Hier machen sich für gewöhnlich gravierende Hindernisse bemerkbar, die bewirken, daß Erzieher sich rasch ihrer Grenzen bewußt werden und angesichts der vielfältigen Schwierigkeiten, mit denen sie sich konfrontiert sehen, oft genug in Resignation und Pessimismus verfallen.

Die Geschichte der Philosophie und jene der Religionen, die Geschichte der Dichtung und nicht zuletzt jene der Erziehung weisen sehr früh und in allen Epochen diese dunkle und verzweifelte Gestimmtheit nach, das Bewußtsein von der Dominanz der negativen Elemente im menschlichen Leben, von Sorgen, Leiden und Not, von Leere und Langeweile, von Schwäche, Krankheit und kurzer Lebensdauer; von der Wandelbarkeit des Menschen, seiner moralischen Ambivalenz und seiner Unberechenbarkeit, von den schlechten, sündhaften Neigungen und der Aggressionsbereitschaft, von Bosheit und Schuldbeladenheit – von Haltungen und Verhaltensweisen, die auf das Tier im Menschen schließen und das Dogma von seiner Gottesebenbildlichkeit als lächerliche Fiktion erscheinen lassen, von Verhaltensweisen, denen keine Ermahnung oder Warnung, sondern – wenn überhaupt etwas – nur strenge Gesetze, Dressur und Maßnahmen des »Hineinbrennens«, Gewalt und drakonische Strafen Einhalt gebieten, und die die Hoffnung auf sittliche Besserung absurd und alle erzieherischen Anstrengungen letztendlich als Torheit erscheinen lassen.

Das Erlebnis eigener Ratlosigkeit und die Erfahrung des Scheiterns, das Bewußtsein von Ohnmacht und Erfolglosigkeit der vielbesungenen »allgemeinen Menschenbildung« – dies alles führt zu recht unterschiedlichen Konsequenzen.

Wo sich diese Erfahrungen zur Einsicht von der Sinnlosigkeit des Lebens insgesamt bündeln – zur Überzeugung, daß diese konkrete Welt, die schlechteste aller denkbaren Welten ist, daß alles im Strudel eines sinnlosen Kreislaufs treibt und der Mensch eine wehrlose Marionette in den Händen eines unbekannten und grau-

samen Spielers ist, da gewinnt die Überlegung an Gewicht: Nichtsein sei dem Dasein vorzuziehen und – ins Pädagogische gewendet – der Verzicht auf Kinder sei wohl das Vernünftigste.
Das Sinnwesen Mensch vermag Sinnlosigkeit allerdings auf Dauer nicht zu ertragen. Und so führen die angesprochenen Erfahrungen und Erlebnisse bei anderen zu besinnungsloser und rational nicht begründbarer Betriebsamkeit, für die Sisyphos zum Symbol geworden ist und die sehr stark an die Geschäftigkeit der Erziehungsoptimisten erinnert.
Wieder andere sehen auf der Basis des Dogmas von der Unvertilgbarkeit und Unabänderlichkeit des angeborenen Charakters zwar gleichfalls keinerlei Chancen für die Wirksamkeit erzieherischer Maßnahmen, erkennen aber in biologistischen Methoden der Züchtung und »Aufartung« einen Weg zur Veredelung der Menschheit.
Und schließlich leben einige aus dem Vertrauen auf eine höhere, transzendente Macht. *Sokrates* ist im abendländischen Kulturkreis wohl der erste, der Gott als den eigentlichen Erzieher begreift; und die christlichen Erzieher von *Augustinus* über die Reformatoren bis zu *Francke* und *Wichern* artikulieren gleichfalls die Überzeugung von der Unfähigkeit des Menschen, sich aus seiner Schuldbeladenheit auf dem Wege der Selbsterziehung zu befreien und sich durch Bildung zu erlösen, sowie von der weitgehenden Ohnmacht des menschlichen Erziehers, der ohne den Einbruch Gottes in das menschliche Leben und ohne göttliches Gnadenwirken gänzlich erfolglos bleibt[4].

Angesichts der verschiedenen Positionen des pädagogischen Pessimismus und ihrer Repräsentanten zeigt sich nun allerdings ein recht merkwürdiger Sachverhalt: ob man den Anthropopessimismus der Griechen in den Blick nimmt oder jenen *Calvins*, ob man an *Francke* denkt oder an *Schopenhauer*, an *Bernfeld* oder an *Grisebach*, an die Situation vor oder nach 1945 – nirgendwo sind die Zweifel an der Möglichkeit der Erziehung *so* übermächtig geworden, daß sie hätten zum Anlaß werden können, *alle* erzieherischen Bemühungen einzustellen und *alle* Erziehungsinstitutionen aufzulösen.
Weder *Homer* noch *Theognis* und *Pindar*, weder *Machiavelli* noch *Luther* und *Calvin*, weder *Francke* und *Friedrich der Große* noch *Schopenhauer* und *Nietzsche*, weder *Bernfeld* noch *Grisebach* – keiner von ihnen gedenkt mit seinen Zweifeln das Ende der Erziehung zu proklamieren; ganz im Gegenteil. Viele von ihnen entdecken durch ihren Umgang mit Menschen und in ihren anthropologischen Reflexionen die *Erziehungsbedürftigkeit* und begreifen sie als *echtes Anthropinon*. Fast alle haben sich über Erziehung, über ihre Aufgaben und ihre Methoden Gedanken gemacht und die pädagogische Abteilung der Weltliteratur mit ihren diesbezüglichen Arbeiten erweitert.
Wenn man an die vielen pädagogischen Details in *Homers* Epen und in den nicht selten pessimistisch getönten Dialogen und Briefen *Platons* denkt; wenn man

Luthers, Clavins und *Franckes* Bemühungen um den Aufbau eines christlichen Erziehungswesens zur Kenntnis nimmt und neben diesen Anstrengungen ganz besonders auch ihre Erfolge; wenn man sich an die zahlreichen diesbezüglichen Unternehmungen *Friedrichs des Großen* erinnert, die nur durch den Mangel an Geld, das er für seine Kriege benötigte, gebremst wurden; wenn man überlegt, daß selbst *Schopenhauer* – gewiß der Radikalste unter den Genannten – eine Abhandlung *Ueber Erziehung* geschrieben hat; wenn man nicht vergißt, daß bei aller Skepsis *Freuds* seine Psychoanalyse »durch und durch einen *pädagogischen Elan«* besitzt und die »psychoanalytische und alle tiefenpsychologische Praxis ... sich so als Verbündete der Erziehung« erweist[5]; wenn man weiter bedenkt, daß keine Theologie – weder jene der Reformatoren noch auch die dialektische – die Lehre verkündet oder gar die Forderung erhebt, »das Geschäft der Erziehung aufzugeben« und dazu »das Übersichhinausstreben des Menschen«[6]; wenn man nicht aus den Augen verliert, daß die sich aller bleibenden Formung entziehende menschliche Freiheit gleichwohl erst in *»Lernprozessen«* evident wird und umfangreicher Lernhilfen bedarf[7] und daß es in jener Pädagogik, die das existenzphilosophische Denken erzieherisch fruchtbar zu machen versucht, darum geht, »die klassische Pädagogik der stetigen Erziehungsvorgänge durch eine entsprechende Pädagogik unstetiger Formen zu erweitern«[8], und nicht darum, pädagogische Reflexion und erzieherisches Handeln insgesamt *ad absurdum* zu führen – wenn man all dies im Auge behält, dann weiß man, daß kein bedeutender Philosoph oder Theologe, kein ernstzunehmender Anthropologe und Pädagoge – bei allen Zweifeln und bei aller Verzweiflung – einen *extremen* pädagogischen Pessimismus vertreten hat.

Demokrit empfiehlt den Verzicht auf Nachwuchs, und ganz gewiß bleibt diese Empfehlung im Blick auf *alle* Epochen der Menschheitsgeschichte bedenkenswert. Vielleicht würde es der übrigen Schöpfung gut bekommen, wenn sie von ihrer Dornenkrone, vom Menschen befreit wäre. Aber keiner der großen Pessimisten rät, angesichts der bereits vorhandenen Menschenkinder und ihrer evidenten Hilfsbedürftigkeit die Hände in den Schoß zu legen.

Und die von *Martinus Jan Langeveld* heftig kritisierte, weil »empirisch nicht gerechtfertigte, anthropologisch fatale, antipädagogische« These *Hubert Rohrachers*[9], wonach »man seine Eigenschaften schuld- und verdienstlos besitzt und in allem, was man an seelischen Werten aufzuweisen hat, nur das Produkt eines naturgesetzlichen Vorganges ist, an dessen Ablauf man ganz unbeteiligt war«[10] – diese These entspricht zwar der Anthropologie *Schopenhauers*; sie mag auch denen, die sich um die Pflege des »arischen« Charakters und um die »Aufartung« des deutschen Volkes bemühten, ins Konzept gepaßt haben; ihre letzte ›pädagogische‹ Konsequenz: *Überflüssigkeit, weil Unmöglichkeit der Erziehung*, hat unter den ernstzunehmenden Pessimisten keiner proklamiert.

Ein weiteres hat die Analyse der einzelnen Positionen ergeben: der pädagogische Pessimismus ruht auf recht unterschiedlichen anthropologischen Begründungen.

Einmal steht die *Freiheit* der Erziehung entgegen – worüber noch ausführlich nachzudenken sein wird; das andere Mal erweist sich der Mensch deshalb als unerziehbar, weil er als *unfrei*, erb- oder schicksalsbestimmt gilt. Was vor allem meinen die verschiedenen Skeptiker, wenn sie von »Erziehung« reden; und an welche anthropologische »Ebene« oder »Schicht« denken sie dabei? Oft hat es den Anschein, daß jeder am anderen vorbeiredet, weil jeder jeweils von etwas anderem spricht und die Übereinkunft aller lediglich auf ihrem Mißtrauen in die Veränderbarkeit des Menschen beruht – in die Möglichkeit der Menschen, sich mit Hilfe anderer Menschen in ihrer geistigen, sittlichen und religiösen Haltung zu ändern.

Hier mag *Martin Keilhacker* recht behalten, wenn er zur Feststellung gelangt: das anstehende Problem sei bei aller Komplexität und Kompliziertheit »nicht so hoffnungslos undurchsichtig, daß nicht auf Grund wissenschaftlicher Forschung und allgemeiner Erfahrungen mindestens einige wesentliche Teilfragen beantwortet werden könnten. Die polar entgegengesetzten, einander ausschließenden Auffassungen berühren nämlich in der Regel das Problem nicht an der gleichen Stelle, sondern meinen innerhalb des Gesamtproblems verschiedene Einzelfragen und Einzelgebiete«[11].

Diese Feststellung scheint sowohl im Blick auf die unterschiedlichen Aspekte innerhalb der Position des pädagogischen Pessimismus zu gelten als auch im Blick auf die kontroversen Auffassungen zwischen den pädagogischen Pessimisten und Optimisten.

Freilich ist mit dieser Feststellung und den möglichen Antworten auf Einzelfragen noch keineswegs die Grundfrage nach den Möglichkeiten der Erziehung beziehungsweise nach der Macht oder Ohnmacht des Erziehers beantwortet.

III

Die wirklichen, die echten Realisten sind die Pessimisten. – Diese These provoziert Ärger und Widerspruch. Der ›geborene Erzieher‹, mit einer Botschaft im Kopf und fest entschlossen, die Welt zu verbessern, wird sie entrüstet ablehnen. Gleichwohl spricht einiges für sie.

Man muß mit *Siegfried Bernfeld* keineswegs sympathisieren und schon gar nicht seine Erwartungen von einer umfassenden sozialistischen Revolutionierung der gesamten gesellschaftlichen Verhältnisse teilen, um ihm doch wenigstens in einem Punkt Recht zu geben. Auf die Frage: ob die Menschheit seit den frühesten Zeiten, von denen historische Quellen berichten, bis heute moralische Fortschritte gemacht habe, Fortschritte, die sich *Erzieher* zugute halten dürfen und die auch für die Zukunft zu erwarten sind – ein Gedanke, der den so nüchternen *Immanuel Kant* sowie zahlreiche Aufklärer und Idealisten geradezu ins Schwärmen und in Verzückung geraten läßt – auf diese Frage gibt *Bernfeld* eine klare Antwort: »Der sittlich-religiösen Menschen gab es anno 1224 kaum weniger als 1924.«

Aber kann man vielleicht für die Jahrzehnte, die seit 1924 verstrichen sind, eine Zunahme von Sittlichkeit und Religiosität konstatieren? – Läßt man die einschlägigen repräsentativen Untersuchungen und jene statistischen Angaben einmal außer acht, die von einer raschen Zunahme jener Menschen hierzulande berichten, die ihrer Kirche den Rücken kehren, und beschränkt man sich auf Stichproben aus seriösen Zeitungen, die auf das moralische Niveau schließen lassen, dann wird man auch auf diese Frage keine positive Antwort erwarten dürfen.

Im Vertrauen auf die Korrektheit ihrer Berichterstatter sei hier lediglich auf zwei Seiten der *Augsburger Allgemeinen* vom 2. April 1992 verwiesen. Auf der dritten Seite wird unter der Überschrift »Im Eilschritt durch die dunkle Geschichte« von einem Besuch des polnischen Staatspräsidenten *Lech Walesa* in der Gedenkstätte des ehemaligen Konzentrationslagers in Dachau, wo auch einige tausend polnische Häftlinge zu Tode gekommen sind, und von den Störversuchen Rechtsradikaler berichtet.

Ein zweiter Artikel auf dieser Seite kündet unter der Überschrift »Der kleine Krieg über den Gartenzaun – Jährlich enden allein in den alten Ländern 400 000 Streitfälle zwischen verfeindeten Nachbarn vor dem Kadi« von einer speziellen Form menschlicher Aggressivität. Dieser Bericht über »das Volk der Denker und Dichter«, das sich nicht selten seiner kulturellen Tradition und seines effektiven und differenzierten Erziehungs- und Bildungswesens rühmt, schließt mit folgender Erfahrung eines mit der Streitsucht der Bundesrepublikaner befaßten Pädagogen und Therapeuten: »Im Streit unter Nachbarn geht es zwar auf den ersten Blick um Kleinigkeiten, aber sie sind Symbole für elementare Vorgänge. Es geht um Recht, Besitz, Territorium, Vorteil. Es ist eine Illusion zu glauben, der Mensch sei ein friedfertiges Wesen.« –

Die vierte Seite der Zeitung erinnert unter dem Titel »Wie furchtbar haben wir uns getäuscht – Schwaben gedenkt der Juden-Deportationen von 1942« wiederum an das wohl dunkelste Kapitel der deutschen Geschichte: an den Vollzug der »Endlösung der Judenfrage« vor einem halben Jahrhundert. Und zwei weitere Berichte zeugen von der Aggressivität einer besonderen Volksgruppe: der politischen Elite. Die Überschriften lauten: »Kraftausdrücke – aus der Tiefe des Plenarsaals – Auf jede Minute Redezeit kommen im Bonner Bundestag statistisch ein bis anderthalb Zwischenrufe«; und: »Von A wie Armleuchter bis Z wie Zuhälter – Was sich deutsche Volksvertreter von 1949 bis heute im Hohen Haus an den Kopf geworfen haben«. – *Bernfeld* muß seine pessimistische These wahrlich nicht korrigieren!

Auf dem Hintergrund gerade dieser beiden zuletzt erwähnten Berichte, deren Wahrheitsgehalt ja unschwer zu überprüfen ist, darf gefragt werden, was Forderungen und Appelle von Politikern und Repräsentanten vieler gesellschaftlicher Teilgruppen an Eltern, Lehrer und Berufserzieher eigentlich wert sind – Forderungen nach verstärkter und verbesserter Drogen- und Sexualerziehung, Konsum- und Freizeiterziehung, politischer und Friedenserziehung...; Forderungen, wie sie in Lehr- und Bildungsplänen oder in Länderverfassungen artikuliert sind, beispielsweise in *Artikel 131* der *Verfassung des Freistaates Bayern*, wo geschrieben steht: »(1) Die Schulen sollen nicht nur Wissen und Können vermitteln, sondern auch Herz und Charakter bilden. (2) Oberste Bildungsziele sind Ehrfurcht vor Gott, Achtung vor religiöser Überzeugung und vor der Würde des Menschen, Selbstbeherrschung, Verantwortungsgefühl und Verantwortungsfreudigkeit, Hilfsbereitschaft, Aufgeschlossenheit für alles Wahre, Gute und Schöne und Verantwortungsbewußtsein für Natur und Umwelt. (3) Die Schüler sind im Geiste der Demokratie, in der Liebe zur bayerischen Heimat und zum deutschen Volk und im Sinne der Völkerversöhnung zu erziehen...« –

Betrachtet man den ersten Satz dieses Artikels, wonach Lehrer »auch Herz und Charakter bilden« sollen, dann drängt sich einem die Frage auf: ob man sich mehr über die Arroganz wundern sollte, die sich in dieser Formulierung artikuliert, oder über die Naivität, mit der vorausgesetzt wird, diese Forderung sei auch erfüllbar. Über die Macht- beziehungsweise Zaubermittel für jene, denen die Realisierung dieser hehren Ziele aufgetragen ist, schweigen sich die Verfassungsväter allerdings aus. Schon der auf andere Personen zielende Gebrauch des Verbs »bilden« spricht Bände über ihre anthropologische und pädagogische Ignoranz.

Ihnen und den meisten Verfassern derartiger Artikel und Bildungsplanpräambeln ist offenbar auch nie bewußt geworden, daß Erzieher in der Regel nicht besser sind als die Gesellschaft, der sie angehören und die »höherzuführen« sie sich berufen glauben. Weder *Rousseau* noch *Fichte* sowie die Theoretiker einer inselhaften Erziehung und die Gouverneure pädagogischer Provinzen haben bislang verraten, wo sie die qualifizierten Hofmeister und Gouvernanten der jungen Generation in der von ihnen als verrottet deklarierten Gesellschaft herbekommen wollen.

Kant wußte um dieses Dilemma: »Der Mensch muß also zum Guten *erzogen* werden; der aber, welcher ihn erziehen soll, ist wieder ein Mensch, der noch in der Rohigkeit der Natur liegt und nun doch dasjenige bewirken soll, was er selbst bedarf. Daher die beständige Abweichung von seiner Bestimmung mit immer wiederholten Einlenkungen zu derselben.« Damit schließt der Philosoph von Königsberg die Möglichkeit eines moralischen Höhenflugs der Menschheit so gut wie gänzlich aus und zernichtet seine an anderer Stelle geäußerte Erwartung, wonach »die menschliche Natur immer besser durch Erziehung werde entwickelt werden«. Er und die übrigen namhaften Realisten von *Salzmann* über *Villaume, Fröbel* und *Herder* bis zu *Freud* und *Mitscherlich* wissen: daß Erziehung »das größeste Problem« ist »und das schwerste, was dem Menschen kann aufgegeben werden« – ein geradezu abenteuerliches Unterfangen; daß Einsicht und Erziehung sich gegenseitig bedingen und schon deswegen die Erwartungen an die Erziehung nicht zu hoch geschraubt werden dürfen; daß die Individualität des Edukanden und die Unfähigkeit des Erziehers für Erziehung recht enge Grenzen setzen; daß man bereits über Mittelmäßigkeit froh und dankbar sein muß; daß der Personkern häufig unerreichbar bleibt und die Triebkultivierung oft genug in ihr Gegenteil umschlägt; daß zwischen »Absicht und Erfolg der Erziehung« zumeist eine tiefe Kluft besteht und die

Ungewißheit über den Ausgang aller erzieherischen Bemühungen unvermeidlich und eigentlich das einzig Gewisse ist; daß es keine Erfolg garantierenden Maßnahmen gibt – »keine Zauberei, auch nicht durch milden Erzieherblick, nicht durch heilsame Prügel«, wie *Bernfeld* sarkastisch bemerkt, und daß vieles ein fruchtloser Versuch bleibt; daß mit aller Erziehung Risiko und Wagnis eng verknüpft sind, und daß die bestgemeinte Erziehung *scheitern* kann.

In diesem Zusammenhang wird immer wieder das Phänomen des *Bösen* reflektiert – das Böse in seinen verschiedenen Interpretationen und Bildern: als Sünde, als Schuld, als Tier im Menschen...

Dieses Phänomen artikulieren nicht nur die extremen Pessimisten und die religiösen Fundamentalisten, sondern nicht weniger zahlreiche besonnene Realisten. Sie lassen keinerlei Zweifel darüber aufkommen, daß das Böse existiert; aber sie betonen immer wieder auch, daß es ihnen nicht das letzte Wort bedeutet. *Platon* denunziert den Menschen nicht als grundsätzlich schlecht; aber er hat seine Offenheit und Ambivalenz, seine Labilität und leichte Veränderlichkeit augenfällig erfahren. *Aristoteles* weiß, daß der Mensch in seinen triebhaften Schichten zum allergemeinsten Geschöpf entarten kann. Die stoischen Philosophen sehen neben den Samen des Guten in ihm auch seine Verführbarkeit und seine tiefverwurzelte Neigung zum Bösen. *Augustinus* und die bedeutenden christlichen Erzieher führen alle diese Schwächen und Verwerfungen auf eine Urschuld des Menschen zurück, die über ihre theologisch-spekulative Begründung hinaus fortwährend erfahrbare Beweise ihrer Existenz liefert. Sie sehen – wie *Pascal* – im Menschen weder einen Engel noch das Tier; aber sie betonen auch: wer den Menschen zum Engel erkläre, lerne sehr bald das Tier in ihm kennen. Der so friedfertige *Comenius* verwahrt sich – im Unterschied zu seinen reformatorischen Vorgängern ausdrücklich gegen alle pessimistischen Übertreibungen und gegen die Denuntiation des Menschen. Er sieht ihn durch die Erbsünde zwar geschwächt, jedoch nicht zerstört und grundsätzlich verdammt. Aber *Comenius* schließt dabei keineswegs die Augen vor der Korruptibilität des Menschen; und selbst leidet er unsäglich unter der sittlichen Verwilderung seiner Epoche und unter den Bosheiten und Verbrechen, mit denen Menschen andere Menschen quälen.

Auch *Kant* – Philosoph und nicht Theologe – klammert das Böse keineswegs aus und weiß um die sittlichen Gebrechen des Menschen: um sein »böses Herz« und das damit verknüpfte »unaufgelöste Problem« der Erziehung, wonach der Hang zum Bösen allenfalls gebändigt, nie freilich vertilgt und krummes Holz nie mehr ganz gerade werden kann. Und namhafte Pädagogen in der romantischen Ära – *Schwarz* und *Jean Paul* beispielsweise – wissen gleichfalls um diesen Sachverhalt und darum, daß auch der kindliche Mensch bereits davon betroffen ist. *Fröbel* fällt diese Einsicht, wonach sich das Böse schon in der Welt des Kindes bemerkbar macht, sich als Eigensinn und Trotz artikuliert, am schwersten. Für *Schleiermacher* hingegen ist das Böse ein nicht zu leugnendes Faktum. Und *Stifter* – grundsätzlich optimistisch gestimmt – weiß um das wilde Tier, das im Menschen schlummert.

Selbst *Herbart* spricht von der Erbsünde. Und was schließlich *Freud* anlangt, so ergeht er sich zwar nicht in theologischen Spekulationen; aber er weiß um die gefährliche Aggressionspotenz im Menschen, und er interpretiert sie nicht zum »sogenannten Bösen«. Insofern ist sein Pessimismus viel überzeugender als der aufgeklebte Humanismus und der gänzlich unbegründete Optimismus eines *Konrad Lorenz*.
Das Böse in seinen verschiedenen Ausdrucksformen – wie es gerade im Verlauf des zwanzigsten Jahrhunderts in so erschreckender Weise in Erscheinung getreten ist – existiert, mag der Optimist davor auch die Augen schließen oder es dialektisch hinweginterpretieren. An diesem Unterfangen scheitert alle Philosophie und Theodizee. Und mag man sich auch damit trösten, daß es nicht das letzte Wort bedeutet, so hilft dieser Gedanke doch jenem kaum, dem Böses widerfährt und der unschuldig leidet.
Das Böse wirft jene tragische Frage auf, an der der gläubige und denkende Christ nicht weniger schwer trägt als derjenige, der nicht zu glauben vermag, und die der Christ gleichfalls nicht beantworten kann, eine Frage, die auch ihre pädagogische Dimension besitzt.
Der bedeutende Religionsphilosoph *Romano Guardini* beschäftigt sich in seinen Werken und in seinen persönlichen Aufzeichnungen lebenslang mit dieser Frage. Kurz vor seinem Tod formuliert er sie gegenüber dem Freund *Walter Dirks* wohl am prägnantesten. *Dirks* berichtet: »Der es erlebt, wird es nicht vergessen, was ihm der alte Mann auf dem Krankenlager anvertraute. Er werde sich im letzten Gericht nicht nur fragen lassen, sondern auch selber fragen; er hoffe in Zuversicht, daß ihm dann der Engel die wahre Antwort nicht versagen werde auf die Frage, die ihm kein Buch, auch die Schrift selber nicht, die ihm kein Dogma und kein Lehramt, die ihm keine ›Theodizee‹ und Theologie, auch die eigene nicht, habe beantworten können: Warum, Gott, zum Heil die fürchterlichen Umwege, das Leid der Unschuldigen, die Schuld?«[12]
Es ist letztlich die Frage nach dem Grund und Sinn der menschlichen *Freiheit*, in der das Böse – eigentlich ein Epiphänomen – wurzelt, jene Frage, an der auch viele Erzieher schon zerbrochen sind. Warum hat Gott dem Menschen als einzigem seiner Geschöpfe die Freiheit verliehen, wenn er in seiner Vorsehung doch gewußt hat, daß die wenigsten Menschen damit verantwortlich und gemeinschaftsverträglich umzugehen imstande sein würden; daß der junge Mensch den rechten Gebrauch der Freiheit erst höchst mühsam erlernen muß, wogegen er sich oft genug energisch wehrt? Warum schuf Gott in der ›Krone der Schöpfung‹ diesem seinem Werk eine Dornenkrone?
Gewiß ist der Mensch in Grenzen beeinflußbar, und gewiß ist er lernfähig. Aber Lernen vollzieht sich zumeist nur in mühevoller Arbeit und mit großen Anstrengungen jener, die dem Lernenden dabei helfen. Mit dem Tod des Menschen ist das Ergebnis dieses Mühens nicht mehr existent. Es ist nicht vererbbar oder sonstwie übertragbar; und in jedem neugeborenen Menschenkind beginnt die Menschheit wieder in ihrem primitiven Zustand...

Vertieft man sich in die Problemgeschichte der Erziehungsziele und Bildungsideale, dann trifft man häufig auf Begriffe wie *Vollkommenheit* und *Vollendung. Guardini* bemerkt dazu in seinem ebenso schmalen wie gehaltvollen Traktat über die *Grundlegung der Bildungslehre:* »Die Existenz ist fragmentarisch durchaus. Sie hat nirgendwo Abschluß. Ebendies aber wird als das Herrlichste erlebt; als Freiheit. Als freier Raum für Neuanfang, Wagnis, reine Initiative. Härte und Freiheit zugleich... Die Kategorie der Vollkommenheit paßt auf dieses Dasein nicht. Es ist recht, wenn es wahr und tapfer ist. Das Dasein ist nicht-vollkommen; zerrissen. Es ist tragisch durchaus, und das ist seine Schönheit... Vollendung gibt es hier nicht. Es gibt eine Sehnsucht nach ihr. Sie findet aber im irdischen Dasein keine Erfüllung. Sie ist nur Hoffnung, die aber inhaltlich das Handeln in nichts bestimmt. Sie ist eschatologisch.«[13] Vor ihr ereignet sich die Apokalypse. – Aber warum?...

Was *Guardini* persönlich anlangt, so verzweifelte er bei aller Bedrücktheit und Vereinsamung im Alter nicht an diesen Fragen. Er vermochte aus der Kraft seines Glaubens zu leben, und er war bemüht, diese Kraft auch in anderen zu wecken und dazu die Bereitschaft: »Fragen, die man selbst nicht lösen kann, ruhig zu tragen«[14] und »nicht zu vergessen, daß die in Christi Leben grundgelegte Form ... das Kreuz ist... Es ist eine Anmaßung..., Ihn in ein ›Warum‹ einschließen zu wollen. Nimm den Gedanken als eine Freundlichkeit Gottes, als eine kleine Türe, und Ihn selbst als den Unbegreiflichen. Vielleicht genügt das«[15].

Das eigentliche Grundproblem aller Erziehung, das was den Menschen von allen übrigen Lebewesen offenkundig am meisten unterscheidet, ist seine *Offenheit*, seine *Nichtfestgelegtheit*, seine *Unbestimmtheit* – in der Formulierung *Schleiermachers:* »die Unentschiedenheit der anthropologischen Voraussetzungen« – seine *Freiheit.* Sie bildet die Basis für das verantwortbare Verhalten; jedoch bleibt sie auch Fundament und Quelle des Bösen. Sie ist die Grundlage aller Erziehung, aber auch ihr Kreuz; und die Fähigkeit zu ihrem rechten Gebrauch bezeichnet zugleich eines der wichtigsten Erziehungsziele.

Kant sieht in der Freiheit die hartnäckigste Grenze der Erziehung; in der »freien Willkür« des Menschen gründet ihr Gelingen und ebenso ihr Scheitern: *»Die Natur hat gewollt: daß der Mensch alles, was über die mechanische Anordnung seines thierischen Daseins geht, gänzlich aus sich selbst herausbringe und keiner anderen Glückseligkeit oder Vollkommenheit theilhaftig werde, als die er sich selbst frei von Instinct, durch eigene Vernunft, verschafft hat«*; daß alles, »selbst seine Einsicht und Klugheit und sogar die Gutartigkeit seines Willens ... gänzlich sein eigen Werk sein« sollte.

Der Philosoph von Königsberg bleibt hier offenkundig nicht frei von Widersprüchen. In seiner aufklärerisch-optimistischen Periode und in seiner Vorlesung *Über Pädagogik* ist der Mensch nichts »als was die Erziehung aus ihm macht«. Später, in seinem Werk *Idee zu einer allgemeinen Geschichte in weltbürgerlicher Absicht*, begreift er ihn als »gänzlich sein eigen Werk«. – Dieser Widerspruch löst sich allerdings dann auf, wenn *Erziehung* als *Hilfestellung* für den Edukanden interpretiert wird, das mühsame Unterfangen der Selbstbildung auf sich zu nehmen und durchzuhalten. Diese Hilfestellung hat freilich mit Akten des »Machens« nichts zu tun.

Damit rückt die Titelfrage und die Notwendigkeit, sie zu beantworten, in den Vordergrund. Der Begriff *Macht* ist im pädagogischen Zusammenhang oft verwendet worden, und die *Macht des Erziehers* ist für viele Menschen ein festes und selbstverständliches Datum, das man nicht in Frage zu stellen braucht. Da wird – in Gedanken und Worten – munter drauflosgebildet und geformt, geschliffen und poliert; da wird die Richtung bestimmt und werden Weichen gestellt; und – gerade das ist für den Berufserzieher wohl das Verhängnisvollste – es werden von seiten der Theoretiker in ihm Erwartungen geweckt und ihm von der Gesellschaft Leistungen abverlangt, die er überhaupt nicht erbringen kann.

Die namhaften Realisten werden nicht müde, diese Illusionen zu zerstören. Die meisten aus ihrem Kreis zeigen vorübergehend selbst optimistische Neigungen, die sie, wie beispielsweise *Plutarch*, dazu verführen, an die »Macht der Erziehung« zu glauben, oder, wie *Erasmus* und *Comenius* auf eine nahezu grenzenlose, der Plastizität von Wachs oder Ton vergleichbare Bildsamkeit zu vertrauen, oder – wie *Herbart* – der Erziehung erbauende, konstruierende und formende Kräfte zuzusprechen... Sie alle erfahren früher oder später, daß dort, wo sich Macht artikuliert, Erziehung endet.

Sokrates begreift Erziehung als *Geburtshilfe; Pestalozzi* spricht von *Handbietung*, und *Wichern* definiert sie als *Angebot*. Sache der Erziehung ist es nicht, etwas zu bewerkstelligen, sondern nur zu ermöglichen. Sie vermag nicht hervorzubringen oder zu erschaffen, sondern lediglich zu erregen, zur Selbstbildung zu befähigen, zu leiten und zu erwecken. Der Ausgang all dieser Hilfsbemühungen liegt unvermeidbar im Ungewissen.

Und weil dies so ist, berührt Erziehung den Bezirk des *Nichteinklagbaren*. In ihren Ergebnissen ist sie ebensowenig nachweisbar – es sei denn, einer macht sich etwas vor. Ein ›Erziehungsnachweis‹ wäre von vornherein mehr ein Buch der »Dichtung« denn der »Wahrheit«.

Plutarch weiß, daß zum Gelingen der Erziehung *»glückliche Umstände«* gehören. Die großen christlichen Erzieher wie *Augustinus* und *Francke* sind sich darüber im klaren, daß das entscheidende erzieherische Geschehen *Gott* verursacht. *Montaigne* und *Pascal* sprechen ausdrücklich von *Gnade* und weisen alle pädagogische Anmaßung und jeglichen Dünkel zurück. *Vincenz Eduard Milde* präzisiert diese Problematik wohl am schärfsten: »Ich kann den Zögling *lehren*, was er *soll*, ihn *ermuntern* zu dem, was er *kann*, aber *zwingen* kann ich ihn nicht, daß er wollen *muß*, was er kann und soll. Der Erfolg wird allezeit *von seiner freien Selbsttätigkeit* abhängen. Wohl dem Erzieher, wenn er die Beruhigung hat: Ich habe nichts versäumt, ich habe den Samen des Guten ausgesäet, das Unkraut zu vernichten gesucht, ich habe sorgfältig gepflanzet und gepfleget; der Erfolg ist meine Sache nicht.«

Wer freilich vermag bereits dies mit Sicherheit von sich zu behaupten: er habe nichts versäumt und habe sorgfältig gepflegt? – *Hans-Hermann Groothoff* begreift mit anderen personorientierten Pädagogen Erziehung als *dialogisches* Geschehen, in dem es »keine ›Herstellung‹« geben kann und »überhaupt nichts, was ein Ende haben und einen bestimmten Erfolg zeitigen könnte. Man befindet sich bei der Erziehung weniger auf dem Felde von Erfolg oder Mißerfolg als vielmehr auf dem von Geschenk und Schuld, von Dank und Verzeihung«[16]. Und der bedeutende jüdische Religionsphilosoph *Martin Buber* schreibt einmal: »Der Mensch, das Geschöpf, welches Geschaffenes gestaltet und umgestaltet, kann nicht schaffen. Aber er kann, jeder kann sich und kann andere dem Schöpferischen öffnen. Und er kann den Schöpfer anrufen, daß er sein Ebenbild rette und vollende.«[17]

Der pädagogische Realist weiß um seine *Ohnmacht*; und wenn er Erziehung als dialogisches Geschehen begreift, bejaht er diese Ohnmacht sogar ausdrücklich. Er setzt sie aber keinesfalls gleich mit Hoffnungslosigkeit. Im Unterschied zum extremen Pessimisten gibt er die Hoffnung nie auf. »Auch wenn man die menschliche Existenz grundsätzlich wenig hoffnungsvoll ansieht und das Menschsein allgemein aus philosophischen oder religiösen Gründen weitgehend in Frage stellt, muß noch Raum bleiben für ein gewisses Maß von Vertrauen und Hoffen (dessen Ursprung und Begründung dann sehr verschieden sein kann), wenn erzieherische Haltung möglich und sinnvoll sein soll.«[18]

Daß Hoffnung begründet ist, dessen sind sich die pädagogischen Realisten gewiß. Jeder Mensch wird hinsichtlich seiner leiblichen, seelischen und geistigen Gesamtgestalt durch seine ererbten Anlagen und durch zahllose Umwelteinflüsse sowie durch deren Zusammenwirken bestimmt. Seine ererbten Dispositionen und die auf sie einwirkenden Umstände bestimmen seine Gestalt entscheidend. Aber er selbst vermag in diesen Gestaltungsprozeß nachhaltig einzugreifen und bedeutet so im Blick auf seinen jeweiligen Persönlichkeitsstatus einen nicht zu unterschätzenden Faktor: er ist imstande, wie *Pestalozzi* betont, den Lauf seines Lebensweges »vielfältig nach seinem Willen zu lenken« und »selbst Antheil an der Bildung seiner selbst, und an dem Einfluß der Umstände, die auf ihn wirken«, zu nehmen[19].

Kein Mensch erbringt in allen nur erdenklichen Bereichen Höchstleistungen; im Gegenteil: die meisten Menschen sind, wie *Villaume* und *Goethe* feststellen, beschränkt, mittelmäßig; und sie erzielen – aus Bequemlichkeit oder weil es die Umstände verhindern – nicht einmal auf einem einzigen Gebiet das ihnen erreichbare Optimum. Allein: dieses zu erbringen oder zu versäumen ist – aus pädagogischer Sicht – gar nicht das Entscheidende. Entscheidend bleibt vielmehr der Umstand, daß – wie *Villaume* betont – jeder Mensch »einer groeßeren Vollkommenheit faehig ist, als wozu die Mehresten gelangen«, wofern er nur ausreichende Lernangebote und Lernhilfen erhält und wofern er eine solche Vervollkommnung *selbst* überhaupt wünscht und zu ihrer Erlangung auch *selbst* etwas unternimmt.

Entscheidend bleibt also, daß »aus jedem Menschen ein Mensch« werden kann, »wenn« – wie *Comenius* seine These ergänzt – »Verderbnis fernbleibt«, oder – um

diese Ergänzung ins Positive zu wenden – wenn andere diesen Menschwerdungsprozeß unterstützen und der betreffende Mensch, dem diese Zuwendung gilt, selbst die notwendigen Anstrengungen für seine Humanisierung auf sich zu nehmen bereit ist.
Quintilians Erkenntnis, daß es *den* Menschen, der durch Lernen gar nichts erreicht hätte, nicht gibt, und *Comenius'* Erfahrung, wonach man »keine so unglückliche Geistesanlage« finde, »daß sie durch Pflege nicht verbessert werden könnte« – beide Einsichten und die aus ihnen folgenden praktischen Konsequenzen sind nicht weniger wert als die erfolgreiche Förderung von Höchstbegabten.
Die Bäume im Garten der Erziehung wachsen bestimmt nie in den Himmel; aber *Herbart* ist zuzustimmen, wenn er betont: das »Vermögen der Erziehung« (er spricht nicht von Macht!) dürfe »nicht für größer, aber auch nicht für kleiner gehalten werden, als es ist«. Und *Don Boscos* Erfahrung, daß *jeder* Mensch – auch der schwächste und der boshafteste – für das Gute empfänglich bleibt, wofern man die entsprechende Saite in ihm zum Schwingen bringt, unterstreicht diese hoffnungsträchtige Perspektive.

Die anfangs aufgestellte These: *die echten Realisten seien die Pessimisten,* bedarf der Revision. Ohne Zweifel stehen die pädagogischen Pessimisten den realistischen Pädagogen näher als die pädagogischen Optimisten; und es gibt gewiß Gründe genug, als Erzieher einer total pessimistischen Gestimmtheit und lähmenden Resignation zu verfallen. Aber es gibt für einen realistischen Erzieher nicht weniger Argumente, dem lebenslang lernbedürftigen Menschen Lebenshilfe anzubieten. Zu pädagogistischer Anmaßung und zu der Illusion, als Retter und Heiland wirken zu können, gibt es allerdings keinerlei Anlaß. Wer sich zum Weltverbesserer berufen fühlt, muß mit der Realisierung dieses hehren Unterfangens zunächst *bei sich selbst* beginnen, und er wird dabei rasch die Grenzen dieses Vorhabens verspüren. *Montaigne* und *Pascal* haben die Erfahrung der Unmöglichkeit, über sich selbst hinauszugelangen, im Schritt weiter auszuholen, als die Beine reichen, artikuliert; und *Herbart* hat auf die Diskrepanz zwischen »Absicht und Erfolg der Erziehung« und Selbstbildung hingewiesen.
Aus seiner bisherigen Geschichte darf man schließen, daß es dem Menschen ohne Selbstschädigung und Verbiegung nicht möglich ist, über sein – aus idealistischer Sicht betrachtet – allenfalls durchschnittliches Verhalten hinauszugelangen und sich auf Dauer in sittliche Vollkommenheit emporzuschwingen. Aber es ist im Sinne einer realistischen Ethik, wie sie beispielsweise *Pestalozzi* vertrat, schon viel gewonnen, wenn einer sich immer von neuem bemüht, die Normen einer »einfachen Sittlichkeit« im eigenen Leben und im Zusammenleben mit anderen zu verwirklichen.
In dieser Absicht empfehlen *Plutarch* und *Johannes Gerson* dem Erzieher, Fehler des Edukanden zu *übersehen* und, wenn dies nicht mehr möglich ist, sie zu *verzeihen*; nicht ein verfrühtes »geistiges Greisenalter« beim jungen Menschen zu erwarten und anzustreben; Triebe geordnet ausleben zu lassen und nicht jede Leiden-

schaft sofort blindwütig zu verfolgen und dabei neue und oft genug schlimmere zu provozieren. In diesem Sinne rät der Humanist *Erasmus*, sich erzieherisch darum zu bemühen, die alltäglichen Probleme im Zusammenleben anzugehen und *human* zu lösen, nicht aber den Menschen zur Gottheit zu stilisieren. Dieser Absicht entspricht auch *Goethes* Empfehlung: Kinder nicht nach den eigenen Vorstellungen formen zu wollen, sondern sie gewähren zu lassen und sie so zu lieben, wie sie nun einmal sind...

Viele Pädagogen haben sich zu lange etwas vorgemacht, haben über menschliches *Sollen* reflektiert, ohne sich um das *Sein*, um die anthropologischen Fakten zu kümmern. Diese Verstiegenheit reicht weit ins zwanzigste Jahrhundert herein, wie die Wertpyramiden der Curriculumarchitekten beweisen.

Realisten wie *Montaigne* und *Mandeville*, wie *Pestalozzi* und *Herbart*, die den Primat des Seins betonten, idealistische Übertreibungen kritisierten und zu einer erfüllbaren Ethik rieten, waren immer in der Minderheit.

Gleichwohl sollte sich kein Erzieher jenen Einsichten verschließen, die aus den Erfahrungen und Erkenntnissen der namhaften pädagogischen Realisten folgen; den Einsichten:

- daß an die Stelle eines naiven Selbstbewußtseins des Erziehers *Bescheidenheit* und allenfalls *Hoffnung* zu treten haben;
- daß statt idealistisch überhöhter Erwartungen und Ansprüche an den Edukanden und dementsprechender Zielsetzungen *nur solche Ziele* zu proklamieren sind – in Staatsverfassungen, Schulgesetzen, Regierungsverordnungen, Lehrplänen ..., über deren Realisierungsmöglichkeiten man auch genügend Bescheid weiß;
- daß wir über keine für alle Situationen passenden Erziehungsmaßnahmen verfügen und wegen der Fülle der Wirkursachen, auf die der Erzieher meistenteils überhaupt keinen Einfluß besitzt, Erfolg und Mißerfolg der Erziehung fast gar nicht vorauszusagen in der Lage sind, so daß es offenbleibt, ob unsere erzieherischen Bemühungen *nutzlos, überflüssig* oder – trotz bester Absicht – gar *schädlich* sind;
- daß es sinnvoller ist, Schädliches zu verhindern zu suchen als noch so gute Absichten in *plumper Direktheit* und mit *ungebremster Betriebsamkeit* verwirklichen zu wollen;
- daß Erziehung überhaupt *keinen Selbstzweck* darstellt und *keineswegs die Hauptbedingung* für die Persönlichkeitsausformung eines Menschen bedeutet; sondern im besten Fall *eine ergänzende Unterstützung* im Prozeß der Selbstbildung des Edukanden;
- daß schließlich die *moralische Dimension der Erziehung* ein weitaus größeres Gewicht besitzt als die teleologische und technisch-pragmatische: »Praktisch ungleich wichtiger als die Frage nach den empirischen Grenzen der Erziehung ist die Frage nach der *moralischen Begrenzung* der Erziehung, nach der Zügelung

und Eindämmung schlechter Erziehung, nach den Möglichkeiten des Widerstandes gegen jede Erziehung, die den Betroffenen schadet.«[20]

Als Quintessenz einer realistischen erzieherischen Einstellung und Verhaltensweise darf immer noch *Herbarts* Rat gelten: *»Man erhalte dem Zöglinge die Kräfte, die er hat.* Einen Menschen schaffen oder umschaffen kann der Erzieher nicht; aber manche Gefahren abwenden und sich eigner Mißhandlung enthalten, das kann er, und das ist von ihm zu verlangen.«

Anmerkungen

1 *M. Montessori:* Die Rechte des Kindes. In: Die pädagogische Bewegung »Vom Kinde aus«. Herausgegeben von *Th. Dietrich*. Klinkhardt, Bad Heilbrunn/Obb. 1963, S. 77

2 *Th.W. Adorno:* Erziehung zur Mündigkeit. Vorträge und Gespräche mit *H. Becker* 1959–1969. Herausgegeben von *G. Kadelbach*. Suhrkamp, Frankfurt 1972 (16.–30. Tausend), S. 75

3 Vgl. *F. März:* Einer ist Lehrer. Texte und kritische Anmerkungen zum Selbstverständnis des Erziehers – nicht nur des christlichen. Klinkhardt, Bad Heilbrunn/Obb. 1991, S. 31 ff.: *Kritik des pädagogischen Optimismus*

4 Vgl. ebenda, S. 11 ff.: *Einer ist Lehrer*

5 *H. Roth:* Pädagogische Anthropologie. Band I: Bildsamkeit und Bestimmung. Schroedel, Hannover/Berlin/Darmstadt/Dortmund 1966, S. 320 f.; vgl. auch S. 325

6 Ebenda, S. 318 und S. 325

7 Vgl. *H. Roth:* Pädagogische Anthropologie. Band II: Entwicklung und Erziehung. Grundlagen einer Entwicklungspädagogik. Schroedel, Hannover/Berlin/Darmstadt/Dortmund 1971, S. 394

8 *O.F. Bollnow:* Existenzphilosophie und Pädagogik. Versuch über unstetige Formen der Erziehung. Kohlhammer, Stuttgart 1962 (2. Aufl.), S. 20

9 *M.J. Langeveld:* Einführung in die theoretische Pädagogik. Klett, Stuttgart 1965 (5. Aufl.), S. 92

10 *H. Rohracher:* Kleine Einführung in die Charakterkunde. Mit 12 Abbildungen auf 4 Tafeln. Teubner, Leipzig/Berlin 1937 (3. Aufl.), S. 129; vgl. auch S. 140

11 *M. Keilhacker:* Bildsamkeit. In: Lexikon der Pädagogik. I. Band. Herder, Freiburg 1952, Sp. 471

12 *W. Dirks* zitiert bei *E. Biser:* Interpretation und Veränderung. Werk und Wirkung Romano Guardinis. Schöningh, Paderborn/München/Wien/Zürich 1979, S. 132 f.

13 *R. Guardini:* Grundlegung der Bildungslehre. Versuch einer Bestimmung des Pädagogisch-Eigentlichen. Werkbund, Würzburg 1959 (4. Aufl.), S. 32 f.

14 *R. Guardini:* Berichte über mein Leben. Autobiographische Aufzeichnungen. Aus dem Nachlaß herausgegeben von *F. Henrich*. Schriften der Katholischen Akademie in Bayern. Band 116. Patmos, Düsseldorf 1984, S. 90

15 *R. Guardini:* Wahrheit des Denkens und Wahrheit des Tuns. Notizen und Texte 1942–1964. Aus nachgelassenen Aufzeichnungen herausgegeben von *F. Messerschmid*. Schöningh, Paderborn/München/Wien/Zürich 1980 (3. Aufl.), S. 122 und S. 71

[16] *H.-H. Groothoff:* Methode, Methodik. In: Neues pädagogisches Lexikon. Herausgegeben von *H.-H. Groothoff* und *M. Stallmann*. Kreuz, Stuttgart/Berlin 1971 (5. Aufl.), Sp. 751

[17] *M. Buber:* Reden über Erziehung. Schneider, Heidelberg 1964 (8. Aufl.), S. 40; vgl. auch S. 13 und S. 17

[18] *A. Reble:* Vorwort des Herausgebers. In: Das Strafproblem in Beispielen. Herausgegeben von *A. Reble*. Klinkhardt, Bad Heilbrunn/Obb. 1980 (4. Aufl.), S. 10

[19] *J.H. Pestalozzi:* Sämtliche Werke. Herausgegeben von *A. Buchenau/E. Spranger/H. Stettbacher*. 12. Band: Schriften aus der Zeit von 1797–1799. De Gruyter & Co., Berlin 1938, S. 57

[20] *W. Brezinka:* Erziehungsziele, Erziehungsmittel, Erziehungserfolg. Beiträge zu einem System der Erziehungswissenschaft. Reinhardt, München/Basel 1981 (2. Aufl. – Uni-Taschenbücher 548), S. 215: *Grenzen der Erziehung*

Personenregister

Sachregister